出版传媒企业会计实务

主　编　王红英
副主编　张　静　何玮建

上海财经大学出版社

图书在版编目(CIP)数据

出版传媒企业会计实务/王红英主编.—上海：上海财经大学出版社，2019.6

ISBN 978-7-5642-3242-9/F·3242

Ⅰ.①出… Ⅱ.①王… Ⅲ.①出版业-企业管理-会计实务-中国-教材②传播媒介-企业管理-会计实务-中国-教材 Ⅳ.①G239.23②G219.2

中国版本图书馆 CIP 数据核字(2019)第 061563 号

□ 策划编辑 王永长
□ 责任编辑 刘 兵
□ 封面设计 贺加贝

出版传媒企业会计实务

主 编 王红英
副主编 张 静 何玮建

上海财经大学出版社出版发行
(上海市中山北一路 369 号 邮编 200083)
网 址：http://www.sufep.com
电子邮箱：webmaster @ sufep.com
全国新华书店经销
上海华教印务有限公司印刷装订
2019 年 6 月第 1 版 2019 年 6 月第 1 次印刷

710mm×1000mm 1/16 26.5 印张(插页：2) 476 千字
定价：58.00 元

前　言

为了规范新闻出版业的会计核算，提高新闻出版业会计信息质量，根据《中华人民共和国会计法》《企业财务会计报告条例》《企业会计制度》以及国家有关法律、法规，财政部于 2004 年 1 月 14 日制定颁布了《新闻出版业会计核算办法》。自 2004 年以来，我国新闻出版行业经历了众多变化，从新闻出版单位体制机制改革，市场主体逐步形成，产业规模迅速壮大，到新媒体时代，传统媒体和新媒体融合发展和营改增的改革，新闻出版行业所面临的内外部环境发生了极大的变化。在会计核算制度改革方面，为适应我国经济体制改革的深入发展，实现会计的国际趋同，财政部于 2006 年 2 月新颁布了 39 项《企业会计准则》，自 2007 年 1 月 1 日起执行，此后，我国的会计核算制度在此基础上仍不断修订完善过程中。

《出版传媒会计实务》以财务会计学的基本理论为出发点，以《新闻出版业会计核算办法》《广播电视事业单位财务制度》《电影企业会计核算办法》等为基础，按照近年来财税法规、企业会计准则体系的变化，紧密结合新闻出版传媒行业和会计制度改革与发展，系统介绍出版单位、发行企业、广播电视、电影企业会计核算的原理、企业日常活动的会计核算等有关知识。

本教材体现概念简洁、案例清晰、内容时效性强等特点，全书共十五章，主要包括出版企业会计核算，发行企业会计核算，报业、广播电视单位、电影企业会计核算等，每章都结合相关案例和重点内容进行讲解，力求引起读者学习出版传媒企业会计核算知识的兴趣，也真诚希望本书能成为广大的出版传媒企业会计从业人员的实用的参考工具书。本教材由上海出版印刷高等专科学校王红英教授主编，张静、何玮建老师副主编，在编写过程中，编写者参阅了许多教材和资料，引用了相关资料，在此表示感谢！

期待读者能对本教材提供宝贵意见，以便不断完善和更新。

王红英
2018 年 10 月

目　录

第一章　出版企业经营活动与会计特点概述

第一节　出版企业经营活动及会计核算特点

一、出版、出版业及出版企业的含义

（一）出版含义

现代出版主要指对以图书、报刊、音像、电子、网络等媒体承载的内容进行编辑、复制（包括印刷、复制等）、发行（或网络传播）三个方面。出版是人类社会的经济、政治、文化发展到一定阶段的产物。出版物凝结着人类的思想和智慧，集聚了科学技术的发明创造和社会实践活动的经验与成果，反映了社会生活的各个侧面。出版的历史是人类文明的历史。出版业的发展对社会的进步发展有着极其重要的作用。

（二）出版业含义及构成

我国出版业是社会主义文化事业和文化产业的重要组成部分，在中国特色社会主义经济建设、政治建设、文化建设、社会建设、生态文明建设五位一体发展中具有重要的作用。我国出版业的发展，对正确引导社会舆论，提高全民思想道德水平和科学文化素质，增强国家软实力和民族凝聚力，具有重要作用。

我国出版业主要由出版单位、制作单位、印刷复制单位、发行单位、出版专业教育单位和科研单位等构成。

1.出版单位

出版单位是从事出版活动的机构。包括报社、期刊社、图书出版社、音像出版社、电子出版物出版社和互联网出版单位等。法人出版报纸、期刊但不设立报社、期刊社的，其设立的报纸编辑部、期刊编辑部视为出版单位。本教材所介绍的出版企业会计核算主要是指出版业构成部分的出版社、期刊社等出版单位。

(1)出版社

出版社名称各异（如有称为“印书馆”“书局”“书社”“出版公司”等的），并且具体的出版业务活动也各具特点，但它们都是生产出版物的单位，具有出版活动

共性。

各类出版社大体上都按照出版物生产的特点而设立与出版物的精神生产过程、物质生产过程和产品流通过程相关的编辑部门、校对部门、出版部门、发行部门等业务部门。编辑部门内又往往按专业分工设立各种编辑室(部、科),其中包括兼任出版物外部装帧或包装设计的美术编辑室。

(2)期刊社

期刊社是以出版期刊为主要任务的出版单位。期刊社具有独立的法人资格,独立经营,单独核算,以其全部法人财产独立承担民事责任。

期刊社的内部机构设置,按期刊的性质、类型、规模不同而有所不同。一般必须有专门的机构或者人员负责编辑、校对和整体设计工作,并有专业人员从事委托印制、监督印制质量和发行等方面的工作。有些期刊社还有专门负责采访工作的采编机构或人员。

(3)非独立的期刊编辑部

非独立的期刊编辑部是从属于法人的出版单位。常有一些法人单位(包括出版社)出版期刊而不设立期刊社,只是设立期刊编辑部作为其从属部门。这类期刊编辑部虽不是独立实体,但根据《出版管理条例》的规定,也被视为出版单位。

2.制作单位

制作单位是对精神生产内容进行技术加工处理,制成能够据以批量复制出版物的"母版"的专门单位。根据国家规定,设立制作单位必须经过审批。

图书、期刊等纸介质出版物的制作单位,根据出版单位提出的技术要求按照原稿进行排版、改样,最终输出可供晒制印版的排版胶片(或计算机排版文件)。在许多纸介质出版物的生产过程中,制作工作一般都是委托印刷工厂完成的,独立的纸介质出版物制作单位数量不是很多,主要是一些不承担印刷业务的专职排版公司。

音像制品的制作单位,根据音像制品总体设计的要求,使用相应的设备将音频、视频信号节目录制下来,再通过剪辑、合成等手段制成原版带或原版盘,供复制工厂据以翻制工作母带、工作母盘。

电子出版物的制作单位,根据电子出版物总体设计的要求,主要使用计算机和相应的软件对文字、图片、音频、视频、动画等做必要的处理后,集成为原版盘,供复制工厂据以翻制成翻录母盘和压模盘。

电子出版物、音像制品的制作单位都可以将自行制作的作品交由相应出版单位审定出版,也可以接受出版单位的委托制作相应的出版物原版带、原版盘。

3.印刷复制单位

印刷复制单位是从事出版物物质生产过程的部门,包括印刷厂和音像制品、电子出版物的复制工厂等。根据国家规定,设立印刷复制单位必须经过审批。

印刷复制单位接受出版单位的委托，根据出版单位提供的原稿（原版盘、原版带等），利用一定的物质材料和生产工具，通过物化劳动批量生产出可以大量发行的出版物。

印刷厂的主要经营业务，是完成图书和期刊的排版、印刷、装订等工作。如果稿件的录入、排版工作已经由出版单位或者专门的制作单位完成，则印刷厂只需完成印刷与装订业务。

音像制品和电子出版物复制工厂的主要经营业务，是翻录制作磁带的工作母带、光盘的翻录母盘和压模盘，并批量复制磁带、光盘等。

本教材不单独对印刷、复制企业的会计核算进行介绍。

4.发行单位

发行单位是通过商品交换将出版物传送给消费者的经营单位，主要包括批发单位和零售单位，但承担本版出版物发行业务的出版单位不在其内。批发单位有时也可兼营零售业务，而零售单位只能经营零售业务。国家规定，发行单位的设立必须经过审批。

发行单位由于所从事的发行环节不同、规模差异较大，机构设置也不尽相同。就批发单位而言，一般设有采购、物流、销售等业务部门。就零售单位而言，一般设有进货、仓储、销售等业务部门。

5.出版专业教育单位

出版专业教育单位是为出版业培养人才的机构。它们除了向出版、制作、复制、发行单位提供受过系统专业教育的后备人才之外，还要担负对这些单位的在职人员进行继续教育的任务。

出版专业教育单位包括专门的编辑、印刷、发行学校和普通高校设置的相关专业，以及出版行业与大型企业为培养出版业从业人员而设置的职工学校和培训机构等。

按办学层次分，出版专业教育单位有四大类：一是出版专业中等职业学校；二是出版专业高等院校（含专科类职业院校）；三是设有出版专业的综合性普通高等院校；四是主要进行业余继续教育的各种新闻出版教育培训机构。

6.出版专业科研单位

出版专业科研单位是专门从事出版科学研究工作的单位，主要以其研究成果服务于出版行政主管部门决策、出版实践发展和技术进步、出版专业教育的发展等。此类单位包括对编辑、印刷复制和发行等方面的理论与实践进行科学研究的各种研究机构。

出版工作者协会和编辑学会等社会团体，在行业自律，出版队伍建设，出版学、编辑学、发行学等学科的研究和相应学术交流方面起着重要作用。

(三)出版企业的概念

出版企业是一个集知识、信息加工的文化产业,是出版图书、电子音像等出版物的企业,是传播和积累科学技术、理论知识的社会精神产品,既有一般行业属性,又有意识形态特殊性,出版单位是人们提供精神产品的企业。出版企业的组织形式有大型出版集团、出版社、报社、杂志社等综合性企业,也有报社集团、印刷集团、发行集团、音像交易集团、书刊配送集团、个体书商等专业性企业。

(四)我国目前出版业的所有制状况

目前,我国出版业是几种所有制形式并存。尤其是改革开放以来,中国出版业逐步改变了原来国有事业单位的体制格局,开始了市场化和产业化运作的进程。截至 2016 年,全国共有新闻出版单位 30.5 万家,其中法人单位 15.2 万家,占单位总数的 49.9%,非法人单位 0.9 万家,占 2.8 %,个体经营户 14.4 万家,占 47.3%。从所有制结构上看,国有出版企业数量在下降,占 9.7%,民营企业数量在上升,占 85%。出版传媒集团集群基本形成,截至 2016 年年底,全国共有经国务院新闻出版行政管理部门或省级新闻出版行政管理部门批准的出版传媒集团 126 家,其中图书出版集团 40 家、报刊出版集团 47 家、发行集团 27 家、印刷集团 12 家。出版业与经济的融合更加紧密。出版企业由内容提供商向内容服务提供商转型成为潮流,大众出版商正在进入大众服务产业,专业出版商正在进入专业服务产业,教育出版商正在进入教育服务产业。

二、出版企业经营活动的特征

与一般企业相比,出版企业的经营活动具有以下特点:

(一)出版产业是文化产业的重要组成部分

文化产业是以文化为核心内容,为直接满足人们的精神需要而进行的创作、制造、传播、展示等文化产品(包括货物和服务)的生产活动。新闻出版产业是文化产业的重要组成部分,在整个文化产业中发挥着主力军的作用。目前我国新闻出版产业体系,结构、布局不断优化,已基本形成了以图书、报纸、期刊、音像、电子、网络六大出版和印刷、复制、发行、外贸等为主业,包括出版教育、出版科研、版权代理、出版物资供应、出版物进出口等在内的门类完整的产业体系。

(二)出版企业的产品是特殊产品

比起一般的生产制造业或者商品流通业,出版企业的产品是书籍、期刊、音像及电子出版物,这些产品是具有物质产品外壳的精神消费品,是具有思想性、科学性和艺术性的特殊商品,它们的使用价值在于:传播知识,传播文化,满足人们精神生活的需要。

(三)版权是出版产业赖以发展的基础

与其他门类的产业不同,出版业提供的是具有智力成果结晶的产品和服务。出版业经营的本质是一种著作权利,出版活动是由著作权衍生出的经济活动。由此可见,版权资源的开发建设和利用,版权资源的拥有量,既是出版企业经营管理的重要内容,又是出版企业持续发展的重要途径。版权就是出版市场的一种控制权,是推动出版业发展的动力之一。

(四)图书出版物实行国际标准书号

ISBN 是目前国际上通用的一种科学合理的编码系统。2007 年 1 月 1 日起国际标准书号由 10 位增至 13 位,每一个国际标准书号都由 13 位数字组成,前面都冠以“ISBN”。国际标准书号的 13 位数字在原 10 位数字前加上“978”并重新计算最后一位校验位。13 位国际标准书号分为 5 段。这 5 段的意义分别为:978[①],国家或地区号、出版者号、书号和校验位。例如:ISBN978-7-5005-7121-6 这个书号中,7 代表中国,5005 代表中国财经出版社,7121 代表中国财经出版社出的第7 121种图书,6 表示该类图书校验无误的转录校验号码。出版物实行国际标准书号管理,便于出版物发行的统计和陈列,并可以提高书刊库存与销售管理的工作效率。

三、出版企业经营活动的业务流程

一种图书、期刊或者电子出版物,从选题策划到出版发行要经过几十道紧密衔接互相联系的工序,从成本核算的目的出发,综合性出版企业经营活动的业务流程分为精神产品生产阶段、物质产品生产阶段、产品流通阶段。出版企业经营活动流程与一般的工业企业经营活动流程不同,一般工业企业的资金运动为:从货币阶段开始,依次经过采购、投入生产、半成品、产成品、销售,再到资金回笼变成货币这个周转过程(见图 1—1)。出版企业的资金运动为:从货币资金开始,依次经过组稿、编辑、印刷、发行,再到资金回笼变成货币这个流程(见图 1—2)。出版企业具体的业务如下:

出版活动的一般过程由精神产品生产、物质产品生产和产品流通这三个基本阶段组成,与构成出版活动的三个基本要素相对应。

(一)精神产品生产阶段

精神产品生产阶段,主要是编辑工作阶段。编辑人员依照一定的原则策划选题、组织作者创作作品,然后再审读、加工作品,以形成符合复制和广泛传播要求的定稿。在出版过程中,编辑工作是中心环节。无论采用何种载体材料、表现为何种物质形态

---

① 转换为 13 位书号与国际货品编码(EAN-13)相同,现有组别书号用完后,书号中心会发出另一组以“979”为首的新号码。

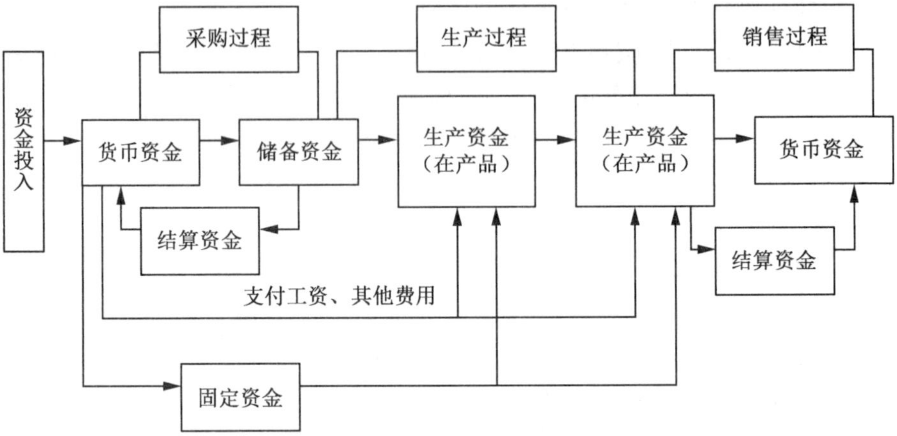

图 1—1 一般工业企业业务流程图

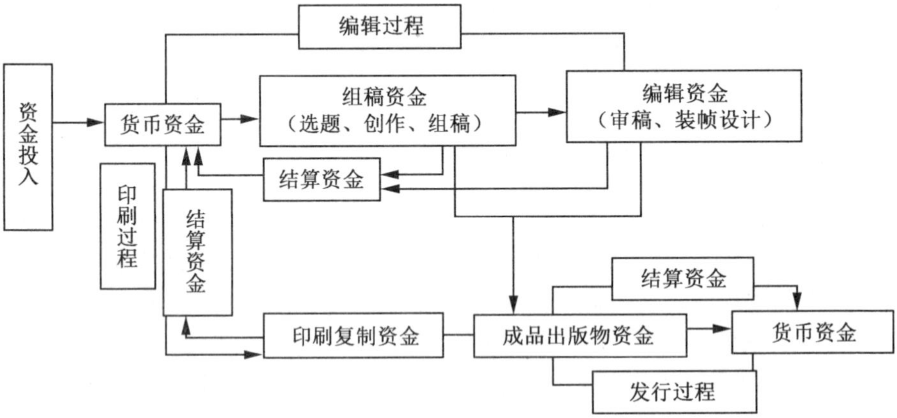

图 1—2 出版企业业务流程图

的出版物，都必须经过编辑过程，才能具有适宜广泛传播的精神文化内涵。

在出版物复制之前，精神产品生产的具体内容包括以下各项：

第一，信息采集。这是编辑人员对社会上各种信息的收集、处理。

第二，选题策划。这是编辑人员依据一定的方针和主客观条件，开发出版资源、设计选题的创造性活动。

第三，组稿。这是发现、选择、组织作者完成作品创作的活动。

第四，审稿。这是对稿件进行审读、评价，决定取舍，并对需要修改的稿件提出修改要求或建议的活动。

第五，编辑加工整理。这是对已决定采用的稿件做修改润饰和规范化处理的活动。

第六，整体设计。这是对出版物载体的艺术性、工艺性设计。

第七，审定发稿。这是将编辑加工整理好的稿件经审定后发往相关职能部门安排制作和复制。

（二）物质产品生产阶段

这个阶段是将精神产品生产阶段形成的精神文化内容加工制作成能够广为发行的物质产品，其中包括制作样本和批量生产复本两个基本环节。但在数字出版中，批量生产复本的过程与出版物的发行过程交融在一起，不再作为独立的环节出现。

就传统出版而言，图书、报纸、期刊、音像制品和电子出版物的生产因载体材料与生产方式的不同，其物质产品生产阶段的具体操作各不相同，但一般都包括这样几个步骤：

第一，按设计要求将原稿制作成正确无误的“母版”样本，如校样、样带、样盘等。出版专业技术人员要对制作出来的校样（或样带、样盘）进行校对，以发现与订正原稿上可能遗留的或者样本制作过程中产生的差错。

第二，制作可以照样复制的正式“母版”（如印版、母带、母盘等）并进行技术处理，形成可以直接用于批量复制出版物的工作“母版”。

第三，进行批量复制，形成一定数量的具有相同内容和形式的出版物半成品。

第四，将处于分散状态的出版物半成品匹配组合并包装，使之成为最终产品。

就数字出版而言，前两个步骤基本相同，但是后面的步骤有所不同。工作“母版”形成后，不需要先成批复制一定数量的出版物，而是把工作“母版”上传到发行服务器就开始向公众发行，并在发行的过程中即时复制出版物提供给消费者。此外，由于出版物的最终物质载体是消费者自备的终端设备（如个人计算机、平板计算机、手机、移动阅读器等），而出版物的传输一般借助社会公共信息网络（有线网或无线网），也就没有产品匹配组合和包装这个步骤。

（三）产品流通阶段

在市场经济条件下，出版物产品的流通也是商品流通，即出版单位通过商品交换将出版物传送给消费者。因此，产品流通阶段也就是出版物发行阶段。

出版物发行一般由信息流、商流、物流和资金流这四个环节构成。

信息流体现为信息流通，即出版物买卖双方通过各种信息传播渠道进行充分的信息沟通。商流体现为出版物商品交易，即出版物买卖双方达成商品交易并进行出版物商品的价值转移。物流体现为出版物从供应地到接受地的转移，即按照出版物商品交易的方向，通过一定的方式组织运送或者上传、下载相应的出版物。资金流体现为货款结算，即由于出版物商品所有权的转移而发生的款项收付工作。

第二节 出版企业会计核算特点与会计科目设置

一、出版企业会计核算特点

(一)会计核算对象

出版企业按其经营活动涉及的内容,分为综合性出版企业和专业性出版企业。分为精神产品生产阶段、物质产品生产阶段、产品流动阶段。因此,综合性出版企业会计核算对象也应包括这三个阶段的经营活动和资金运动。专业性出版企业,如出版集团、印刷集团、发行集团,由于它们的生产经营活动比较单一,因此,这些企业的会计核算对象也比较单一。本书侧重研究综合性出版企业会计核算的内容。

(二)会计核算方法

出版企业产品具有连续、多品种和分阶段的生产经营特点。出版企业应以产品类别、订单、批量等作为成本核算对象,采用分批法与分步法相结合的成本核算方法。在分批核算成本的基础上,纸质出版物可以按“本”“张”计算成本,音像制品、电子出版物可以按“件”“套”计算成本。出版物的存货核算方法既可以采用实际成本法,也可以采用计划成本法。

(三)成本核算计量单位

纸质出版物一般以千印张作为成本核算计量单位。一个印张是指 787×1 092(毫米)规格的标准纸半张。日常核算时,书刊正文以千印张为计量单位,千印张相当于正常规格的平版纸张一令。不同规格的纸张要折合成标准千印张。书刊的封面、护封、封套不计算印张。

(四)纸质图书发行实行码价核算制

纸制图书的定价不是由发行企业决定,而是由出版企业在出版时按照一定的方法和标准决定,并将其金额印制在图书或期刊的版权页和封底上,这个价格是“明码标价”,称为“码价”,又称为“码洋”。码价核算制是指纸质图书、期刊的购进、发出和储存,采用码价即书刊封底印制的定价,进行日常管理和核算。除此之外,书刊的购进会按码价进行打折,打折后的购进价格称为实价,又称为“实洋”,也就是发行企业自进书刊的进价,码价与实价之间的差额作为“主营业务收入”的一个明细账户“销售折让”进行核算。

二、出版企业会计科目

2004 年 1 月 14 日,财政部印发了《新闻出版业会计核算办法》,针对新闻出版特殊经营活动，增补了相关的一些会计账户和部分明细账户。本教材结合近年来企业会计准则的相关变动情况，对新闻出版企业会计科目表进行重新整理和补充，如表 1—1 所示：

表 1—1　　出版企业会计科目名称和编号

顺序号	编号	名称	顺序号	编号	名称
一、资产类			26	1291	分期收款发出商品
1	1001	库存现金	27	1501	持有至到期投资
2	1002	银行存款	28	1502	持有至到期投资减值准备
3	1012	其他货币资金	29	1503	可供出售金融资产
4	1101	交易性金融资产	30	1504	可供出售金融资产减值准备
5	1121	应收票据	31	1511	长期股权投资
6	1122	应收账款	32	1512	长期股权投资减值准备
7	1123	预付账款	33	1521	投资性房地产
8	1131	应收股利	34	1601	固定资产
9	1132	应收利息	35	1602	累计折旧
10	1133	其他应收款	36	1603	固定资产减值准备
11	1141	坏账准备	37	1604	工程物资
12	1161	应收补贴款	38	1605	在建工程
13	1401	材料采购	39	1606	固定资产清理
14	1402	在途物资	40	1701	无形资产
15	1403	原材料	41	1703	无形资产减值准备
16	1404	材料成本差异	42	1815	未确认融资费用
17	1405	库存商品	43	1801	长期待摊费用
18	1406	发出商品	44	1811	递延所得税资产
19	1407	商品进销差价	45	1901	待处理财产损溢
20	1408	委托加工物资	二、负债类		
21	1411	周转材料	46	2001	短期借款
22	1261	委托代销商品	47	2201	应付票据
23	1321	受托代销商品	48	2202	应付账款
24	1471	存货跌价准备	49	2203	预收账款
25	128101	出版物提成差价	50	2141	供销商品款

续表

顺序号	编号	名称	顺序号	编号	名称
51	2211	应付职工薪酬		500106	出版损失
52	2231	应付股利		500107	编录经费
53	2232	应付利息		500108	其他直接费用
54	2221	应交税费	73	5101	制造费用
55	217601	文化事业建设费	74	4106	采编经费
56	2241	其他应付款		410601	人员工资
57	2190	交易性金融负债		410602	办公费
58	2192	应计生产成本		410603	编录用品
59	2201	代转资产价值	五、损益类		
60	2501	长期借款	75	6001	主营业务收入
61	2502	应付债券		600101	商品销售收入
62	2701	长期应付款		600102	出租商品收入
63	2711	专项应付款		600103	销售转让
64	2801	预计负债		600104	销项税额
65	2901	递延所得税负债	76	6051	其他业务收入
三、所有者权益类			77	5203	补贴收入
66	4001	实收资本(或股本)		520301	增值税返还款
67	4002	资本公积		520302	其他补贴收入
68		其他综合收益	78	6101	公允价值变动损益
	311101	宣传文化发展专项资金	79	6111	投资收益
69	4101	盈余公积	80	6301	营业外收入
70	4103	本年利润	81	6401	主营业务成本
71	4104	利润分配	82	6402	其他业务成本
四、生产成本类			83	6403	税金及附加
72	5001	生产成本	84	6601	销售费用
	500101	稿酬及校对费	85	6602	管理费用
	500102	租型费用	86	6603	财务费用
	500103	原材料及辅助材料	87	6711	营业外支出
	500104	制版费用	88	6801	所得税费用
	500105	印刷制作费用	89	6901	以前年度损益调整

第二章 出版企业资产的核算

资产是指过去的交易、事项形成并由企业拥有或控制的资源，该资源预期会给企业带来经济利益。资产按照不同标准可以有不同的分类。资产按照是否具有实物形态，可分为有形资产和无形资产；按其流动性不同，资产可分为流动资产和非流动资产，其中流动资产包括货币资金、以公允价值计量且其变动计入当期损益的金融资产、应收票据、应收账款、预付账款、其他应收款、存货等，非流动资产又可分为长期股权投资、持有至到期投资、固定资产、可供出售金融资产、投资性房地产、无形资产和其他资产等。

第一节 货币资金

货币资金是指企业生产经营过程中处于货币形态的资产，包括库存现金、银行存款和其他货币资金。

一、库存现金的核算

（一）现金管理制度

根据国务院发布的《现金管理暂行条例》的规定，企业现金管理制度主要包括以下内容：

1.现金的使用范围

开户单位可以在下列范围内使用现金：

(1)职工工资、津贴；

(2)个人劳务报酬；

(3)根据国家规定颁发给个人的科学技术、文化艺术、体育等各种奖金；

(4)各种劳保，福利费用以及国家规定的对个人的其他支出；

(5)向个人收购农副产品和其他物资的价款；

(6)出差人员必须随身携带的差旅费；

(7)结算起点以下的零星支出；

(8)中国人民银行确定需要支付现金的其他支出。

前款结算起点定为1 000元。结算起点的调整，由中国人民银行确定，报国务院备案。

2.现金的使用限额

开户银行应当根据实际需要，核定开户单位3天至5天的日常零星开支所需的库存现金限额。边远地区和交通不便地区的开户单位的库存现金限额，可以多于5天，但不得超过15天的日常零星开支。经核定的库存现金限额，开户单位必须严格遵守。需要增加或者减少库存现金限额的，应当向开户银行提出申请，由开户银行核定。

3.现金收支规定

(1)开户单位现金收入应当于当日送存开户银行。当日送存确有困难的，由开户银行确定送存时间；开户单位支付现金，可以从本单位库存现金限额中支付或者从开户银行提取，不得从本单位的现金收入中直接支付(即坐支)。因特殊情况需要坐支现金的，应当事先报经开户银行审查批准，由开户银行核定坐支范围和限额。坐支单位应当定期向开户银行报送坐支金额和使用情况；

(2)开户单位根据本条例第五条和第六条的规定，从开户银行提取现金，应当写明用途，由本单位财会部门负责人签字盖章，经开户银行审核后，予以支付现金；

(3)因采购地点不固定、交通不便、生产或者市场急需、抢险救灾以及其他特殊情况必须使用现金的，开户单位应当向开户银行提出申请，由本单位财会部门负责人签字盖章，经开户银行审核后，予以支付现金。

(二)库存现金收支的核算

库存现金是指存放于企业财会部门，由出纳人员经管的货币。库存现金是企业流动性最强的资产，企业应当严格遵守国家有关现金股利制度。正确进行现金收支的核算，监督现金使用的合法性和合理性。

出版企业现金收支通过设置“库存现金”账户进行总分类核算，同时应设置“现金日记账”进行明细分类核算。

对于发生的现金收支业务，应由专人审核原始凭证相关内容，企业出纳(收款员)在办妥收款或付款手续后，应在收款凭证或付款凭证上加盖“现金收讫”或“现金付讫”戳记，方可记账。收入现金时，应借记“库存现金”账户，并按其收入来源贷记有关账户；支出现金时，应按其支出用途借记有关账户，贷记“库存现金”账户。“库存现金”账户的余额反映库存现金的结存数额。

(三)现金清查的核算

出版企业应加强对现金业务的管理监督，做到日清月结、账款相符。每日终了应由出纳和会计人员将库存现金和账存现金余额进行核对清查。如若核对不符，发生有待查明原因的现金短缺或溢余，应及时填制“库存现金盘点报告表”，并通过“待处理财产损溢”账户进行核算。属于现金短缺的，应按实际短缺金额，借记“待处理财产损溢——待处理流动资产损溢”账户，贷记“库存现金”账户。待查明原因得到批准后，分别按不同情况进行处理：借记“其他应收款”“管理费用”等账户，贷记“待处理财产损溢——待处理流动资产损溢”账户。属于现金溢余的，应按实际溢余金额，借记“库存现金”账户，贷记“待处理财产损溢——待处理流动资产损溢”账户。待查明原因得到批准后，分别按不同情况进行处理：借记“待处理财产损溢——待处理流动资产损溢”账户，贷记“其他应付款”“营业外收入”等账户。

（四）备用金的核算

备用金是为了方便企业内部有关部门和职工日常零星开支等需要，由会计部门按需预先拨付一定数额给使用者，由其保管使用的现金。一般采用先领后用、用后报销的方法。企业应建立备用金领用制度，并由专人经管。备用金使用管理包括定额管理和非定额管理两种方法。备用金定额管理，是根据用款部门或职工日常用款需要核定并拨付定额备用金，使用者用款后凭单据向财会部门报销补足备用金；备用金非定额管理，是根据用款部门或职工临时用款需要核定并拨付备用金，使用者用款后凭单据向财会部门报销结清领用备用金。

出版企业通过“其他应收款”账户进行备用金核算。拨付备用金时，借记“其他应收款”账户，贷记“库存现金”或“银行存款”账户。使用者报销时，如为定额备用金，则根据核准报销金额，借记“管理费用”等有关账户，贷记“库存现金”或“银行存款”账户；如为非定额备用金，则根据核准报销金额，借记“管理费用”等有关账户，根据原预付备用金金额，贷记“其他应收款”账户，若报销金额与预付备用金不一致时，其差额多退少补，借记或贷记“库存现金”或“银行存款”账户。

【例 2—1】 观文出版社对后勤部门实行定额备用金制度。财会部门根据核定定额，以现金支付后勤部门定额备用金1 000元。其会计分录如下：

借：其他应收款——后勤部门	1 000	
贷：库存现金		1 000

后勤管理人员持有关凭证报销车班存车费、过路费等 600 元。审核后予以报销，以现金补足备用金定额。其会计分录如下：

借：管理费用	600	
贷：库存现金		600

假设因管理需要，财会部门收回后勤部门备用金。其管理人员持尚未报销的相关凭证 480 元和现金 520 元结清本部门备用金。其会计分录如下：

借：管理费用	480	
库存现金	520	
贷：其他应收款——后勤部门		1 000

二、银行存款的核算

银行存款是企业存入银行和其他金融机构的各种存款。企业应当根据业务的需要，按照规定在其所在地开始账户，进行存款、取款以及各种收支转账业务的结算。

(一)银行结算方式

根据中国人民银行有关结算制度规定,目前用于企业货币资金收付业务的主要结算方式有九种,即:支票、银行本票、银行汇票、商业汇票、汇兑、委托收款、异地托收承付、信用卡和信用证。不同结算方式,其使用范围、有效时间、结算程序、金额起点等均有差异。

(二)银行存款的核算

银行存款核算包括从银行账户存取现金和通过银行转账收付等内容的核算。

企业采用不同的结算方式办理银行存款的各种收、付款业务时,都必须填制或取得银行规定的结算凭证,作为收、付款项的原始书面证明,经会计主管人员审核签证后,据以填制银行存款的收、付款凭证,进行银行存款收、付款项的核算。为了避免记账凭证的重复编制,凡从银行提取现金或将现金存入银行时,企业只编制付款凭证。

出版企业将款项存入银行时,借记"银行存款"账户,贷记"库存现金""主营业务收入"等账户;提取或支付银行存款时,借记"库存现金""原材料"等账户,贷记"银行存款"账户。

出版企业应设置"银行存款日记账"进行序时明细核算,同时做到日清月结,以便随时掌握银行存款的收付动态和余额,以防存款透支而发生套取银行信用的违纪行为。

出版企业"银行存款日记账"应定期与"银行对账单"核对,至少每月核对,如有差额,必须及时查明原因进行处理。出现银、企双方余额不一致,除可能记账有误外,还应检查双方是否存在未达账项。未达账项是指企业与开户银行之间,由于结算凭证传递的时间差,形成一方已将收付款项登记入账,而另一方因未收到结算凭证尚未入账的账项。

如果账目核对中存在未达账项,应通过编制"银行存款余额调节表"进行调节。银行存款余额调节表的格式如表 2－1 所示:

表 2－1　　银行存款余额调节表

年　月　日　　　　单位:元

项　目	金　额	项　目	金　额
出版社银行存款日记账余额 加:银行已收、出版社未收款项 减:银行已付、出版社未付款项		银行对账单余额 加:出版社已收、银行未收款项 减:出版社已付、银行未付款项	
调节后存款余额		调节后存款余额	

调节后双方余额相等，一般表明双方账目记录正确；调节后双方余额不等，表明账目记录有差错，需进一步查明原因，更正错误。需要注意的是"银行存款余额调节表"只是为了核对账目，不能作为调整企业银行存款账目记录的依据。

三、其他货币资金

（一）其他货币资金的内容

其他货币资金是指企业除现金、银行存款以外的各种货币资金，主要包括银行汇票存款、银行本票存款、信用卡存款、信用证保证金存款、存出投资款和外埠存款等。为了反映和监督其他货币资金的收支和结存情况，企业应当设置"其他货币资金"科目，借方登记其他货币资金的增加，贷方登记其他货币资金的减少，期末余额在借方，反映企业实际持有的其他货币资金的金额。"其他货币资金"账户应当按照其他货币资金的种类设置明细科目进行核算。

1.银行汇票存款

银行汇票是由出票银行签发，由其在见票时按照实际结算金额无条件支付给收款人或持票人的票据。银行汇票有使用灵活、票随人到、兑现性强等特点，适用于先收款后发货或钱货两清的商品交易。银行汇票可以用于转账结算，填明"现金"字样的汇票，还可支取现金。银行汇票作为支付手段具有使用灵活、通汇面广、安全方便、兑现性强的特点。它适应于异地单位、个体经济户和个人之间的商品交易和劳务供应等。

单位内部供应部门或其他业务部门因业务需要使用银行汇票时，应填写银行汇票请领单，具体说明领用银行汇票的部门、经办人、汇款用途、收款单位名称、开户银行、账号等，由请领人签章，并经单位领导审批同意后，由财务部门具体办理银行汇票手续。

凡是要求使用银行汇票办理结算业务的单位，财务部门均应按规定向签发银行提交"银行汇票委托书"，在"银行汇票委托书"上逐项写明汇款人名称和账号、收款人名称和账号、兑付地点、汇款金额、汇款用途等内容，并在"汇款委托书"上加盖汇款人预留银行的印鉴，由银行审查后签发银行汇票。如汇款人未在银行开立存款账户，则可以交存现金办理汇票。

汇款人办理银行汇票，能确定收款人的，须详细填明单位、个体经济户名称或个人姓名。确定不了的，应填写汇款人指定人员的姓名。

交存现金办理的汇票，需要在汇入银行支取现金的，应在汇票委托书上的"汇款金额"大写栏先填写"现金"字样，后填写汇款金额。这样，银行可签发现金汇票，以便汇款人在兑付银行支取现金。企事业单位办理的汇票，如需要在兑付银行支取现金的，由兑付银行按照现金管理有关规定审查支付现金。

"银行汇票委托书"一式三联，其中第一联是存根，由汇款人留存作为记账传票；第二联是支款凭证，是签发行办理汇票的传出传票；第三联为收入凭证，由签发行作汇出汇款收入传票。如果申请人用现金办理银行汇票，可以注销第二联。

企业填写“银行汇票委托书”，将款项交存银行，借记“其他货币资金——银行汇票”科目，贷记“银行存款”科目，企业持银行汇票购货，收到有关发票账单是，借记“材料采购”或“原材料”“库存商品”“应交税费——应交增值税（进项税额）”等科目，贷记“其他货币资金——银行汇票”；采购完毕收回剩余款项时，借记“银行存款”科目，贷记“其他货币资金——银行汇票”。

2.银行本票存款

银行本票是申请人将款项交存银行，由银行签发的承诺自己在见票时无条件支付确定的金额给收款人或者持票人的票据。银行本票分为不定额本票和定额本票两种。定额本票面额为 1 000 元、5 000 元、10 000 元和 50 000 元。银行本票提示付款期最长不得超过两个月。银行本票可以办理转账结算或支取现金。在有效付款期限内，银行见票付款。持票人超过付款期限提示付款的，银行不予受理。

3.商业汇票

商业汇票是收款人或付款人（或承兑申请人）签发，由承兑人承兑，并于到期日向收款人或持票人支付款项的票据。只有合法商品交易才可签发商业汇票。商业汇票按其承兑人的不同，分为商业承兑汇票和银行承兑汇票。商业承兑汇票是由收款人签发，经付款人承兑或由付款人签发并承兑的票据。银行承兑汇票是由出票人（付款人）签发并经其开户银行承兑的票据。商业汇票按照是否计息来划分，可以分带息票据和不带息票据两种。商业汇票一律记名，付款人负有到期无条件支付票款的责任，承兑期限最长不得超过 6 个月。

4.汇兑

汇兑是汇款人委托银行将款项汇给外地收款人的结算方式。汇兑按期凭证的传递方式不同，分为信汇和电汇两种，可以由汇款人选用。

5.委托收款

委托收款是收款人委托银行向付款人收取款项的结算方式。委托收款在同城、异地均可办理，不受金额起点限制。

6.托收承付

托收承付是指根据经济合同由收款单位发货后委托银行向异地付款单位收取款项，由付款单位向银行承兑付款的结算方式。承付货款有验单付款（承付期 3 天）和验货付款（承付期 10 天）两种，收付双方应在合同中明确规定。

7.信用卡

信用卡是指商业银行向个人和单位发行的，凭以向特约单位购物、消费和向银行存取现金，且具有消费信用的特制卡片。信用卡按使用对象分为单位卡和个人卡，按信誉等级分为金卡和普通卡。单位卡账户的资金一律从其基本存款账户转账存入，不得交存现金，不得将销货收入的款项存入单位卡账户，同时也不得支取现金。

8.信用证

信用证是指开证银行依照申请人的申请开出的，凭符合信用证条款的单据支付的付款承诺。我国信用证为不可撤销、不可转让的跟单信用证。适用于企业间商品交易产生的货款结算。信用证结算方式也是国际结算的一种主要方式。它是应进口方要求，向出口方（受益人）开立，以受益人按规定提供单据和汇票为前提的、支付一定金额的书面承诺。

第二节　应收及预付款项

一、应收票据的核算

应收票据是指企业因销售商品、提供劳务而收到的商业汇票。商业汇票是出票人签发的，委托付款人在指定日期无条件支付确定的金额给收款人或者持票人的票据。商业汇票分为商业承兑汇票和银行承兑汇票。商业承兑汇票由银行以外的付款人承兑（付款人为承兑人），银行承兑汇票由银行承兑。商业汇票的付款期限，最长不得超过 6 个月。应收票据按承兑人不同分为商业承兑汇票和银行承兑汇票，按其是否附息分为附息商业汇票和不附息商业汇票。商业汇票既可以依法背书转让，也可以向银行申请贴现。

（一）应收票据的计价与计算

1.应收票据的入账价值

我国会计制度规定，应收票据按面值计价入账，即应在收到开出并承兑的商业汇票时，按其票面金额入账。对于带息的应收票据，应于期末按应收票据的票面价值和确定的利率计提利息，增加应收票据的账面余额。

2.应收票据的利息

带息票据的利息，对收款人来说是一种收入，应冲减理财费用，对付款人来说是一种理财费用。应收票据的利息计算公式如下：

利息＝本金×利率×期限

公式中的“本金”是应收票据的票面金额；“利率”指票面规定的利率，一般为年利率；“期限”指自签发日至到期日的时间间隔（有效期）。票据期限，有按月表示和按日表示两种。

3.应收票据的贴现

贴现是指汇票持有人在票据未到期前需要资金，将未到期的商业汇票背书后转让给银行，银行受理后，从票面金额中扣除按银行的贴现率计算确定的贴现息，将余额付给贴现企业的业务活动。企业从银行获得的票据到期值扣除贴现利息后的货币收入，称为贴现所得。应收票据的背书是指持票人在票据背面签字，签字人称为背书人，背书人对票据的到期付款负连带责任。

应收票据贴现所得的计算公式如下：

贴现所得＝票据到期值－贴现利息

票据到期值＝面值×（1＋利率×期限）

贴现利息＝票据到期值×贴现率×贴现期

贴现期＝票据期限－企业已持有票据期限

（二）应收票据的核算

为了核算因销售商品、产品、提供劳务等而收到商业汇票，企业应设置"应收票据"总账科目，借方登记应收票据的票面金额，贷方登记到期收回票款或到期前向银行贴现的应收票据的票面金额，期末借方余额反映企业持有的应收票据的票面金额。企业应当按照开出、承兑商业汇票的单位进行明细核算。同时应当设置"应收票据备查簿"，逐笔登记每一商业汇票的种类、号数和出票日、票面金额、交易合同号和付款人、承兑人、背书人的姓名或单位名称、到期日、背书转让日、贴现日、贴现率、贴现净额以及收款日和收回金额、退票情况等资料，商业汇票到期结清票款或退票后，应当在备查簿内逐笔注销。

【例2－2】 观文出版社向某文化传媒公司销售一批图书出版物，货款为60 000元，增值税额为5 400元，收到不带息商业承兑汇票面值65 400元。买方已提取货物。出版社应编制会计分录如下：（图书增值税税率为9%）

（1）收到商业汇票时

借：应收票据——商业承兑汇票	65 400	
贷：主营业务收入		60 000
应交税费——应交增值税（销项税额）		5 400

（2）应收票据到期收回票款存入银行时

借：银行存款	65 400	
贷：应收票据——商业承兑汇票		65 400

（3）如果该票据到期传媒公司因资金周转困难无力偿还票款时

借：应收账款	65 400	
贷：应收票据——商业承兑汇票		65 400

假如上述商业承兑汇票为带息票据，3个月期限，票面利率为6％，则其会计分录如下：

(1)收到票据时的账务处理与不带息票据的账务处理相同。

(2)每月计提利息(65 400×6%÷12=327 元)时

借:应收票据 327

　贷:财务费用 327

(3)3 个月到期传媒公司如期付款时

借:银行存款 66 381

　贷:应收票据 66 381

(4)商业汇票到期传媒公司无力付款时

借:应收账款 66 381

　贷:应收票据 66 381

企业持未到期的票据向银行贴现,应按实际收到的金额(即减去贴现息后的净额),借记“银行存款“科目,按贴现息部分,借记”财务费用“等科目,按商业汇票的票面金额,贷记”应收票据“科目(适用满足金融资产转移准则规定的金融资产终止确认条件的情形)或”短期借款“科目(适用不满足金融转移准则规定的金融资产终止确认的情形)”。

【例 2—3】 观文出版社 2016 年 3 月 1 日收到一张 5 个月到期的不带息商业承兑汇票600 000元,5 月 2 日出版社因资金紧张将该票据持往银行贴现,贴现率为 10%。该票据的到期值、贴现利息和贴现所得计算如下:

票据到期值=600 000(元)

贴现天数=31—2+30+31=90

贴现利息=600 000×10%×90/360=15 000(元)

贴现所得=600 000—15 000=585 000(元)

根据上述计算结果,其会计分录如下:

借:银行存款 585 000

　　财务费用 15 000

　贷:应收票据 600 000

假设[例 2—3]中贴现的票据为带息票据,年利率为 4%,其他条件不变,则该票据的到期值、贴现利息和贴现所得计算如下:

票据到期值=600 000+600 000×4%×5/12=610 000(元)

贴现天数=31—2+30+31=90

贴现利息=610 000×10%×90/360=15 250(元)

贴现所得=610 000—15 250=594 750(元)

根据上述计算结果,其会计分录如下:

借:银行存款 594 750

　　财务费用 15 250

贷：应收票据 610 000

若付款人到期无力支付，应由贴现企业清偿时，以上述带息票据贴现为例，则会计分录如下：

借：应收账款 610 000

贷：银行存款 610 000

若付款人到期无力支付，贴现企业的银行存款账户余额不足支付时，则贴现企业会计分录如下：

借：应收账款 610 000

贷：短期借款 610 000

另外，我国现行会计制度规定不对应收票据计提坏账准备。将到期不能收回的应收票据转入应收账款后，再按规定计提坏账准备。但是，如有确凿证据表明企业所持有的未到期的应收票据不能够收回或收回的可能性不大时，应将其账面余额转入应收账款，并计提相应的坏账准备。

二、应收账款及坏账准备的核算

应收账款是指企业因销售商品、产品或提供劳务等业务，应向购货单位或接受劳务单位收取的账款或代垫的运杂费。

（一）应收账款的确认

应收账款是指企业在正常的经营过程中因销售商品、产品、提供劳务等业务，应向购买单位收取的款项，应收账款的入账价值包括因销售商品或提供劳务从购货方或接受劳务方应收的合同或协议价款（应收的合同或协议价款不公允的除外）、增值税销项税额以及代购货单位垫付的包装费、运杂费等。应收账款计价时需要考虑商业折扣和现金折扣等因素，按照实际发生的金额计量和记录。

1.商业折扣

企业为扩大销路，所采用销量越多、价格越低的促销手段，即商业折扣。一般情况下，商业折扣直接从商品价目单价格中扣减，购买单位应付的货款和销售单位所应收的货款，都根据直接扣减商业折扣后的价格计算。商业折扣通常用百分数表示，如 10%、15%、20%等。商品价目单价格扣除商业折扣后为双方的实际交易价格，即发票价格。商业折扣对应收账款的入账价值不产生影响，即企业的应收账款应按扣除商业折扣后的实际销售价格作为入账价值。

2.现金折扣

是指销售企业为了鼓励客户在一定时期内早日偿还货款，对销售价格给予的一定比率的扣减。现金折扣一般用符号“折扣/付款期限”表示。例如，“2/10”表示客户在 10 天内付款可给予 2%的折扣；“1/20”表示客户在 20 天内付款可给予 1%的折扣；“N/30”表示客户在 30 天内（或超过 30 天）付款，则须按发票金额付款。对销售企业来讲，现金折扣虽然会给企业带来部分金额损失，但可以减少坏账，加速资金回笼，降低资金成本和机会成本。现金折扣使得企业应收账款的实收数额随着客户付款是否及时而发生变化，因此，现金折扣会对应收账款的入账价值产生影响，实际发生的现金折扣作为财务费用处理。

（二）应收账款的核算

为了反映和监督应收账款的增减变动及其结存情况，企业应设置“应收账款”账户，不单独设置“预收账款”账户的企业，预收款项也在该账户核算。该账户借方登记因销售业务而发生的各项应收取的款项，贷方登记已经收回的应收账款。期末借方余额，反映企业尚未收回的应收账款；期末贷方余额反映企业已收到的预收款项。该账户可按债务人进行明细核算。企业因销售商品、提供劳务而发生应收账款时，按实现的销售收入和收取的增值税销项税额，借记“应收账款”账户，按实现的销售收入，贷记“主营业务收入”或“其他业务收入”账户，按规定应收取的增值税销项税额，贷记“应交税费——应交增值税（销项税额）”账户。公司代购货单位垫付运杂费时，借记“应收账款”账户，贷记“银行存款”账户。

当存在现金折扣时，应收账款入账价值的确认在我国会计实务中采用总价法。总价法是将未减去现金折扣前的金额即实际售价，作为应收账款的入账价值。只有客户在折扣期内支付货款时，现金折扣才予以确认。在总价法下，发生的现金折扣实际上是销售方为了鼓励客户及早付款而给予的经济利益，会计上作为理财费用计入“财务费用”账户。

（三）应收款项的减值

1.应收款项发生减值的判断

企业应当在资产负债表日对应收款项的账面价值进行检查，根据本单位的实际情况分为单项金额重大和非重大的应收款项，分别进行减值测试，计算确定减值损失，计提坏账准备。

（1）对于单项金额重大的应收款项，应当单独进行减值测试，有客观证据表明该应收款项发生减值的，应当根据其未来现金流量现值低于账面价值的差额，确认减值损失，计提坏账准备。如果短期应收款项的预计未来现金流量与其现值相差很小的，在确定相关减值损失时，可不对其预计未来现金流量进行折现。

（2）对于单项金额非重大的应收款项以及单独测试后未发生减值的单项金额重大的应收款项，应当采用组合方式进行减值测试，分析判断是否发生减值。通常情况下，可以将这些应收款项按类似信用风险特征划分为若干组合，再按这些应收款项组合在资产负债表日余额的一定比例，计算确定减值损失，计提坏账准备。

2.坏账损失的计提方法

坏账是指企业销售产品、提供劳务而产生的应收账款，由于债务人破产、解散以及其他各种原因而无法收回的款项，因坏账而造成的损失称为坏账损失。

一般来说，应收账款符合下列条件之一的，就应将其确认为坏账。

①债务人死亡，以其遗产清偿后仍然无法收回的账款。

②债务人破产，以其破产财产清偿后仍然无法收回的账款。

③债务人较长时期内(超过 3 年)未履行其偿债义务，并有足够的证据表明无法收回或收回可能性极小的账款。

上述 3 个条件中的每一个条件都是充分条件，其中第 3 个条件是需要会计人员做出职业判断的。我国现行制度规定，上市公司坏账损失确认的决定权在公司董事会或股东大会。

坏账损失的会计处理方法一般有直接转销法和备抵法，会计准则要求采用备抵法核算。备抵法是指参照历史资料，按期估计可能发生的坏账损失，根据一定比例预提坏账准备金，以备实际发生坏账时用以抵偿坏账损失。

3.预提坏账准备金的方法

预提坏账准备金的方法主要有：应收款项余额百分比法、销货百分比法、账龄分析法和个别认定法等在期末对“应收账款”账户进行调整。坏账准备提取方法一经确定，不得随意变更。

(1)应收款项余额百分比法

应收账款余额百分比法是指按应收账款账户余额根据一定的比例提取坏账准备金的方法。它是以应收账款的账面余额作为提取坏账准备金的依据，一般在年终时采用该方法。

采用这种方法，每期期末应根据企业应收款项的账面余额和计提比率计算出本期应有的坏账准备金额。然后将计算出来的应有的坏账准备金额与账面已有的坏账准备进行对照，如果应有金额大于已提金额，则应补提差额部分；如果应有金额小于已提金额，则应将差额部分冲回。

坏账准备从资产减值损失中计提。如果确认某笔应收款项无法收回，则应予以核销，冲减坏账准备；坏账准备不足以冲减的部分，计入资产减值损失。

(2)销货百分比法

销货百分比法是根据各期发生的赊销金额的百分比来估计坏账损失的方法。百分比的确定，是根据以往的经验结合当前的具体情况加以估计的。

(3)账龄分析法

账龄分析法是根据应收款项账龄的长短来估计坏账损失的方法。所谓账龄，就是客户所欠账款时间的长短。一般来说，款项拖欠的时间越长，发生坏账的可能性就越大。账龄分析法就是将账款按拖欠时间的长短划分为若干区段，并为各个区段的应收款项金额估计一个坏账损失百分比，然后按区段确定坏账损失。

(4)个别认定法

个别认定法就是根据每一应收账款的情况来估计坏账损失的方法。在采用应收款项余额百分比法、账龄分析法等的同时，如果某项应收款项的可收回性与其他各项应收款项存在明显的差别(例如，债务单位所处的特定地区等)，导致该项应收款项如果按照与其他应收款项同样的方法计提坏账准备金，将无法真实地反映其可收回金额的，可对该项应收款项采用个别认定法计提坏账准备金。在同一会计收回金额的，可对该项应收款项采用个别认定法计提坏账准备金。在同一会计期间内运用个别认定法的应收款项，应从用其他方法计提坏账准备的应收款项中剔除。

4.应收款项减值的会计处理

为了核算企业应收款项减值的情况，应设置“坏账准备”和“资产减值损失”账户。

“坏账准备”账户属于资产备抵类账户，贷方登记按期估计的坏账准备数额，借方登记已确认为坏账损失应予以转销的应收款项数额，余额通常在贷方，表示已经预提但尚未转销的坏账准备金数额，在期末资产负债表上列作各项应收款项的减项。

“资产减值损失”账户属于费用类账户，核算企业应计提的减值准备金额，借方登记应计提的减值准备金额，贷方登记期末应结转到本年利润账户的金额，期末该账户无余额。

以下仅以单项金额非重大的应收款项，采用应收账款余额百分比法为例，对应收款项减值的会计处理进行说明。

(1)计提坏账准备的会计处理资产负债表日，企业确定应收款项发生减值的，按应计提的坏账准备金额，借记“资产减值损失——计提的坏账准备”账户，贷记“坏账准备”账户。

(2)发生坏账时的会计处理

对于确实无法收回的应收款项，按管理权限报经批准后作为坏账损失，转销应收款项，借记“坏账准备”账户，贷记“应收账款”“其他应收款”等账户。

(3)收回坏账的账务处理

已确认并转销的坏账以后收回的，根据收回的数额，借记“应收账款”“其他应收款”等账户，贷记“坏账准备”账户，同时借记“银行存款”账户，贷记“应收账款”“其他应收款”等账户。或者直接借记“银行存款”账户，贷记“坏账准备”账户。

需要注意的是，企业的应收账款确认为坏账，并不意味着企业放弃了该项债权。企业应对该笔债权积极组织催收，以减少企业的损失。如此，对应收账款的内部控制要求企业对已经注销的坏账应进行备查登记，做到账销案存，收回的已注销的坏账应及时入账。

【例 2—4】 观文出版社 2016 年年末应收账款账龄及计提坏账准备的比例及数额，如表 2—2 所示：

表 2—2　　坏账损失估算表

2016 年 12 月 31 日　　单位：元

应收账款账龄	应收账款金额	估计损失百分比(%)	估计坏账损失金额
6 个月以上 1 年以内	450 000	6	27 000
1～2 年	180 000	10	18 000
2～3 年	500 000	20	100 000
3～4 年	120 000	50	60 000
4 年以上	200 000	80	160 000
合　计	1 450 000	—	365 000

采用账龄分析法确定的期末坏账准备数额为365 000元。其会计分录如下：

借：资产减值损失——计提坏账准备　　365 000

　贷：坏账准备　　365 000

若 2017 年年末应收账款采用账龄分析法，估计坏账损失金额为500 000元，则应计提坏账准备135 000元(500 000—365 000)。其会计分录如下：

借：资产减值损失——计提坏账准备　　135 000

　贷：坏账准备　　135 000

假设 2017 年年末应收账款采用账龄分析法，估计坏账损失金额为300 000元，则应冲减坏账准备65 000元(300 000—365 000)。其会计分录如下：

借：坏账准备　　65 000

　贷：资产减值损失—计提坏账准备　　65 000

三、其他应收款及坏账准备的核算

其他应收款是指企业非购销活动形成的债权，是除应收票据、应收账款和预付账款以外的各种应收暂付款项。主要包括企业应收未收的各种赔款、罚款、存出保证金、应收出租包装物的租金、应向职工收取的各种垫付款、预付账款转入款等。出版企业应设置“其他应收款”账户，并按不同的债权类型设置明细账户。企业发生的用于投资、购买物资等的各种拨款，不在本账户进行核算。

其他应收款应当按实际发生的金额入账。按实际发生的其他应收款的金额，借记“其他应收款”账户，贷记“库存现金”“银行存款”“营业外收入”等账户；收回或转销其他应收款时，借记“库存现金”“银行存款”“应付职工薪酬”等账户，贷记“其他应收款”账户。

出版企业应当定期或者至少于每年年度终了，对其他应收款进行检查，预计其可能发生的坏账损失，并计提坏账准备。坏账的核算比照“应收账款”账户进行相应的会计处理。

四、预付账款的核算

预付账款是指企业按照购货合同规定，预先支付给供货方的款项。预付账款属于企业的债权资产。预付账款和应收账款一样，都是企业的短期债权。但应收账款是企业销售产品或提供劳务引起的，是应向购货方或接受劳务方收取的款项；而预付账款则是企业购货或接受劳务行为尚未发生时，预先付给供货方或提供劳务方的款项，两者应分别进行核算。

企业应当设置"预付账款"账户，核算预付账款的增减变动及其结存情况。该账户属于资产类账户，借方登记预付的款项，贷方登记收到所购货物等时应支付的金额，期末余额在借方，反映企业预付的款项，若期末余额在贷方，表示企业尚未补付的款项。该账户应按供货单位进行明细核算。

出版企业一般应单独设置"预付账款"账户进行会计核算管理，而"预付账款"账户期末如出现贷方余额，在编制会计报表时，应将其视为债务在"应付账款"项目列示。预付款业务不多的企业，也可以将预付货款记入"应付账款"账户的借方。但在编制会计报表时，应注意将"预付账款"和"应付账款"的金额分开列示。

出版企业按购货合同规定预付货款时，应借记"预付账款"账户，贷记"银行存款"账户。收到预定物资时，再根据发票账单等列明的应记入购入物资成本的金额，借记"材料采购""在途物资""原材料"等账户，按发票上注明的增值税税款借记"应交税费—应交增值税(进项税额)"账户，按应付金额贷记"预付账款"账户。若应付金额与预付货款出现差异，补付货款时，借记"预付账款"账户，贷记"银行存款"账户；退回多付货款时，借记"银行存款"账户，贷记"预付账款"账户。

对于确认不符合预付账款性质，或因供货单位破产等原因已无法收到所购物资时，应将预付货款的金额转入其他应收款，借记"其他应收款"账户，贷记"预付账款"账户。

第三节　存　货

一、存货概述

(一)存货内容

存货指企业在正常生产经营过程中持有以备出售的产成品或商品，或者为了出售仍然处在生产过程中的在产品，或者将在生产过程或提供劳务过程中耗用的材料、物料等。主要包括各类材料、商品、在产品、半成品、产成品、包装物、低值易耗品等。

出版企业的存货内容、品种较多,各自用途及特点也存在差异,为加强对存货的核算管理工作,应从企业管理需求出发,对存货按不同标准进行合理分类。存货按其用途划分,可分为库存和在途的纸张材料、委托加工材料、低值易耗品、包装物、在产品、库存商品(书刊)等。

存货按其存放地点划分,可分为库存存货、在途存货和委托加工存货。

(二)存货的确认

存货同时满足下列条件的,才能予以确认:

(1)该存货包含的经济利益很可能流入企业;

(2)该存货的成本能够可靠计量。

存货范围确认的标准是企业对货物是否具有法人财产权(或法定产权)。凡在盘存日期法定所有权属于企业的所有物品,不论其存放在何处或处于何种状态,都应视为企业的存货;反之,凡是法定所有权不属于企业的物品,即使存放于企业,也不应包括在本企业的存货范围中。

(三)发出存货的计价方法

日常工作中,企业发出的存货,可以按实际成本核算,也可以按计划成本核算。如采用计划成本核算,会计期末应调整为实际成本。

在实际成本核算方式下,企业可以采用的发出存货成本的计价方法包括个别计价法、先进先出法、月末一次加权平均法、移动加权平均法等。

1.个别计价法

个别计价法亦称个别认定法、具体辨认法、分批实际法等,采用这一方法是假设存货具体项目的实物流转与成本流转相一致,按照各种存货逐一辨认各批发出存货和期末存货所属的购进批别或生产批别,分别按其购入或生产时所确定的单位成本计算各批发出存货和期末存货成本的方法。在这种方法下,每一种存货的实际成本被作为计算发出存货成本和期末存货成本的基础。

2.先进先出法

先进先出法是指先购入的存货应先发出(销售或耗用)这样一种存货实物流动假设为前提,对发出存货进行计价的一种方法。

3.月末一次加权平均法

月末一次加权平均法是指以本月全部进货数量加上月初存货数量作为权数,去除本月全部进货成本加上月初存货成本,计算出存货的加权平均单位成本,以此为基础计算本月发出存货的成本和期末存货的成本的一种方法。

4.移动加权平均法

移动加权平均法是指以每次进货的成本加上原有库存存货的成本,除以每次进货数量加上原有库存存货的数量,据以计算加权平均单位成本,作为在下次进货前计算各次发出存货成本依据的一种方法。

(四)存货的入账价值

根据《企业会计准则》的规定，企业取得存货应当按照成本进行初始计量。存货成本包括采购成本、加工成本和其他成本。

1.采购成本

外购存货的成本即存货的采购成本，包括购买成本、相关税费、运输费、装卸费、保险费，以及其他可归属于存货采购成本的费用。

(1)采购价格，企业购入的材料或商品，应根据发票账单上的金额，确定采购价格，但不包括专用发票上注明的增值税税额。当存在商业折扣、回扣和类似项目的情况下，应将商业折扣、回扣和类似项目后的余额确认为采购价格。对于进口商品而言，进口商品的采购价格包括国外进价和应分摊的外汇价差。其中，国外进价，一律以到岸价为基础，如对外合同以离岸价成交的，商品离开对方口岸后，应由我方负担的运杂费、保险费、佣金等费用，计入商品的进价。

(2)进口关税，是指从中华人民共和国境外购入的货物或物品，根据税法规定所缴纳的进口关税。

(3)其他税费，是指企业购买、自制或委托加工存货发生的消费税、资源税和不能从增值税销项税额中抵扣的增值税进项税额以及其他费用，但不包括按规定运输费的一定比例计算的可抵扣的增值税进项税额，以及按规定收到的先征后返的增值税税额和消费税税额。

(4)保险费，是指企业在存货的购置过程中发生的财产保险费等。

(5)其他可直接归属于采购成本的费用，即采购成本中除上述各项以外的可直接归属于存货采购成本的费用，如在采购过程中发生的仓储费、包装费、大宗物资的市内运杂费、运输途中的合理耗损、入库前的挑选费用等。

2.存货的加工成本

按照制造过程中发生的各项实际支出计价，包括制造生产过程中发生的料、工、费等实际费用支出。

3.其他成本

存货的其他成本，是指除采购成本、加工成本以外的，使存货达到目前场所和状态所发生的其他成本支出，如在生产过程中为达到下一个生产阶段所必需的费用。如在存货采购过程中发生的仓储费、包装费、运输途中的合理损耗、入库前的整理挑选费用等。由于这些费用能分清负担对象，应直接计入存货成本；不能直接分清负担对象的，应按照合理的分配方法，分配计入有关存货的采购成本。分配方法通常按所购存货的数量或者采购价格比例进行分配。

4.存货成本的确定原则

存货的来源不同，其成本的构成内容也不同。原材料、商品、低值易耗品等通过购买而取得的存货的成本由采购成本构成；产成品、在产品、半成品等自制或需委托外单位加工完成的存货的成本由采购成本、加工成本以及使存货达到目前场所和状态所发生的其他支出构成。

存货的成本，实务中具体按以下原则确定。

(1)购入的存货，其成本包括：买价、运杂费(包括运输费、装卸费、保险费、包装费、仓储费等)、运输途中的合理损耗、入库前的挑选整理费用(包括挑选整理中发生的工、费支出和挑选整理过程中所发生的数量损耗、并扣除回收的下脚废料价值)以及按规定应计入成本的税费和其他费用。

(2)自制的存货，包括自制原材料、自制包装物、自制低值易耗品、自制半成品及库存商品等，其成本包括直接材料、直接人工和制造费用等的各项实际支出。

(3)委托外单位加工完成的存货

按照加工实际耗用的材料或者半成品本身的价值，以及所支付的委托加工费、运输费、包装费、装卸费、保险费等费用和按规定应计入成本的税金，作为入账价值。

(4)投资者投入的存货

投资者投入的存货按投资各方确认的价值，作为实际成本计价。

(5)接受捐赠取得的存货

根据以下情况确认：

如果捐赠方提供了有关凭证(如发票、报送单、有关协议)的，按照发票账单所列金额加上应由企业负担的运输费、保险费、装卸费、缴纳的税金，作为入账价值。

如果捐赠方没有提供有关凭证，按以下顺序确定其入账成本：① 同类或者类似存货存在活跃市场的，按同类或者类似存货的市场价格加上应支付的相关税费，作为实际成本计价。②同类或者类似存货不存在活跃市场的，按接受捐赠的存货预计未来现金流量现值，作为实际成本计价。

(6)盘盈的存货

按照同类或类似存货的市场价格，作为实际成本计价。

(7)通过债务重组和非货币性交易方式取得的存货

接受债务重组和非货币性交易方式换入的存货，其入账价值按债务重组和非货币性交易准则的规定确定。

二、纸张材料的核算

纸张材料作为出版企业原材料的主要构成内容，其品种多样、规格复杂，在产品印制成本中占有较大比重。加强对纸张材料的核算管理，对出版企业供、产、销各环节的成本计算，以及企业财务信息中存货资产价值的确定，将产生积极影响。

出版企业纸张材料业务的核算处理，主要有按实际成本计价核算和按计划成本计价核算两种方法。

(一)按实际成本计价核算

按实际成本计价核算，是指对纸张材料进行收入、发出和结存核算时，原材料的总分类核算、明细分类核算以及有关凭证，均按实际入账价值计价核算。

1.纸张材料购入的核算

按实际成本计价核算，应设置“原材料”“在途物资”等主要账户，并根据纸张材料货款结算及货物验收的不同情况分别核算。

(1)材料验收并承付货款。购入的纸张材料验收入库同时支付货款时，应根据购货发票、付款结算凭证及材料入库单的有关金额数据，借记“原材料”“应交税费——应交增值税(进项税额)”账户，贷记“银行存款”账户。

【例2—5】 观文出版社2019年12月1日从外地购入2吨新闻纸，每吨4 500元，总价款9 000元，另按13%税率计增值税税款1 170元，运输费用金额为500元，增值税专用发票上注明的增值税税额为45元。材料已验收入库，货款以银行存款支付。根据购货专用发票、付款结算凭证及材料入库单等，作会计分录如下：

借：原材料——新闻纸	9 500	
应交税费——应交增值税(进项税额)	1 215	
贷：银行存款		10 715

(2)货款已付，材料在途。企业从外地购料并采用验单付款时，对于已经支付货款但材料尚未验收入库的采购业务，应根据发票账单等结算凭证，借记“在途物资”“应交税费一应交增值税(进项税额)”账户，贷记“银行存款”等账户；待材料到达并验收入库后，再根据收料单，借记“原材料”账户，贷记“在途物资”账户。

(3)材料入库但货款未付。对于材料已到并验收入库，但结算凭证和发票账单未到，货款尚未支付的采购业务，月内可暂不记账。月终，对于尚未付款入账的材料，应按暂估价值入账，借记“原材料”账户，贷记“应付账款”账户。下月初用红字编制相同的会计分录予以冲回，以便下月结算凭证和发票账单到达实际付款后，按正常材料购进业务程序进行核算，借记“原材料”“应交税费——应交增值税(进项税额)”账户，贷记“银行存款”等账户。

2.纸张材料发出的核算

出版企业纸张材料主要用于书刊的生产，编辑部门、行政部门等因工作需要也有少量领用。存货发出按实际成本计价核算，首先应确定发出存货的计价方法。主要计价方法有先进先出法、加权平均法、移动加权平均法和个别计价法四种。

(1)先进先出法。此种方法是假定先收到的存货先发出，实际操作时，根据这种假定的存货流转次序对发出存货和期末存货进行计价。这种方法使得期末结存存货的成本接近于存货近期的成本水平。

(2)加权平均法。此种方法是以期初库存存货结存金额与本期收入存货金额之和，除以期初库存存货的结存量加上本期存货购入量之和，计算出期末以数量为权数的平均单价，作为计算本期发出存货成本和期末结存存货成本的方法。

加权平均法的计算公式如下：

$$加权平均单价=\frac{月初库存存货成本+\sum 本月各批购进存货的实际单位成本\times 本月各批进货的数量}{月初库存存货的数量+本月各批进货数量之和}$$

$$期末结存材料成本=期末结存材料数量\times 加权平均单价$$

$$本月发出材料成本=本月发出材料数量\times 加权平均单价$$

或 $$=月初结存材料成本+本月收入材料成本-期末结存材料成本$$

(3)移动加权平均法。此种方法是指每收入一批存货，即须根据现有存货总额及总量计算新的平均单价，并以此作为随后发出存货及结存存货计价依据的方法。其计算原理与加权平均法基本相同。

(4)个别计价法。此种方法是存货的结存及发出成本应以该批存货收入时的实际成本计价。

企业可以根据其业务和管理实际需要选择使用，但计价方法一经确定，不得随意变更。

纸张材料发出的核算，应根据按实际成本计价的发料凭证所列用途，借记“生产成本”“管理费用”等账户，贷记“原材料”账户。纸张材料领发业务频繁的出版企业，为简化日常核算工作，平时只进行材料明细分类核算，待期末编制“发料凭证汇总表”后，再进行材料发出的总分类核算。

(二)按计划成本计价核算

按计划成本计价核算，是指对纸张材料进行收入、发出和结存核算时，原材料的总分类核算、明细分类核算以及有关凭证，均按计划成本计价核算。月末将材料实际成本与计划成本的差额，在发出材料与结存材料之间进行分摊，将发出材料与结存材料的计划成本均调整为实际成本，以保证资产相关信息的真实可靠。

作为计划成本计价核算的基础，出版企业应制定纸张材料的计划成本目录，明确纸张材料的类别、名称、规格、编号、计量单位和计划单位成本。

1.纸张材料购入的核算

按计划成本计价核算，应设置“原材料”“材料采购”“材料成本差异”等主要账户。为了反映各类材料采购过程中实际支出和成本差异形成情况，需按纸张材料分类设置上述主要账户的明细账。

取得的原材料先要通过“材料采购”账户进行核算，购入材料实际发生的采购成本记入“材料采购”账户的借方；将已验收入库的材料，按其计划成本从“材料采购”账户转至“原材料”账户的借方，并将购入材料的实际成本与计划成本的差异，转入“材料成本差异”账户。期末，“材料采购”账户如有借方余额，即表示为在途材料的实际成本。

【例 2—6】 观文出版社为一般纳税企业。2019 年 12 月 1 日“原材料一双面胶版纸”期初余额18 400元,“材料成本差异一 X 板纸”期初借方余额 908 元,该纸张计划单位成本为9 200元/吨(不含税)。本月采购业务如下:

(1)12 月 6 日,从河北购买双面胶版纸 1 吨,价款9 000元,增值税1 170元;运费4 000元,增值税税额 360 元,装卸费 80 元,共计款项14 610元,采用转账支票支付。其会计分录如下:

借:材料采购——双面胶版纸	13 080	
应交税费——应交增值税(进项税额)	1 530	
贷:银行存款		14 610

(2)12 月 10 日,该批纸张材料运抵验收入库。其会计分录如下:

借:原材料——双面胶版纸	9 200	
材料成本差异——双面胶版纸	3 880	
贷:材料采购——双面胶版纸		13 080

(3)12 月 15 日,从浙江购进该类纸张 5 吨,材料已验收入库,增值税专用发票注明的进价为8 000元/吨(不含税)、增值税税额为5 200元;运费2 000元,增值税税额 180 元,货款已通过银行转账支付。其会计分录如下:

借:材料采购——双面胶版纸	42 000	
应交税费——应交增值税(进项税额)	5 380	
贷:银行存款		47 380

同时:

借:原材料——双面胶版纸	46 000	
贷:材料采购——双面胶版纸		42 000
材料成本差异——双面胶版纸		4 000

2.纸张材料发出的核算

采用计划成本计价时,纸张材料的发出业务一律按计划成本进行日常核算,月末再计算材料成本差异率,并将材料成本差异在本期发出和期末结存的材料之间进行分摊,以使发出材料由计划成本调整为实际成本。

【例 2—7】 承前例,出版社 2018 年 12 月共发出双面胶版纸 4.1 吨,其中印刷车间领用纸张 4 吨,编辑部门领用纸张 50 千克,行政部门领用纸张 50 千克。月末计算分摊材料成本差异。其会计处理如下:(结果保留 1 位小数)

(1)发出材料时

借:生产成本	36 800	
编录经费	460	
管理费用	460	

贷:原材料——双面胶版纸　　37 720

(2)计算材料成本差异率及分摊材料成本差异时

$$材料成本差异率=\frac{908+3\ 880-4\ 000}{18\ 400+9\ 200+46\ 000}\times 100\%$$
$$\approx 1.07\%(超支)$$

$$发出材料应负担的成本差异=发出材料的计划成本\times 材料成本差异率$$
$$=37\ 720\times 1.07\%=403.60(元)$$

$$发出材料的实际成本=发出材料的计划成本+发出材料应负担的成本差异$$
$$=37\ 720+403.60=38\ 123.60(元)$$

$$结存材料应分摊的材料成本差异=结存材料的计划成本\times 材料成本差异率$$
$$=35\ 880\times 1.07\%=383.92(元)$$

$$结存材料的实际成本=结存材料的计划成本+结存材料的成本差异$$
$$=35\ 880+383.92=36\ 263.92(元)$$

(3)结转材料成本差异时

借:生产成本　　393.76

　编录经费　　4.92

　管理费用　　4.92

　贷:材料成本差异——双面胶版纸　　403.6

三、库存商品的核算

库存商品是出版企业存货的主要构成项目,商品主要包括库存图书、期刊、音像制品、电子出版物、投影片等。应按出版物类别、品种分版(印、批、期)次、定价设置明细账,进行明细核算。库房应按品种分版(印、批、期)次、定价设置实物明细卡片,记录库存出版物的进销存情况。出版企业库存商品的核算方法,与纸张材料核算原理基本相同,主要有按定价法(或计划成本法)计价核算和按实际成本法计价核算两种方法。

(一)按定价法计价核算

按定价法计价核算,应设置“库存商品”“产品成本差异”等主要账户。为了详细反映各类商品收入、发出和结存情况,还需按出版物类别、品种分版(印、批、期)次、定价设置明细账,进行明细核算。

采用定价法计价核算库存出版物,当出版物完工入库时,应根据入库单中出版物总定价金额借记“库存商品”账户,按实际生产成本贷记“生产成本”账户,按定价与实际成本的差额贷记“产品成本差异”账户。出版物入库单具体格式如表2—3所示。

当出版物出库销售,期末结转其销售成本时,按实际成本借记“主营业务成本”

账户，按销售出版物的定价贷记“库存商品”等账户，按应分摊的成本差异借记“产品成本差异”账户。

产品成本差异率的计算公式如下：

$$本期产品成本差异率=\frac{月初结存产品的成本差异+本期验收入库产品的成本差异}{月初结存产品的计划成本+本期验收入库产品的计划成本}\times 100\%$$

采取委托代销（寄销）或分期收款销售方式发出出版物时，按发出出版物定价，借记“委托代销商品”或“发出商品”科目，贷记本科目。

（二）按实际成本法计价核算

按实际成本法计价核算库存出版物，不设置“产品成本差异”账户，库存出版物收入、发出及结存核算，全部按出版物的实际成本计价核算。

表 2—3　　图书入库单

年　月　日　　　　入库单号：

书代号		书名			
定 价		实收数		码 洋	
库 房		库位号		入库日期	
版 次		开 本		包十册	
编辑室			责任编辑		
书 号			出版日期		
作 者			送书单位		

收书人：　　　　验收人：　　　　制单人：

四、低值易耗品的核算

（一）低值易耗品的内容

低值易耗品是指单项价值在规定限额以下或使用期限不满一年，能多次使用而基本保持其实物形态的劳动资料。低值易耗品与固定资产都是企业中的劳动资料，所不同的是固定资产是主要劳动资料，它跟固定资产有相似的地方，在生产过程中可以多次使用不改变其实物形态，在使用时也需维修，报废时可能也有残值。由于它价值低，使用期限短，所以采用简便的方法，将其价值摊入产品成本。

2006 年新的会计制度中，将包装物与低值易耗品，合并为包装物及低值易耗品，2014 年的会计制度中，将低值易耗品与包装物，归为周转材料的会计科目下。

（二）低值易耗品的核算

为了反映和监督低值易耗品的增减变动及其结存情况，企业应当设置“周转材料—低值易耗品”科目，借方登记低值易耗品的增加，贷方登记低值易耗品的减少，期末余额在借方，通常反映企业期末结存低值易耗品的金额。

低值易耗品等企业的周转材料符合存货定义和条件的,按照使用次数分次计入成本费用。金额较小的,可在领用时一次计入成本费用,但为加强实物管理,应当在备查簿上进行登记。一次摊销是指在领用低值易耗品时,将其全部价值一次计入有关成本费用账户,借记"生产成本""管理费用"或"编录经费"等账户,贷记"低值易耗品"账户。低值易耗品报废时,将其残料价值作为当月低值易耗品摊销额的减少,冲减有关成本费用。这种方法适应于价值低或者容易破碎的低值易耗品。

采用分次摊销法摊销低值易耗品,低值易耗品在领用时摊销其账面价值的单次平均摊销额。分次摊销法适用于可供多次反复使用的低值易耗品。在采用分次摊销法的情形下,需要单独设置"周转材料——低值易耗品——在用""周转材料——低值易耗品——在库"和"周转材料——低值易耗品——摊销"明细科目。低值易耗品从领用到报废的使用过程中,其价值因磨损而逐步减少,应根据低值易耗品的实际情况采用一次、分次的摊销方法进行摊销。采用分次摊销法摊销低值易耗品,低值易耗品在领用时摊销其账面价值的单次平均摊销额。分次摊销法适用于可供多次反复使用的低值易耗品。

分次摊入有关费用时,借记"生产成本""管理费用"或"编录经费"等账户,贷记"周转材料——低值易耗品——摊销"。如果低值易耗品已经发生毁损、遗失等,不能再继续使用的,应将其账面价值,全部转入当期成本、费用。采用计划成本核算的出版企业,月度终了,应结转当月领用低值易耗品应分摊的成本差异,通过"材料成本差异"账户,记入有关成本、费用账户。

【例 2—8】 观文出版社的基本生产车间领用专用工具一批,实际成本为 30 万元,采用分次摊销法进行摊销,假定使用次数为 3 次。应做如下会计处理:

(1)领用专用工具:

借:周转材料——低值易耗品——在用	300 000	
贷:周转材料——低值易耗品——在库		300 000

(2)第一次领用时摊销

借:编录经费	100 000	
贷:周转材料——低值易耗品——摊销		100 000

(3) 第二次领用时

借:编录经费	100 000	
贷:周转材料——低值易耗品——摊销		100 000

(4) 第三次领用时

借:编录经费	100 000	
贷:周转材料——低值易耗品——摊销		100 000

同时,

借:周转材料——低值易耗品——摊销 300 000

贷:周转材料——低值易耗品——在用 300 000

本例中,采用实际成本核算,需要说明的,一是在领用低值易耗品时,应在“周转材料——低值易耗品”明细科目中进行明细结转,由“在库”转为“在用”;二是在第三次摊销低值易耗品时,由于已经全部摊销完毕,因此,需要将“周转材料—低值易耗品”明细科目中的“摊销”明细科目的贷方余额与“在用”明细科目的借方余额进行相互抵消,从而结平“周转材料——低值易耗品”明细科目的余额,使其余额为0,从而保证了记账的平衡,又保证账实相符,与低值易耗品已经通过三次领用实现摊销完毕的事实相一致。

【例 2—9】 承上述例题,假设观文出版社对低值易耗品采用计划成本核算,某月基本生产车间领用专用工具一批,实际成本为 30.3 万元,计划成本为 30 万元,不符合固定资产定义,采用分次摊销法进行摊销,该专用工具的估计使用次数为 3 次,该专用工具的材料成本差异率为 1%。观文出版社应编制如下会计分录。

(1)领用专用工具时:

借:周转材料——低值易耗品——在用 300 000

贷:周转材料——低值易耗品——在库 300 000

(2)第一次领用时摊销其价值的 1/3:

借:编录经费 100 000

贷:周转材料——低值易耗品——摊销 100 000

同时,

借:编录经费 1 000

贷:材料成本差异——低值易耗品 1 000

(3)第二次领用时摊销其价值的 1/3:

借:编录经费 100 000

贷:周转材料——低值易耗品——摊销 100 000

同时,

借:编录经费 1 000

贷:材料成本差异——低值易耗品 1 000

(4)第三次领用时摊销其价值的 1/3:

借:编录经费 100 000

贷:周转材料——低值易耗品——摊销 100 000

同时,

借:编录经费 1 000

贷:材料成本差异——低值易耗品 1 000

借:周转材料——低值易耗品——摊销 300 000

贷：周转材料——低值易耗品——在用　　　　　　　　300 000

五、存货期末计价的核算

资产负债表日，企业应当采用成本与可变现净值孰低法对存货进行计量。按可变现净值低于存货成本的差额，计提存货跌价准备，计入当期损益。其中，成本是指期末存货的实际成本。可变现净值是指在日常活动中，存货的估计售价减去至完工时估计将要发生的成本、估计的销售费用以及相关税费后的金额。企业应以确凿证据为基础计算确定存货的可变现净值。出版企业根据出版物的特点，可对库存图书、期刊、音像制品、电子出版物、投影片等的呆滞损失，实行分年核价并提取提成差价的办法。就出版社而言，出版物存货占流动资产的比重较高，同时出版物库存具有数量大、种类多、时效性强的特点，减值风险较高，存货的减值核算是出版企业需要重点关注的资产减值准备。

（一）出版物提成差价的计提标准

1.纸质图书

分 3 年提取，其计提比例为：当年出版的不提；出版 1 年的，按年末库存图书总定价的 10%～20%计提；出版 2 年的，按年末库存图书总定价的 20%～30%计提；出版 3 年及 3 年以上的，按年末库存图书总定价的 30%～40%计提。

2.纸质期刊（包括年鉴）和挂历、年画

当年出版的，按年末库存实际成本提取

3.音像制品、电子出版物和投影片（含缩微制品）

按年末库存实际成本的 10%～30%提取。如遇上述出版物升级，升级后的原有出版物仍有市场的，可保留该出版物库存实际成本 10%；升级后的原有出版物已无市场的，则全部报废。

所有各类提成差价的累计提取额不得超过实际成本。

（二）存货跌价准备的核算

出版企业应设置“存货跌价准备——出版物提成差价”账户，用以核算库存出版物跌价准备的计提及使用。该账户期末贷方余额反映出版企业提取的库存出版物的呆滞损失准备。

出版企业应于年度终了，对库存出版物存货进行全面清查并实行分年核价，按规定的比例提取提成差价。当存货成本高于其可变现净值时，企业应当按照存货可变现净值低于成本的差额，借记“资产减值损失——计提的存货跌价准备”科目，贷记“存货跌价准备”科目。

转回已计提的存货跌价准备金额时，按恢复增加的金额，借记“存货跌价准备”科目，贷记“资产减值损失——计提的存货跌价准备”科目。

企业结转存货销售成本时，对于已计提存货跌价准备的，应当一并结转，同时调整销售成本,借记"存货跌价准备"科目,贷记"主营业务成本""其他业务成本"等科目。

【例2—10】 观文出版社2016年年初"存货跌价准备一出版物提成差价"账户贷方余额为90万元,当年经批准报废库存图书20万元。2016年年末和2017年年末,实行分年核价并提取提成差价方法,库存图书损失如表2—4所示:

表2—4 **纸制图书提成差价损失计算表** 单位:万元

图书出版年限	库存图书总定价		估计损失百分比(%)	估计损失金额	
	2016	2017		2016	2017
当年	300	280	0	0	0
一年	150	140	20	30	28
二年	80	60	30	24	18
三年及以上	55	40	40	22	16
合　计	585	520	—	76	62

该出版社库存图书存货跌价准备的会计分录如下:

(1)2016年报废图书时,冲销存货跌价准备20万元

借:存货跌价准备——出版物提成差价　　200 000

　贷:库存商品——图书　　200 000

(2)2016年年末时,补提存货跌价准备6万元[76—(90—20)]

借:资产减值损失——计提的存货跌价准备　　60 000

　贷:存货跌价准备——出版物提成差价　　60 000

(3)2017年年末时,冲销存货跌价准备14万元(76—62)

借:存货跌价准备——出版物提成差价　　140 000

　贷:资产减值损失——出版物提成差价　　140 000

第四节　金融资产

企业的金融资产主要包括库存现金、应收账款、应收票据、应收利息、应收股利、其他应收款、贷款、垫款、债权投资、股权投资、基金投资、衍生金融资产等。

出版企业应当结合自身业务特点和风险管理要求,将取得的金融资产在初始确认时分为以下几类:(1)以公允价值计量且其变动计入当期损益的金融资产;(2)持有至到期投资;(3)贷款和应收款项;(4)可供出售的金融资产。上述分类一经确定,不得随意变更。

一、以公允价值计量且其变动计入当期损益的金融资产

以公允价值计量且其变动计入当期损益的金融资产，可以进一步分为交易性金融资产和直接指定为以公允价值计量且其变动计入当期损益的金融资产。

（一）交易性金融资产

满足以下条件之一的金融资产，应当划分为交易性金融资产：

(1)取得该金融资产的目的主要是为了近期内出售。例如，企业以赚取差价为目的从二级市场购入的股票、债券和基金等。

(2)属于进行集中管理的可辨认金融工具组合的一部分，且有客观证据表明企业近期采用短期获利方式对该组合进行管理。在这种情况下，即使组合中有某个组成项目持有的期限稍长也不受影响。

(3)属于衍生工具。但是，被指定为有效套期工具的衍生工具、属于财务担保合同的衍生工具、与在活跃市场中没有报价且其公允价值不能可靠计量的权益工具投资挂钩并须通过交付该权益工具结算的衍生工具除外。其中，财务担保合同是指保证人和债权人约定，当债务人不履行债务时，保证人按照约定履行债务或者承担责任的合同。

（二）直接指定为以公允价值计量且其变动计入当期损益的金融资产

企业不能随意将某项金融资产直接指定为以公允价值计量且其变动计入当期损益的金融资产。只有满足下列条件之一时，企业才能将某项金融资产直接指定为以公允价值计量且其变动计入当期损益的金融资产：

(1)该指定可以消除或明显减少由于该金融资产的计量基础不同而导致的相关利得或损失在确认和计量方面不一致的情况。

设立这项条件，目的在于通过直接指定为以公允价值计量，并将其变动计入当期损益，以消除会计上可能存在的不配比现象。例如，按照金融工具确认和计量准则规定，有些金融资产可以被指定或划分为可供出售金融资产，从而其公允价值变动计入所有者权益，但与之直接相关的金融负债却划分为以摊余成本进行后续计量的金融负债，从而导致“会计不配比”。但是，如果将以上金融资产和金融负债均直接指定为以公允价值计量且其变动计入当期损益的金融资产或金融负债，那么就能够消除这种会计不配比现象。

(2)企业的风险管理或投资策略的正式书面文件已载明，该金融资产组合等，以公允价值为基础进行管理、评价并向关键管理人员报告。

此项条件着重企业日常管理和评价业绩的方式，而不是关注金融工具组合中各组成部分的性质。例如，风险投资机构、证券投资基金或类似会计主体，其经营活动的主要目的在于从投资工具的公允价值变动中获取回报，它们在风险管理或投资策略的正式书面文件中对此也有清楚的说明。

在活跃市场中没有报价、公允价值不能可靠计量的权益工具投资，不得指定为以公允价值计量且其变动计入当期损益的金融资产。

以上所指活跃市场，是指同时具有下列特征的市场：

①市场内交易的对象具有同质性；

②可随时找到自愿交易的买方和卖方；

③市场价格信息是公开的。

（三）初始确认和后续计量

（1）初始确认：以公允价值计量且其变动计入当期损益的金融资产，应当按照公允价值计量，且不扣除将来处置该金融资产时可能发生的交易费用。

公允价值，是指在公平交易中，熟悉情况的交易双方自愿进行资产交换或者债务清偿的金额。在公平交易中，交易双方应当是持续经营企业，不打算或不需要进行清算、重大缩减经营规模，或在不利条件下仍进行交易。

交易费用，是指可直接归属于购买、发行或处置金融工具新增的外部费用。新增的外部费用，是指企业不购买、发行或处置金融工具就不会发生的费用，包括支付给代理机构、咨询公司、券商等的手续费和佣金及其他必要支出，不包括债券溢价、折价、融资费用、内部管理成本及其他不直接相关的费用。交易费用构成实际利率的组成部分。

企业取得金融资产所支付的价款中包含的已宣告但尚未发放的债券利息或现金股利，应当单独确认为应收项目进行处理。

（2）后续计量：以公允价值计量且其变动计入当期损益的金融资产，应当按照公允价值计量，且不扣除将来处置该金融资产时可能发生的交易费用。

以公允价值计量且其变动计入当期损益的金融资产公允价值变动形成的利得或损失，应当计入当期损益。

（四）以公允价值计量且其变动计入当期损益的金融资产的会计处理

这种会计处理着重于该金融资产与金融市场的紧密结合性，反映该类金融资产相关市场变量变化对其价值的影响，进而对企业财务状况和经营成果的影响。

相关的账务处理如下：

（1）企业取得交易性金融资产，按其公允价值，借记“交易性金融资产——成本”科目，按发生的交易费用，借记“投资收益”科目，按已到付息期但尚未领取的利息或已宣告但尚未发放的现金股利，借记“交易性金融资产——成本”，按实际支付的金额，贷记“其他货币资金”等科目。

（2）交易性金融资产持有期间被投资单位宣告发放的现金股利，或在资产负债表日按分期付息、一次还本债券投资的票面利率计算的利息，借记“应收股利”或“应收利息”科目，贷记“投资收益”科目。

（3）资产负债表日，交易性金融资产的公允价值高于其账面余额的差额，借记

“交易性金融资产——公允价值变动”科目，贷记“公允价值变动损益”科目；公允价值低于其账面余额的差额做相反的会计分录。

(4)出售交易性金融资产，应按实际收到的金额，借记“其他货币资金”等科目，按该金融资产的账面余额，贷记“交易性金融资产——成本、公允价值变动”科目，按其差额，贷记或借记“投资收益”科目。同时，将原计入该金融资产的公允价值变动转出，借记或贷记“公允价值变动损益”科目，贷记或借记“投资收益”科目。

【例 2-11】 2018 年 5 月 20 日，观文出版社从深圳证券交易所购入乙公司股票 1 000 000 股，占乙公司有表决权股份的 5%，支付价款合计5 080 000元，其中，证券交易税等交易费用8 000元，已宣告发放现金股利72 000元。观文出版社没有在乙公司董事会中派出代表，观文出版社将其划分为交易性金融资产。

2018 年 6 月 20 日，观文出版社收到乙公司发放的 2016 年现金股利72 000元。

2018 年 6 月 30 日，乙公司股票收盘价为每股 5.20 元。

2018 年 12 月 31 日，观文出版社仍持有乙公司股票；当日，乙公司股票收盘价为每股 4.90 元。

2019 年 4 月 20 日，乙公司宣告发放 2017 年现金股利 2 000 000 元。

2019 年 5 月 10 日，观文出版社收到乙公司发放的 2017 年现金股利。

2019 年 5 月 17 日，观文出版社以每股 4.50 元的价格将股票全部转让，同时支付证券交易税等交易费用 7 200 元。

假定不考虑其他因素，观文出版社的账务处理如下：

(1)2018 年 5 月 20 日，购入乙公司股票 1 000 000 股

借：交易性金融资产——乙公司股票——成本	5 000 000	
投资收益	8 000	
应收股利	72 000	
贷：其他货币资金——存出投资款		5 080 000

乙公司股票的单位成本＝(5 080 000－72 000－8 000)÷1 000 000＝5(元/股)

(2)2018 年 6 月 20 日，收到乙公司发放的 2016 年现金股利 72 000 元

借：其他货币资金——存出投资款	72 000	
贷：应收股利		72 000

(3)2018 年 6 月 30 日，确认乙公司股票公允价值变动＝5.20×1 000 000－5 000 000＝200 000(元)

借：交易性金融资产——乙公司股票——公允价值变动	200 000	
贷：公允价值变动损益——乙公司股票		200 000

(4)2018 年 12 月 31 日，确认乙公司股票公允价值变动＝(4.90－5.20)×1 000 000＝－300 000(元)

借:公允价值变动损益——乙公司股票 300 000
贷:交易性金融资产——乙公司股票——公允价值变动 300 000

(5)2019 年 4 月 20 日,确认乙公司发放的 2017 年现金股利中应享有的份额=2 000 000×5%=100 000(元)

借:应收股利——乙公司 100 000
贷:投资收益 100 000

(6)2019 年 5 月 10 日,收到乙公司发放的 2017 年现金股利

借:其他货币资金——存出投资款 100 000
贷:应收股利——乙公司 100 000

(7)2019 年 5 月 17 日,出售乙公司股票1 000 000股

借:其他货币资金——存出投资款 4 492 800
投资收益 407 200
交易性金融资产——乙公司股票——公允价值变动 100 000
贷:交易性金融资产——乙公司股票——成本 5 000 000

乙公司股票出售价格=4.50×1 000 000=4 500 000(元)

出售乙公司股票取得的价款=4 500 000-7 200=4 492 800(元)

乙公司股票持有期间公允价值变动计入当期损益的金额=200 000-300 000
=-100 000(元)

出售乙公司股票时的账面余额=5 000 000+(-100 000)=4 900 000(元)

出售乙公司股票的损益=4 492 800-4 900 000=-407 200(元)

同时,

借:投资收益——乙公司股票 100 000
贷:公允价值变动损益——乙公司股票 100 000

【例 2-12】 2018 年 1 月 1 日,观文出版社从二级市场购入丙公司债券,支付价款合计 2 060 000 元,其中,已到付息期但尚未领取的利息 40 000 元,交易费用 20 000 元。该债券面值 2 000 000 元,剩余期限为 3 年,票面年利率为 4%,每半年末付息一次。观文出版社将其划分为交易性金融资产。其他资料如下:

(1)2018 年 1 月 10 日,收到丙公司债券 2016 年下半年利息 40 000 元。

(2)2018 年 6 月 30 日,丙公司债券的公允价值为 2 300 000 元(不含利息)。

(3)2018 年 7 月 10 日,收到丙公司债券 2017 年上半年利息。

(4)2018 年 12 月 31 日,丙公司债券的公允价值为 2 200 000 元(不含利息)。

(5)2019 年 1 月 10 日,收到丙公司债券 2017 年下半年利息。

(6)2019 年 6 月 20 日,通过二级市场出售丙公司债券,取得价款 2 360 000 元。

假定不考虑其他因素。

观文出版社的账务处理如下:

(1)2018 年 1 月 1 日,从二级市场购入丙公司债券

借:交易性金融资产——丙公司债券——成本　　2 000 000
　应收利息——丙公司债券　　40 000
　投资收益　　20 000
　贷:其他货币资金——存出投资款　　2 060 000

(2)2018 年 1 月 10 日,收到该债券 2016 年下半年利息 40 000 元

借:其他货币资金——存出投资款　　40 000
　贷:应收利息——丙公司债券　　40 000

(3)2018 年 6 月 30 日,确认丙公司债券公允价值变动300 000元(2 300 000－2 000 000)和投资收益40 000元(2 000 000×4%÷2)

借:交易性金融资产——丙公司债券——公允价值变动　　300 000
　贷:公允价值变动损益——丙公司债券　　300 000

借:应收利息——丙公司　　40 000
　贷:投资收益——丙公司债券　　40 000

(4)2018 年 7 月 10 日,收到丙公司债券 2017 年上半年利息

借:其他货币资金——存出投资款　　40 000
　贷:应收利息——丙公司　　40 000

(5)2018 年 12 月 31 日,确认丙公司债券公允价值变动－100 000 元(2 200 000－2 300 000)和投资收益 40 000 元(2 000 000×4%÷2)

借:公允价值变动损益—丙公司债券　　100 000
　贷:交易性金融资产——丙公司债券——公允价值变动　　100 000

借:应收利息——丙公司　　40 000
　贷:投资收益——丙公司债券　　40 000

(6)2019 年 1 月 10 日,收到该丙公司债券 2018 年下半年利息

借:其他货币资金——存出投资款　　40 000
　贷:应收利息——丙公司　　40 000

(7)2019 年 6 月 20 日,通过二级市场出售丙公司债券

借:其他货币资金——存出投资款　　2 360 000
　贷:交易性金融资产——丙公司债券——成本　　2 000 000
　　　　　　　　　　　　　　　　——公允价值变动　　200 000
　　投资收益——丙公司债券　　160 000

出售丙公司债券取得的价款＝2 360 000(元)

丙公司债券持有期间公允价值变动计入当期损益的金额＝300 000－100 000
＝200 000(元)

出售丙公司债券时的账面余额＝2 000 000＋200 000＝2 200 000(元)

出售丙公司债券的损益＝2 360 000－2 200 000 ＝ 160 000(元)

同时，

借：公允价值变动损益——丙公司债券　　　　160 000

　贷：投资收益——丙公司债券　　　　160 000

二、持有至到期投资

(一)持有至到期投资

持有至到期投资是指到期日固定、回收金额固定或可确定，且企业有明确意图和能力持有至到期的非衍生金融资产。企业不能将下列非衍生金融资产划分为持有至到期投资：(1)在初始确认时即被指定为以公允价值计量且其变动计入当期损益的非衍生金融资产；(2) 在初始确认时被指定为可供出售的非衍生金融资产；(3) 符合贷款和应收款项的定义的非衍生金融资产。

如果企业管理层决定将某项金融资产持有至到期，则在该金融资产未到期前，不能随意地改变其“最初意图”。也就是说，投资者在取得投资时意图就应当是明确的，除非遇到一些企业所不能控制、预期不会重复发生且难以合理预计的独立事件，否则将持有至到期。

1.到期日固定、回收金额固定或可确定

“到期日固定、回收金额固定或可确定”是指相关合同明确了投资者在确定的期间内获得或应收取现金流量(例如，投资利息和本金等)的金额和时间。因此，从投资者角度看，如果不考虑其他条件，在将某项投资划分为持有至到期投资时可以不考虑可能存在的发行方重大支付风险。其次，由于要求到期日固定，从而权益工具投资不能划分为持有至到期投资。再者，如果符合其他条件，不能由于某债务工具投资是浮动利率投资而不将其划分为持有至到期投资。

2.有明确意图持有至到期

“有明确意图持有至到期”是指投资者在取得投资时意图就是明确的，除非遇到一些企业所不能控制、预期不会重复发生且难以合理预计的独立事件，否则将持有至到期。

存在下列情况之一的，表明企业没有明确意图将金融资产投资持有至到期：

(1)持有该金融资产的期限不确定。

(2)发生市场利率变化、流动性需要变化、替代投资机会及其投资收益率变化、融资来源和条件变化、外汇风险变化等情况时，将出售该金融资产。但是，无法控制、预期不会重复发生且难以确定合理预计的独立事件引起的金融资产出售除外。

(3)该金融资产的发行方可以按照明显低于其摊余成本的金额清偿。

(4)其他表明企业没有明确意图将该金融资产持有至到期的情况。

据此，对于发行方可以赎回的债务工具，如发行方行使赎回权，投资者仍可收回其几乎所有初始净投资(含支付的溢价和交易费用),那么投资者可以将此类投资划分为持有至到期。但是,对于投资者有权要求发行方赎回的债务工具投资,投资者不能将其划分为持有至到期投资。

3.有能力持有至到期

“有能力持有至到期”是指企业有足够的财力资源,并不受外部因素影响将投资持有至到期。

存在下列情况之一的,表明企业没有能力将具有固定期限的金融资产投资持有至到期:

(1)没有可利用的财务资源持续地为该金融资产投资提供资金支持,以使该金融资产投资持有至到期。

(2)受法律、行政法规的限制,使企业难以将该金融资产投资持有至到期。

(3)其他表明企业没有能力将具有固定期限的金融资产投资持有至到期的情况。

企业应当于每个资产负债表日对持有至到期投资的意图和能力进行评价。发生变化的,应当将其重分类为可供出售金融资产进行处理。

(二)初始确认和后续计量

初始确认持有至到期投资时,应当按照公允价值计量。相关交易费用应当计入初始确认金额。其中,金融资产的公允价值,应当以市场交易价格为基础确定。

持有至到期投资,应当采用实际利率法,按摊余成本计量。

实际利率法及摊余成本

1.实际利率法

实际利率法,是指按照金融资产或金融负债(含一组金融资产或金融负债)的实际利率计算其摊余成本及各期利息收入或利息费用的方法。

(1)实际利率,是指将金融资产或金融负债在预期存续期间或适用的更短期间内的未来现金流量,折现为该金融资产或金融负债当前账面价值所使用的利率。

(2)企业在初始确认以摊余成本计量的金融资产或金融负债时,就应当计算确定实际利率,并在相关金融资产或金融负债预期存续期间或适用的更短期间内保持不变。

在确定实际利率时,应当在考虑金融资产或金融负债所有合同条款(包括提前还款权、看涨期权、类似期权等)的基础上预计未来现金流量,但不应考虑未来信用损失。

金融资产或金融负债合同各方之间支付或收取的、属于实际利率组成部分的各项收费、交易费用及溢价或折价等,应当在确定实际利率时予以考虑。金融资产或金融负债的未来现金流量或存续期间无法可靠预计时,应当采用金融资产或金融负债在整个合同期内的合同现金流量。

2.摊余成本

金融资产或金融负债的摊余成本，是指该金融资产或金融负债的初始确认金额经下列调整后的结果：

（1）扣除已偿还的本金；

（2）加上或减去采用实际利率法将该初始确认金额与到期日金额之间的差额进行摊销形成的累计摊销额；

（3）扣除已发生的减值损失（仅适用于金融资产）。

重要说明的是，对于要求采用实际利率法摊余成本进行后续计量的金融资产或金融负债，如果有客观证据表明该金融资产或金融负债按实际利率计算的各期利息收入或利息费用与名义利率计算的相差很小，也可以采用名义利率摊余成本进行后续计量。

以摊余成本计量的金融资产，在发生减值、摊销或终止确认时产生的利得或损失，应当计入当期损益。但是，该金融资产被指定为被套期项目的，相关的利得或损失的处理，适用《企业会计准则第 24 号——套期保值》。

（三）持有至到期投资的会计处理

持有至到期投资的会计处理着重于该金融资产的持有者打算“持有至到期”，未到期前通常不会出售或重分类。因此，持有至到期投资的会计处理主要应解决该金融资产实际利率的计算、摊余成本的确定、持有期间的收益确认及将其处置时损益的处理。

相关的账务处理如下：

（1）企业取得的持有至到期投资，应按该投资的面值，借记“持有至到期投资——成本”科目，按支付的价款中包含的已到付息期但尚未领取的利息，借记“应收利息”科目，按实际支付的金额，贷记“银行存款”等科目，按其差额，借记或贷记“持有至到期投资——利息调整”科目。

（2）资产负债表日，持有至到期投资为分期付息、一次还本债券投资的，应按票面利率计算确定的应收未收利息，借记“应收利息”科目，按持有至到期投资摊余成本和实际利率确定的利息收入，贷记“投资收益”科目，按其差额，借记或贷记“持有至到期投资——利息调整”科目。

持有至到期投资为一次还本付息债券投资的，应按票面利率计算确定的应收未收利息，借记“持有至到期投资——应计利息”科目，按持有至到期投资摊余成本和实际利率计算确定的利息收入，贷记“投资收益”科目，按其差额，借记或贷记“持有至到期投资——利息调整”科目。

（3）出售持有至到期投资，应按实际收到的金额，借记“银行存款”等科目，按其账面余额，贷记“持有至到期投资——成本、利息调整、应计利息”科目，按其差额，贷记或借记“投资收益”科目。已计提减值准备的，还应同时结转减值准备。

【例 2—13】 2013 年 1 月 1 日，观文出版社支付价款1 000 000元(含交易费用)从上海证券交易所购入 A 公司同日发行的 5 年期公司债券12 500份，债券票面价值总额为1 250 000元，票面年利率为 4.72%，于年末支付本年度债券利息(即每年利息为59 000元)，本金在债券到期时一次性偿还。合同约定：A 公司在遇到特定情况时可以将债券赎回，且不需要为提前赎回支付额外款项。观文出版社在购买该债券时，预计 A 公司不会提前赎回。观文出版社有意图也有能力将该债券持有至到期，划分为持有至到期投资。

假定不考虑所得税、减值损失等因素。

计算该债券的实际利率 r：

采用插值法，计算得 r=10%

表 2—5 单位：元

日　期	现金流入 (a)	实际利息收入 (b)=期初(d)×10%	已收回的本金 (c)=(a)−(b)	摊余成本余额 (d)=期初(d)−(c)
2013 年 1 月 1 日				1 000 000
2014 年 12 月 31 日	59 000	100 000	−41 000	1 041 000
2015 年 12 月 31 日	59 000	104 100	−45 100	1 086 100
2016 年 12 月 31 日	59 000	108 610	−49 610	1 135 710
2017 年 12 月 31 日	59 000	113 571	−54 571	1 190 281
2017 年 12 月 31 日	59 000	118 719*	−59 719	1 250 000
小　计	295 000	545 000	−250 000	1 250 000
2017 年 12 月 31 日	1 250 000	—	1 250 000	0
合　计	1 545 000	545 000	1 000 000	—

* 尾数调整：1 250 000+59 000−1 190 281=118 719(元)。

根据表 2—5 中的数据，观文出版社的有关账务处理如下：

(1)2013 年 1 月 1 日，购入 A 公司债券

借：持有至到期投资——A 公司债券——成本　　1 250 000
　贷：银行存款　　1 000 000
　　持有至到期投资——A 公司债券——利息调整　　250 000

(2)2013 年 12 月 31 日，确认 A 公司债券实际利息收入、收到债券利息

借：应收利息——A 公司　　59 000
　持有至到期投资——A 公司债券——利息调整　　41 000
　贷：投资收益——A 公司债券　　100 000

借：银行存款　　59 000
　贷：应收利息——A 公司　　59 000

(3)2014 年 12 月 31 日，确认 A 公司债券实际利息收入、收到债券利息

借：应收利息——A 公司　59 000

　持有至到期投资——A 公司债券——利息调整　45 100

　贷：投资收益——A 公司债券　104100

借：银行存款　59 000

　贷：应收利息——A 公司　59 000

(4)2015 年 12 月 31 日，确认 A 公司债券实际利息收入、收到债券利息

借：应收利息——A 公司　59 000

　持有至到期投资——A 公司债券——利息调整　49 610

　贷：投资收益——A 公司债券　108 610

借：银行存款　59 000

　贷：应收利息——A 公司　59 000

(5)2016 年 12 月 31 日，确认 A 公司债券实际利息收入、收到债券利息

借：应收利息——A 公司　59 000

　持有至到期投资——A 公司债券——利息调整　54 571

　贷：投资收益——A 公司债券　113 571

借：银行存款　59 000

　贷：应收利息——A 公司　59 000

(6)2017 年 12 月 31 日，确认 A 公司债券实际利息收入、收到债券利息和本金

借：应收利息——A 公司　59 000

　持有至到期投资——A 公司债券——利息调整　59 719

　贷：投资收益——A 公司债券　118 719

借：银行存款　59 000

　贷：应收利息——A 公司　59 000

借：银行存款　1 250 000

　贷：持有至到期投资——A 公司债券——成本　1 250 000

假定观文出版社购买的 A 公司债券不是分次付息，而是到期一次还本付息，且利息不是以复利计算。此时，计算得出甲公司所购买 A 公司债券的实际利率 r ≈9.05%。

据此，调整表 2—5 中相关数据后如表 2—6 所示：

表 2—6　单位：元

日　期	现金流入 (a)	实际利息收入 (b)＝期初(d)×10%	已收回的本金 (c)＝(a)－(b)	摊余成本余额 (d)＝期初(d)－(c)
2013 年 1 月 1 日				1 000 000
2013 年 12 月 31 日	0	90 500	－90 500	1 090 500

续表

日　期	现金流入 (a)	实际利息收入 (b)＝期初(d)×10%	已收回的本金 (c)＝(a)－(b)	摊余成本余额 (d)＝期初(d)－(c)
2014 年 12 月 31 日	0	98 690.25	－98 690.25	1 189 190.25
2015 年 12 月 31 日	0	107 621.72	－107 621.72	1 296 811.97
2016 年 12 月 31 日	0	117 361.48	－117 361.48	1 414 173.45
2017 年 12 月 31 日	259 000	130 826.55*	164 173.45	1 250 000
小　计	295 000	545 000	－250 000	1 250 000
2017 年 12 月 31 日	1 250 000	—	1 250 000	0
合　计	1 545 000	545 000	1 000 000	—

* 尾数调整:1 250 000＋295 000－1 414 173.45＝130 826.55(元)

根据表 2—6 中的数据,观文出版社的有关账务处理如下:

(1)2013 年 1 月 1 日,购入 A 公司债券

借:持有至到期投资——A 公司债券——成本　　1 250 000
　贷:银行存款　　1 000 000
　　持有至到期投资——A 公司债券——利息调整　　250 000

(2)2013 年 12 月 31 日,确认 A 公司债券实际利息收入

借:持有至到期投资——A 公司债券——应计利息　　59 000
　　　　　　　　　　　　　　——利息调整　　31 500
　贷:投资收益——A 公司债券　　90 500

(3)2014 年 12 月 31 日,确认 A 公司债券实际利息收入

借:持有至到期投资——A 公司债券——应计利息　　59 000
　　　　　　　　　　　　　　——利息调整　　39 690.25
　贷:投资收益——A 公司债券　　98 690.25

(4)2015 年 12 月 31 日,确认 A 公司债券实际利息收入

借:持有至到期投资——A 公司债券——应计利息　　59 000
　　　　　　　　　　　　　　——利息调整　　48 621.72
　贷:投资收益——A 公司债券　　107 621.72

(5)2016 年 12 月 31 日,确认 A 公司债券实际利息收入

借:持有至到期投资——A 公司债券——应计利息　　59 000
　　　　　　　　　　　　　　——利息调整　　58 361.48
　贷:投资收益——A 公司债券　　117 361.48

(6)2017 年 12 月 31 日,确认 A 公司债券实际利息收入、收回债券本金和票面利息

借:持有至到期投资——A 公司债券——应计利息　　59 000

——利息调整　　71 826.55

贷：投资收益——A公司债券　　130 826.55

借：银行存款　　1 545 000

贷：持有至到期投资——A公司债券——成本　　1 250 000

——应计利息　　295 000

三、贷款和应收款项

（一）贷款和应收款项介绍

贷款和应收款项，是指在活跃市场中没有报价、回收金额固定或可确定的非衍生金融资产。企业不应当将下列非衍生金融资产划分为贷款和应收款项：(1)准备立即出售或在近期出售的非衍生金融资产，这类非衍生金融资产应划分为交易性金融资产；(2)初始确认时被指定为以公允价值计量且其变动计入当期损益的非衍生金融资产；(3)初始确认时被指定为可供出售的非衍生金融资产；(4)因债务人信用恶化以外的原因，使持有方可能难以收回几乎所有初始投资的非衍生金融资产。例如，企业所持有的证券投资基金或类似的基金等。

贷款和应收款项泛指一类金融资产，主要是指金融企业发放的贷款和其他债权，但又不限于金融企业发放的贷款和其他债权。非金融企业持有的现金和银行存款、销售商品或提供劳务形成的应收款项、持有的其他企业的债权（不包括在活跃市场上有报价的债务工具）等，只要符合贷款和应收款项的定义，可以划分为这一类。划分为贷款和应收款项类的金融资产与划分为持有至到期投资类的金融资产的主要差别在于，前者不是在活跃市场上有报价的金融资产，并且不像持有至到期投资那样在出售或重分类方面受到较多限制。如果某债务工具投资在活跃市场上没有报价，则企业不能将其划分为持有至到期投资。

（二）初始确认和后续计量

初始确认时，应当按照公允价值计量。相关交易费用应当计入初始确认金额。其中，金融资产的公允价值，应当以市场交易价格为基础确定。

贷款和应收款项，应当采用实际利率法，按摊余成本计量。

（三）贷款和应收款项的会计处理

1.贷款和应收款项的会计处理原则

贷款和应收款项的会计处理原则，与持有至到期投资大致相同。具体包括以下方面：

(1)金融企业按当前市场条件发放的贷款，应按发放贷款的本金和相关交易费用之和作为初始确认金额。一般企业对外销售商品或提供劳务形成的应收债权，通常应按从购货方应收的合同或协议价款作为初始确认金额。

(2)贷款持有期间所确认的利息收入，应根据实际利率计算。实际利率应在取得贷款时确定，在该贷款预期存续期间或适用的更短期间内保持不变。实际利率与合同利率差别较小的，也可按合同利率计算利息收入。

(3)企业收回或处置贷款和应收款项时，应将取得的价款与该贷款和应收款项账面价值之间的差额计入当期损益。

2.贷款和应收款项的主要账务处理

贷款是商业银行的一项主要业务，应设置"贷款"科目对按规定发放的各种贷款(如质押贷款、抵押贷款、保证贷款、信用贷款，以及具有贷款性质的银团贷款、贸易贷款、协议透支、信用卡透支、转贷款)进行核算。一般企业的应收款项，通常设置"应收账款""应收票据""长期应收款""其他应收款"等科目核算。

四、可供出售金融资产

(一)可供出售金融资产

可供出售金融资产是指初始确认时即被指定为可供出售的非衍生金融资产，以及没有划分为持有至到期投资、贷款和应收款项、以公允价值计量且其变动计入当期损益的金融资产。通常情况下，划分为此类的金融资产应当在活跃市场上有报价，因此，企业从二级市场上购入的有报价的股票、债券、基金等，没有划分为以公允价值计量且其变动计入当期损益的金融资产或持有至到期投资等金融资产的，可以划分为可供出售金融资产。

需要注意以下两类限售股权的分类：

1.企业在股权分置改革过程中持有对被投资单位在重大影响以上的股权，应当作为长期股权投资，视对被投资单位的影响程度分别采用成本法或权益法核算；企业在股权分置改革过程中持有对被投资单位不具有控制、共同控制或重大影响的股权，应当划分为可供出售金融资产。

2.企业持有上市公司限售股权(不包括股权分置改革过程中持有的限售股权)，对上市公司不具有控制、共同控制或重大影响的，应当按照《企业会计准则第22号——金融工具确认和计量》(以下简称金融工具确认和计量准则)的规定，将该限售股权划分为可供出售金融资产或以公允价值计量且其变动计入当期损益的金融资产。

(二)初始确认和后续计量

初始确认可供出售金融资产时，应当按照公允价值计量。相关交易费用应当计入初始确认金额。其中，金融资产的公允价值，应当以市场交易价格为基础确定。

可供出售金融资产，应当按照公允价值计量，且不扣除将来处置该金融资产时可能发生的交易费用。

可供出售金融资产公允价值变动形成的利得或损失，除减值损失和外币货币性金融资产形成的汇兑差额外，应当直接计入所有者权益，在该金融资产终止确认时转出，计入当期损益。

可供出售外币货币性金融资产形成的汇兑差额，应当计入当期损益。采用实际利率法计算的可供出售金融资产的利息收入，应计入当期损益；可供出售权益工具投资的现金股利，应当在被投资单位宣告发放股利时计入当期损益。

（三）可供出售金融资产的会计处理

可供出售金融资产的会计处理，与以公允价值计量且其变动计入当期损益的金融资产的会计处理存在类似之处，例如，均要求按公允价值进行后续计量。但是，也有一些不同之处，例如，可供出售金融资产取得时发生的交易费用应当计入初始入账金额、可供出售金融资产后续计量时公允价值变动计入所有者权益、可供出售外币股权投资因资产负债表日汇率变动形成的汇兑损益计入所有者权益等。

相关的账务处理如下：

（1）企业取得可供出售的金融资产，应按其公允价值与交易费用之和，借记“可供出售金融资产—成本”科目，按支付的价款中包含的已宣告但尚未发放的现金股利，借记“应收股利”科目，按实际支付的金额，贷记“银行存款”等科目。

企业取得的可供出售金融资产为债券投资的，应按债券的面值，借记“可供出售金融资产——成本”科目，按支付的价款中包含的已到付息期但尚未领取的利息，借记“应收利息”科目，按实际支付的金额，贷记“银行存款”等科目，按差额，借记或贷记“可供出售金融资产——利息调整”科目。

（2）资产负债表日，可供出售债券为分期付息、一次还本债券投资的，应按票面利率计算确定的应收未收利息，借记“应收利息”科目，按可供出售债券的摊余成本和实际利率计算确定的利息收入，贷记“投资收益”科目，按其差额，借记或贷记“可供出售金融资产——利息调整”科目。

可供出售债券为一次还本付息债券投资的，应按票面利率计算确定的应收未收利息，借记“可供出售金融资产——应计利息”科目，按可供出售债券的摊余成本和实际利率计算确定的利息收入，贷记“投资收益”科目，按其差额，借记或贷记“可供出售金融资产——利息调整”科目。

（3）资产负债表日，可供出售金融资产的公允价值高于其账面余额的差额，借记“可供出售金融资产——公允价值变动”科目，贷记“其他综合收益”科目；公允价值低于其账面余额的差额做相反的会计分录。

（4）出售可供出售金融资产，应按实际收到的金额，借记“银行存款”等科目，按其账面余额，贷记“可供出售金融资产——成本、公允价值变动、利息调整、应计利息”科目，按应从所有者权益中转出的公允价值累计变动额，借记或贷记“其他综合收益”科目，按其差额，贷记或借记“投资收益”科目。

为便于比较和理解可供出售金融资产与以公允价值计量且其变动计入当期损益的金融资产的会计处理的主要区别，下面以与【例 2－13】基本一样的条件举例说明。

【例 2－14】 2011 年 5 月 20 日，观文出版社从深圳证券交易所购入乙公司股票 1 000 000 股，占乙公司有表决权股份的 5%，支付价款合计 5 080 000 元，其中，证券交易税等交易费用 8 000 元，已宣告发放现金股利 72 000 元。观文出版社没有在乙公司董事会中派出代表，观文出版社将其划分为可供出售金融资产。

2011 年 6 月 20 日，观文出版社收到乙公司发放的 2010 年现金股利 72 000 元。

2011 年 6 月 30 日，乙公司股票收盘价为每股 5.20 元。

2011 年 12 月 31 日，乙公司股票收盘价为 4.90 元。

2012 年 4 月 20 日，乙公司宣告发放 2010 年现金股利 2 000 000 元。

2013 年 5 月 10 日，观文出版社收到乙公司发放的 2010 年现金股利。

2017 年 1 月 10 日，观文出版社以每股 4.50 元的价格将股票全部转让，同时支付证券交易税等交易费用 7 200 元。

假定不考虑其他因素，同时为方便计算，假定乙公司股票自 2012 年 1 月 1 日至 2016 年 12 月 31 日止价格未发生变化，一直保持为 4.90 元/股。

观文出版社的账务处理如下：

(1)2011 年 5 月 20 日，购入乙公司股票 1 000 000 股

借：可供出售金融资产——乙公司股票——成本　　　5 008 000

　应收股利——乙公司　　　72 000

　贷：银行存款　　　5 080 000

乙公司股票的单位成本＝(5 080 000－72 000)÷1 000 000＝5.008(元/股)

(2)2011 年 6 月 20 日，收到乙公司发放的 2010 年现金股利72 000元

借：银行存款　　　72 000

　贷：应收股利——乙公司　　　72 000

(3)2011 年 6 月 30 日，确认乙公司股票公允价值变动为192 000元[(5.20－5.008)×1 000 000]

借：可供出售金融资产——乙公司股票——公允价值变动　　　192 000

　贷：其他综合收益　　　192 000

(4)2011 年 12 月 31 日，确认乙公司股票公允价值变动为－300 000元[(4.90－5.20)×1 000 000]

借：其他综合收益　　　300 000

　贷：可供出售金融资产——乙公司股票——公允价值变动　　　300 000

(5)2012 年 4 月 20 日，确认乙公司发放的 2010 年现金股利中应享有的份额

100 000 元(2 000 000×5%)

借:应收股利——乙公司　　100 000

　贷:投资收益——乙公司股票　　100 000

(6)2012 年 5 月 10 日,收到乙公司发放的 2010 年现金股利

借:银行存款　　100 000

　贷:应收股利——乙公司　　100 000

(7) 2012 年 1 月 1 日至 2015 年 12 月 31 日止每年 12 月 31 日,乙公司股票公允价值变动为 0,每年会计分录相同

借:可供出售金融资产——乙公司股票——公允价值变动　　0

　贷:其他综合收益　　0

(8)2017 年 1 月 10 日,出售乙公司股票 1 000 000 股

借:银行存款　　4 492 800

　投资收益——乙公司股票　　407 200

　可供出售金融资产——乙公司股票——公允价值变动　　108 000

　贷:可供出售金融资产——乙公司股票——成本　　5 008 000

乙公司股票出售价格=4.50×1 000 000=4 500 000(元)

出售乙公司股票取得的价款=4 500 000−72 000=4492800(元)

出售乙公司股票时的账面余额=5 008 000+(−108 000)=4 900 000(元)

同时,

借:投资收益——乙公司股票　　108 000

　贷:其他综合收益　　108 000

应从所有者权益中转出的公允价值累计变动额=192 000−300 000
=−108 000(元)

【例 2—15】 2013 年 1 月 1 日,观文出版社支付价款 1 000 000 元(含交易费用)从上海证券交易所购入 A 公司同日发行的 5 年期公司债券 12 500 份,债券票面价值总额为 1 250 000 元,票面年利率为 4.72%,于年末支付本年度债券利息(即每年利息为 59 000 元),本金在债券到期时一次性偿还。观文出版社没有意图将该债券持有至到期,划分为可供出售金融资产。

其他资料如下:

(1)2013 年 12 月 31 日,A 公司债券的公允价值为 1 200 000 元(不含利息)。

(2)2014 年 12 月 31 日,A 公司债券的公允价值为 1 300 000 元(不含利息)。

(3)2015 年 12 月 31 日,A 公司债券的公允价值为 1 250 000 元(不含利息)。

(4)2016 年 12 月 31 日,A 公司债券的公允价值为 1 200 000 元(不含利息)。

(5)2017 年 1 月 20 日,通过上海证券交易所出售了 A 公司债券 12 500 份,取得价款 1 260 000 元。

假定不考虑所得税、减值损失等因素。

采用插值法，计算得出该债券的实际利率 r=10%。

表 2—7 单位：元

日　期	现金流入 (a)	实际利息收入 (b)=期初(d)×10%	已收回的本金 (c)=(a)-(b)	摊余成本余额 (d)=期初(d)-(c)
2013 年 1 月 1 日				1 000 000
2013 年 12 月 31 日	59 000	100 000	-41 000	1 041 000
2014 年 12 月 31 日	59 000	104 100	-45 100	1 086 100
2015 年 12 月 31 日	59 000	108 610	-49 610	1 135 710
2016 年 12 月 31 日	59 000	113 571	-54 571	1 190 281
2017 年 12 月 31 日	59 000	118 719*	-59 719	1 250 000
小　计	295 000	545 000	-250 000	1 250 000
2017 年 12 月 31 日	1 250 000	—	1 250 000	0
合　计	1 545 000	545 000	1 000 000	—
2017 年 1 月 20 日	1 260 000	69 719**	1 190 281	0

* 尾数调整：1 250 000+59 000-1 190 281 = 118 719(元)

** 尾数调整：1 260 000-1 190 281 = 69 719(元)

根据表 2—7 中的数据，观文出版社的有关账务处理如下：

(1) 2013 年 1 月 1 日，购入 A 公司债券

借：可供出售金融资产——A 公司债券——成本　　1 250 000

　贷：银行存款　　1 000 000

　　可供出售金融资产——A 公司债券——利息调整　　250 000

(2)2013 年 12 月 31 日，确认 A 公司债券实际利息收入、公允价值变动，收到债券利息

借：应收利息——A 公司　　59 000

　可供出售金融资产——A 公司债券——利息调整　　41 000

　贷：投资收益——A 公司债券　　100 000

借：银行存款　　59 000

　贷：应收利息——A 公司　　59 000

借：可供出售金融资产——A 公司债券——公允价值变动　　200 000

　贷：其他综合收益　　200 000

(3)2014 年 12 月 31 日，确认 A 公司债券实际利息收入、公允价值变动，收到债券利息

借:应收利息——A 公司　59 000
　可供出售金融资产——A 公司债券——利息调整　45 100
　贷:投资收益——A 公司债券　104 100
借:银行存款　59 000
　贷:应收利息——A 公司　59 000
借:可供出售金融资产——A 公司债券——公允价值变动　100 000
　贷:其他综合收益　100 000

(4) 2015 年 12 月 31 日,确认 A 公司债券实际利息收入、公允价值变动,收到债券利息

借:应收利息——A 公司　59 000
　可供出售金融资产——A 公司债券——利息调整　49 610
　贷:投资收益——A 公司债券　108 610
借:银行存款　59 000
　贷:应收利息——A 公司　59 000
借:其他综合收益　50 000
　贷:可供出售金融资产——A 公司债券——公允价值变动　50 000

(5)2016 年 12 月 31 日,确认 A 公司债券实际利息收入、公允价值变动,收到债券利息

借:应收利息——A 公司　59 000
　可供出售金融资产——A 公司债券——利息调整　54 571
　贷:投资收益——A 公司债券　113 571
借:银行存款　59 000
　贷:应收利息——A 公司　59 000
借:其他综合收益　50 000
　贷:可供出售金融资产——A 公司债券——公允价值变动　50 000

(6) 2017 年 1 月 20 日,确认出售 A 公司债券实现的损益

借:银行存款　1 260 000
　可供出售金融资产——A 公司债券——利息调整　59 719
　投资收益——A 公司债券　130 281
　贷:可供出售金融资产—A 公司债券——成本　1 250 000
　　　——公允价值变动　200 000

A 公司债券的成本=1 250 000(元)

A 公司债券的利息调整余额=－250 000＋41 000＋45 100＋49 610＋54 571
=－59 719(元)

A 公司债券公允价值变动余额=200 000＋100 000－50 000－50 000

=200 000(元)

同时,

借:其他综合收益　　200 000

　贷:投资收益——A 公司债券　　200 000

应从所有者权益中转出的公允价值累计变动额=200 000+100 000-50 000-50 000=200 000(元)

假定观文出版社购买的 A 公司债券不是分次付息,而是到期一次还本付息,且利息不是以复利计算。此时,计算得出观文出版社所买 A 公司债券的实际利率 r≈9.05%。

据此,调整表 2—7 中相关数据后如表 2—8 所示:

表 2—8　　单位:元

日　期	现金流入(a)	实际利息收入(b)=期初(d)×10%	已收回的本金(c)=(a)-(b)	摊余成本余额(d)=期初(d)-(c)
2013 年 1 月 1 日				1 000 000
2013 年 12 月 31 日	0	90 500	-90 500	1 090 500
2014 年 12 月 31 日	0	98 690.25	-98 690.25	1 189 190.25
2015 年 12 月 31 日	0	107 621.72	-107 621.72	1 296 811.97
2016 年 12 月 31 日	0	117 361.48	-117 361.48	1 414 173.45
2017 年 12 月 31 日	259 000	130 826.55*	164 173.45	1 250 000
小　计	295 000	545 000	-250 000	1 250 000
2017 年 12 月 31 日	1 250 000	—	1 250 000	0
合　计	1 545 000	545 000	1 000 000	—
2017 年 1 月 20 日	1 260 000	-154 173.45**	1 414 173.45	0

* 尾数调整:1 250 000+295 000-1 414 173.45=130 826.55(元)

** 尾数调整:1 260 000-1 414 173.45=-154 173.45(元)

根据表 2—8 中的数据,观文出版社的有关账务处理如下:

(1) 2013 年 1 月 1 日,购入 A 公司债券

借:可供出售金融资产——A 公司债券——成本　　1 250 000

　贷:银行存款　　1 000 000

　　可供出售金融资产——A 公司债券——利息调整　　250 000

(2) 2013 年 12 月 31 日,确认 A 公司债券实际利息收入、公允价值变动

借:可供出售金融资产——A 公司债券——应计利息　　59 000

　　　　　　　　　　　　　　　　——利息调整　　31 500

贷:投资收益——A公司债券　　90 500

借:可供出售金融资产——A公司债券——公允价值变动　　200 000

贷:其他综合收益　　200 000

(3)2014年12月31日,确认A公司债券实际利息收入、公允价值变动

借:可供出售金融资产——A公司债券——应计利息　　59 000

——利息调整　　39 690.25

贷:投资收益——A公司债券　　98 690.25

借:可供出售金融资产——A公司债券——公允价值变动　　100 000

贷:其他综合收益　　100 000

(4)2015年12月31日,确认A公司债券实际利息收入、公允价值变动

借:可供出售金融资产——A公司债券——应计利息　　59 000

——利息调整　　48 621.72

贷:投资收益——A公司债券　　107 621.72

借:其他综合收益　　50 000

贷:可供出售金融资产——A公司债券——公允价值变动　　50 000

(5)2016年12月31日,确认A公司债券实际利息收入、公允价值变动,收到债券利息

借:可供出售金融资产——A公司债券——应计利息　　59 000

——利息调整　　58 361.48

贷:投资收益——A公司债券　　117 361.48

借:其他综合收益　　50 000

贷:可供出售金融资产——A公司债券——公允价值变动　　50 000

(6) 2017年1月20日,确认出售A公司债券实现的损益

借:银行存款　　1 260 000

可供出售金融资产——A公司债券——利息调整　　71 826.55

投资收益——A公司债券　　354 173.45

贷:可供出售金融资产——A公司债券——成本　　1 250 000

——应计利息　　236 000

——公允价值变动　　200 000

A公司债券的成本=1 250 000(元)

A公司债券的利息调整余额=−250 000+31 500+39 690.25+48 621.72+58 361.48

=−1 826.55(元)

A公司债券的应计利息余额=59 000+59 000+59 000+59 000

=236 000(元)

A公司债券公允价值变动余额＝200 000＋100 000－50 000－50 000
＝200 000(元)

出售A公司债券实现的损益＝1 260 000－(1 250 000－71 826.55＋236 000＋200 000)
＝1 260 000－1 614 173.45
＝－354 173.55(元)

同时,

借:其他综合收益　　200 000

　贷:投资收益——A公司债券　　200 000

应从所有者权益中转出的公允价值累计变动额＝200 000＋100 000－50 000－50 000＝200 000(元)

五、不同类金融资产之间的重分类

(一)企业在金融资产初始确认时对其进行分类后,不得随意变更,具体应按如下规定处理:

(1)企业在初始确认时将某金融资产划分为以公允价值计量且其变动计入当期损益的金融资产后,不能重分类为其他类金融资产;其他类金融资产也不能重分类为以公允价值计量且其变动计入当期损益的金融资产。

(2)持有至到期投资、贷款和应收款项、可供出售金融资产等三类金融资产之间。也不得随意重分类。

(3)企业因持有意图或能力的改变,使某项投资不再适合划分为持有至到期投资的,应当将其重分类为可供出售金融资产。

企业持有至到期投资在到期前处置或重分类,通常表明其违背了将投资持有至到期的最初意图。如果处置或重分类为其他类金融资产的金额相对于该类投资(即企业全部持有至到期投资)在出售或重分类前的总额较大,则企业在处置或重分类后应立即将其剩余的持有至到期投资(即全部持有至到期投资扣除已处置或重分类的部分)重分类为可供出售金融资产。

但是,遇到下列情况可以除外:

(1)出售日或重分类日距离该项投资到期日或赎回日较近(如到期前3个月内),且市场利率变化对该项投资的公允价值没有显著影响;

(2)根据合同约定的偿付方式,企业已收回几乎所有初始本金;

(3)出售或重分类是由于企业无法控制、预期不会重复发生且难以合理预计的独立事件所引起的。此种情况主要包括:

①因被投资单位信用状况严重恶化,将持有至到期投资予以出售;

②因相关税收法规取消了持有至到期投资的利息税前可抵扣政策,或显著减

少了税前可抵扣金额，将持有至到期投资予以出售；

③因发生重大企业合并或重大处置，为保持现行利率风险头寸或维持现行信用风险政策，将持有至到期投资予以出售；

④因法律、行政法规对允许投资的范围或特定投资品种的投资限额作出重大调整，将持有至到期投资予以出售；

⑤因监督部门要求大幅度提高资产流动性，或大幅度提高持有至到期投资在计算资本充足率时的风险权重，将持有至到期投资予以出售。

（二）金融资产之间重分类的处理

（1）企业因持有意图或能力发生改变，使某项投资不再适合划分为持有至到期投资的，应当将其重分类为可供出售金融资产，并以公允价值进行后续计量。重分类日，该投资的账面价值与其公允价值之间的差额计入所有者权益，在该可供出售金融资产发生减值或终止确认时转出，计入当期损益。

（2）持有至到期投资部分出售或重分类的金额较大，且不属于例外情况，使该投资的剩余部分不再适合划分为持有至到期投资的，企业应当将该投资的剩余部分重分类为可供出售金融资产，并以公允价值进行后续计量。重分类日，该投资剩余部分的账面价值与其公允价值之间的差额计入所有者权益，在该可供出售金融资产发生减值或终止确认时转出，计入当期损益。

以上两种情形下的账务处理为：应在重分类日，按持有至到期投资的公允价值，借记“可供出售金融资产——成本”科目，按其账面余额，贷记“持有至到期投资——成本、利息调整、应计利息”科目，按其差额，贷记或借记“资本公积——其他资本公积”科目。已计提减值准备的，还应同时结转减值准备，借记“资产减值准备——持有至到期投资”科目，贷记“资本公积——其他资本公积”科目。

【例 2－16】 2016 年 1 月 1 日，观文出版社从深圳证券交易所购入 B 公司债券 100 000 份，支付价款 11 000 000 元，债券票面价值总额为 10 000 000 元，剩余期限为 5 年，票面年利率为 8%，于年末支付本年度债券利息；观文出版社将持有 B 公司债券划分为持有至到期投资。

2017 年 7 月 1 日，观文出版社为解决资金紧张问题，通过深圳证券交易所按每张债券 101 元出售 B 公司债券 20 000 份。当日，每份 B 公司债券的公允价值为 101 元、摊余成本为 100 元。

假定出售债券时不考虑交易费用及其他相关因素。

观文出版社出售 B 公司债券20 000份的相关账务处理如下：

(1) 2017 年 7 月 1 日，出售 B 公司债券20 000份

借：银行存款　　2 020 000

　贷：持有至到期投资——B 公司债券——成本、利息调整　　2 000 000

　　投资收益——B 公司债券　　20 000

(2)2017年7月1日,将剩余的80 000份B公司债券重分类为可供出售金融资产

借:可供出售金融资产——B公司债券——成本　　8 080 000
　贷:持有至到期投资——B公司债券——成本、利息调整　　8 000 000
　　资本公积——其他资本公积——B公司债券　　80 000

六、金融资产的减值

(一)金融资产减值损失的确认

企业应当在资产负债表日对以公允价值计量且其变动计入当期损益的金融资产以外的金融资产(含单项金融资产或一组金融资产,下同)的账面价值进行检查,有客观证据表明该金融资产发生减值的,应当确认减值损失,计提减值准备。

表明金融资产发生减值的客观证据,是指金融资产初始确认后实际发生的、对该金融资产的预计未来现金流量有影响,且企业能够对该影响进行可靠计量的事项。金融资产发生减值的客观证据,包括下列各项:

(1)发行方或债务人发生严重财务困难;

(2)债务人违反了合同条款,如偿付利息或本金发生违约或逾期等;

(3)债权人出于经济或法律等方面因素的考虑,对发生财务困难的债务人做出让步;

(4)债务人很可能倒闭或进行其他财务重组;

(5)因发行方发生重大财务困难,该金融资产无法在活跃市场继续交易;

(6)无法辨认一组金融资产中的某项资产的现金流量是否已经减少,但根据公开的数据对其进行总体评价后发现,该组金融资产自初始确认以来的预计未来现金流量确已减少且可计量,如该组金融资产的债务人支付能力逐步恶化,或债务人所在国家或地区失业率提高、担保物在其所在地区的价格明显下降、所处行业不景气等;

(7)发行方经营所处的技术、市场、经济或法律环境等发生重大不利变化,使权益工具投资人可能无法收回投资成本;

(8)权益工具投资的公允价值发生严重或非暂时性下跌;

(9)其他表明金融资产发生减值的客观证据。

企业在根据以上客观证据判断金融资产是否发生减值损失时,应注意以下几点:

(1)这些客观证据相关的事项(也称"损失事项")必须影响金融资产的预计未来现金流量,并且能够可靠地计量。对于预期未来事项可能导致的损失,无论其发生的可能性有多大,均不能作为减值损失予以确认。

(2)企业通常难以找到某项单独的证据来认定金融资产是否已发生减值,因而

应综合考虑相关证据的总体影响进行判断。

(3)债务人或金融资产发行方信用等级下降本身不足以说明企业所持的金融资产发生了减值。但是,如果企业将债务人或金融资产发行方的信用等级下降因素,与可获得的其他客观的减值依据联系起来,往往能够对金融资产是否已发生减值做出判断。

(4)对于可供出售权益工具投资,其公允价值低于成本本身不足以说明可供出售权益工具投资已发生减值,而应当综合相关因素判断该投资公允价值下降是否是严重或非暂时性下跌的。同时,企业应当从持有可供出售权益工具投资的整个期间来判断。

如果权益工具投资在活跃市场上没有报价,从而不能根据其公允价值下降的严重程度或持续时间来进行减值判断时,应当综合考虑其他因素(例如,被投资单位经营所处的技术、市场、经济或法律环境)是否发生重大不利变化。

对于以外币计价的权益工具投资,企业在判断其是否发生减值时,应当将该投资在初始确认时以记账本位币反映的成本,与资产负债表日以记账本位币反映的公允价值进行比较,同时考虑其他相关因素。

(二)金融资产减值损失的计量

1. 持有至到期投资、贷款和应收款项减值损失的计量

(1)持有至到期投资、贷款和应收款项以摊余成本进行后续计量,其发生减值时,应当将该金融资产的账面价值与预计未来现金流量现值之间的差额,确认为减值损失,计入当期损益。

以摊余成本计量的金融资产的预计未来现金流量现值,应当按照该金融资产的原实际利率折现确定,并考虑相关担保物的价值(取得和出售该担保物发生的费用应当予以扣除)。原实际利率是初始确认该金融资产时计算确定的实际利率。对于浮动利率贷款、应收款项或持有至到期投资,在计算未来现金流量现值时可采用合同规定的现行实际利率作为折现率。即使合同条款因债务人或金融资产发行方发生财务困难而重新商定或修改,在确认减值损失时,仍用条款修改前所计算的该金融资产的原实际利率计算。

短期应收款项的预计未来现金流量与其现值相差很小的,在确定相关减值损失时,可不对其预计未来现金流量进行折现。

(2)对于存在大量性质类似且以摊余成本后续计量金融资产的企业,在考虑金融资产减值测试时,应当先将单项金额重大的金融资产区分开来,单独进行减值测试。如有客观证据表明其已发生减值,应当确认减值损失,计入当期损益。对单项金额不重大的金融资产,可以单独进行减值测试,或包括在具有类似信用风险特征的金融资产组合中进行减值测试。实务中,企业可以根据具体情况确定单项金额重大的标准。该项标准一经确定,应当一直运用,不得随意变更。

单独测试未发现减值的金融资产(包括单项金额重大和不重大的金融资产),应当包括在具有类似信用风险特征的金融资产组合中再进行减值测试。已单项确认减值损失的金融资产,不要包括在具有类似信用风险特征的金融资产组合中进行减值测试。

企业对金融资产采用组合方式进行减值测试时,应当注意以下方面:

①应当将具有类似信用风险特征的金融资产组合在一起,例如可按资产类型、行业分布、区域分布、担保物类型、逾期状态等进行组合。

②对于已包括在某金融资产组合中的某项特定资产,一旦有客观证据表明其发生了减值,则应当将其从该组合中分出来,单独确认减值损失。

③在对某金融资产组合的未来现金流量进行预计时,应当以与其具有类似信用风险特征组合的历史损失率为基础。如企业缺乏这方面的数据或经验不足,则应当尽量采用具有可比性的其他资产组合的经验数据,并作必要调整。企业应当对预计资产组合未来现金流量的方法和假设进行定期检查,以最大限度地消除损失预计数和实际发生数之间的差异。

(3)对持有至到期投资、贷款和应收款项等以摊余成本计量的金融资产确认减值损失后,如有客观证据表明该金融资产价值已恢复,且客观上与确认该损失后发生的事项有关(如债务人的信用评级已提高等),应在原确认的减值损失范围内按已恢复的金额予以转回,计入当期损益。但是,该转回后的账面价值不应当超过假定不计提减值准备情况下该金融资产在转回日的摊余成本。

(4)外币金融资产发生减值的,预计未来现金流量现值应先按外币确定,在计量减值时再按资产负债表日即期汇率折算为以记账本位币反映的金额。该项金额小于相关外币金融资产以记账本位币反映的账面价值的部分,确认为减值损失,计入当期损益。

(5)持有至到期投资、贷款和应收款项等金融资产确认减值损失后,利息收入应当按照减值损失时对未来现金流量进行折现采用的折现率作为利率计算确认。

(6)持有至到期投资、贷款和应收款项减值的账务处理。

确定持有至到期投资、贷款和应收款项发生减值的,按应减记的金额,借记“资产减值损失”科目,贷记“持有至到期投资减值准备”“贷款减值准备”或“坏账准备”科目。

对于已确认减值损失的持有至到期投资或贷款和应收款项,如有客观证据表明该金融资产价值已恢复,且客观上与确认该损失后发生的事项有关的,应在原确认的减值损失范围内按已恢复的金额,借记“持有至到期投资减值准备”等科目,贷记“资产减值损失”等科目。

【例 2—17】 2013 年 1 月 1 日,观文出版社支付价款 1 000 000 元(含交易费用)从上海证券交易所购入 A 公司同日发行的 5 年期公司债券 12 500 份,债券票面价值总额为 1 250 000 元，票面年利率为 4.72%，于年末支付本年度债券利息(即每年利息为 59 000 元)，本金在债券到期时一次性偿还。合同约定：A 公司在遇到特定情况时可以将债券赎回，且不需要为提前赎回支付额外款项。观文出版社在购买该债券时，预计 A 公司不会提前赎回。观文出版社有意图也有能力将该债券持有至到期，划分为持有至到期投资。有关资料如下：

(1)2014 年 12 月 31 日，有客观证据表明 A 公司发生了严重财务困难，观文出版社据此认定对 A 公司的债券投资发生了减值，并预期 2015 年 12 月 31 日将收到利息59 000元，2016 年 12 月 31 日将收到利息59 000元，但 2017 年 12 月 31 日将仅收到本金 800 000 元。

(2)2015 年 12 月 31 日，收到 A 公司支付的债券利息 59 000 元。

(3)2016 年 12 月 31 日，收到 A 公司支付的债券利息 59 000 元，并且有客观证据表明 A 公司财务状况显著改善，A 公司的偿债能力有所恢复，估计 2017 年 12 月 31 日将收到利息 59 000 元，本金 1 000 000 元。

(4)2017 年 12 月 31 日，收到 A 公司支付的债券利息 59 000 元，和偿还的本金 1 000 000 元。

假定不考虑所得税因素。

采用插值法，计算得出该债券的实际利率 r=10%。

表 2—9　单位：元

日　期	现金流入 (a)	实际利息收入 (b)=期初(d)×10%	已收回的本金 (c)=(a)-(b)	摊余成本余额 (d)=期初(d)-(c)
2013 年 1 月 1 日				1 000 000
2013 年 12 月 31 日	59 000	100 000	-41 000	1 041 000
2014 年 12 月 31 日	59 000	104 100	-45 100	1 086 100
减值损失			382 651.47	703 448.53
2015 年 12 月 31 日	59 000	108 610 70 344.85	-49 610 -11 344.85	1 135 710 714 793.38
2016 年 12 月 31 日	59 000	113 571 71 479.34	-54 571 -12 479.34	1 190 281 727 272.72
减值恢复			-382 651.47	1 109 924.19
2017 年 12 月 31 日	59 000	118 719* -50 924.19**	-59 719 109 924.19	1 250 000 1 000 000
小　计	295 000 295 000	545 000 295 000	-250 000 0	1 250 000 1 000 000
2017 年 12 月 31 日	1 250 000 1 000 000	— —	1 250 000 1 000 000	0 0

续表

日　期	现金流入 (a)	实际利息收入 (b)＝期初(d)×10%	已收回的本金 (c)＝(a)－(b)	摊余成本余额 (d)＝期初(d)－(c)
合　计	1 545 000 1 295 000	545 000 295 000	1 000 000 1 000 000	— —

* 尾数调整：1 250 000＋59 000－1 190 281＝118 719(元)

** 尾数调整：1 000 000＋59 000－1 109 924.19＝－50 924.19(元)

注：表中斜体数据表示计提减值准备后及恢复减值后应存在的数字。

根据表2—9中的数据，观文出版社有关账务处理如下：

(1)2013年1月1日，购入A公司债券

借：持有至到期投资——A公司债券——成本　　1 250 000

　贷：银行存款　　1 000 000

　　持有至到期投资——A公司债券——利息调整　　250 000

(2)2013年12月31日，确认A公司债券实际利息收入、收到债券利息

借：应收利息——A公司　　59 000

　持有至到期投资——A公司债券——利息调整　　41 000

　贷：投资收益——A公司债券　　100 000

借：银行存款　　59 000

　贷：应收利息——A公司　　59 000

(3) 2014年12月31日，确认A公司债券实际利息收入、收到债券利息

借：应收利息——A公司　　59 000

　持有至到期投资——A公司债券——利息调整　　45 100

　贷：投资收益——A公司债券　　104 100

借：银行存款　　59 000

　贷：应收利息——A公司　　59 000

根据金融工具确认和计量准则规定，2014年12月31日观文出版社对A公司债券应确认的减值损失按该日确认减值损失前的摊余成本与未来现金流量现值之间的差额确定。

根据表2—9可知：

①2014年12月31日未确认减值损失前，观文出版社对A公司债券投资的摊余成本为1 086 100元。

②2014年12月31日，观文出版社预计从对A公司债券投资将收到现金流量的现值计算如下：

53 636.36＋48 760.33＋601 051.84 ＝ 703 448.53(元)。

③2014年12月31日，观文出版社应对A公司债券投资确认的减值损失＝1 086 100－703 448.53＝382 651.47(元)。

④2014 年 12 月 31 日，确认 A 公司债券投资的减值损失。

借：资产减值损失——持有至到期投资——A 公司债券　382 651.47

　贷：持有至到期投资减值准备——A 公司债券　382 651.47

(4)2015 年 12 月 31 日，确认 A 公司债券实际利息收入、收到债券利息

借：应收利息——A 公司　59 000

　持有至到期投资——A 公司债券——利息调整　11 344.85

　贷：投资收益——A 公司债券　70 344.85

2015 年 12 月 31 日，应确认 A 公司债券实际利息收入＝703 448.53×10%

＝70 344.85(元)。

借：银行存款　59 000

　贷：应收利息——A 公司　59 000

(5) 2016 年 12 月 31 日，确认 A 公司债券实际利息收入、收到债券利息

借：应收利息——A 公司　59 000

　持有至到期投资——A 公司债券——利息调整　12 479.34

　贷：投资收益——A 公司债券　71 479.34

借：银行存款　59 000

　贷：应收利息——A 公司　59 000

根据金融工具确认和计量准则规定，2016 年 12 月 31 日观文出版社对 A 公司债券转回减值损失后的账面价值不应当超过假定不计提减值准备情况下该金融资产在转回日的摊余成本。

根据表 2—9 可知：

①2016 年 12 月 31 日假定不计提减值准备情况下 A 公司债券投资的摊余成本为1 190 281元。

②2016 年 12 月 31 日，观文出版社可对 A 公司债券投资转回的减值准备金额＝382 651.47(元)＜1 190 281－727 272.72＝463 008.28(元)。

③2016 年 12 月 31 日，确认 A 公司债券投资减值损失的转回。

借：持有至到期投资减值准备——A 公司债券　382 651.47

　贷：资产减值损失——持有至到期投资——A 公司债券　382 651.47

(6)2017 年 12 月 31 日，确认 A 公司债券实际利息收入、收到债券利息和本金

借：应收利息——A 公司　59 000

　投资收益——A 公司债券　50 924.19

　贷：持有至到期投资——A 公司债券——利息调整　109 924.19

借：银行存款　59 000

　贷：应收利息——A 公司　59 000

借：银行存款　1 000 000

投资收益——A 公司债券　　250 000

贷:持有至到期投资——A 公司债券——成本　　1 250 000

2.可供出售金融资产减值损失的计量

(1)可供出售金融资产发生减值时,即使该金融资产没有终止确认,原直接计入所有者权益中的因公允价值下降形成的累计损失,应当予以转出,计入当期损益。该转出的累计损失,等于可供出售金融资产的初始取得成本扣除已收回本金和已摊余金额、当前公允价值和原已计入损益的减值损失后的余额。

在活跃市场中没有报价且其公允价值不能可靠计量的权益工具投资,发生减值时,应当将该权益工具投资或衍生金融资产的账面价值,与按照类似金融资产当时市场收益率对未来现金流量折现确定的现值之间的差额,确认为减值损失,计入当期损益。与该权益工具挂钩并须通过交付该权益工具结算的衍生金融资产发生减值的,也应当采用类似的方法确认减值损失。

(2)对于已确认减值损失的可供出售债务工具,在随后的会计期间公允价值已上升且客观上与确认原减值损失后发生的事项有关的,应在原确认的减值损失范围内按已恢复的金额予以转回,计入当期损益。

(3)可供出售权益工具投资发生的减值损失,不得通过损益转回(即通过资本公积转回)。但是,在活跃市场中没有报价且其公允价值不能可靠计量的权益工具投资,或与该权益工具挂钩并须通过交付该权益工具结算的衍生金融资产发生的减值损失,不得转回。

(4)可供出售金融资产减值的账务处理

确定可供出售金融资产发生减值的,按应减记的金额,借记“资产减值损失”科目,按应从所有者权益中转出原计入资本公积的累计损失金额,贷记“其他综合收益”科目,按其差额,贷记“可供出售金融资产——减值准备”科目。

对于已确认减值损失的可供出售金融资产,在随后会计期间内公允价值已上升且客观上与确认原减值损失后事项有关的,应在原确认的减值损失范围内按已恢复的金额,借记“可供出售金融资产——减值准备”等科目,贷记“资产减值损失”科目;但可供出售金融资产为股票等权益工具投资(不含在活跃市场中没有报价且其公允价值不能可靠计量的权益工具投资)的,借记“可供出售金融资产——减值准备”等科目,贷记“资产减值损失”科目。

【例 2—18】 2013 年 1 月 1 日,观文出版社支付价款1 000 000元(含交易费用)从上海证券交易所购入 A 公司同日发行的 5 年期公司债券12 500份,债券票面价值总额为1 250 000元。票面年利率为 4.72%,于年末支付本年度债券利息(即每年利息为59 000元),本金在债券到期时一次性偿还。观文出版社没有意图将该债券持有至到期,划分为可供出售金融资产。

其他资料如下:

(1)2013 年 12 月 31 日，A 公司债券的公允价值为 900 000 元(不含利息)，A 公司仍可支付债券当年的利息。

(2)2014 年，由于产品缺乏竞争力、内部管理松懈，A 公司财务状况恶化，但仍可支付债券当年的利息；2016 年 12 月 31 日，A 公司债券的公允价值为 750 000 元(不含利息)。观文出版社预计如果 A 公司不采取有效措施，该债券的公允价值会持续下跌。

(3)2015 年 12 月 31 日，A 公司债券的公允价值下跌为 700 000 元(不含利息)，A 公司仍可支付债券当年的利息。

(4)2016 年，A 公司通过加强管理、技术创新和产品结构调整，财务状况有了显著改善，2016 年 12 月 31 日，A 公司债券的公允价值上升为 1 200 000 元(不含利息)，A 公司仍可支付债券当年的利息。

(5)2017 年 1 月 20 日，通过上海证券交易所出售了 A 公司债券 12 500 份，取得价款 1 260 000 元。

假定不考虑所得税等因素。

采用插值法计算得出该债券的实际利率 r=10%。

表 2—10　　单位：元

日　期	现金流入 (a)	实际利息收入 (b)=期初(d)×10%	已收回的本金 (c)=(a)-(b)	摊余成本余额 (d)=期初(d)-(c)
2013 年 1 月 1 日				1 000 000
2013 年 12 月 31 日	59 000	100 000	-41 000	1 041 000
2014 年 12 月 31 日	59 000	104 100	-45 100	1 086 100
减值损失			250 000	836 100
2015 年 12 月 31 日	59 000	108 610 83 610	-49 610 -24 610	1 135 710 860 710
减值损失			50 000	810 710
2016 年 12 月 31 日	59 000	113 571 81 071	-54 571 -22 071	1 190 281 832 781
减值损失转回			-300 000	1 132 781
2017 年 12 月 31 日	59 000	118 719**	-59 719	1 250 000
小　计	295 000	545 000	-250 000	1 250 000
2017 年 12 月 31 日	1 250 000	—	1 250 000	0
合　计	1 545 000	545 000	1 000 000	—
2017 年 1 月 20 日	1 260 000	127 219*	1 132 781	

* 尾数调整：1 260 000-1 132 781 = 127 219(元)

** 尾数调整：1 250 000+59 000-1 190281 = 118 719(元)

根据表2—10中的数据,观文出版社的有关账务处理如下:

(1)2013年1月1日,购入A公司债券。

借:可供出售金融资产——A公司债券——成本　　1 250 000
　贷:银行存款　　1 000 000
　　可供出售金融资产——A公司债券——利息调整　　250 000

(2)2013年12月31日,确认A公司债券实际利息收入、公允价值变动,收到债券利息

借:应收利息——A公司　　59 000
　可供出售金融资产——A公司债券——利息调整　　41 000
　贷:投资收益——A公司债券　　100 000
借:银行存款　　59 000
　贷:应收利息——A公司　　59 000
借:其他综合收益　　100 000
　贷:可供出售金融资产——A公司债券——公允价值变动　　100 000

(3)2014年12月31日,确认A公司债券实际利息收入、资产减值损失,收到债券利息

借:应收利息——A公司　　59 000
　可供出售金融资产——A公司债券——利息调整　　45 100
　贷:投资收益——A公司债券　　104 100
借:银行存款　　59 000
　贷:应收利息——A公司　　59 000
借:资产减值损失——可供出售金融资产——A公司债券　　250 000
　贷:可供出售金融资产——A公司债券——减值准备　　150 000
　　其他综合收益　　100 000

由于A公司债券的公允价值预计会持续下跌,观文出版社应对其确认减值损失 = 900 000－750 000＋100 000 = 250 000(元)

(4)2015年12月31日,确认A公司债券实际利息收入、资产减值损失,收到债券利息

借:应收利息——A公司　　59 000
　可供出售金融资产——A公司债券——利息调整　　24 610
　贷:投资收益——A公司债券　　83 610
借:银行存款　　59 000
　贷:应收利息——A公司　　59 000
借:资产减值损失——可供出售金融资产——A公司债券　　50 000
　贷:可供出售金融资产——A公司债券——减值准备　　50 000

(5)2016 年 12 月 31 日,确认 A 公司债券实际利息收入、减值损失转回、公允价值变动,收到债券利息

借:应收利息——A 公司　59 000
　可供出售金融资产——A 公司债券——利息调整　22 071
　贷:投资收益——A 公司债券　81 071

借:银行存款　59 000
　贷:应收利息——A 公司　59 000

借:可供出售金融资产——A 公司债券——减值准备　200 000
　　　　　　　　　　　　　　　——公允价值变动　100 000
　贷:资产减值损失——可供出售金融资产——A 公司债券　300 000

确认原减值损失的转回=250 000+50 000=300 000(元)

借:可供出售金融资产——A 公司债券——公允价值变动　200 000
　贷:其他综合收益　200 000

公允价值变动=1 200 000−(700 000+300 000)=200 000(元)

(6)2017 年 1 月 20 日,确认出售 A 公司债券实现的损益。

借:银行存款　1 260 000
　可供出售金融资产——A 公司债券——利息调整　117 219
　投资收益——A 公司债券　72 781
　贷:可供出售金融资产——A 公司债券——成本　1 250 000
　　　　　　　　　　　　　　　　——公允价值变动　200 000

A 公司债券的成本=1 250 000(元)

A 公司债券的利息调整余额=−250 000+41 000+45 100+24 610+22 071
=−117 219(元)

A 公司债券公允价值变动余额=−100 000+100 000+200 000=200 000(元)

A 公司债券减值准备余额=−150 000−50 000+200 000=0(元)

同时,

借:其他综合收益　200 000
　贷:投资收益——A 公司债券　200 000

应从所有者权益中转出的公允价值累计变动额=100 000−100 000+200 000
=200 000(元)

【例 2−19】 2015 年 5 月 20 日,观文出版社从深圳证券交易所购入乙公司股票1 000 000股,占乙公司有表决权股份的 5%,支付价款合计5 080 000元,其中,证券交易税等交易费用8 000元,已宣告发放现金股利72 000元。观文出版社没有在乙公司董事会中派出代表,观文出版社将其划分为可供出售金融资产。

2015,观文出版社收到乙公司发放的 2013 年现金股利72 000元。

2015 年 6 月 30 日，乙公司的股票收盘价跌为每股 4.20 元，观文出版社预计乙公司股票价格下跌是暂时的。

2015 年 12 月 31 日，乙公司股票收盘价继续下跌为每股 3.90 元。

2016 年 4 月 20 日，乙公司宣告发放 2014 年现金股利2 000 000元。

2016 年 5 月 10 日，观文出版社收到乙公司发放的 2014 年现金股利。

2016 年 6 月 30 日，乙公司财务状况好转，业绩较上年有较大提升，乙公司股票收盘价上涨为每股 4.50 元。

2016 年 12 月 31 日，乙公司股票收盘价继续上涨为每股 5.50 元。

2017 年 1 月 10 日，观文出版社以每股 6.50 元的价格将股票全部转让。

假定不考虑其他因素。

观文出版社的账务处理如下：

(1)2015 年 5 月 20 日，购入乙公司股票 1 000 000 股。

借：可供出售金融资产——乙公司股票——成本　　5 008 000

　应收股利——乙公司　　72 000

　贷：银行存款　　5 080 000

乙公司股票的单位成本＝(5 080 000－72 000)÷1 000 000＝5.008(元/股)

(2)2015 年 6 月 20 日，收到乙公司发放的 2013 年现金股利72 000元。

借：银行存款　　72 000

　贷：应收股利——乙公司　　72 000

(3) 2015 年 6 月 30 日，确认乙公司股票公允价值变动。

借：其他综合收益　　808 000

　贷：可供出售金融资产——乙公司股票——公允价值变动　　808 000

公允价值变动＝(4.20－5.008)×1 000 000 ＝－808 000(元)

(4)2015 年 12 月 31 日，确认乙公司股票减值损失。

借：资产减值损失——可供出售金融资产——乙公司股票　1 108 000

　贷：其他综合收益　　808 000

　　可供出售金融资产——乙公司股票——减值准备　　300 000

公允价值变动＝(3.90－4.20)×1 000 000＝－300 000(元)

乙公司股票减值损失＝300 000＋808 000＝1 108 000(元)

(5)2016 年 4 月 20 日，确认乙公司发放的 20×9 年现金股利中应享有的份额。

借：应收股利——乙公司　　100 000

　贷：投资收益——乙公司股票　　100 000

应享有乙公司发放的 20×9 年现金股利的份额＝2 000 000×5%

＝100 000(元)

(6)2016 年 5 月 10 日，收到乙公司发放的 2014 年现金股利。

借:银行存款　　100 000

　贷:应收股利——乙公司　　100 000

(7)2016 年 6 月 30 日,乙公司财务状况好转,确认乙公司股票公允价值变动。

借:可供出售金融资产——乙公司股票——公允价值变动　　600 000

　贷:其他综合收益　　600 000

公允价值变动=(4.50－3.90)×1 000 000=600 000(元)

(8)2016 年 12 月 31 日,确认乙公司股票公允价值变动。

借:可供出售金融资产——乙公司股票——公允价值变动　1 000 000

　贷:其他综合收益　　1 000 000

公允价值变动=(5.50－4.50)×1 000 000=1 000 000(元)

(9)2017 年 1 月 10 日,出售乙公司股票 1 000 000 股。

借:银行存款　　6 500 000

　可供出售金融资产——乙公司股票——减值准备　　300 000

　贷:可供出售金融资产——乙公司股票——成本　　5 008 000

　　——公允价值变动　　792 000

　　投资收益——乙公司股票　　1 000 000

乙公司股票出售价格=6.50×1 000 000=6 500 000(元)

乙公司股票成本=5 008 000(元)

乙公司股票减值准备=－300 000(元)

乙公司股票公允价值变动=－808 000+600 000+1 000 000=792 000(元)

出售乙公司股票时的账面余额=5 008 000－300 000+792 000

=5 500 000(元)

同时,

借:其他综合收益　　1 600 000

　贷:投资收益——乙公司股票　　1 600 000

应从所有者权益中转出的公允价值累计变动额=－808 000+808 000

+600 000+1 000 000

= 1 600 000(元)

第五节　长期股权投资

长期股权投资包括企业持有的其子公司、合营企业及联营企业的权益性投资以及企业持有的对被投资单位不具有控制、共同控制或重大影响,且在活跃市场中没有报价、公允价值不能可靠计量的权益性投资。

企业应根据股权投资对被投资单位持股比例及影响程度的不同,分别采用成本法或权益法进行长期股权投资的核算。

一、长期股权投资的成本法

成本法是指股权投资按初始投资成本计价，并且在持有期间除投资方追加或收回投资外，一般不改变长期股权投资账面价值的方法。成本法核算的长期股权投资的范围：

（1）企业能够对被投资单位实施控制的长期股权投资。即企业对子公司的长期股权投资。企业对子公司的长期股权投资应当采用成本法核算，编制合并财务报表时按权益法进行调整。

（2）企业对被投资单位不具有控制、共同控制或重大影响，且在活跃市场中没有报价、公允价值不能可靠计量的长期股权投资。

在成本法下，长期股权投资按初始投资成本计价入账后，投资企业的核算重点是投资收益的确认。被投资单位宣告分派的利润或现金股利，投资企业按应享有的部分，确认为当期投资收益，但仅限于所获得的被投资单位在接受投资后产生的累计净利润的分配额。所获得的被投资单位宣告分派的利润与现金股利超过被投资单位在接受投资后产生的累计净利润的部分，作为初始投资成本的收回，冲减“长期股权投资”的账面价值。

在我国，当年实现的利润一般于下年度进行分配，发放利润或现金股利。因此，投资企业在投资当年分得的利润或现金股利，一般不作为投资收益，而作为投资成本的冲回。投资年度以后的利润或现金股利，确认投资收益或冲减投资成本。

【例 2—20】 观文出版社于 2016 年 4 月 10 日取得乙公司 6%的股权，成本为 12 000 000 元。2017 年 2 月 6 日，乙公司宣告分派利润，观文出版社按照持股比例可取得 100 000 元。假定观文出版社在取得乙公司股权后，对乙公司的财务和经营决策不具有控制、共同控制或重大影响，且该投资不存在活跃的交易市场、公允价值无法可靠取得。乙公司于 2017 年 2 月 12 日实际分派利润。

观文出版社应进行的账务处理为：

借：长期股权投资——乙公司	12 000 000	
贷：银行存款		12 000 000
借：应收股利	100 000	
贷：投资收益		100 000
借：银行存款	100 000	
贷：应收股利		100 000

进行上述处理后，如相关长期股权投资存在减值迹象的，应当进行减值测试。

二、长期股权投资的权益法

权益法是指最初以初始投资成本计价，以后根据投资企业享有被投资单位所有者权益份额的变动对投资账面价值进行调整的方法。投资企业对被投资单位具有共同控制或重大影响的长期股权投资，应当采用权益法核算。在确定能否对被投资单位实施共同控制或重大影响时，应当考虑投资企业和其他方持有的被投资单位当期可转换公司债券、当期可执行认股权证等潜在表决权因素的影响。

"共同控制"是指按照合同约定对某项经济活动共有的控制。其特点是，合营各方均受到合营合同的限制和约束，任何一个合营方均不能单独控制合营企业的生产经营活动，涉及合营企业基本经营活动的决策需要各合营方一致同意。投资企业与其他合营方一同对被投资单位实施共同控制的，被投资单位为投资企业的合营企业。

"重大影响"是指对一个企业的财务和经营政策有参与决策的权力，但并不能够控制或与其他方一起共同控制这些政策的制定。重大影响通常体现为在被投资单位的董事会或类似权力机构中派有代表、参与被投资单位的政策制定过程、与被投资单位之间发生重要交易、向被投资单位派出管理人员或是向被投资单位提供关键技术资料等。投资企业能够对被投资单位施加重大影响的情况下，被投资单位为其联营企业。

采用权益法其主要核算内容包括：初始投资成本的调整；投资损益的确定；被投资单位除净损益外所有者权益的其他变动。

(一)初始投资成本的调整

投资企业取得对联营企业或合营企业的投资以后，对于取得投资时点上投资成本与应享有被投资单位可辨认净资产公允价值份额之间的差额，应区别以下情况处理：

(1)投资成本大于取得投资时应享有被投资单位可辨认净资产公允价值份额的，该部分差额体现为投资企业在购入该项投资过程中通过作价体现出的与所取得股权份额相对应的商誉。该部分差额不要求调整长期股权投资的成本。

(2)投资成本小于取得投资时应享有被投资单位可辨认净资产公允价值份额的，两者之间的差额体现为交易双方在作价过程中转让方对投资企业给予的让步或是出于其他方面的考虑给予投资企业的无偿经济利益流入，应计入取得投资当期的损益。

【例 2—21】 观文出版社于 2017 年 1 月 1 日取得 B 公司 30%的股权，实际支付价款 10 000 000 元。取得投资时被投资单位账面所有者权益的构成如下，见表 2—11(假定该时点被投资单位各项可辨认资产、负债的公允价值与其账面价值相同，单位：元)。

表 2—11 单位：元

实收资本	10 000 000
资本公积	8 000 000

续表

盈余公积	2 000 000
未分配利润	5 000 000
所有者权益总额	25 000 000

假定在B公司的董事会中，所有股东均以其持股比例行使表决权。观文出版社在取得对B公司的股权后，派人参与了B公司的财务和生产经营决策。因能够对B公司的生产经营决策施加重大影响，出版社对该项投资采用权益法核算。取得投资时，出版社应进行的账务处理为：

借：长期股权投资——B公司——成本　　10 000 000

　贷：银行存款　　10 000 000

长期股权投资的成本10 000 000元大于取得投资时应享有B公司可辨认净资产公允价值的份额7 500 000元(25 000 000×30%)，不对其初始投资成本进行调整。

假定上例中取得投资时B公司可辨认净资产公允价值为40 000 000元，A公司按持股比例30%计算确定应享有12 000 000元，则初始投资成本与应享有B公司可辨认净资产公允价值份额之间的差额2 000 000元应计入取得投资当期的损益。

借：长期股权投资——B公司——成本　　12 000 000

　贷：银行存款　　10 000 000

　　营业外收入　　2 000 000

(二)被投资单位实现净损益的处理

1.一般原则

(1)在确认应享有或应分担被投资单位的净利润或净亏损时，如果取得投资时被投资单位各项资产、负债的公允价值与其账面价值不同的，投资企业在计算确定投资收益时，不能完全以被投资单位自身核算的净利润与持股比例计算确定，而是需要在被投资单位实现净利润的基础上经过适当调整后确定。

在确认应享有被投资单位的净利润或净亏损时，主要应考虑以下因素对被投资单位净利润的影响：

一是以取得投资时被投资单位固定资产、无形资产的公允价值为基础计提的折旧额或摊销额对被投资单位净利润的影响。如取得投资时被投资单位固定资产公允价值高于账面价值，对于投资企业来讲，相关固定资产的折旧额应以取得投资时该固定资产的公允价值为基础确定，并根据被投资单位已计提的折旧额与对于投资企业来讲应计提的折旧额之间的差额，对被投资单位的净利润进行调整。

二是被投资单位有关长期资产以投资企业取得投资时的公允价值为基础计算

确定的减值准备金额对被投资单位净利润的影响。

三是被投资单位采用的会计政策和会计期间与投资企业不一致时，应按投资企业的会计政策和会计期间对被投资单位的财务报表进行调整，以调整后的净利润为基础计算确认投资损益。

投资企业无法合理确定取得投资时被投资单位各项可辨认资产公允价值的，或者投资时被投资单位可辨认资产的公允价值与账面价值相比，两者之间的差额不具重要性的，或是无法取得对被投资单位净利润进行调整所需资料的，可以按照被投资单位的账面净利润与持股比例计算的结果直接确认为投资损益。

【例 2—22】 沿用例 2—21，假定观文出版社长期股权投资的成本大于取得投资时B公司可辨认净资产公允价值份额的情况下，2017 年 B 公司实现净利润 8 000 000元。出版社、B公司均以公历年度作为会计年度，采用相同的会计政策。由于投资时B公司各项资产、负债的账面价值与其公允价值相同，不需要对B公司的净利润进行调整，出版社应确认的投资收益为2 400 000元(8 000 000×30%)，一方面增加长期股权投资的账面价值，另一方面作为利润表中的投资收益确认。

观文出版社的会计处理如下：

借：长期股权投资——B公司——损益调整　　2 400 000

　贷：投资收益——B公司　　2 400 000

【例 2—23】 观文出版社于 2017 年 1 月 2 日购入乙公司 30%的股份，购买价款为 20 000 000 元，并自取得股份之日起派人参与乙公司的生产经营决策。取得投资日，乙公司可辨认净资产公允价值为 60 000 000 元，除下列项目外，其他资产、负债的公允价值与账面价值相同(见表 2—12)。

表 2—12　　单位：元

项目	账面原价	已提折旧	公允价值	原预计使用年限	剩余使用年限
存　货	5 000 000	0	7 000 000		
固定资产	10 00 0 000	2 000 000	12 000 000	20	16
无形资产	6 000 000	1 200 000	8 000 000	10	8
小　计	21 000 000	3 200 000	27 000 000		

假定乙公司 2017 年实现净利润 6 000 000 元，其中在观文出版社取得投资时的账面存货 5 000 000 元中有 80%对外出售。观文出版社与乙公司的会计年度和采用的会计政策相同。

观文出版社在确定其应享有乙公司 2017 年的投资收益时，应在乙公司实现净利润的基础上，根据取得投资时有关资产的账面价值与其公允价值差额的影响进行调整(假定不考虑所得税影响)：

调整后的净利润＝6 000 000－(7 000 000－5 000 000)×80%－(12 000 000÷16－10 000 000÷20)－(8 000 000÷8－6 000 000÷10)＝3 750 000(元)

观文出版社应享有份额＝3 750 000×30%＝1 125 000(元)

借:长期股权投资——乙公司——损益调整　　1 125 000

　贷:投资收益　　1 125 000

(2)在确认投资收益时,除考虑有关资产、负债的公允价值与账面价值差异的调整外,对于投资企业与其联营企业和合营企业之间发生的未实现内部交易损益也应予以抵消。即投资企业与联营企业及合营企业之间发生的未实现内部交易损益按照持股比例计算归属于投资企业的部分应当予以抵消,在此基础上确认投资损益。投资企业与被投资单位发生的内部交易损失,按照《企业会计准则第8号——资产减值》等规定属于资产减值损失的,应当全额确认。投资企业对于纳入其合并范围的子公司与其联营企业及合营企业之间发生的内部交易损益,也应当按照上述原则进行抵消,在此基础上确认投资损益。

应当注意的是,该未实现内部交易损益的抵消既包括顺流交易也包括逆流交易,其中,顺流交易是指投企业向其联营企业或合营企业出售资产的交易,逆流交易是指联营企业或合营企业向投资企业出售资产的交易。当该未实现内部交易损益体现在投资企业或其联营企业、合营企业持有的资产账面价值中时,相关的损益在计算确认投资损益时应予抵消。

①对于联营企业或合营企业向投资企业出售资产的逆流交易,在该交易存在未实现内部交易损益的情况下(即有关资产未对外部独立第三方出售),投资企业在采用权益法计算确认应享有联营企业或合营企业的投资损益时。应抵消该未实现内部交易损益的影响。当投资企业自其联营企业或合营企业购买资产时,在将该资产出售给外部独立的第三方之前,不应确认联营企业或合营企业因该交易产生的损益中本企业应享有的部分。

因逆流交易产生的未实现内部交易损益,在未对外部独立第三方出售之前,体现在投资企业持有资产的账面价值中。投资企业对外编制合并财务报表的,应在合并财务报表中对长期股权投资及包含未实现内部交易损益的资产账面价值进行调整,抵消有关资产账面价值中包含的未实现内部交易损益,并相应调整对联营企业或合营企业的长期股权投资。

【例2—24】 观文出版社于2016年1月1日取得乙公司20%有表决权股份,能够对乙公司施加重大影响。观文出版社取得该项投资时,乙公司各项可辨认资产、负债的公允价值与其账面价值相同。2016年8月,乙公司将其成本为9 000 000元的某商品以15 000 000元的价格出售给观文出版社,将取得的商品作为存货。至2016年12月31日,观文出版社仍未对外出售该存货。乙公司2016

年实现净利润 48 000 000 元。假定不考虑所得税因素。

观文出版社在按照权益法确认应享有乙公司 2016 年净损益时,应进行以下账务处理:

借:长期股权投资——乙公司——损益调整　　8 400 000

[(48 000 000－6 000 000)×20%]

贷:投资收益　　8 400 000

进行上述处理后,观文出版社如需要编制合并财务报表,在合并财务报表中,因该未实现内部交易损益体现在观文出版社持有存货的账面价值当中,应在合并财务报表中进行以下调整:

借:长期股权投资——乙公司——损益调整　　1 200 000

[(15 000 000－9 000 000)×20%]

贷:存货　　1 200 000

假定 2017 年,观文出版社将该商品以 18 000 000 元对外部独立第三方出售,因该部分内部交易损益已经实现,观文出版社在确认应享有乙公司 2017 年净损益时,应考虑到将原来未确认的该部分内部交易损益计入投资损益,即应在考虑其他因素计算确定的投资损益的基础上调整增加 1 200 000 元。假定乙公司 2017 年实现的净利润为 30 000 000 元。观文出版社的账务处理如下:

借:长期股权投资——乙公司——损益调整　　7 200 000

[(30 000 000＋6 000 000)×20%]

贷:投资收益　　7 200 000

②对于投资企业向联营企业或合营企业出售资产的顺流交易,在该交易存在未实现内部交易损益的情况下(即有关资产未对外部独立第三方出售),投资企业在采用权益法计算确认应享有联营企业或合营企业的投资损益时,应抵消该未实现内部交易损益的影响,同时调整对联营企业或合营企业长期股权投资的账面价值。

【例 2—25】 观文出版社持有乙公司 20%表决权股份,能够对乙公司施加重大影响。2016 年,观文出版社将其账面价值为9 000 000元的商品以15 000 000元的价格出售给乙公司。至 2016 年 12 月 31 日,乙公司未将该批商品对外部独立第三方出售。观文出版社取得该项投资时,乙公司各项可辨认资产、负债的公允价值与其账面价值相同,两者在以前期间未发生过内部交易。乙公司 2016 年实现净利润30 000 000元。假定不考虑所得税因素。

观文出版社在该项交易中实现净利润6 000 000元,其中的1 200 000元是针对本出版社持有的对联营企业的权益份额,在采用权益法计算确认投资损益时应予抵消,即观文出版社应当进行如下账务处理:

借:长期股权投资——乙公司——损益调整　　4 800 000

[(30 000 000－6 000 000)×20%]

贷:投资收益　　4 800 000

观文出版社如需编制合并财务报表,在合并财务报表中对该未实现内部交易损益应进行以下调整:

借:营业收入　　3 000 000

(15 000 000×20%)

贷:营业成本　　1 800 000

(9 000 000×20%)

投资收益　　1 200 000

应当说明的是,投资企业与其联营企业及合营企业之间发生的无论是顺流交易还是逆流交易产生的未实现内部交易损失,属于所转让资产发生减值损失的,有关的未实现内部交易损失不应予以抵消。

③合营方向合营企业投出非货币性资产产生损益的处理。合营方向合营企业投出或出售非货币性资产的相关损益,应当按照以下原则处理:

符合下列情况之一的,合营方不应确认该类交易的损益:与投出非货币性资产所有权有关的重大风险和报酬没有转移给合营企业;投出非货币性资产的损益无法可靠计量;投出非货币性资产交易不具有商业实质。

合营方转移了与投出非货币性资产所有权有关的重大风险和报酬并且投出资产留给合营企业使用的,应在该项交易中确认归属于合营企业其他合营方的利得和损失。交易表明投出或出售的非货币性资产发生减值损失的,合营方应当全额确认该部分损失。

在投出非货币性资产的过程中,合营方除了取得合营企业的长期股权投资外还取得了其他货币性或非货币性资产的,应当确认该项交易中与所取得其他货币性、非货币性资产相关的损益。

2.取得现金股利或利润的处理

采用权益法核算的长期股权投资,投资企业自被投资单位取得的现金股利或利润,应冲减长期股权投资的账面价值。在被投资单位宣告分派现金股利或利润时,借记"应收股利"科目,贷记"长期股权投资——损益调整"科目;自被投资单位取得的现金股利或利润超过已确认损益调整的部分应视同投资成本的收回,冲减长期股权投资的账面价值,贷记"长期股权投资——成本"科目。

3.超额亏损的确认

权益法下,投资企业确认应分担被投资单位发生的损失,原则上应以长期股权投资及其他实质上构成长期权益的项目减记至零为限,投资企业负有承担额外损失义务的除外。这里所讲"其他实质上构成长期权益的项目"主要是指长期性的应收项目等,应收被投资单位的长期债权从目前来看没有明确的清偿计划并且在可预见的未来期间也不可能进行清偿的，从实质上来看，即构成长期权益。

采用权益法核算的情况下，投资企业在确认应分担被投资单位发生的亏损时，应按照以下顺序处理：

首先，减记长期股权投资的账面价值；

其次，在长期股权投资的账面价值减记至零的情况下，考虑是否有其他构成长期权益的项目，如果有，则以其他实质上构成对被投资单位长期权益的账面价值为限，继续减记；

最后，在有关其他实质上构成对被投资单位长期权益的价值也减记至零的情况下，如果按照投资合同或协议约定，投资企业需要承担额外义务的，则需按预计将承担责任的金额确认相关的损失。

除按上述顺序已确认的损失以外仍有额外损失的，应在账外作备查登记，不再予以确认。

在确认了有关投资损失以后，被投资单位于以后期间实现盈利的，应按以上相反顺序恢复其他实质上构成对被投资单位净投资的长期权益及长期股权投资的账面价值。

【例 2—26】　观文出版社持有乙公司 40％的股权，2016 年 12 月 31 日的账面价值为 20 000 000 元，包括投资成本以及因乙公司实现净利润而确认的投资收益。乙公司 2017 年由于一项主要经营业务市场条件发生骤变，当年度发生亏损 30 000 000元。假定观文出版社在取得投资时，乙公司各项可辨认资产、负债的公允价值与其账面价值相同，采用的会计政策和会计期间也相同。则观文出版社 2017 年应确认的投资损失为 12 000 000 元。确认上述投资损失后，长期股权投资的账面价值变为 8 000 000 元。

如果乙公司 2017 年的亏损额为 60 000 000 元，则观文出版社按其持股比例确认应分担的损失为 24 000 000 元(60 000 000×40％)，但期初长期股权投资的账面价值仅为 20 000 000 元，如果没有其他实质上构成对被投资单位净投资的长期权益项目，则观文出版社应确认的投资损失仅为 20 000 000 元，超额损失在账外进行备查登记；如果在确认了 20 000 000 元的投资损失后，观文出版社账上仍有应收乙公司的长期应收款 8 000 000 元(实质上构成对乙公司净投资)，则在长期应收款的账面价值大于 4 000 000 元的情况下，应进一步确认投资损失 4 000 000 元。观文出版社应进行的账务处理为：

借：投资收益	24 000 000	
贷：长期股权投资——乙公司——成本、损益调整		20 000 000
长期应收款——乙公司——超额亏损		4 000 000

(三)被投资单位除净损益外所有者权益的其他变动

采用权益法核算的情况下，投资企业对于被投资单位除净损益外所有者权益的其他变动，在持股比例不变的情况下，应按照持股比例与被投资单位除净损益以外的所有者权益的其他变动中归属于本企业的部分，相应调整长期股权投资的账面价值，同时增加或减少资本公积(其他资本公积)。

【例 2－27】 A 公司持有观文出版社 30％的股份，当期观文出版社因持有的可供出售金融资产公允价值的变动计入资本公积的金额为6 000 000元，除该事项外，观文出版社当期实现的净利润为32 000 000元。假定 A 公司与观文出版社采用的会计政策、会计期间相同，投资时观文出版社有关资产的公允价值与其账面价值亦相同，无其他内部交易。

A 公司在确认应享有观文出版社所有者权益的变动时：

借：长期股权投资——观文出版社——损益调整　　9 600 000

(32 000 000×30％)

——其他权益变动　　1 800 000

(6 000 000×30％)

贷：投资收益　　9 600 000

资本公积——其他资本公积——观文出版社　　1 800 000

三、长期股权投资的减值

作为长期股权投资核算的权益性投资，在按照《企业会计准则第 2 号—长期股权投资》规定进行核算确定的账面价值基础上，如果存在减值迹象的，应当按照相关准则的规定计提减值准备。其中，对子公司、联营企业及合营企业的投资，应当按照《企业会计准则第 8 号——资产减值》的规定确定可收回金额及应予计提的减值准备，长期股权投资的减值准备在提取以后，不允许转回。

四、长期股权投资的处置

企业处置长期股权投资时，应相应结转与所售股权相对应的长期股权投资的账面价值，出售所得价款与处置长期股权投资账面价值之间的差额，应确认为处置损益。

采用权益法核算的长期股权投资，原计入资本公积的金额，在处置时亦应进行结转，将与所出售股权相对应的部分在处置时自资本公积转入当期损益。

【例 2－28】 观文出版社原持有 A 公司 40％的股权，2017 年 11 月 30 日，观文出版社出售 10％的 A 公司股权，出售时观文出版社账面上对 A 公司长期股权投资的构成为：投资成本40 000 000元，损益调整为1 000 000元，其他权益变动5 000 000元。出售取得价款6 000 000元。

(1)观文出版社确认处置损益的账务处理为：

借：银行存款　　6 000 000

　贷：长期股权投资——A 公司——成本　　4 000 000

　　　　　　　　　　　　　——损益调整　　100 000

　　　　　　　　　　　　　——其他权益变动　　500 000

　　　投资收益　　1 400 000

(2)除应将实际取得价款与出售长期股权投资的账面价值进行结转，确认为处置当期损益外，还应将原计入资本公积的部分按比例转入当期损益。

借：资本公积——其他资本公积——A 公司　　500 000

　贷：投资收益　　500 000

第六节　固定资产

固定资产是指为生产商品、提供劳务、出租或经营管理而持有的单位价值和使用寿命超过一个会计年度的有形资产。

一、固定资产分类及其计价标准

(一)固定资产分类

出版企业对固定资产进行合理分类，有利于加强各级管理并组织会计核算。

固定资产根据不同管理要求及分类标准，主要有以下几种分类：

1.按经济用途分类

可分为生产经营用固定资产和非生产经营用固定资产。

生产经营用固定资产，是指直接服务于企业生产、经营过程的各种固定资产，如生产经营用的房屋、建筑物、机器设备、器具、工具等。

非生产经营用固定资产，是指不直接服务于企业生产、经营过程的各种固定资产，如职工宿舍、食堂、职工俱乐部等使用的房屋、设备和其他固定资产等。

2.综合分类

按固定资产的经济用途和使用情况等综合分类，可将固定资产分为七大类：

(1)生产经营用固定资产。指直接参加或服务于生产的固定资产。包括办公用房屋、建筑物、制版、排版及复制设备，编绘设备，运输工具，电脑、办公用具等。

(2)非生产经营用固定资产。指与生产经营无直接关系的固定资产。包括职工宿舍、食堂、浴室等房屋、设备等。

(3)租出固定资产。指在经营租赁方式下出租给外单位使用的固定资产。

(4)融资租入固定资产。指以融资租赁方式向有关租赁公司、信托投资公司等租入的固定资产，在租赁期内，应视同自有固定资产进行管理。

(5)未使用固定资产。指尚未使用的新增固定资产，购入尚待安装固定资产，进行改建、扩建的固定资产，以及经批准停止使用的固定资产。

(6)不需用固定资产。指不需用，业经批准准备处理的固定资产。

(7)土地。指过去已经估价单独入账的土地。企业取得的土地使用权，不作为固定资产管理。

(二)固定资产计价标准

1.固定资产的计价基础

固定资产的计价方法取决于不同的计价目的。固定资产的计价主要有两种：

(1)按历史成本计价。历史成本亦称原始价值，是指企业购建某项固定资产并达到预定可使用状态前发生的一切合理、必要的支出。企业购建固定资产计价、确定计提折旧依据等均采用这种计价方法。按这种计价方法确定的价值，均是实际发生并有支付凭据的支出，具有客观性和可验证性。

(2)按净值计价。固定资产净值也称为折余价值，是指固定资产历史成本减去已提折旧后的净额。它可以反映企业实际占用在固定资产上的资金数额和固定资产新旧程度。

2.固定资产的价值构成

固定资产的价值构成是指固定资产价值所包括的范围。包括企业为购建某项固定资产达到预定可使用状态前所发生的一切合理的、必要的支出。这些支出既有直接发生的，如购置固定资产的价款、运杂费、包装费和安装费等，也有间接发生的，如应承担的借款利息、外币借款汇兑差额以及应分摊的其他间接费用等。

由于固定资产的来源渠道不同，其价值构成的具体内容也有所不同。

(1)购置的不需要经过建造过程即可使用的固定资产，按实际支付的买价加上支付的运输费、包装费、安装成本、税金等作为入账价值。

(2)自行建造的固定资产，按建造该项资产达到预定可使用状态前所发生的全部支出作为入账价值。

(3)投资者投入的固定资产，应以投资各方确认的价值作为入账价值。

(4)融资租入的固定资产，按租赁开始日租赁资产原账面价值与最低租赁付款额的现值两者中较低者作为入账价值。如果融资租赁资产占企业资产总额比例等于或低 30%的，在租赁开始日，企业也可按最低租赁付款额作为固定资产的入账价值。

(5)在原有固定资产的基础上进行改建、扩建的，按原固定资产的账面价值，加上由于改建、扩建而使该项资产达到预定可使用状态前发生的支出，减去改建、扩建过程中发生的变价收入作为入账价值。

(6)企业接受的债务人以非现金资产抵偿债务方式取得的固定资产，或以应收债权换入固定资产的，按应收债权的账面价值加上应支付相关税费作为入账价值。如涉及补价，按以下规定确定受让的固定资产的入账价值：收到补价的，按应收债权的账面价值减去补价，加上应支付的相关税费作为入账价值；支付补价的，按应收债权的账面价值加上支付的补价和应支付的相关税费，作为入账价值。

(7)以非货币性交易换入的固定资产，按换出资产的账面价值加上应支付的相关税费作为入账价值。如涉及补价的，按以下规定确定换入固定资产的入账价值：收到补价的，按换出资产的账面价值加上应确认的收益和应支付的相关税费减去补价后的余额，作为入账价值；支付补价的，按换出资产的账面价值加上应支付的相关税费和补价，作为入账价值。

(8)接受捐赠的固定资产，应按以下规定确定其入账价值：

第一，捐赠方提供了有关凭据的，按凭据上标明的金额加上应支付的相关税费作为入账价值。

第二，捐赠方没有提供有关凭据的，按以下顺序确定其入账价值：同类或类似固定资产存在活跃市场的，按同类或类似固定资产的市场价格估计的金额，加上应支付的相关税费，作为入账价值；同类或类似固定资产不存在活跃市场的，按该接受捐赠的固定资产的预计未来现金流量现值作为入账价值。

第三，接受捐赠的固定资产，如系旧的固定资产，按照上述方法确定的固定资产，减去按该项资产的新旧程度估计的价值减损后的余额，作为入账价值。

(9)盘盈的固定资产，按同类或类似固定资产的市场价格，减去按该项资产的新旧程度估计的价值损耗后的余额，作为入账价值。

(10)经批准无偿调入的固定资产，按调出单位的账面价值加上发生的运输费、安装费等相关费用，作为入账价值。

固定资产的入账价值中，还应当包括企业为取得固定资产而缴纳的契税、耕地占用税、车辆购置税等相关税费。

企业购置计算机硬件所附带的、未单独计价的软件，与所购置的计算机硬件一并作为固定资产管理。

所建造的固定资产已达到预定可使用状态，但尚未办理竣工决算手续的，应当根据工程预算、造价或者工程实际成本等，按估计的价值转入固定资产，并按本办法关于计提固定资产折旧的规定，计提固定资产折旧。待办理竣工决算手续后再作调整。

二、固定资产增加的核算

固定资产增加按其来源不同主要有购入、自行建造、投资者投入、接受捐赠和盘盈等。增加的固定资产不论其来源何处，出版企业都必须进行严格验收，填制必要的交接凭证，办好交接手续。会计部门根据审核签证后的交接凭证，进行固定资产增加的总分类核算和明细分类核算。

(一)购置的固定资产

1.购入不需要安装的固定资产

应按购入时实际支付的全部价款(包括买价、运输费、包装费、缴纳的有关税金等),借记“固定资产”账户,贷记“银行存款”等账户。购入已使用不需要安装的固定资产,按售出单位原价作为固定资产原价,借记“固定资产”账户,按实际支付价款,贷记“银行存款”账户,按其差额贷记“累计折旧”账户。

2.购入需要安装的固定资产

应将购入固定资产实际支付的价款先计入“在建工程”账户,待安装完毕达到预定可使用状态时,再转入“固定资产”账户。企业购入固定资产及发生安装费用等,借记“在建工程”账户,贷记“银行存款”等账户;安装完毕达到预定可使用状态时,按其实际成本作为固定资产的原价入账,借记“固定资产”账户,贷记“在建工程”账户。

【例 2—29】 观文出版社购入一台需要设备一台,取得的增值税专用发票上注明的印刷机买价为 100 000 元,增值税 13 000 元,运费 2 500 元,增值税专用发票上注明的增值税税额为 225 元。安装印刷机领用的材料物资价值 3 000 元,支付工资为 4 000 元。

其会计分录如下:

(1)支付印刷机价款、税金、运输费时

借:在建工程	102 500	
应交税费——应交增值税(进项税额)	13 225	
贷:银行存款		115 725

(2)领用安装材料、支付工资等费用时

借:在建工程	7 000	
贷:原材料		3 000
应付职工薪酬		4 000

(3)印刷机安装完毕达到预定可使用状态时

借:固定资产——小型印刷机	109 500	
贷:在建工程		109 500

(二)投资者投入的固定资产

对于投资者投资转入的机器设备等固定资产,应按投资双方确认的价值反映本企业固定资产的增加,借记“固定资产”账户,同时反映投资者投资额的增加,贷记“实收资本”或“股本”账户。

(三)接受捐赠的固定资产

出版企业接受捐赠的固定资产,应按确定的入账价值,借记“固定资产”账户,按应支付的相关税费,贷记“银行存款”等账户,按应交的所得税,贷记“应交税费”账户,按确定的入账价值减去应交所得税及相关税费后的余额,贷记“营业外收入”账户。

【例 2—30】 观文出版社接受甲公司捐赠印刷机一台，根据捐赠设备的发票确定其价值为68 000元，发生的运输费、包装费4 000元，该单位适应所得税税率为25%。其会计分录如下：

(1)接受捐赠时

借：固定资产	64 000	
贷：银行存款		4 000
营业外收入——捐赠利得		60 000

(2)计入当年应纳所得税额时

借：营业外收入——接受捐赠的非货币性资产收益	15 000	
贷：应交税费——应交所得税		15 000

(四)盘盈的固定资产

对于出版企业在财产清查中盘盈的固定资产，根据《企业会计准则第 4 号—固定资产》及其应用指南的有关规定，固定资产盘盈应作为前期差错记入“以前年度损益调整”科目；之所以新准则将固定资产盘盈作为前期差错进行会计处理，是以这些资产尤其是固定资产出现由于企业无法控制的因素而造成盘盈的可能性极小，该些资产如果出现盘盈，必定是企业自身“主观”原因所造成的，或者说以前会计期间少计或漏计该些资产等会计差错而形成的，所以，应当按照前期差错进行更正处理。

(五)接受以非现金资产抵债取得的固定资产

出版企业接受的债务人以非现金资产抵偿债务方式取得的固定资产，收到固定资产按公允价值计量。

【例 2—31】 观文出版社应收甲公司应收账款 100 万元，出版社已提坏账准备 5 万元，双方协商债务重组，甲公司以一台设备偿清债务，该项设备账面原价为 120 万元，累计折旧为 33 万元，公允价值为 85 万元，抵债设备已运抵公司，观文出版社将其用于出版社产品的生产。其会计分录如下：

借：固定资产——××设备	850 000	
坏账准备	50 000	
营业外支出—债务重组损失	100 000	
贷：应收账款		1 000 000

三、固定资产折旧的核算

固定资产折旧是指固定资产由于损耗而转移到产品成本或构成企业费用的那一部分价值的补偿。

企业计提折旧时应考虑的因素有：①固定资产折旧基数，即固定资产的原值或账面净值；②固定资产的净残值，指预计的固定资产报废时可以收回的残值扣除预计清理费用后的数额;③固定资产的使用年限或预计工作总量;④折旧方法。

企业应当根据固定资产的性质和使用情况,合理确定固定资产的使用寿命和预计净残值。固定资产的使用寿命、预计净残值一经确定,不得随意变更。

(一)固定资产折旧范围

按照会计准则规定除了以经营租赁方式租入的固定资产、已提足折旧继续使用的固定资产和按规定单独估价作为固定资产入账的土地不计提折旧外,企业所有的固定资产都要计提折旧。

固定资产提足折旧后,不管能否继续使用,均不再计提折旧;提前报废的固定资产,也不再补提折旧。所谓提足折旧,是指已经提足该项固定资产的应计折旧额。

达到预定可使用状态的固定资产,如果尚未办理竣工决算手续的,应当按照估计价值暂估入账,并计提折旧;待办理了竣工决算手续后,再按照实际成本调整原来的暂估价值,重新确定以后期间的折旧,但是不调整以前期间已经计提的折旧。

处于更新改造过程而停止使用的固定资产,符合固定资产确认条件的,应当转入在建工程,停止计提折旧,不符合固定资产确认条件的,不应转入在建工程,照提折旧。企业一般应按月提取折旧,当月增加的固定资产,当月不提折旧,从下月起计提折旧;当月减少的固定资产,当月照提折旧,从下月起不提折旧。

(二)固定资产折旧方法

一定期间固定资产价值损耗的数额称为该期间的折旧额;计入某一期间产品成本或各种费用之中的折旧额称为该期间的折旧费;一定期间的固定资产折旧额与固定资产原值的比例称为该期间的折旧率。企业会计制度规定:固定资产折旧方法可以采用年限平均法、工作量法、年数总和法、双倍余额递减法等。企业应当根据与固定资产有关的经济利益的预期实现方式,合理选择固定资产折旧方法,方法一经确定,不得随意变更。如需变更,仍然应按照相关程序,经批准后报送有关各方备案,并在会计报表附注中予以说明。

1.年限平均法

年限平均法又称直线法,是将固定资产的折旧均衡地分摊到各期的一种方法。采用这种方法计算的每期折旧额均是相等的。其计算公式如下:

月折旧率=年折旧率÷12

月折旧额=固定资产原价×月折旧率

直线法适用于在各个会计期间使用程度比较均衡的固定资产,或者固定资产的损耗受固定资产使用强度影响较小的固定资产,如房屋、建筑物等。否则,按这种方法计算的结果难以符合固定资产各期损耗的实际情况。

【例2—32】 观文出版社有一幢办公用房,原价为5 000 000元,预计可使用20年,预计报废时的净残值率为2%。该办公用房的折旧率和折旧额的计算如下:

年折旧率＝(1－2％)/20×100％＝4.9％

月折旧率＝4.9％/12＝0.41％

月折旧额＝5 000 000×0.41％＝20 500(元)

在实际工作中，可以先计算确定固定资产的折旧率，而后再计算各期固定资产的折旧额。

2.工作量法

工作量法也称作业量法，是一种按实际工作量计提固定资产折旧的方法。其计算公式如下：

单位工作量折旧额＝各期折旧额＝各期实际工作量×单位工作量折旧额

根据不同的固定资产，可选择不同的工作标准，如产量、工作时数、工作班次、行驶里程等。

3.加速折旧法

加速折旧法也称快速折旧法或递减折旧法，其特点是在固定资产有效使用年限的前期多提折旧，后期少提折旧，以使固定资产成本在有效使用年限内加快得到补偿。

加速折旧的方法很多，常用的有以下两种：

(1)双倍余额递减法。双倍余额递减法是在不考虑固定资产残值的情况下，根据每期期初固定资产账面净值和双倍的直线法折旧率计算固定资产折旧的一种方法。其计算公式如下：

双倍直线年折旧率＝2/预计折旧年限×100％

年折旧额＝固定资产期初账面净值×双倍直线年折旧率

月折旧额＝年折旧额÷12

采用双倍余额递减法在预计使用年限内，应避免固定资产期末净值小于预计净残值。为此，当某期按双倍余额递减法计提的折旧额小于剩余应计提折旧额(即期初净值减去预计净残值)时，应从该期开始，改按平均年限法计提折旧。为简化核算，实务中对采用双倍余额递减法计提折旧的固定资产，在其折旧年限到期前两年内，将固定资产账面净值扣除预计净残值后的余额平均摊销。

【例 2－33】 观文出版社一项固定资产的原价为1 000 000元，预计使用年限为5年，预计净残值为4 000元。按双倍余额递减法计提折旧，每年的折旧额计算如下：

年折旧率＝2/5×100％＝40％

第 1 年应提的折旧额＝100 0000×40％＝40 0000(元)

第 2 年应提的折旧额＝(100 0000－40 0000)×40％＝24 0000(元)

第 3 年应提的折旧额＝(100 0000－40 0000－24 0000)×40％＝144 000(元)

从第 4 年起改用年限平均法(直线法)计提折旧。

第 4 年、第 5 年的年折旧额＝[(100 0000－40 0000－24 0000－144 000)

$-4\ 000]/2=106\ 000$(元)

(2)年数总和法。年数总和法是按固定资产原值减去净残值后的净额乘以一个逐年递减的分数计算每年的折旧额。这个分数的分子代表该固定资产尚可使用的年数，分母代表使用年数的逐年数字总和。其计算公式如下：

$$年折旧率=\frac{尚可使用年限}{各年尚可使用年数总和}\times 100\%$$

$$=\frac{预计使用年限-已使用年限}{预计使用年限\times(预计使用年限+1)/2}\times 100\%$$

$$年折旧额=应计提折旧总额\times 年折旧率$$

【例 2—34】 观文出版社有一台机器设备原价为 600000 元，预计使用寿命为 5 年，预计净残值率为 4%。该项固定资产按年数总和法计算折旧，该固定资产的年折旧率及折旧额计算如表 2—13 所示：

表 2—13 **折旧计算表(年数总和法)** 单位：元

年份	应提折旧总额	年折旧率	年折旧额	累计折旧
1	576 000	5/15	192 000	192 000
2	576 000	4/15	153 600	345 600
3	576 000	3/15	115 200	460 800
4	576 000	2/15	76 800	537 600
5	576 000	1/15	38 400	576 000

(三)计提固定资产折旧的会计处理

出版企业计提的固定资产折旧，应根据用途计入有关成本费用。计提的属于生产车间固定资产折旧，借记“制造费用”账户，贷记“累计折旧”账户；计提的属于行政管理部门固定资产折旧，借记“管理费用”账户，贷记“累计折旧”账户；经营性出租固定资产计提的折旧，借记“其他业务成本”账户，贷记“累计折旧”账户。

四、固定资产的后续支出

固定资产的后续支出，是企业为保证固定资产正常运转，提高资产使用效率，对现有固定资产进行维护、改建、扩建或改良而花费的各项支出。对于固定资产的后续支出，应按照其是否使可能流入企业的经济利益超过原先的估计，进行实质性分析，将固定资产后续支出划分为资本性支出或费用性支出，再按支出的不同性质分别进行核算处理。

(一)资本化的后续支出

如果固定资产的后续支出增强了固定资产获取未来经济利益的能力，提高了固定资产的性能，如对建筑物进行改建、扩建；对机器设备进行改良等，延长了固定资产的使用寿命、提高了固定资产的生产能力、使产品质量实质性提高或使产品成本实质性降低，均表明后续支出提高了固定资产原定的创利能力。可以将此类后续支出作为资本性支出，计入固定资产账面价值。借记“在建工程”等账户，贷记“银行存款”等账户。但应注意：后续支出予以资本化的数额不应导致计入后的固定资产账面价值超过其可收回金额。

（二）费用化的后续支出

如果固定资产的后续支出不符合资本化的条件，譬如固定资产各项维护性修理（定期大修、日常中小修等）支出，则应在发生时直接计入当期损益，借记“制造费用”“管理费用”等账户，贷记“银行存款”等账户。

五、固定资产减少的核算

企业在经营管理过程中，因各种原因造成的固定资产减少，主要包括固定资产的出售、转让、报废、毁损、捐赠、抵偿债务、对外投资以及盘亏等。固定资产的减少，不论何种原因，都应按照规定办理审批手续，取得或填制必要的凭证，然后据以进行账务处理。

对于固定资产的减少，除盘亏等原因外，会计核算一般可分以下步骤：

（一）固定资产转入清理

出版企业将减少的固定资产转入清理时，应按清理固定资产的净值，借记“固定资产清理”账户，按已提折旧，借记“累计折旧”账户，按已计提的减值准备，借记“固定资产减值准备”账户，按固定资产原价，贷记“固定资产”账户。

（二）发生的清理费用及税金

固定资产清理过程中发生的清理费用以及应交的税金，也应记入“固定资产清理”账户，按实际发生的清理费用以及应交的税金，借记“固定资产清理”账户，贷记“银行存款”“应交税费”等账户。

（三）出售收入和残料的处理

出版企业收回出售固定资产价款、报废固定资产的残料价值和变价收入等，应冲减清理支出，按实际收到的出售价款及残料变价收入等，借记“银行存款”“原材料”等账户，贷记“固定资产清理”账户。

（四）保险赔偿的处理

出版企业计算或收到的应由保险公司或者过失人赔偿的报废、毁损固定资产的损失时，应冲减清理支出，借记“银行存款”或“其他应收款”账户，贷记“固定资产清理”账户。

(五)清理净损益的处理

出版企业因出售、转让、报废、毁损、捐赠等处置的固定资产,在固定资产清理后发生的净收益,应区别不同情况进行处理:属于生产经营期间的,计入当期损益,借记"固定资产清理"账户,贷记"营业外收入"账户或"资产处置损益";固定资产清理后的净损失,借记"营业外支出"账户或"资产处置损益",贷记"固定资产清理"账户;属于筹建期间的,计入长期待摊费用,借记"长期待摊费用"账户,贷记"固定资产清理"账户。如果资产处置后还有使用价值,则计入"资产处置损益"账户;如果固定资产毁损报废,不再有使用价值,则通过营业外收支核算。若用固定资产抵债、投资、捐赠等,这些经验行为是为了换取对价,具有一定商业价值,则应计入"资产处置损益"账户。

【例 2-35】 观文出版社对外捐赠一台设备,原价为250 000元,已提折旧150 000元,支付相关税费3 000元。其会计分录如下:

(1)注销捐赠设备净值时

借:固定资产清理	100 000	
累计折旧	150 000	
贷:固定资产		250 000

(2)支付捐赠相关税费时

借:固定资产清理	3 000	
贷:银行存款		3 000

(3)结转捐赠净额时

借:资产处置损益——捐赠支出	103 000	
贷:固定资产清理		103 000

盘亏的固定资产,按其账面价值借记"待处理财产损溢"账户,按已提折旧借记"累计折旧"账户,按该项固定资产已计提的减值准备借记"固定资产减值准备"账户,按固定资产原价贷记"固定资产"账户。经批准转出时,借记"营业外支出""其他应收款"等账户,贷记"待处理财产损溢"账户。

五、固定资产的期末计价

固定资产在使用过程中,除正常损耗计提折旧使其净值逐步减少外,还会发生损失、技术陈旧或其他经济原因,导致其可收回金额低于其账面价值,这种情况称之为固定资产减值。为客观、准确地反映期末固定资产实际价值,遵循谨慎原则,固定资产期末计价应按账面价值与可收回金额孰低计量。

可收回金额是指资产的销售净价(即该资产的销售价格减去因出售该资产所发生的相关税费后的余额)与预期从该资产的持续使用和使用寿命结束时的处置中形成的预计未来现金流量的现值两者之中的较高者。

出版企业应当在期末或者至少在每年年度终了，对固定资产逐项进行检查，如果由于市价持续下跌，或技术陈旧、损坏、长期闲置等原因导致其可收回金额低于账面价值的，应当将可收回金额低于其账面价值的差额作为固定资产减值准备，同时应将减值损失计入当期损益。借记“资产减值损失”账户，贷记“固定资产减值准备”账户。资产减值损失一经确认，在以后会计期间不得转回。

【例 2—36】 2017 年年末，观文出版社的某印刷设备存在可能发生减值的迹象。经计算，该机器的可收回金额合计为500 000元，账面价值为510 000元，以前年度未对该生产线计提过减值准备。

借：资产减值损失——计提的固定资产减值准备　　　　10 000

　贷：固定资产减值准备　　　　　　　　　　　　　　　10 000

当存在下列情况之一时，应当按照该项固定资产的账面价值全额计提固定资产减值准备：① 长期闲置不用，在可预见的未来不会再使用，且已无转让价值的固定资产；②由于技术进步等原因，已不可使用的固定资产；③ 虽然固定资产尚可使用，但使用后产生大量不合格品的固定资产；④ 已遭毁损，以致不再具有使用价值和转让价值的固定资产；⑤ 其他实质上已经不能再给企业带来经济利益的固定资产。已全额计提减值准备的固定资产，不再计提折旧。

第七节　无形资产

无形资产，是指企业拥有或者控制的没有实物形态的可辨认非货币性资产。无形资产是企业为生产商品、提供劳务、出租给他人，或为管理目的而持有的没有实物形态的可辨认的非货币性的长期资产。无形资产尽管没有实体，但具有很大价值，并且能在较长时间内为企业提供服务、能为企业带来经济利益，是企业从事生产经营活动的经济资源，属于企业的长期资产。无形资产分为可辨认无形资产和不可辨认无形资产。可辨认无形资产包括专利权、非专利技术、商标权、著作权、专有出版权、土地使用权等；不可辨认无形资产是指商誉。无形资产的主要特征为：①不具有实物形态；②具有可辨认性；③属于非货币性长期资产；④所能创造的经济利益具有较大的不确定性和独占性。

一、无形资产的确认和计量

（一）无形资产确认的条件

确认企业无形资产，必须满足以下三个条件：①符合无形资产的定义；②产生的经济利益很可能流入企业；③成本能够可靠地计量。

（二）无形资产价值构成

无形资产的取得方式不同，其价值构成的具体内容也有所不同。

1.外购的无形资产

外购的无形资产，按实际支付的价款作为入账价值。实际支付的价款包括买价及与其直接相关的支出，如律师费、咨询费、公证费、鉴定费、注册登记费等。

2.投资者投入的无形资产

接受投资者投入的无形资产，按投资各方确认的价值作为入账价值。但企业为首次发行股票而接受投资者投入的无形资产，应以该无形资产在对方(即投资方)的账面价值作为入账价值。

3.通过债务重组和非货币性交易方式取得的无形资产

接受债务重组和非货币性交易方式换入的无形资产，其入账价值按债务重组和非货币性交易准则的规定确定。

4.接受捐赠的无形资产

企业接受捐赠的无形资产，应分别不同情况确定其入账价值：

(1)捐赠方提供了有关凭证的，按凭据上标明的金额加上应支付的相关税费，作为入账价值。

(2)捐赠方没有提供有关凭证的，按如下顺序确定：同类或类似无形资产存在活跃市场的，按同类或类似无形资产的市场价格估计的金频，加上应支付的相关税费，作为入账价值；同类或类似无形资产不存在活跃市场的，按该接受捐赠的无形资产的预计未来现金流量现值，加上应支付的相关税费，作为入账价值。

5.自行开发的无形资产

出版企业自行开发并按法律程序申请取得的无形资产，应按依法取得时发生的注册费、聘请律师费等费用作为其入账价值。考虑到开发阶段的研发项目往往形成成果的可能性较大，对于自行研发项目，开发阶段的支出满足特定条件的予以资本化，确认为无形资产，否则应当计入当期损益。分两种情况：

(1)符合资本化条件的开发阶段支出的会计处理。开发支出发生时，借记“研发支出——资本化支出”科目，贷记“原材料”“银行存款”“应付职工薪酬”等科目；研究开发项目达到预定用途形成无形资产的，应按“研发支出——资本化支出”科目的余额，借记“无形资产”科目，贷记“研发支出——资本化支出”科目。

(2)不符合资本化条件的开发阶段支出的会计处理。有关支出发生时，借记“研发支出——费用化支出”科目，贷记“原材料”“银行存款”“应付职工薪酬”等科目；期末，将开发阶段发生的支出转入当期管理费用，借记“管理费用”科目，贷记“研发支出——费用化支出”科目。

6.购入的土地使用权

出版企业购入的土地使用权，或以支付土地出让金方式取得的土地使用权，按实际支付的价款作为该项无形资产入账价值；待该项土地开发时再将其账面价值转入相关的在建工程。

无形资产入账价值确定后发生的各种相关费用，称为无形资产后续支出。企业会计制度规定，无形资产后续支出发生时，应计入当期损益，不能资本化。

二、无形资产的核算

（一）无形资产的取得

无形资产取得的核算，一般应按不同来源方式确定的入账价值，借记"无形资产"账户，贷记"银行存款""实收资本""资本公积"等账户。

【例 2－37】 观文出版社购入一项著作权，支付的买价和有关费用合计90 000元，以银行存款支付。

借：无形资产	90 000	
贷：银行存款		90 000

【例 2－38】 观文出版社接受某出版公司捐赠的一项特许权，双方确认其价值为 20 万元。该出版社适用的所得税税率为 25%，出版社办理接受特许权手续，并支付相关费用 1 万元。其会计分录如下：

借：无形资产	210 000	
贷：应交税费——应交所得税		50 000
银行存款		10 000
营业外收入		150 000

（二）无形资产的摊销

无形资产属于企业的长期资产，能在较长的时间内给企业带来经济效益。但无形资产通常也有一定的有效期限，它所具有的价值会随时间的推移而消失，因此，出版企业应将入账的无形资产在一定年限内摊销，其摊销金额计入管理费用，并同时冲减无形资产的账面价值。

无形资产（不包括专有出版权）应当自取得当月起在预计使用年限内分期平均摊销，计入损益。如预计使用年限超过了相关合同规定的受益年限或法律规定的有效年限，该无形资产的摊销年限按如下原则确定：① 合同规定受益年限但法律未规定有效年限的，摊销期不超过合同规定的受益期；② 合同没有规定受益年限但法律规定有效年限的，摊销期不超过法律规定的有效期；③合同规定了受益年限，法律也规定了有效年限的，则应在受益年限和有效年限两者中较短的期限内摊销；④如果合同没有受益年限，法律也没有规定有效年限，则应在不超过 10 年的期限内摊销。

出版企业对于专有出版权的支出，应按受益品种一次直接计入出版物成本。如有必要，可分期摊销，但摊销期不得超 10 年。

无形资产摊销时，按确定的摊销额，借记"管理费用"账户，贷记"累计摊销"账户。

(三)无形资产的转让

企业可以依法转让所拥有的无形资产。其转让方式可分为转让所有权和转让使用权两种,转让方式不同其会计核算也有区别。

1.出售无形资产

出售无形资产即转让其所有权,出让方不再对该项无形资产拥有占有、使用、取得收益和处置的权利,而受让方则取得了该项无形资产的所有权,可按自己的意愿使用或处置该无形资产。企业出售无形资产属非日常经营行为,因此出售无形资产的净损益,应记入“资产处置损益”。当出版企业收到转让无形资产的收入时,应借记“银行存款”账户,按该无形资产计提的减值准备,借记“无形资产减值准备”账户,按无形资产的账面余额,贷记“无形资产”账户,按应支付的相关税费,贷记“银行存款”“应交税费”等账户,按其差额,贷记“资产处置损益——出售无形资产收益”账户或借记“资产处置损益——出售无形资产损失”账户。

【例 2—39】 观文出版社将拥有的一项商标权出售,该商标权的账面余额为10万元,其中成本为15万,已摊销5万,转让收入20万元,增值税率6%,其会计分录如下:

借:银行存款	200 000	
累计摊销	50 000	
贷:资产处置损益——出售无形资产收益		94 000
无形资产——商标权		150 000
应交税费——应交增值税(销项税额)		6 000

2.出租无形资产

出租无形资产即转让其使用权,出让方仍保留对所转让的无形资产的所有权,即拥有占有、使用、取得收益及处置的权利,而仅仅是将部分使用权让渡给其他企业。受让人只获得无形资产的使用权,而无所有权。

出版企业转让无形资产使用权发生的相关收入与支出,应作为企业日常经营的其他业务收支处理。取得的租金收入,借记“银行存款”等账户,贷记“其他业务收入”账户;发生的相关支出,借记“其他业务成本”账户,贷记“银行存款”等账户。

二、无形资产的期末计价

为客观、准确地反映期末无形资产实际价值,出版企业应当定期或者至少在每年年度终了检查各项无形资产预计给企业带来未来经济利益的能力。无形资产期末计价应按账面价值与可收回金额孰低计量。

(一)判断无形资产发生减值的条件

存在下列情况时,应当预计该项无形资产可收回金额,如果预计可收回金额低于其账面价值,则应计提无形资产减值准备:① 该项无形资产已被其他新技术等所替代，使其为企业创造经济利益的能力受到重大不利影响；② 该项无形资产的市价在当期大幅下跌，在剩余摊销年限内预期不会恢复；③ 该项无形资产已超过法律保护期限，但仍然具有部分使用价值；④ 其他足以证明该项无形资产实质上已经发生了减值的情形。

（二）无形资产减值的核算

对于无形资产的账面价值高于其可收回金额的，应按其差额，确认无形资产减值准备。借记“资产减值损失——计提的无形资产减值准备”科目，贷记“无形资产减值准备”账户。

（三）无形资产的转销

当发现无形资产预期不能为企业带来经济利益时，应将其全部转销。企业会计制度规定，存在下列一项或若干项情况时，企业应当将该项无形资产的账面价值全部转入当期损益：①某项无形资产已被其他新技术等所替代，并且该项无形资产已无使用价值和转让价值；②某项无形资产已超过法律保护期限，并且已不能为企业带来经济利益；③其他足以证明某项无形资产已经丧失了使用价值和转让价值的情形。具体转销时，应按无形资产的全部账面价值，借记“管理费用”账户，贷记“无形资产”账户。

第三章　出版企业负债的核算

负债，是指企业过去的交易或者事项形成的，预期会导致经济利益流出企业的现时义务。负债一般按其流动性分为流动负债和非流动负债，流动负债是指将在1年或超过1年的一个营业周期内偿还的债务，主要包括短期借款、应付票据、应付账款、预收货款、应付职工薪酬、应交税费、应付股利、其他应付款等，非流动负债是指偿还期在1年或超过1年的一个营业周期以上的债务，包括长期借款、应付债券、长期应付款等。

第一节　短期借款

一、短期借款的概念

短期借款是指企业向银行或其他金融机构等借入的期限在1年以下(含1年)的各种借款，通常是为了满足正常生产经营的需要。无论借入款项的来源如何，企业均需要向债权人按期偿还借款的本金及利息。

短期借款是出版企业的一种筹资方式。一般是出版企业为了维持正常的生产经营或者是为了偿付某项债务而暂时借入的资金。它具有以下几种特征：①债权人不仅包括银行，还包括其他非银行金融机构；②借款期限比较短，一般为1年以下(含1年)；③归还时要支付本金和相应的利息。短期借款应当按照借款本金和确定的利率，按期计提利息。由于短期借款的借入及使用和当期经营有很大关系，故其利息应当计入财务费用。

二、相关会计账户的设置

1.“短期借款”账户

“短期借款”账户核算出版企业向银行或其他金融机构等借入的期限在1年以下(含1年)的各种借款。其贷方发生额反映的是借入的各个款项，借方发生额反映的是归还的各种借款。期末贷方发生额反映尚未归还的各种借款。本账户应按债权人设置明细账，并按借款种类进行明细核算。

2.“财务费用”账户

“财务费用”账户核算出版企业为筹集生产经营所需资金等而发生的费用，包括利息支出(减利息收入)、汇兑损失(减汇兑收益)以及相关的手续费等。

3.“应付利息”账户

“应付利息”账户核算企业按照合同约定应支付的利息,包括吸收存款,分期付息到期还本的长期借款,企业债券等应支付的利息。

三、短期借款的核算

出版企业在借入短期借款时,借记“银行存款”账户,贷记“短期借款”账户。按期计提利息时,借记“财务费用”账户,贷记“应付利息”账户。支付利息时,借记“财务费用”,“应付利息”账户,贷记“银行存款”账户。到期还本付息时,借记“财务费用”“应付利息”账户,贷记“银行存款”账户 。

【例 3－1】 观文出版社 2017 年 3 月 1 日从银行借入期限为 3 个月借款 120 000元,年利息率为 8%。根据与银行签署的借款协议,该项借款的本金到期最后一次归还。其会计分录如下:

(1)取得借款时

借:银行存款	120 000	
贷:短期借款		120 000

(2)3、4 月末计提利息时

借:财务费用——利息	800	
贷:应付利息		800

(3)5 月末还本付息时

借:应付利息	1 600	
财务费用——利息	800	
短期借款	120 000	
贷:银行存款		122 400

第二节　应付及预收款项

一、应付票据的核算

(一)应付票据概述

应付票据是指企业因购买材料、商品和接受劳务供应等而开出、承兑的商业汇票,包括商业承兑汇票和银行承兑汇票。商业汇票,是指由收款人或付款人(或承兑申请人)签发,由承兑人承兑,并于到期日向收款人或被背书人支付款项的票据。企业采用商业汇票结算实质是延期付款,在我国,商业汇票的付款期限最长为 6 个月,因此在会计上应作为流动负债进行管理和核算。

商业汇票，按承兑人不同分为商业承兑汇票和银行承兑汇票。如承兑人是银行的票据，则为银行承兑汇票；如承兑人为购货单位的票据，则为商业承兑汇票。

商业汇票按是否带息，分为带息票据和不带息票据，目前我国常用的是不带息票据。

企业应设置"应付票据"账户，用来核算企业因购买材料、商品和接受劳务供应等而开出、承兑的商业汇票。该账户贷方登记企业开出、承兑的商业汇票或以承兑商业汇票抵付货款、应付账款的票面值及带息票据的利息，借方登记已经支付的到期票据的票面值及带息票据的利息，期末贷方余额，反映企业尚未到期的商业汇票的票面金额。该账户按债权人进行明细核算。

（二）会计账户的设置

设置"应付票据"账户核算出版企业购买材料、商品和接受劳务供应等而开出、承兑的商业汇票，包括银行承兑汇票和商业承兑汇票。贷方发生额反映因采购等业务而开出并承兑的商业汇票等，借方发生额反映银行已支付的商业汇票款等，期末贷方余额反映未到期和尚未支付的商业汇票款。

（三）应付票据的核算

"应付票据"账户按对方单位户名进行明细核算。出版企业开出、承兑商业汇票或以承兑商业汇票抵付货款、应付账款时，借记"材料采购""在途物资""库存商品""应付账款""应交税费——应交增值税（进项税额）"等账户，贷记"应付票据"账户。银行承兑汇票的手续费，作为财务费用，借记"财务费用"账户，贷记"银行存款"账户。如果是带息票据，应于期末计算应付利息，借记"财务费用"账户，贷记"应付票据"账户。票据到期支付本息时，按票据账面余额借记"应付票据"账户，按未计的利息借记"财务费用"账户，按实际支付的金额贷记"银行存款"账户。应付票据到期，如出版企业无力支付票款，按应付票据的账面余额，借记"应付票据"账户，贷记"应付账款"账户。到期不能支付的带息应付票据，转入"应付账款"账户核算后，期末时不再计提利息。

【例 3-2】 观文出版社 3 月 1 日从天津纸业购入规格为 12 吨胶版纸60 000元，每吨5 000元，货已入库，双方协议货到后签发 3 个月不带息银行承兑汇票（增值税税率 13%），并支付银行手续费 10 元。其会计分录如下：

（1）支付承兑手续费时

借：财务费用　　10

　贷：银行存款　　10

（2）开出银行承兑汇票购入材料时

借：原材料——胶版纸　　60 000

　　应交税费——应交增值税（进项税额）　　7 800

贷:应付票据——天津纸业　　67 800

(3)到期还本时

借:应付票据——天津纸业　　67 800

贷:银行存款　　67 800

(4)票据到期不能偿还时

借:应付票据——天津纸业　　67 800

贷:应付账款　　67 800

(四)转销应付票据的会计处理

银行承兑汇票到期,如果企业无力支付票款,应将应付票据的账面余额转作短期借款,借记"应付票据"账户,贷记"短期借款"账户。商业承兑汇票到期,如果企业无力支付票款,应将应付票据的账面余额转作应付账款,借记"应付票据"账户,贷记"应付账款"账户。

【例 3—3】 承[例 3—2],假设上述银行承兑汇票到期时,该出版社无力支付票款,应编制的会计分录:

借:应付票据　　67 800

贷:银行存款　　67 800

二、应付账款的核算

(一)应付账款的概念

应付账款是指因购买材料、商品或接受劳务供应等而发生的债务。这是买卖双方在购销活动中由于取得物资与支付货款在时间上不一致而产生的负债。其入账时间的确定应以所购物资所有权转移或接受劳务已发生为标志。实际工作中,区别两种情况进行处理:①在物资和发票账单同时到达的情况下,如果物资验收入库后仍未付款的,则按发票账单登记入账。②在物资和发票账单不是同时到达的情况下,又分两种情况处理:如果发票账单已到,未能及时支付货款时,直接根据发票账单记入应付账款;在物资已到、发票账单未到的情况下,月末按照所购物资和应付债务暂估入账,待下月初红字冲回。

应付账款入账价值应当按应付金额确定。如果一笔应付账款是带有现金折扣的,应付账款入账金额的确定应当按发票上记载的应付金额的总值(即不扣除折扣)记账。现金折扣实际获得时冲减财务费用。

(二)会计账户的设置

采用"应付账款"账户核算出版企业因购买材料、商品和接受劳务供应等而应付给供应单位的款项。"应付账款"账户的贷方反映的是发生的应付账款,借方反映的是应付账款的归还金额,贷方余额反映的是尚未归还的数额。

(三)应付账款的核算

出版企业购入材料、商品等验收入库,但货款尚未支付,根据有关发票等凭证借记“材料采购”“在途物资”等账户,按专用发票上注明的增值税额借记“应交税费—应交增值税(进项税额)”等账户,按应付的价款贷记“应付账款”账户。出版企业接受供应单位提供劳务而发生的应付未付款项,根据供应单位的发票账单借记“生产成本”“管理费用”等账户,贷记“应付账款”账户。支付时,借记“应付账款”账户,贷记“银行存款”等账户。

【例3—4】 观文出版社2月份从天津纸业购入胶版纸4吨,价格5 000元/吨,价款20 000元,增值税2 600元。已收到发票账单,但尚未付款。付款条件为:20天内付款享受1%的折扣。其会计分录如下:

(1)收到发票账单时

借:原材料——胶版纸	20 000	
应交税费——应交增值税(进项税额)	2 600	
贷:应付账款——天津纸业		22 600

(2)如在20天内付款时

借:应付账款——天津纸业	22 600	
贷:银行存款		22 400
财务费用		200

(3)如在20天以后付款时

借:应付账款——天津纸业	22 600	
贷:银行存款		22 600

(四)预收账款的核算

出版企业收到预收账款时,借记“银行存款”账户等,贷记“预收账款”账户;当出版企业发出订购商品时,借记“预收账款”账户,贷记“主营业务收入”账户;预收账款剩余时退给购货单位,借记“预收账款”账户,贷记“银行存款”账户等。

【例3—5】 观文出版社出售期刊一批给甲公司,价款3 000元,按合同规定预收价款的50%,增值税税率为9%,余款交货后补付。其会计分录如下:

(1)预收货款时

借:银行存款	1 500	
贷:预收账款		1 500

(2)开具增值税发票并交货时

借:预收账款	3 270	
贷:主营业务收入		3 000
应交税费——应交增值税(销项税额)		270

(3)出版企业收到补付的货款时

借：银行存款　　1 770

　贷：预收账款　　1 770

(五)其他应付款的核算

其他应付款是指与出版企业购销业务没有直接关系的应付、暂收款项，包括应付租入包装物的租金、存入保证金、应付暂收外单位各种款项、应付职工统筹退休金等。出版企业应设置“其他应付款”账户，贷方登记已发生的各种应付、暂收款项，借方登记已偿还或转销的各种应付、暂收款项，余额在贷方，反映应付未付的款项。

“其他应付款”账户应按应付、暂收款项的类别分设明细账核算。出版企业发生各种应付、暂收款项时，借记“银行存款”“管理费用”等账户，贷记“其他应付款”账户；偿还或退回有关款项时，借记“其他应付款”账户，贷记“银行存款”账户。

【例 3—6】 观文出版社发出包装箱 50 个，出租给 A 出版企业，按每个出租包装物 100 元抽取押金5 000元。其会计分录如下：

(1)收到押金时

借：银行存款　　5 000

　贷：其他应付款——包装物押金——A 出版企业　　5 000

(2)当该书店收回包装箱后退回押金时

借：其他应付款——包装物押金——A 出版企业　　5 000

　贷：银行存款　　5 000

第三节 应交税费

出版企业在一定时期内取得的营业收入和利润，应按规定向国家缴纳各种税金。由于税金的计算和缴纳在实际工作中存在一定的时间差，因而这些应负担的税额形成出版企业的一项流动负债。出版企业主要涉及的税种有增值税、所得税、个人所得税等。

一、增值税的核算

增值税是指对境内销售货物、进口货物或提供加工、修理修配劳务的增值额征收的一种流转税。出版企业销售或进口货物如报纸、杂志、图书等，增值税税率为 9%。按照规定，必须具备销售方开具的增值税专用发票、从海关取得的完税凭证等才能扣除其进项税额。在会计核算中，如果出版企业未能取得相关的扣税证明，则购进货物或接受应税劳务支付的增值税额不能作为进项税额扣除，只能计入购入货物或劳务的成本。

按照出版企业的经营规模及会计核算的健全程度，可以分为一般纳税人和小规模纳税人。其增值税的计算方法是不同的。

(一)增值税的计算

1.一般纳税人增值税应纳税额的计算

应纳税额=当期销项税额−当期准予抵扣的进项税额

销项税额=销售额×税率

准予抵扣的进项税额=买价×扣除率

对于含税的销售额需要换算成不含税的销售额计算销项税：

销项税额=含税销售额÷(1+税率)×税率

因增值税实行购进扣税法,有时出版企业购进的货物比较多,导致当期销项税额小于当期进项税额的情况,即进项税额不足抵扣,按照规定其不足部分可以结转下期继续抵扣。

2.小规模纳税人增值税的计算

小规模纳税人采用简化的增值税计算办法。按照现行税法规定,出版企业属于小规模纳税人,增值税征收率为3%,应纳税额的计算公式如下：

应纳税额=销售额×征收率

(二)相关会计账户的设置

出版企业应在“应交税费”账户下设置“应交增值税”明细账,并在“应交增值税”下设置“进项税额”“已交税金”“销项税额”“出口退税”“转出未交增值税”“减免税款”“进项税额转出”“出口抵减内销产品应纳税额”“转出多交增值税”等专门账户,并按规定进行核算。小规模纳税人只需设置“应交增值税”明细账户,不需要在“应交增值税”明细账户中设置上述专门账户。

“应交增值税”借方登记出版企业购进货物或接受应税劳务支付的进项税额和实际已缴纳的增值税额,贷方登记销售货物或提供应税劳务应缴纳的增值税额,以及出口货物退税、转出已缴纳或应分担的增值税。期末借方余额表示出版企业多缴或尚未抵扣的增值税;贷方余额表示出版企业尚未缴纳的增值税。“进项税额”记录出版企业购入或接受应税劳务而支付的,准予从销项税额中抵扣的增值税额。已支付的进项税额用蓝字登记,退回所购货物应冲销的进项税额,用红字登记。

“已交税费”记录出版企业已经缴纳的增值税额。“销项税额”记录出版企业销售货物或提供应税劳务应收取的增值税额。“出口退税”记录出版企业向海关办理报关出口手续后,凭出口报关单等有关凭证,向税务机关申报办理出口退税而收到的退回的税款。“进项税额转出”记录出版企业的购进货物、发生非正常损失以及其他原因不应从销项税额中扣除,按规定转出的进项税额。

(三)出版企业一般购销业务的会计处理

1. 一般纳税人一般购销业务的会计处理

一般纳税人的出版企业在增值税的账务处理上主要包括：① 在购入阶段，由于增值税实行价与税分离，故从销售方取得增值税专用发票注明价款和增值税额的，属于价款部分计入货物成本；属于增值税额部分，则记入进项税额。②在销售阶段，销售价格中不再含税，向购买方收取的增值税就是销项税额；如果定价含税，则还原为不含税价格作为销售收入。

【例 3—7】 观文出版社购入×板纸 10 吨，增值税专用发票上注明货款48 000元，增值税税率 13％，货物已验收入库。其会计分录如下：

借：原材料　　48 000

　应交税费——应交增值税(进项税额)　　6 240

　贷：银行存款　　54 240

【例 3—8】 观文出版社销售图书一批，增值税专用发票上注明货款80 000元，增值税税率为 9％，货款尚未收取。其会计分录如下：

借：应收账款　　87 200

　贷：主营业务收入　　80 000

　　应交税费——应交增值税(销项税额)　　7 200

【例 3—9】 该出版企业当月月末经计算需要缴纳增值税 960 元(7 200—6 240)，用银行存款缴足。其会计分录如下：

借：应交税费——应交增值税(已交税金)　　960

　贷：银行存款　　960

2. 小规模纳税人一般购销业务的会计处理

小规模纳税的出版企业无论是否具有增值税专用发票，其支付的增值税额均不计入进项税额，均计入购入货物的成本。而且小规模纳税出版企业的销售收入按不含税价格计算，其换算公式如下：

销售额＝含税销售额÷(1＋征收率)

二、其他增值税的核算

出版企业在提供劳务、转让无形资产或者销售不动产时需要缴纳增值税。出版企业在转让著作权、技术、商标、商誉等无形资产时，按 6％的税率计征增值税。销售不动产时，按 9％的税率计征增值税。

【例 3—10】 观文出版社 5 月份将其拥有的一项著作权向其他单位转让，取得收入50 000元，增值税税率为 6％，已用银行存款支付。其会计分录如下：

借：银行存款　　53 000

　贷：营业外收入　　50 000

　　应交税费——应交增值税(销项税额)　　3 000

三、代扣代缴税金及其他税金的核算

(一)个人所得税

个人所得税是对个人取得的各项应税所得征收的一种税。对于出版企业来说,主要涉及出版企业职工工资、薪金,劳务中的新闻、翻译、审稿等劳务收入,因其作品而支付给个人的稿酬所得等。对出版企业而言,主要的费用就是支付作者的稿酬,稿酬所得适用比例税率,其计算公式如下:

(1)每次收入不足 4 000 元的:

应纳税额=(每次收入额-800)×20%×(1-30%)

(2)每次收入在 4 000 元以上的:

应纳税额=每次收入额×(1-20%)×20%×(1-30%)

稿酬及缴纳的税款一般以人民币计算。如果以外币支付,应按外汇市场价格折合成人民币计算缴纳。个人所得税的纳税办法,有自行申报纳税和代扣代缴两种。在实际工作中,按规定出版企业作为扣缴义务人,在支付稿酬、劳务报酬等的同时代扣代缴个人所得税。

【例 3-11】 观文出版社出版一本儿童成长方面的书籍,按照出版协议向作者支付未扣除个人所得税的稿酬30 000元,计算应代扣代缴的个人所得税额,并作相应会计处理如下:

应纳税额=每次收入额×(1-20%)×20%×(1-30%)
=30 000×(1-20%)×20%×(1-30%)
=3 360(元)

借:生产成本——稿费及校订费——儿童事业部	30 000	
贷:应交税费——应交个人所得税		3 360
库存现金		26 640

(二)出版企业所得税的核算

出版企业除缴纳增值税等流转税外,还应当就其生产经营所得和其他所得缴纳所得税。目前,一般出版企业的所得税税率为 25%。出版企业缴纳所得税时,在“应交税费”下设“应交所得税”明细账户。

(1)计算应交所得税时

借:所得税费用

　贷:应交税费——应交所得税

(2)上缴税金时

借:应交税费——应交所得税

　贷:银行存款

(3)期末结转所得税时

借:本年利润

　贷:所得税费用

第四节　应付职工薪酬的核算

一、职工薪酬的内容

应付职工薪酬是指企业根据有关规定应付给职工的各种薪酬,包括职工工资、奖金、津贴和补贴,职工福利费,医疗、养老、失业、工伤、生育等社会保险费,住房公积金,工会经费,职工教育经费,非货币性福利等因职工提供服务而产生的义务。从广义上讲,职工薪酬是企业必须付出的人力成本,是吸引和激励职工的重要手段。也就是说,职工薪酬既是职工对企业投入劳动获得的报酬,也是企业的成本费用。具体而言,职工薪酬主要包括以下几方面的内容。

(1)职工工资、奖金、津贴和补贴,是指构成工资总额的计时工资、计件工资、支付给职工的超额劳动报酬和增收节支的劳动报酬、为了补偿职工特殊或额外的劳动消耗和因其他特殊原则支付给职工的津贴,以及为了保证职工工资水平不受物价影响支付给职工的物价补贴等。

(2)职工福利费,是指企业为职工集体提供的福利,如补助生活困难职工等。

(3)医疗保险费、养老保险费、失业保险费、工伤保险费和生育保险费等社会保险费,是指企业按照国家规定的基准和比例计算,向社会保险经办机构缴纳的医疗保险金、基本养老保险金、失业保险金、工伤保险费和生育保险费。

(4)住房公积金,是指企业按照国家《住房公积金管理条例》规定的基准和比例计算,向住房公积金管理机构缴存的住房公积金。

(5)工会经费和职工教育经费,是指企业为了改善职工文化生活、提高职工业务素质用于开展工会活动和职工教育及职业技能培训,根据国家规定的基准和比例,从成本费用中提取的金额。

(6)非货币性福利,包括企业以自己的产品或其他有形资产发放给职工作为福利、企业向职工提供无偿使用自己拥有的资产(如提供给企业高级管理人员的汽车、住房等)、企业为职工无偿提供商品或类似医疗保健的服务等。

(7)其他职工薪酬,如因解除与职工的劳动关系给予的补偿(又称辞退福利),即企业在职工劳动合同到期之前解除与职工的劳动关系,或者为鼓励职工自愿接受裁减而提出补偿建议的计划中给予职工的经济补偿。

二、会计账户设置

为了核算出版企业应付工资的形成和结算情况,设置“应付职工薪酬”账户进行核算。

该账户贷方登记分配工资费用的总额，借方登记实际发放工资的总额，期末余额表示本月实付工资和应付工资的差额。应付工资应按职工类别分设，按工资总额的组成内容分设专栏，详细反映各类人员及工资总额各组成项目的形成和支付情况。

三、应付职工薪酬的核算

1. 职工工资的核算

如果出版企业使用现金发放工资，则每月发放工资前，应根据“工资结算汇总表”中的实发金额栏的合计数，从银行提取现金用于发放工资；发放工资时，借记“应付职工薪酬”账户，贷记“库存现金”账户；如果出版企业发放工资是从基本账户直接划转到个人账户，则无须提取现金，直接从基本账户支付，借记“应付职工薪酬”账户，贷记“银行存款”账户；从应付工资中代扣的各种款项，借记“应付职工薪酬”账户，贷记“其他应收款”或者“其他应付款”账户；月末按照工资用途进行分配，借记“编录经费”“管理费用”“在建工程”等账户。

【例 3—12】 观文出版社根据“工资结算汇总表”结算上月应付职工工资总额462 000元，其中：代扣职工房租40 000元，企业代垫职工家属医药费2 000元，实发工资420 000元，已从出版企业基本账户划转到职工个人账户。其会计分录如下：

(1)银行根据观文出版社上月的“工资结算汇总表”，将工资从基本账户划转到职工个人账户时

借：应付职工薪酬——工资　　420 000

　贷：银行存款——工行　　420 000

(2)代扣代缴各种款项时

借：应付职工薪酬——工资　　42 000

　贷：其他应收款——房租　　40 000

　　　　——代垫医药费　　2 000

(3)月末根据“工资结算汇总表”对本月应付工资 480 000 元进行分配时

借：编录经费(编录部门应计入间接生产费用的人员工资)　　384 000

　管理费用(总编辑、总编室、设计、校对、绘图、印制等人员工资)

　　96 000

　贷：应付职工薪酬　　480 000

2.职工福利的核算

新准则下福利费通常据实列支，也就不存在余额的问题，但企业也可以先提后用，通常，企业提取的职工福利费在会计年度终了经调整后应该没有余额，但这并不意味着职工福利费不允许存在余额，在会计年度中间允许职工福利费存在余

额，如企业某月提取的福利费超过当月实际支出的福利费，则职工福利费就存在余额。

没有规定计提基础和计提比例的，企业应当根据历史经验数据和实际情况，合理预计当期应付职工薪酬。当期实际发生金额大于预计金额的，应当补提应付职工薪酬；当期实际发生金额小于预计金额的，应当冲回多提的应付职工薪酬。

原来工资总额的14%属于税法规定的扣除比例，不属于财政部规定的企业计提比例(会计处理应遵循财政部的有关规定)。因此，职工福利费属于没有规定计提比例的情况。

在新准则下，如果有明确的职工福利计划，即有明确的金额和明确的支付对象范围，(例如公司有成文的福利计划，并通过《员工手册》等方式传达到各相关员工)则可以计提应付福利费。为了反映和监督应付福利费的提取和使用情况，出版企业应设置"应付职工薪酬"账户。"应付职工薪酬"账户的贷方反映福利费的提取额，借方反映职工福利费的使用额，期末贷方表示尚未用完的结余数，借方余额表示福利费的超支额。

出版企业计提福利费时，借记"编录经费""管理费用"等账户，贷记"应付职工薪酬——职工福利费"账户；出版企业使用福利费支付医务人员及福利人员的工资时，借记"应付职工薪酬——职工福利费"账户，贷记"银行存款"或"库存现金"账户。

【例3－13】 观文出版社根据本月福利实际支出情况为编录部门计入间接生产费用为53760元，其他出版运营管理人员为13 440元

借：编录经费　　53 760

　管理费用　　13 440

　贷：应付职工薪酬——职工福利费　　67 200

【例3－14】 假设根据所在地政府规定，出版社分别按照职工工资总额的10%、12%、2%和10.5%计提医疗保险费、养老保险费、失业保险费和住房公积金，缴纳给当地社会保险经办机构和住房公积金管理机构。根据去年实际发生的职工福利费情况，公司预计本年应承担的职工福利费义务金额为职工工资总额的2%，职工福利的受益对象为上述所有人员。公司分别按照职工工资总额的2%和1.5%计提工会经费和职工教育经费，会计分录为：

借：编录经费(编录部门应计入间接生产费用的人员工资)　153 600

　管理费用(总编辑、总编室、设计、校对、绘图、印制等人员工资)

　　38 400

　贷：应付职工薪酬　　192 000

第五节　非流动负债的核算

一、长期借款的核算

(一)会计账户的设置

出版企业向金融机构借入的长期借款，在会计核算中设置“长期借款”账户核算。“长期借款”账户的贷方发生额反映出版企业长期借款的借入额以及借款利息，借方反映出版企业长期借款的偿还额，期末贷方余额反映尚未偿还的长期借款的本息。“长期借款”账户按照借款单位设置明细账，并按借款种类进行明细核算。

(二)长期借款的核算

长期借款的核算内容主要是：① 长期借款发生的利息，按照权责发生制原则按期预提，并按借款的使用情况和相关原则进行处理；②长期外币借款所发生的外币折合差额，应按期计入损益，并按照借款费用的相关原则进行处理；③ 长期借款的本金和利息以及外币折合差额，均记入“长期借款”账户。出版企业借入外币借款时，还应按照当日或当月 1 日汇率折合为人民币记账。

【例 3－15】 观文出版社以人民币为记账本位币，2017 年 1 月 1 日为其附属印刷厂安装一条生产线，向银行借入 2 年期美元专门借款 200 万元，年利率 6%。假定观文出版社采用业务发生日汇率折算外币业务，借款当日的汇率为 US$ 1 = RMB8.20；观文出版社按月计算应予资本化的借款费用金额，当期无其他外币借款。该生产线于当年 1 月 1 日开始安装。安装期间发生的支出情况如下：

1 月 1 日发生的支出 90 万元，当日汇率为 US$1=RMB8. 20；

2 月 1 日汇率为$ 1=RMB8. 25，

1 月末汇率为$ 1=RMB8. 22，2 月末汇率为$ 1= RMB8. 27。

观文出版社按月计算资本化金额，假定每月按 30 天计算。

相关的账务处理如下：

1.1 月 1 日借入美元借款时，观文出版社做以下账务处理。

借：银行存款——美元户　　16 400 000

（$2 000 000×8.20）

　贷：长期借款——美元户　　16 400 000

当日发生美元支出时，观文出版社应做以下账务处理。

借：在建工程　　7 380 000

　贷：银行存款——美元户　　7 380 000

（$900 000×8.20）

1 月末计算该月外币借款利息和外币借款本金及利息的汇兑差额。

(1)利息资本化的金额

外币借款利息＝＄2 000 000×6％×1/12＝10 000(美元)

折合为人民币的借款利息＝＄10 000×8.22＝82 200(元)

外币累计支出加权平均数＝＄900 000×30/30＝900 000(美元)

外币借款利息资本化金额＝＄900 000×6％×1/12＝4 500(美元)

折合为人民币的利息资本化金额＝＄4 500×8.22＝36 990(元)

1 月份应予资本化的利息金额为 36 990 元,应计入财务费用45 210元(82 200－36 990)。

(2)汇兑差额资本化金额

外币借款本金及利息的汇兑差额＝＄2 000 000×(8.22－8.20)＝40 000(元)

应予资本化的金额等于当月该外币借款本金及利息实际发生的汇兑差额即40 000 元。

1 月份应予资本化的借款金额为 76 990 元(36 990＋40 000)。

1 月末,观文出版社应作会计分录如下:

借:在建工程——借款费用　　76 990

　财务费用　　45 210

　贷:长期借款——美元户(10 000 美元)　　122 200

2.在该生产线完工后,观文出版社应当停止资本化,将长期借款所发生的借款利息作为期间费用处理。假设[例 14]生产线 1 月底完工,则 2 月所发生的借款费用和汇兑损益全部作为期间费用,记入“财务费用”账户。2 月末,计算该月外币借款利息和外币借款本金及利息的汇兑差额如下:

外币借款利息＝＄2 000 000×6％×1/12＝10 000(美元)

折合为人民币的借款利息＝＄10 000×8. 27＝82 700(元)

外币借款本金及利息的汇兑差额＝＄2 000 000×(8.27－8.22)

＋＄10 000×(8.27－8. 22)

＝100 500(元)

应予资本化的汇兑差额等于当月该外币借款本金及利息实际发生的汇兑差额即100 500元。

2 月末,观文出版社应作会计分录如下:

借:财务费用　　183 200

　贷:长期借款　　183 200

按照上述处理步骤和原则,出版企业按月计提借款利息,待归还该笔借款时,作会计分录如下:

借:长期借款

　贷:银行存款

二、应付债券的核算

经有关部门批准，符合条件的出版企业还可以通过发行长期债券来筹集一部分长期资金。长期债券是出版企业筹集长期使用资金而发行的一种书面凭证。通过凭证上所记载的利率、期限等，表明发行债券出版企业承诺在未来某一特定日期还本付息。出版企业发行的超过 1 年期以上的债券，构成了一项长期负债。

出版企业债券的种类很多，各种出版企业债券有各自不同的具体特征，分别反映了在一定借款条件下的各种不同的借款的目的。主要的分类有：① 按债券上是否记有持券人的姓名或名称，分为记名和无记名债券。②按有无特定的财产担保，分为抵押债券和信用债券。③ 按利率的不同，分为固定利率债券和浮动利率债券。④ 按照偿还方式，分为上市债券和非上市债券。⑤ 按照其他特征，又有收益公司债券、附认股权债券、附属信用债券等。

（一）会计账户的设置

出版企业设置“应付债券”账户，核算为筹集长期资金而发行的债券及应付的利息。“应付债券”账户的贷方发生额反映出版企业发行债券时实际收到的款项，借方发生额反映债券折价、溢价的摊销及支付的债券本息，期末贷方余额反映出版企业尚未偿还的债券本息数。在“应付债券”账户下设置“债券面值”“债券溢价”“债券折价”和“应计利息”四个明细账户。此外，出版企业还应设立备查簿，登记债券的票面金额、债券票面利率、还款期限与方式、发行总额、发行日期和编号、委托债券承销部门等项目。

（二）应付债券的核算

出版企业发行债券时，要注明债券的发行日期、债券的面值、票面利息、还本期限、还款方式以及利息的支付形式。

债券面值又称票面金额、本金或到期金额。它是指发行出版企业在债券到期时支付的金额，称为终值。

债券上注明的利率称为票面利率或名义利率，其可能与发行日的市场利率(实际利率)不一致。而市场利率主要受银行利率、发行出版企业的资信情况和资金市场等情况的影响。因此，会出现债券面值发行、溢价发行和折价发行三种情况。一般情况下，债券的票面利率高于市场利率，可按超过债券票面价值的价格发行，按超过票面价值的价格发行称为溢价发行；溢价发行表明出版企业以后期多付利息而事先得到的补偿。如果债券的票面利率低于市场利率，可按低于债券票面价值的价格发行，按低于票面价值的价格发行，称为折价发行；折价发行表明出版企业以后期少付利息而预先支付给投资者的补偿。如果债券的票面利率与市场利率一致，可按票面价值发行，按票面价值的价格发行称为按面值发行。可见，债券溢价或折价发行方式的选择，主要是由于债券名义利率与市场利率之间的差异及利息支付方式不同而产生的。由于债券利息是按面值及名义利率计算的，溢价或折价的幅度取决于债券还本付息总额所代表的实际价值。可以说，溢价或折价是发行债券出版企业在债券存续期内对利息费用的一种调整。

应付债券的核算主要包括债券发行的核算、债券利息的核算、债券折价的核算与溢折价的摊销的核算、债券还本付息的核算等。

下面具体解释并举例说明。

1.债券发行的核算

无论是按面值发行还是溢价或折价发行，均应按发行债券实际收到的价款，借记“银行存款”“库存现金”等账户，贷记“应付债券”账户；支付委托银行或其他金融机构的发行手续费及债券印刷费时，借记“财务费用”或“在建工程”账户，贷记“银行存款”账户。出版企业实际收到的价款与面值有差额，如果是溢价发行，超过债券面值的差额，贷记“应付债券——债券溢价”账户；如果是折价发行，低于债券面值的差额，借记“应付债券——债券折价”账户。

【例3—16】 观文出版社于1月1日发行公司债券：面值为100 000元，期限为5年，票面利率为10%，每年付息一次，到期一次还本。假设发行时市场利率为8%时，则发行价格为106 000元。假设发行时市场利率为10%时，则发行价格为100 000元。假设发行时市场利率为12%时，则发行价格为95 000元。（计算只保留整数）

溢价发行时：

借：银行存款	106 000	
贷：应付债券——债券面值		100 000
应付债券——利息调整		6 000

平价发行时：

借：银行存款	100 000	
贷：应付债券——债券面值		100 000

折价发行时：

借：银行存款	95 000	
应付债券——利息调整	5 000	
贷：应付债券——债券面值		100 000

2.应计利息与债券溢价或折价摊销的核算

为了贯彻收入与费用配比的原则，出版企业应按期提取债券利息记入“应计利息”明细账户。债券的溢价或折价，也应在债券存续期内分期摊销，逐期在利息费用中扣除，或逐期转作利息费用。摊销方法可以采用直线法，也可以采用实际利率法。直线法是将出版企业债券的溢价或折价平均分摊于各期的一种摊销方法，溢价或折价摊销计算如下：

若债券按面值发行，各期利息费用即为按面值计算的应计利息：

各期利息费用＝债券面值×票面利率

若债券按溢价发行，债券溢价是对出版企业多支付利息的一种补偿，其摊销额应在债券存续期内分期冲减当期的利息支出并计入财务费用：

各期财务费用＝应计利息－当期溢价摊销额

若债券按折价发行，债券折价是对投资者少付利息的一种补偿，因此，摊销的折价应与当期应计利息一并增加财务费用：

各期财务费用＝应计利息＋各期折价摊销额

出版企业按期提取应支付的债券利息时，借记“财务费用”账户，贷记“应付债券——应计利息”账户。溢价发行的，出版企业摊销债券溢价时，按应摊销的溢价金额借记“应付债券——利息调整”账户，按应计利息与溢价摊销额间的差额借记“财务费用”账户；折价发行的，出版企业摊销债券折价时，借记“财务费用”账户，按应摊销的折价金额贷记“应付债券——利息调整”账户，按应计提的利息贷记“应付债券——应计利息”账户。

接上例，以直线法进行摊销，出版企业按月计提应付债券的利息。其会计分录如下：

溢价发行时：每月溢价摊销额＝6 000÷5÷12＝100（元）

借：财务费用	733	
应付债券——利息调整	100	
贷：应付债券——应计利息		833

平价发行时：

借：财务费用	833	
贷：应付债券——应计利息		833

折价发行时：每月折价摊销额＝5000÷5÷12＝83（元）

借：财务费用	916	
贷：应付债券——应计利息		833
应付债券——利息调整		83

每年支付利息时：

借：应付债券——应计利息	10 000	
贷：银行存款		10 000

3.偿付应付债券的核算

债券到期，出版企业需要偿还债券持有人的本金和利息。由于在债券存续期内溢折价都摊销完毕，故偿付应付债券时无须再考虑，全部按债券的票面价值和最后一年应计利息归还，按票面价值和应计利息，借记“应付债券——债券面值”和“应付债券——应计利息”账户，贷记“银行存款”等账户。

借:应付债券——债券面值　　100 000
　应付债券——应计利息　　10 000
　贷:银行存款　　110 000

三、长期应付款的核算

长期应付款,是指企业除长期借款和应付债券以外的其他各种长期应付款项,包括应付融资租入固定资产的租赁费、以分期付款方式购入固定资产发生的应付款项等。一般情况下,它们是资产使用在前,款项支付在后,在尚未偿还或支付前,形成了企业的一项非流动负债。由于长期应付款具有分期付款且偿付期较长的特征,准则要求将长期应付款在其存续期间的未来现金流量按恰当的折现率折算为现值,并按规定进行相应的会计处理。

(一)会计账户的设置

出版企业设置"长期应付款"账户,核算出版企业除长期借款和应付债券以外的其他各种长期应付款。它包括采用补偿贸易方式下引进国外设备价款、应付融资租入固定资产的租赁费等。"长期应付款"账户的贷方发生额反映长期应付款的发生额,借方发生额反映长期应付款的归还数,期末贷方余额反映尚未归还的各种长期借款。账户应按长期应付款的种类设置明细账,进行明细核算。

(二)长期应付款的核算

长期应付款主要核算以下几项内容:

1.应付补偿贸易引进设备款

补偿贸易是从国外引进设备,再用该设备生产的产品归还设备借款。因此,在一般情况下,设备的引进和偿还设备价款时没有先进的流入和流出的。目前,国家为了鼓励开展补偿贸易,补偿期内免交引进设备所生产产品的流转税。在会计核算时,一方面,引进设备的资产价值以及相应的负债作为出版企业的一项资产和负债,分别在"固定资产"和"长期应付款"账户中反映;另一方面,用产品归还设备价款时,视同产品销售。

【例 3—17】 观文出版社所属非独立核算的印刷厂开展对外补偿贸易,引进新型设备一台,设备价款为 150 万元(假设不需要安装),出版企业准备用其生产的产品归还设备价款。投产后,用第一批产品的 30 件(每件6 000元,成本5 000元)用于还款。其会计分录如下:

(1)引进设备时

借:固定资产　　1 500 000
　贷:长期应付款——应付补偿贸易引进设备款　　1 500 000

(2)用产品还款时

借:应收账款　　180 000

贷:主营业务收入　　　　180 000

(3)结转成本时

借:主营业务成本　　　　150 000

贷:库存商品　　　　150 000

(4)用产品偿还设备部分价款时

借:长期应付款——应付补偿贸易引进设备款　　　　180 000

贷:应收账款　　　　180 000

2.应付融资租赁款

设置"应付融资租赁款"明细账户,核算承租人融资租入固定资产时的负债情况。融资租入固定资产,应当在租赁开始日,按租赁开始日租赁资产的原账面价值与最低租赁付款额的现值两者中较低者作为入账价值,借记"在建工程"或"固定资产"账户,按最低租赁付款额,贷记"应付融资租赁款"账户,按其差额,借记"未确认融资费用"账户。

在租赁开始日,按最低租赁付款额入账的出版企业,应按最低租赁付款额,借记"固定资产"等账户,贷记"应付融资租赁款"账户。

按期支付融资租赁费时,借记"应付融资租赁款"账户,贷记"银行存款"账户。租赁期满,如合同规定将设备所有权转归承租出版企业,应当进行转账,将固定资产从"融资租入固定资产"明细账户转入有关明细账户。

第四章　出版企业所有者权益的核算

第一节　所有者权益概述

所有者权益，是指企业资产扣除负债后，由所有者享有的剩余权益。公司的所有者权益又称为股东权益。所有者权益是所有者对企业资产的剩余索取权，它是企业的资产扣除债权人权益后应由所有者享有的部分，既可反映所有者投入资本的保值增值情况，又体现了保护债权人权益的理念。

所有者权益的来源包括所有者投入的资本、其他综合收益、留存收益等，通常由股本（或实收资本）、资本公积（含股本溢价或资本溢价、其他资本公积）、其他综合收益、盈余公积和未分配利润等构成。

所有者投入的资本，是指所有者投入企业的资本部分，它既包括构成企业注册资本或者股本的金额，也包括投入资本超过注册资本或股本部分的金额，即资本溢价或股本溢价，这部分投入资本作为资本公积（资本溢价）反映。

其他综合收益，是指企业根据会计准则规定未在当期损益中确认的各项利得和损失。

留存收益，是指企业从历年实现的利润中提取或形成的留存于企业的内部积累，包括盈余公积和未分配利润。

第二节　实收资本的核算

实收资本是指投资者作为资本投入企业的各种财产，是企业注册登记的法定资本总额的来源，它表明所有者对企业的基本产权关系。实收资本的构成比例是企业据以向投资者进行利润或股利分配的主要依据。我国《企业法人登记管理条例》规定，除国家另有规定外，企业的实收资本应当与注册资本一致。企业实收资本比原注册资本数额增减超过 20％时，应持资金使用证明或验资证明，向原登记主管机关申请变更登记。

一、实收资本概述

实收资本是指企业按照章程规定或合同、协议的约定，接受投资者投入企业的资本。实收资本的构成比例或股东的股份比例，是确定所有者在企业所有者权益中份额的基础，也是企业进行利润或股利分配的主要依据。

我国《公司法》规定，股东可以用货币出资，也可以用实物、知识产权、土地使用权等可以用货币估价并可以依法转让的非货币财产作价出资；但是，法律、行政法规规定不得作为出资的财产除外。企业应当对作为出资的非货币财产评估作价，核实财产，不得高估或者低估作价。法律、行政法规对评估作价有规定的，从其规定。股东应当按期足额缴纳公司章程中规定的各自认缴的出资额。股东以货币出资的，应当将货币出资额存入有限责任公司在银行开设的账户；以非货币资产出资的，应当依法办理其财产权的转移手续；股东不按照前款规定缴纳出资的，除应当向公司足额缴纳外，还应当向已按期足额缴纳出资的股东承担违约责任。企业收到所有者投入企业的资本后，应根据有关原始凭证（如投资清单、银行通知单等），分别不同的出资方式进行会计处理。

二、一般出版企业投入资本的核算

（一）账户的设置

一般出版企业对投入资本应设置"实收资本（股本）"账户进行核算。"实收资本"总分类账户用于核算按照公司章程规定投资者投入出版企业的资本金。该账户贷方登记出版企业实际收到的投资者投入的各类资产的价值以及按规定转增资本的数额，借方登记出版企业按规定程序减少注册资本的数额，期末贷方余额反映出版企业实有的资本数额。该账户应该按照投资者设置明细账户。

（二）出版企业接受现金资产投资的核算

出版企业接受投资者以现金投入的资本，应以实际收到或者存入企业开户银行的金额，借记"银行存款"账户，贷记"实收资本（股本）"账户。实际收到或者存入企业开户银行的金额超过其在该企业注册资本中所占份额的部分，一般计入资本公积。

投资者投入的外币，采用交易日即期汇率折算为记账本位币，即外币投入资本与相应的货币性项目的记账本位币金额相等，不产生外币资本折算差额。

【例4—1】 观文出版社2017年1月收到甲公司投入资本200 000元，约定的投入实收资本为150 000元，50 000为资本溢价，款项已存入开户银行。根据银行对账单等有关凭证，作会计分录如下：

借：银行存款　　200 000

　贷：实收资本——甲公司　　150 000

　　　资本公积　　50 000

（三）出版企业接受非现金资产投入的核算

投资者以非现金资产投入的资本，应按投资合同或协议约定的价值作为实收资本入账，但合同或协议约定价值不公允的除外。

(1)当收到投资者以原材料等存货出资时，应按投资各方确认的价值，借记“原材料”账户，按可以抵扣的增值税，借记“应交税费——应交增值税（进项税额）”账户，贷记“实收资本”账户，按照投资者约定所占有的资本份额，贷记“实收资本（股本）”账户，超过约定份额的部分，贷记“资本公积”账户。

(2)当收到投资者以固定资产出资时，应按投资各方确认的价值，借记“固定资产”账户，按照投资者约定所占有的资本份额，贷记“实收资本（股本）”账户，超过约定份额的部分，贷记“资本公积”账户。

(3)当收到投资者以无形资产出资时，企业接受投资者以专利权、非专利技术、商标权等无形资产的投资，应按投资各方确认的价值，借记“无形资产”账户，贷记“实收资本”账户，按照投资者约定所占有的资本份额，贷记“实收资本（股本）”账户，超过约定份额的部分，贷记“资本公积”账户。

【例 4—2】 观文出版社 2017 年 1 月收到乙公司投入的办公设备，投资各方确认的价值是50 000元。根据相关凭证，作会计分录如下：

借：固定资产——办公设备	50 000	
贷：实收资本——乙公司		50 000

【例 4—3】 观文出版社 2018 年 5 月收到合营单位——上海某印刷厂投入资产一批，其中：电脑 20 台（该电脑是 2009 年以后购入的），投入资产的账面价值为150 000元，已提折旧50 000元，双方协议价为80 000元；库存纸张，不含税价值为30 000元，增值税税额为3 900元，已取得增值税专用发票；某项专利权，账面价值为20 000元，评估确认价值为30 000元。根据有关凭证，作会计分录如下：（计算保留整数）

(1)将投入电脑入账时

借：固定资产——电脑	70 796.46	
应交税费——应交增值税（进项税额）	9 203.54	
贷：实收资本——上海某印刷厂		80 000

(2)将投入库存印刷品入账时

借：原材料——××印刷品	30 000	
应交税费——应交增值税（进项税额）	3 900	
贷：实收资本——上海某印刷厂		33 900

(3)将投入专利权入账时

借：无形资产——专利权	28 302	
应交税费——应交增值税（进项税额）	1 698	
贷：实收资本——上海某印刷厂		30 000

但如果是首次发行股票而接受投资者投入的无形资产，则作会计分录如下：

借:无形资产——专利权　　18 868

　应交税费——应交增值税(进项税额)　　1 132

　贷:实收资本——上海某印刷厂　　20 000

(四)出版企业接受外币投资的核算

接受外币资本投资主要是针对外商投资出版企业而言的。外商投资出版企业在接受外币投资时,一方面,应将实际收到的外币款项等资产作为资产入账,按收到外币当日的汇率折合的人民币金额,借记"银行存款"等账户;另一方面,应将收到的外币资产,贷记"实收资本"账户。具体核算时,应区别情况而定:

(1)如果投资合同中有约定汇率的,应按收到外币当日汇率折合人民币金额,借记"银行存款"等账户,按合同约定汇率折合人民币金额,贷记"实收资本"账户,两者之间的差额,借记或贷记"资本公积——外币资本折算差额"账户。

【例4—4】 观文出版社2017年3月1日收到外方投入资本100 000美元,当日基准汇率为US\$1=RMB8.25,合同约定汇率为US\$1=RMB8.00。出版企业收到外币投资时,作会计分录如下:

借:银行存款——美元户　　825 000

(100 000×8.25)

　贷:实收资本——某外方　　800 000

　　资本公积　　25 000

(2)如果投资合同中没有约定汇率,则应按收到出资额当日汇率折合人民币金额,借记"银行存款"账户,贷记"实收资本"账户。

【例4—5】 承[例4],合同中没有约定汇率,则观文出版社收到外币投资时,作会计分录如下:

借:银行存款——美元户　　825 000

(100 000×8.25)

　贷:实收资本——某外方　　825 000

三、股份有限出版公司投入资本的核算

(一)股份有限公司概述

股份有限责任公司是指全部资本由等额股份构成并通过发行股票筹集资本、股东以其认购的股份为限对公司承担责任、公司以其全部财产对公司债务承担责任的企业法人。股份有限责任公司与其他企业相比较,最显著的特点就是将企业的全部资本划分为等额股份,并通过发行股票的方式来筹集资本;股东以其所认购股份对公司承担有限责任。

股票的面值与股份总数的乘积为股本,股本应等于企业的注册资本,在会计处理上,股份有限责任公司应设置"股本"账户,该账户属所有者权益类账户,用以核

算按照公司章程和投资协议的规定，股东投入公司的资本金。同时还应设置股本备查簿，详细记录股本总额、股数、每股面值、已认购股本、库存股票等情况。

我国不允许企业折价发行股票。在采用溢价发行股票的情况下，企业应将相当于股票面值的部分计入“股本”账户，其余溢价部分计入“资本公积——股本溢价”账户。

（二）股份有限出版公司投入资本的核算

股份有限出版公司应根据不同的设立方式、选择不同的会计处理方法。为了反映出版公司的股本情况，股份有限出版公司应设置“股本”账户，该账户核算出版企业按照公司章程的规定，股东投入出版企业的股本。贷方登记股本的增加额，借方登记按照法定程序减少的资本额，期末贷方余额反映出版企业实有的股本数额。该账户应按普通股和优先股及股东单位或姓名设置明细账，进行明细核算。出版企业发行股票取得的收入与股本总额往往不一致，出版公司发行股票取得的收入大于股本总额的，称为溢价发行；小于股本总额的，称为折价发行；等于股本总额的，为面值发行。我国不允许出版企业折价发行股票。在采用溢价发行股票的情况下，出版企业应将相当于股票面值的部分记入“股本”账户，其余部分在扣除发行手续费、佣金等发行费用后记入“资本公积”账户。

1. 出版公司发行股票筹集股本的核算

当出版公司发行股票收到现金等资产时，应按照实际收到的金额借记“库存现金”“银行存款”等账户，按照股票面值和核定的股份总额的乘积计算的金额贷记“股本”账户，按其差额贷记“资本公积——股本溢价”账户。

【例4—6】 观文出版社股份有限公司，委托某证券公司代理发行普通股股票1 000 000股，每股面值1元，按每股2元出售，协议规定，证券公司按发行收入的3%收取手续费，从发行收入中扣除，股票发行成功，款项已转入公司开户银行。根据有关凭证，作会计分录如下：

借：银行存款　　1 940 000

[1 000 000×2×(1－3%)]

　贷：股本　　1 000 000

　　资本公积——股本溢价　　940 000

2. 出版公司境内外上市发行股票的核算

境外上市出版公司以及在境内上市发行外资股的出版公司，在收到股款时，按照收到股款当日的汇率折合的人民币金额借记“银行存款”等账户，按照股票面值与核定的股份：

总额的乘积计算的金额贷记“股本”账户，按照两者的差额贷记“资本公积——股本溢价”账户。

【例4—7】 观文出版社委托某证券公司代理发行B股股票500 000股，每股面值10元，按每股1.80美元出售；协议规定，证券公司按发行收入的3%收取手续费，从发行收入中扣除，股票发行成功，款项已转入出版公司开户银行中国银行，收到股款当日的汇率为US＄1＝RMB8.30。根据有关凭证，作会计分录如下：

借：银行存款　　7 245 900

　贷：股本——B股　　5 000 000

　　资本公积——股本溢价　　2 245 900

(三)出版企业资本(或股本)变动的核算

一般情况下，出版企业的实收资本应相对固定不变。《企业法人登记管理条例》中规定，除国家另有规定外，企业的注册资金应当与实有资金相一致；企业法人实有资金比原注册资金数额增加或减少超过20%时，应持资金证明或者验资证明，向原登记机关申请变更登记。但是属于以下情况，企业资本可以变动：一是符合增资条件，并经有关部门批准增资；二是企业按法定程序报经批准减少注册资本。

当出版企业发生上述两种符合规定的资本(或股本)变动情况时，进行如下会计处理：

1.资本增加的核算

一般出版企业增加资本的途径主要有三条：一是所有者(包括原出版企业所有者和新投资者)投入；二是将资本公积转为实收资本；三是将盈余公积转为实收资本；上述二、三两种情况，又称为将公积金转为资本。股份出版公司还可以以发放股票股利的方法增资。

(1)收到投资者投入的资本。出版企业应在收到投资者投入的资金时，借记“银行存款”“固定资产”“原材料”等账户，贷记“实收资本”或“股本”账户。如果投资者投入的资本数额与其在出版企业的注册资本所占的份额有差额，按其差额贷记“资本公积——资本溢价(或股本溢价)”账户。

【例4－8】 2017年，甲、乙两个投资者各出资80万元成立美好出版公司，公司运作顺利。2018年，丙投资者愿出资90万元拥有该出版公司的20%的所有权。作会计分录如下：

借：银行存款　　900 000

　贷：实收资本——丙公司　　400 000

　　　[(80＋80)÷(1－20%)×20%]

　　资本公积——资本溢价　　500 000

(2)公积金转增资本。出版企业的资本公积和盈余公积转增资本时，应借记“资本公积”或“盈余公积”账户，贷记“实收资本”账户。值得注意的是：资本公积和盈余公积均为所有者权益，转为实收资本时，如为独资出版企业比较简单，可以直接结转；如为股份出版公司或有限责任出版公司，应按原投资者所持股份同比例增加各股东的股权，股份出版公司具体可以采取发放新股的办法。

【例 4—9】 观文出版社经股东大会批准将资本公积700 000元和盈余公积300 000元按投资者的投资比例转增资本。其中：国家资本占该出版企业注册资本的 60%，其他单位投入占该出版企业注册资本的 40%。根据有关凭证，作会计分录如下：

借：资本公积	700 000	
盈余公积	300 000	
贷：实收资本——国家股		600 000
——其他单位股		400 000

2.实收资本减少的核算

出版企业按法定程序报经批准减少注册资本的，按减少的注册资本金额减少实收资本。

出版股份有限公司以收购本企业股票方式减资的，企业应设置“库存股”账户核算企业收购的尚未转让或注销的本公司股份金额。库存股是指发行后重新回购或者通过其他方式取得的本公司尚未注销的股票。当公司在公开市场上收购本公司股票时，应按照实际支付的金额借记“库存股”账户，贷记“银行存款”账户；注销库存股时，应按股票面值借记“股本”账户，按注销库存股的账面余额贷记“库存股”账户，按其差额，借记“资本公积”账户。如果“资本公积”不够冲减时，应依次冲减“盈余公积”“利润分配——未分配利润”。如果购回股票支付的价款低于股票面值的，应按股票面值总额借记“股本”账户，按所注销库存股的账面余额贷记“库存股”账户，按其差额贷记“资本公积——股本溢价”账户。

【例 4—10】 A 出版股份公司的股本为100 000股，面值为 1 元，资本公积（股本溢价）30 000元，盈余公积40 000元。经股东大会批准，A 公司以现金回购本公司股票20 000股并注销。假定 A 公司按每股 2 元回购股票，不考虑其他因素，会计处理如下。

（1）回购本公司股票时：

借：库存股	40 000	
贷：银行存款		40 000

库存股成本＝20 000×2＝40 000（元）

（2）注销本公司股票时：

借：股本	20 000	
资本公积——股本溢价	20 000	
贷：库存股		40 000

应冲减的资本公积＝20 000×2－20 000×1＝20 000（元）

第三节 资本公积的核算

一、资本公积的概述

1. 资本公积的性质

资本公积是企业收到投资者的超出其在企业注册资本(或股本)中所占份额的投资,以及直接计入所有者权益的利得和损失等。资本公积包括资本溢价(或股本溢价)和直接计入所有者权益的利得和损失等。

资本溢价(或股本溢价)是企业收到投资者的超出其在企业注册资本(或股本)中所占份额的投资。形成资本溢价(或股本溢价)的原因有溢价发行股票、投资者超额缴入资本等。

直接计入所有者权益的利得和损失是指不应计入当期损益、会导致所有者权益发生增减变动的、与所有者投入资本或者向所有者分配利润无关的利得或者损失。

资本公积与实收资本虽然都属于投入资本范畴,但两者又有区别。实收资本是投资者对企业的投入,有谋求未来经济利益的特定目的,投资者按其享有份额的出资比例而享有利益分配权,且实收资本属于法定资本,要求应与企业的注册资本相一致。而资本公积有其特定的来源,由全体投资者共同享有。

2. 资本公积账户及其明细账户设置

企业应设置“资本公积”账户,用以核算企业收到投资者出资超出其在注册资本或股本中所占的份额以及直接计入所有者权益的利得和损失。该账户的贷方登记企业因上述原因增加的资本公积,借方登记因转增资本、弥补亏损等原因减少资本公积,期末贷方余额反映企业实有的资本公积。资本公积一般应当设置“资本(或股本)溢价”“其他资本公积”“宣传文化发展专项资金”明细账户核算。核算其不同来源具体内容的增减变动情况。

二、资本溢价(或股本溢价)的核算

1.资本溢价

对于投资者经营的企业(不含股份有限公司),投资者依其出资份额对企业经营决策享有表决权,依其所认缴的出资额对企业承担有限责任。为此,会计上应设置“实收资本”账户,按照公司章程所规定的出资比例核算企业投资者实际缴付的出资额。

投资者投入的资本中按其投资比例计算的出资额部分,应计入“实收资本”账户,大于部分应计入“资本公积”账户。

【例4—11】 某出版社由A、B两位股东各出资600 000元设立。设立时实收资本为1 200 000元，经过数年经营，该出版社有盈余公积和未分配利润200 000元。为了扩大企业规模，决定吸收C投资者加入出版社。C愿意出资1 200 000元而占公司股份的40%。收到C投资者货币资金时，作会计分录如下：

借：银行存款　　1 200 000
　贷：实收资本——C　　800 000
　　[1 200 000÷(1－40%)×40%]
　　资本公积——资本溢价　　400 000

2.股本溢价

出版股份有限责任公司是以发行股票的方式筹集股本的，在采用与股票面值相同的价格发行股票的情况下，企业发行股票取得的收入，应全部计入"股本"账户；在采用溢价发行股票的情况下，企业发行股票取得的收入，相当于股票面值的部分计入"股本"账户，超出股票面值的溢价收入计入"资本公积"账户。委托证券商代理发行股票而支付的手续费、佣金等，应从溢价发行收入中扣除，企业应按扣除手续费、佣金后的数额计入"资本公积"账户。

【例4—12】 某出版社委托某证券公司发行普通股1 000 000股，每股面值1元，按每股6元出售。按照协议约定，证券公司按发行收入的2%收取手续费，从发行收入中扣除。收到某证券公司缴来款项时，根据有关凭证，作会计分录如下：

借：银行存款　　5 880 000
　[1000 000×6×(1－2%)]
　贷：股本——普通股　　1 000 000
　　资本公积——股本溢价　　4 880 000

三、其他资本公积的核算

其他资本公积是指除资本溢价（或股本溢价）项目以外所形成的资本公积，其中主要包括直接计入所有者权益的利得和损失。直接计入所有者权益的利得和损失主要由以下交易或者事项引起。

1. 采用权益法核算的长期股权投资

长期股权投资采用权益法核算的，在持股比例不变的情况下，被投资单位除净损益以外所有者权益的其他变动，企业按持股比例计算应享有的份额。如果是利得，应当增加长期股权投资的账面价值，同时增加资本公积（其他资本公积）；如果是损失，应当作相反的会计分录。当处置采用权益法核算的长期股权投资时，应当将原计入资本公积的相关金额转入投资收益。

2. 以权益结算的股份支付

以权益结算的股份支付换取职工或其他方提供服务的，应按照确定的金额，计入“管理费用”等账户，同时增加资本公积（其他资本公积）。在行权日，应按实际行权的权益工具数量计算确定的金额，借记“资本公积——其他资本公积”账户，按计入实收资本或股本的金额，贷记“实收资本”或“股本”账户，并将其差额计入“资本公积——资本溢价”或“资本公积——股本溢价”账户。

3. 可供出售金融资产公允价值的变动

可供出售金融资产公允价值变动的利得，借记“公允价值变动损益”账户，贷记“资本公积——其他资本公积”账户，公允价值变动形成的损失，作相反的会计分录。

4. 金融资产的重分类

将可供出售金融资产重分类为采用成本或摊余成本计量的金融资产，重分类日，该金融资产的公允价值或账面价值作为成本或摊余成本计入，该金融资产没有固定到期日的，与该金融资产相关、原直接计入所有者权益的利得或损失，应当仍然计入“资本公积——其他资本公积”账户，在该金融资产被处置时转出，计入当期损益。

将持有至到期投资重分类为可供出售金融资产，并以公允价值进行后续计量，重分类日，该投资的账面价值与其公允价值之间的差额计入“资本公积——其他资本公积”账户，在该可供出售金融资产发生减值或终止确认时转出，计入当期损益。

5. 资本公积转增资本的会计处理

按照规定，法定公积金（资本公积和盈余公积）转为资本时，所留存的该项公积金不得少于转增前公司注册资本的25%。经股东大会或类似机构决议，用资本公积转增资本时，应冲减资本公积，同时按照转增前的实收资本（或股本）的结构或比例，将转增的金额计入“实收资本”（或“股本”）账户下各所有者的明细分类账户。

【例4—13】 观文出版社于2017年1月1日向F公司投资8 000 000元，拥有该公司20%的股份，并对该公司有重大影响，因而对F公司长期股权投资采用权益法核算。2017年12月31日，F公司净损益之外的所有者权益增加了1 000 000元。假定除此以外，F公司的所有者权益没有变化，观文出版社的持股比例没有变化，F公司资产的账面价值与公允价值一致，不考虑其他因素。观文出版社的会计分录如下：

借：长期股权投资——F公司	200 000	
贷：资本公积——其他资本公积		200 000

观文出版社增加的资本公积＝1 000 000×20%＝200 000（元），本例中，观文出版社对F公司的长期股权投资采用权益法核算，持股比例未发生变化，F公司发生了除净损益之外的所有者权益的其他变动，观文出版社应按其持股比例计算应享有的F公司权益的数额200 000元，作为增加其他资本公积处理。

四、资本公积转增资本的核算

经股东大会或类似机构决议，用资本公积转增资本时，应冲减资本公积，同时按照转增前的实收资本（或股本）的结构或比例，将转增的金额记入“实收资本”（或“股本”）科目下各所有者的明细分类账。

五、宣传文化发展专项资金拨款和专项贴息资金的核算

出版单位应在“资本公积”账户下设置“宣传文化发展专项资金”明细账户，核算出版单位根据国家有关规定获得的宣传文化发展专项资金拨款和专项贴息资金。出版单位在收到财政部门或主管部门拨付的宣传文化发展专项资金拨款和专项贴息资金时，借记“银行存款”账户，贷记“资本公积——宣传文化发展专项资金拨款”和“专项贴息资金”账户。

【例 4—14】 2017 年 3 月，观文出版社收到财政部门拨付的宣传文化发展专项资金拨款和专项贴息资金35 000元，则出版公司作会计分录如下：

借：银行存款　35 000

　贷：资本公积——宣传文化发展专项资金拨款和专项贴息资金　35 000

第四节　盈余公积

一、盈余公积的内容和用途

（一）盈余公积的内容

盈余公积是指企业按照规定从净利润中提取的各类积累资金。一般出版企业和股份有限出版公司的盈余公积主要包括两项内容：

1.法定盈余公积

它是指出版企业按照规定的比例从净利润中提取的盈余公积。根据我国现行《公司法》规定，公司制出版企业的法定盈余公积按照税后利润的 10%提取，当法定盈余公积金累计金额已达注册资本的 50%时可不再提取。对于非公司制出版企业，也可以按照超过净利润的 10%的比例提取。

2.任意盈余公积

它是指出版企业按照公司章程规定或股东大会决议提取的盈余公积。其提取的比例由出版企业自行决定。

（二）盈余公积的用途

出版企业提取的法定盈余公积和任意盈余公积，主要有以下几个方面的用途：

1.弥补亏损

根据规定，出版企业发生亏损，可以用发生亏损后 5 年内实现的税前利润弥补，不足弥补的，用出版企业以后年度实现的净利润弥补，仍不能弥补的，经股东大会或类似机构决议批准，可以用出版企业提取的盈余公积金弥补。

2.转增资本(股本)

当出版企业提取的盈余公积累计比较多时,经过股东大会或类似机构决议批准,可以将盈余公积转增资本(股本)。

3.发放现金股利或利润

在特殊情况下,当出版企业提取的盈余公积累计比较多而未分配利润比较少时,为了维护企业形象,给投资者以合理回报,对于符合规定条件的出版企业,也可以用盈余公积发放现金股利或利润。

(三)外商投资出版企业盈余公积的内容和用途

由于我国有关外商投资企业法律的特别规定,其盈余公积的内容和用途与一般企业和股份有限公司不同,其内容和用途为:

1.储备基金

它是指从净利润中提取的、经批准用于弥补亏损和转增资本的储备基金。

2.企业发展基金

它是指从净利润中提取的、用于企业发展和经批准用于增加资本的企业发展基金。

3.利润归还投资

它是指中外合作经营企业按照规定在合作期内以利润归还投资者的投资。

二、盈余公积的提取和使用的核算

(一)盈余公积提取的核算

出版企业提取的各种盈余公积通过"盈余公积"账户核算,该账户核算出版企业从净利润中提取的盈余公积。其贷方登记盈余公积的增加数;借方登记出版企业按规定用途提取盈余公积所引起的盈余公积的减少数;其余额在贷方,反映出版企业提取的盈余公积余额,"盈余公积"账户应按盈余公积的种类设置明细账,进行明细核算。

一般出版企业或股份有限出版公司按规定提取各项盈余公积时,应当按照提取的各项盈余公积金额,借记"利润分配——提取法定盈余公积、提取任意盈余公积"账户,贷记"盈余公积——法定盈余公积、任意盈余公积"账户。

外资企业依照中国税法规定缴纳所得税后的利润,应当提取储备基金和职工奖励及福利基金。储备基金的提取比例不得低于税后利润的10%,当累计提取金额达到注册资本的50%时,可以不再提取。职工奖励及福利基金的提取比例由外资企业自行确定。借记"利润分配——提取法定盈余公积、提取任意盈余公积、提取储备基金、提取企业发展基金会"账户,贷记"盈余公积——法定盈余公积、任意盈余公积、储备基金、企业发展基金"账户。

中外合作经营出版企业以利润归还投资时,按实际归还投资的金额,借记"实收资本——已归还投资”账户，贷记“银行存款”账户，同时，借记“利润分配——利润归还投资”账户，贷记“盈余公积——利润归还投资”账户。

（二）盈余公积使用的核算

1.盈余公积转增资本（股本）的核算

出版企业将盈余公积转增资本（股本）时，应当按照转增资本前的实收资本结构比例，将盈余公积转增资本的数额计入“实收资本（或股本）”账户下各所有者的明细账，相应增加各所有者对出版企业的资本投资。

【例 4－15】 2017 年 12 月观文出版社经股东大会批准将资本公积300 000元和盈余公积100 000元转增资本。A、B、C 投资者的投入资本分别占该公司注册资本的 20%、30%和 50%。根据有关凭证，作会计分录如下：

借：资本公积	300 000	
盈余公积	100 000	
贷：股本——A		80 000
——B		120 000
——C		200 000

2.盈余公积弥补亏损的核算

出版企业以提取的盈余公积弥补亏损时，应当由董事会提议，并经股东大会批准。以盈余公积补亏时，应当借记“盈余公积”账户，贷记“利润分配——其他转入”账户。

【例 4－16】 观文出版社年度未弥补亏损300 000元，经股东大会批准，以提取的任意盈余公积弥补亏损。作会计分录如下：

借：盈余公积——任意盈余公积	300 000	
贷：利润分配——盈余公积补亏		300 000

3.以盈余公积分配现金或现金股利的核算

出版企业经股东大会或类似机构决议，用盈余公积分配现金股利或利润时，应当借记“盈余公积”账户，贷记“应付股利”账户。

【例 4－17】 观文出版社经股东大会批准，用盈余公积500 000元发放现金股利。作会计分录如下：

借：盈余公积——一般盈余公积	500 000	
贷：应付股利		500 000

第五节　未分配利润的核算

一、未分配利润的形成

未分配利润是企业实现的净利润经过弥补亏损、提取盈余公积和向投资者分配利润后留存在企业的、留待以后年度进行分配的结存利润，也是企业所有者权益的组成部分。相对于所有者权益的其他部分来讲，由于未分配利润属于未指定用途的留存收益，所以企业在使用未分配利润上有较大的自主权，受国家法律法规的限制比较少。未分配利润在数量上等于期初未分配利润，加上本年度实现的净利润，减去利润分配后的余额。未分配利润有两层含义：一是留待以后年度处理的利润；二是未指定特定用途的利润。

二、未分配利润的核算

在会计核算上，未分配利润是通过“利润分配”账户进行核算的，具体地说，通过“利润分配”账户下的“未分配利润”明细账户进行核算。出版企业在生产经营过程中取得的收入和发生的成本费用，最终通过“本年利润”账户进行归集，计算出当年盈利，然后转入“利润分配——未分配利润”账户进行分配。

其结存于“利润分配——未分配利润”账户的贷方余额，则为未分配利润；如为借方余额，则为未弥补亏损。年度终了，再将“利润分配”账户下的其他明细账户（其他转入、提取法定盈余公积、提取任意盈余公积、应付现金股利或利润、转作股本的普通股股利、或提取储备基金、提取企业发展基金、提取职工奖励及福利基金）的余额，转入“未分配利润”明细账户。结转后，“未分配利润”明细账户的贷方余额，就是未分配利润的数额。如出现借方余额，则表示未弥补亏损的数额。

【例4—18】 观文出版社2017年年初未分配利润为500 000元，本年实现净利润600 000元，本年利润分配情况：提取法定盈余公积50 000元，提取任意盈余公积25 000元，应付优先股股利为30 000元，应付普通股股利为100 000元，发放股票股利100 000元，年度终了时将“本年利润”账户和“利润分配”账户下的有关明细账户的余额转入“利润分配——未分配利润”账户。作会计分录如下：

借：本年利润　　600 000
　贷：利润分配——未分配利润　　600 000
借：利润分配——未分配利润　　305000
　贷：利润分配——提取法定盈余公积　　50 000
　　　　　　——提取任意盈余公积　　25 000
　　　　　　——应付优先股股利　　30 000
　　　　　　——应付普通股股利　　100 000
　　　　　　——转作股本的普通股股利　　100 000

年终结转后，该出版企业历年积存的未分配利润为795 000元（500 000＋600 000—305 000）。

【例4—19】 观文出版社2017年发生亏损800 000元。年度终了时，企业应当结转本年发生的亏损。作会计分录如下：

借：利润分配——未分配利润　　800 000
　贷：本年利润　　800 000

三、以前年度损益的调整

出版企业年度会计报表报出后，如果由于以前年度重大会计差错等原因导致多计或少计利润，但以前年度账目已结清，不能再调整以前年度的利润的，会计核算时，按照现行企业会计制度规定：一是不再调整以前年度的账目，通过“以前年度损益调整”账户，归集所有需要调整以前年度损益的事项，以及相关所得税的调整，并将其余额转入“利润分配——未分配利润”账户；二是不再调整以前年度会计报表，仅调整本年度会计报表相关项目的年初数，单在对外提供比较会计报表时，应当调整会计报表相关项目的数字。

【例 4—20】 观文出版社 2017 年 6 月发现 2016 年一项已达到预定使用状态并已投入使用的管理用固定资产尚未结转在建工程，该项固定资产原始价值 300 000元，2017 年应提折旧50 000元。该出版公司适用的所得税税率为 25%。观文出版社应作会计分录如下：

(1)结转在建工程时

借：固定资产　　300 000
　贷：在建工程　　300 000

(2)调整上年利润时

借：以前年度损益调整　　50 000
　贷：累计折旧　　50 000

(3)计算多交的所得税时

借：应交税费——应交所得税(50 000×25%)　　12 500
　贷：以前年度损益调整　　12 500

(4)结转未分配利润时

借：利润分配——未分配利润　　37 500
　贷：以前年度损益调整　　37 500

第五章　出版企业收入的核算

第一节　出版企业销售收入的确认条件

一、收入及确认条件

收入是指企业在日常活动中形成的、会导致所有者权益增加的、与所有者投入资本无关的经济利益的总流入。2017 年 7 月 5 日，财政部修订发布了《企业会计准则第 14 号——收入》，企业应当在履行了合同中的履约义务，即在客户取得相关商品控制权时确认收入。取得相关商品控制权，是指能够主导该商品的使用并从中获得几乎全部的经济利益。当企业与客户之间的合同同时满足下列条件时，企业应当在客户取得相关商品控制权时确认收入：

(1)合同各方已批准该合同并承诺将履行各自义务；

(2)该合同明确了合同各方与所转让商品或提供劳务相关的权利和义务；

(3)该合同有明确的与所转让商品相关的支付条款；

(4)该合同具有商业实质，即履行该合同将改变企业未来现金流量的风险、时间分布或金额；

(5)企业因向客户转让商品而有权取得的对价很可能收回。

在合同开始日即满足前款条件的合同，企业在后续期间无须对其进行重新评估，除非有迹象表明相关事实和情况发生重大变化。合同开始日通常是指合同生效日。

二、出版企业收入分类及确认

(一)收入分类

收入按企业从事日常活动的性质不同，分为销售商品收入、提供劳务收入和让渡资产使用权收入。出版企业的收入主要包括出版物销售收入、广告收入、租型收入、版权贸易收入、审编校劳务收入和其他收入，收入不包括为第三方或客户代收的款项，如出版企业代国家收取的增值税、代客户垫付的运杂费等。

收入按企业经营业务的主次分类，分为主营业务收入和其他业务收入。

出版企业的主营业务收入主要包括销售各种出版物的收入，按图书的类别可以将收入划分为一般图书收入、教材类图书收入、期刊收入、包销图书收入、电子书收入等。一般图书是由出版单位组稿生产，通过新华书店系统自办发行，并根据全国图书零售市场观测系统提供的数据来确认收入。教材类图书主要采取先征订后生产的模式，分为春季和秋季两次发售，由新华书店系统统一发行、统一收款。期刊(杂志)一般由报刊发行局通过全国邮政系统进行发行及回款，此外也通过一些图书发行部门以及期刊(杂志)社自办发行。包销图书是由政府部门、单位等资助或个人自费出版，这类图书的销售一般是由出资方全部买断，自行销售，并自负盈亏。

出版企业的其他业务收入主要包括刊登在图书、期刊上的广告收入、组织宣传活动产生的宣传收入、版权使用收入(含租型)等。

(二)出版单位收入的确认

财政部印发的《新闻出版业会计核算办法》对出版单位的销售收入确认做以下规定：

1.出版单位销售出版物收入的确认条件

出版单位销售出版物的收入，应当在下列条件均能满足时予以确认：

(1)出版单位已将出版物所有权上的主要风险和报酬转移给购买方；

(2)出版单位既没有保留通常与所有权相联系的继续管理权，也没有对已售出的出版物实施控制；

(3)与交易相关的经济利益能够流入出版单位；

(4)相关的收入和成本能够可靠地计量。销售出版物的收入应按出版单位与购货方签订的合同或协议金额或双方接受的金额确定。

2.直接收款方式销售收入的确认

采取直接收款方式销售出版物时，通常以取得索取货款的凭据，并将提单交给购买方时确认销售出版物收入 。

3.托收承付和委托收款方式销售收入的确认

采取托收承付和委托银行收款方式销售出版物时，通常以发出出版物并办妥托收手续时确认销售出版物收入。

4.赊销和分期收款方式销售收入的确认

采取赊销和分期收款销售方式销售出版物时，应按合同约定的收款日期分期确认收入。同时，按商品全部销售成本与全部销售收入的比率，计算出本期应结转的销售成本。

5.委托代销(寄销)方式销售收入的确认

采取委托代销(寄销)方式销售出版物时，分为视同买断和收取手续费两种情况确认收入：

(1)视同买断方式

它是指由委托方和受托方签订协议，委托方按协议价收取所代销出版物的货款，实际售价可由受托方自定，实际售价与协议价之间的差额归受托方所有的销售方式。在这种销售方式下，委托方在交付出版物时不确认收入，受托方也不作为购进出版物处理。受托方将出版物售出后，应按实际售价确认为销售收入，并向委托方开具代销清单。委托方收到代销清单时，再确认收入。

(2)收取手续费方式

它是指受托方根据所代销的出版物数量向委托方收取手续费的销售方式。在这种代销方式下，委托方应在受托方将出版物销售后，向委托方出具代销清单时确认收入；受托方在出版物销售后，按应收取的手续费确认收入。

6.附有销售退回条件的销售收入的确认

附有销售退回条件的销售出版物，是指购买方依照有关协议有权退货的销售方式。在这种销售方式下，如果出版单位能够按照以往的经验对退货的可能性做出合理估计的，应在发出出版物时，将估计不会发生退货的部分确认收入，估计可能发生退货的部分，不确认收入；如果出版单位不能合理确定退货的可能性，则在售出出版物的退货期满时确认收入。

7.预交定金方式销售收入的确认

采取预交定金方式销售出版物时，以发出出版物确认收入。

8.出口出版物方式销售收入的确认

出口出版物的收入确认必须符合以下条件：

(1)采取离岸价方式销售出版物时，以办妥报关、发运手续，货物装上船或飞机确认收入；

(2)采取到岸价方式销售出版物时，以购买方开具的收货凭据确认收入；

(3)采取代销(寄销)方式销售出版物时，以收到货款确认收入。

9.出版单位对外提供劳务，其收入确认的规定

(1)在同一会计年度内开始并完成的劳务，应当在完成劳务时确认收入。

(2)如果劳务的开始和完成分属不同的会计年度，在提供劳务交易的结果能够可靠估计的情况下，应当在资产负债表日按完工百分比法确认相关的劳务收入。当劳务总收入和总成本能够可靠地计量、与交易相关的经济利益能够流入出版单位、劳务的完成程度能够可靠地确定时，交易的结果能够可靠地估计。

(3)在提供劳务交易的结果不能可靠估计的情况下，应当在资产负债表日对收入分别以下三种情况确认和计量：① 如果已经发生的劳务成本预计能够得到补偿，应按已经发生的劳务成本金额确认收入，并按相同金额结转成本；② 如果已经发生的劳务成本预计不能全部得到补偿，应按能够得到补偿的劳务成本金额确认收入，并按已经发生的劳务成本作为当期费用。确认的收入金额小于已经发生的劳务成本的差额，作为当期损失；③如果已经发生的劳务成本预计全部不能得到补偿，应按已经发生的劳务成本作为当期费用，不确认收入。

10.采取出租型版方式取得的收入确认的规定

出租型版方式取得的专有出版权使用再许可版权使用费，以收到货款或将销售凭单交给承租型版单位时确认出版物销售收入实现。专有出版权使用再许可版权使用费中包含著译者版权收入时，根据版权使用协议，应按扣除著译者版权收入后的部分确认收入。

11.采取刊登广告方式取得的广告收入确认的规定

应在相关的广告刊出或商业行为开始出现于公众面前时予以确认收入。出版单位委托广告公司等中介机构代理广告业务，广告收入按扣除代理费后的金额确认收入。

12.采取版权贸易出口版权和合作出版境外销售方式取得的收入确认的规定

以收到境外销售单位支付的款项确认出版物销售收入。

第二节　主营业务收入的核算

一、书刊销售的核算

（一）书刊销售应设的会计账户

1."主营业务收入"账户

该账户属于损益类账户，贷方登记本期已实现的书刊及其他产品的销售收入，借方登记期末结转至本年利润中的销售收入数额，一般期末无余额。

2."主营业务成本"账户

该账户属于损益类账户，借方登记本期已实现销售的书刊及其他产品的实际成本，贷方登记期末转入本年利润中的主营业务成本，一般期末无余额。

3."税金及附加"账户

该账户属于损益类账户，借方登记本期应缴纳的消费税、城市维护建设税、资源税和教育费附加等，贷方登记期末转入本年利润的销售税金及附加数额，一般期末无余额。

4."发出商品"账户

发出商品是指企业采用托收承付结算方式进行销售而出的产成品。收到货款才做销售收入。该账户属于资产类账户，核算企业商品销售不满足收入确认条件但已发出商品的实际成本（或进价）或计划成本（或售价）。借方登记出版企业以发出商品方式发出的书刊及其他产品的实际成本，贷方登记转入销售成本的数额，期末余额在借方，表示尚未实现销售书刊的实际成本。

（二）书刊销售收入实现的核算

由于书刊的销售及货款结算方式不同，其账务处理也不同。

1.直接收款交货方式

在采用直接收款交货方式销售的情况下，以收到款项为销售收入实现，作会计分录如下：

借：银行存款

　贷：主营业务收入

　　应交税费——应交增值税（销项税额）

【例 5—1】 观文出版社销售书刊一批，含税价款合计5 500元，收到转账支票5 500元并送存银行（增值税税率为 10%）。作会计分录如下：

借：银行存款	5 500	
贷：主营业务收入		5 000 （5 500÷1. 1）
应交税费——应交增值税（销项税额）		500 （5 000×10%）

2.预收货款销售方式

在采用预收货款方式销售书刊时，应在书刊发出时确认收入的实现，作会计分录如下：

借：银行存款

　贷：预收账款

在产品发出后，做如下会计分录：

借：预收账款

　贷：主营业务收入

　　应交税费——应交增值税（销项税额）

【例 5—2】 观文出版社当月 3 日收到预收账款5 500元，作会计分录如下：

借：银行存款	5 500	
贷：预收账款		5 500

当月 20 日，根据约定发出对方所需书刊时，作会计分录如下：

借：预收账款	5 500	
贷：主营业务收入		5 000 （5 500÷1.1）
应交税费——应交增值税（销项税额）		500 （5 000×10%）

3.委托代销（寄销）方式

采用委托其他单位代销（寄销）方式销售情况下，在发送受托单位代销书刊时，如某新闻出版企业将甲图书拨交某受托单位代销（这里只就收取手续费方式说明），作会计分录如下：

借:委托代销商品

　贷:库存商品——甲图书

收到代销单位报来的代销清单时,作会计分录如下:

借:应收账款——×代销单位

　销售费用

　贷:主营业务收入

　　应交税费——应交增值税(销项税额)

其中“销售费用”为代销单位扣除的代销手续费。同时,结转代销产品的销售成本,作会计分录如下:

借:主营业务成本

　贷:委托代销商品

在收到代销单位交来的扣除代销手续费用后的货款金额时,作会计分录如下:

借:银行存款

　贷:应收账款——×代销单位

委托代销方式的两种情况,在本节最后给予具体的说明。

4.托收承付销售方式

在采用托收承付结算方式销售书刊的情况下,企业应当按合同规定在书刊商品已发出,并已将发票账单提交银行办妥托收手续后,即可确认销售收入实现。当书刊发出并向银行办妥托收手续后,作会计分录如下:

借:应收账款

　贷:主营业务收入

　　应交税费——应交增值税(销项税额)

收到银行转来的购买单位货款时,作会计分录如下:

借:银行存款

　贷:应收账款

对出版社代对方垫付的运杂费,同时借记“应收账款”账户、贷记“银行存款”账户。同时或在月末结转销售成本时,作会计分录如下:

借:主营业务成本

　贷:库存商品——有关的二级账户

【例 5—3】 观文出版社 3 月 1 日向新华书店销售图书一批,含税价款8 720 元,以银行存款代垫运杂费 800 元,采用托收承付结算方式予以结算,4 月 15 日收到银行收款通知。作会计分录如下:

(1)3 月 1 日实现销售时

借:应收账款——新华书店	9 520	
贷:银行存款		800

主营业务收入 8 000

(8 720÷1.09)

应交税费——应交增值税(销项税额) 720

(8 000×9%)

(2)4 月 15 日收到银行转来货款和代垫的运杂费时

借:银行存款 9 520

贷:应收账款——新华书店 9 520

5.委托收款销售方式

采用委托收款结算方式的销售情况,其会计分录基本同托收承付,但手续稍有差别。现举例说明如下:

【例 5—4】 观文出版社采用委托收款方式销售一批图书,货款32 700元,以银行存款代垫运费 500 元。

(1)填制委托收款凭证,连同发票账单和运单送交银行委托收款时

借:应收账款——×单位 33 200

贷:主营业务收入 30 000

(33 000÷1.1)

应交税费——应交增值税(销项税额) 2 700

(30000×10%)

银行存款 500

(2)收到银行收款通知时

借:银行存款 33 200

贷:应收账款——×单位 33 200

6.发出商品销售方式

如果出版企业售出出版物不符合销售商品收入确认的 5 个条件中的任何一条,均不应确认收入。为了单独反映已经发出但尚未确认销售收入的商品成本,企业应增设"发出商品"等账户,该账户核算一般销售方式下,已经发出但尚未确认销售收入的商品成本。

发出商品不符合收入确认条件时,如果销售该商品的纳税义务已经发生,例如已经开出增值税专用发票,则应确认应缴的增值税销项税额。借记"应收账款"等账户,贷记"应交税费——应交增值税(销项税额)"账户。如果纳税义务没有发生,则不需进行上述处理。对于不满足收入确认条件的出版物销售,应按发出出版物的实际成本(或进价)或计划成本(或售价),借记本科目,贷记"库存商品"科目。发出出版物满足收入确认条件时,应结转销售成本,借记"主营业务成本"科目,贷记本科目。采用计划成本或售价核算的,还应结转应分摊的产品成本差异或商品进销差价,借记"产品成本差异"或"商品进销差价"科目,贷记"主营业务成本"科目;

实际成本大于计划成本的差异，做相反的会计分录。

【例5—5】 甲出版社于2017年10月18日采用托收承付结算方式向A图书发行公司销售一批图书，开出的增值税专用发票，售价为9 000元，增值税税额为10 000元；该批图书成本为60 000元。该出版社在销售该批商品时已得知A图书发行公司资金流转发生暂时困难，为了维持与A公司长期以来建立的商业关系，甲出版社仍将商品发出。假定A出版社销售该批商品的纳税义务已经发生。

根据销售商品收入的确认条件，甲出版社在发出商品时不能确认收入。为此，甲出版社应将已发出的商品成本通过“发出商品”账户反映。A公司会计处理如下。

借：发出商品　　60 000

　贷：库存商品　　60 000

同时，因甲出版社销售该批商品的纳税义务已经发生，应确认缴纳的增值税销项税额。

借：应收账款　　9 000

　贷：应交税费——应交增值税（销项税额）　　9 000

注：如果销售该批商品的纳税义务尚未发生，则不做这笔分录，待纳税义务发生时再做应交增值税的分录。

假定2017年12月甲出版社得知A发行公司经营情况逐渐好转，A发行公司承诺近期付款，甲出版社应在A发行公司承诺付款时确认收入，会计处理如下。

借：应收账款　　100 000

　贷：主营业务收入　　100 000

同时结转成本。

发出商品时：

借：主营业务成本　　60 000

　贷：发出商品　　60 000

7.其他方式

采用其他方式销售产成品时，借记“银行存款”“应收票据”等账户，贷记“主营业务收入”账户，同时贷记“应交税费——应交增值税（销项税额）”账户，同时比照托收方式结转销售成本和相关费用。

（三）主营业务成本的核算

对于主营业务成本的核算处理，出版企业可以根据自身情况，采用先进先出法、移动加权平均法、全月一次加权平均法等来确定主营业务成本。此外，出版企业的产成品如按定价法核算，月终还应分摊已销产品应负担的产品成本差异。

1.一般情况下主营业务成本结转的核算

出版企业应在销售收入实现后或者月末结转已售产品的相应销售成本，这种做法符合会计上的配比原则。结转主营业务成本的会计分录如下：

借：主营业务成本

　贷：库存商品

如果出版企业采用定价法（或计划成本法）核算产成品，还应结转相应负担的成本差异。作补充会计分录如下：

借：产品成本差异

　贷：主营业务成本

【例 5－6】 观文出版社本月销售甲、乙、丙、丁四种图书，采用实际成本法核算产成品，相应销售成本为5 000元、2 500元、2 000元、3 000元，月末作会计分录如下：

借：主营业务成本	12 500	
贷：库存商品——甲		5 000
——乙		2 500
——丙		2 000
——丁		3 000

【例 5－7】 观文出版社本月销售图书采用定价法核算库存出版物，码价8 000元，实际成本6 000元，则月末应相应结转产品成本差异2 000元。

作会计分录如下：

借：主营业务成本	6 000	
产品成本差异	2 000	
贷：库存商品		8 000

2.分期收款方式下主营业务成本的计算

出版企业在采用分期收款方式结算销售产品时，其产品成本的结转方式与上述有所不同。主要是：当产品发出时，按产品的实际成本，借记“分期收款发出商品”账户，贷记“库存商品”账户；在每期销售实现（包括第一次收取货款）时，应按每期应收的货款金额与全部销售收入的比率，计算出本期应结转的销售成本，借记“主营业务成本”账户，贷记“分期收款发出商品”账户。

【例 5－8】 观文出版社向中华书店采用分期收款结算方式销售艺术画册1 000册，每册定价 60 元，第一期收到 400 册的货款26 160元（含增值税2 160元），每册产品实际成本 40 元，库存出版物采用定价法核算。结转主营业务成本时，作会计分录如下：

借：主营业务成本	16 000	
产品成本差异	8 000	
贷：分期收款发出商品		24 000

(四)书刊发出退回及销售退回的核算

出版企业本年度或以前年度发出的产品，由于产品的品种、规格或质量不符合合同的规定，而由购货单位退回。发生购货单位退回产品时，应填制红字发货凭证，并办理入库手续。

根据《企业会计准则》规定，销售退回应作为销售收入的抵减项目记账。对于企业发生的销售退回在调整销售收入时，无论是属于本年度还是属于以前年度的销售产品的退回，一律冲减当月销售收入，同时冲减当月销售成本。这主要考虑到企业一般是按月计算收入，结转成本，计算盈亏，并据以进行利润分配。如果要求企业哪月销售退回的产品冲减哪月的销售收入，这在实际工作中很难做到。对于销售退回的，账务处理一般按照销售实现的反方向处理。

根据《新闻出版业会计核算办法》，销售退回出版物的核算处理如下：

1.采用定价法核算

(1)未确认收入的已发出出版物的退回，借记“库存商品”账户，贷记“委托代销商品”“分期收款发出商品”等账户。

(2)已确认收入的销售出版物的退回，对销售收入在当期已确认而销售成本尚未结转的，借记“主营业务收入”账户和“应交税费——应交增值税(销项税额)”账户，贷记“银行存款”“应收账款”“预收账款”等账户；对于销售成本已结转的，还应同时按退回出版物的定价，借记“库存商品”“委托代销商品”“分期收款发出商品”等账户，贷记“主营业务成本”“产品成本差异”账户。

(3)资产负债表日及之前售出的出版物在资产负债表日至财务会计报告批准报出之间发生退回的，应当作为资产负债表日后事项的调整事项处理，调整报告年度的收入、成本等。

2.采用实际成本法核算

(1)未确认收入的已发出出版物的退回，借记“库存商品”账户，贷记“委托代销商品”“分期收款发出商品”等账户。

(2)已确认收入的销售出版物的退回，对销售收入在当期已确认而销售成本尚未结转的，借记“主营业务收入”账户和“应交税费——应交增值税(销项税额)”账户，贷记“银行存款”“应收账款”“预收账款”等账户；对于销售成本已结转的，还应同时按退回出版物的成本，借记“库存商品”“委托代销商品”“分期收款发出商品”等账户，贷记“主营业务成本”账户。

(3)资产负债表日及之前售出的出版物在资产负债表日至财务会计报告批准报出日之间发生退回的，应当作为资产负债表日后事项的调整事项处理，调整报告年度的收入、成本等。

【例5—9】 观文出版社本月发生上月退货，价款5 450元，产品实际成本4 000元，现将款项从银行划转补偿购货方，同时将退货予以入库。

(1)销售退回并划转款项时

借:主营业务收入　　5 000

　应交税费——应交增值税(销项税额)　　450

　贷:银行存款　　5 450

(2)退货入库时

借:库存商品　　4 000

　贷:主营业务成本　　4 000

【例 5—10】 承[例 5－9],假如其库存出版物采用定价法核算,即定价为5 000元,在处理退货时,作会计分录如下:

借:库存商品　　5 000

　贷:主营业务成本　　4 000

　　产品成本差异　　1 000

(五)现金折扣和销售折让的核算

1. 现金折扣的核算

现金折扣是指供货方为及时收回货款,而给予购货人的债务扣除。通常有“2/10、1/20、n/30”的折扣条件,即购货人 10 日内付款享受 2%的折扣,20 日内付款享受 1 %的折扣,30 日内付全额款项。对于现金折扣的核算处理,通常采用总价法,即销售收入按总价反映,实际发生的现金折扣作为财务费用。

【例 5—11】 观文出版社售给美好书店图书 50 包,每包销售价 1 500 元,内装 50 本书(增值税税率 9%)。根据销售合同,美好书店可以享受现金折扣,其条件为“2/10, 1/20,n/30”,即 10 天内付款折扣 2%,20 天内付款折扣 1%。作会计分录如下:

(1)销售确认,货款尚未收到时

借:应收账款——美好书店　　81 750

　贷:主营业务收入　　75 000

　　应交税费——应交增值税(销项税额)　　6 750

(2)若甲书店 10 天内付款时

借:银行存款　　80 250

财务费用　　1 500

　贷:应收账款——美好书店　　81 750

(3)货款于 20 天后付清时

借:银行存款　　81 750

　贷:应收账款——美好书店　　81 750

2.销售折让的核算

销售折让是指购货方的已购商品协商后,对这部分商品不作退回处理,而要求供货单位在价格上给予一定比例的优惠，按双方同意的金额付款。销售折让的核算处理，基本上与销售退回的处理相同，即对于发生的销售折让，不论是属于以前年度还是属于本年度，都应冲减本期销售收入，借记“主营业务收入”“应交税费——应交增值税（销项税额）”账户，贷记“银行存款”账户。需要说明的是：销售折让无须冲减当期销售成本。

【例 5—12】 观文出版社确认一批图书销售货款21 800元，由于该批图书装订折页存在质量问题，出版社同意向购货单位折让货款的 10% ，并取得税务机关证明，开具了红字增值税专用发票，作会计分录如下：

(1)确认销售实现时

借：应收账款	21 800	
贷：主营业务收入		20 000
		(21 800÷1.09)
应交税费——应交增值税（销项税额）		1 800
		(21 800÷1.09×0.09)

(2)予以折让并收到货款时

借：银行存款	19 620	
主营业务收入	2 000	
	(2180÷1.09)	
应交税费——应交增值税（销项税额）	180	
	(2180÷1.09×0.09)	
贷：应收账款		21 800

二、音像制品、电子出版物销售的核算

(一)音像制品销售的核算

根据《音像制品出版管理规定》，音像制品是指录有内容的录音带（AT）、录像带（VT）、激光唱盘（CD）、数码激光视盘（VCD）及高密度光盘（DVD）等。

1.书配盘销售的处理

根据规定，经批准出版的配合本版出版物音像制品，其名称须与本版出版物一致，并须与本版出版物统一配套销售，不得单独定价。

【例 5—13】 观文出版社出版发行漫画图书 200 套，每套定价 100 元，每套随书附赠 DVD 一张，CD 光盘成本共 300 元。销售实现确认收入时，作会计分录如下：

借：银行存款（或应收账款）	21 800	
贷：主营业务收入——漫画收入		20 000
应交税费——应交增值税（销项税额）		1 800

借:销售费用　　300

　贷:库存商品——漫画 CD 光盘　　300

2.出售一般音像制品的处理

对于专门销售音像制品的出版企业,应交增值税税率为 9%。

【例 5-14】 观文出版社销售一批 CD 光盘,销售价款为3 000元。款项尚未收到,会计分录如下:

借:应收账款　　3 270

　贷:主营业务收入　　3 000

　　应交税费——应交增值税(销项税额)　　270

(二)电子出版物销售的核算

《电子出版物管理暂行规定》所称的电子出版物,系指以数字代码方式将图文声像等信息存储在磁、光、电介质上,通过计算机或者具有类似功能的设备阅读使用,用以表达思想、普及知识和积累文化,并可复制发行的大众传播媒体。

电子出版物可从各种角度做多种划分。如按载体的不同,可分为磁盘类、光盘类、集成电路卡类;按对使用者操作的反应情况不同,可分为单向类和交互类等;按所包含的信息表现形式,可分为文字类、图片类、声音类、图像类、图文类、动画类、图文声像并茂的多媒体类等;按基本用途,可分为计算机软件类、信息检索类、阅读类、素材类、教育类、游戏类等;按所含的传播媒体特征,可分为电子图书类、电子游戏类、电子期刊类、电子报纸类等,其中前两者称为"非连续型电子出版物",后两者称"连续型电子出版物"。各个大类下往往又都包括若干小类。

电子出版物具有许多与音像制品类似的特点,因此音像制品有别于图书、报纸、期刊的特点,同样也见于电子出版物;电子出版物有别于音像制品的地方,主要是记录信息全部采用数字代码方式和载有的信息内容不同。在物质载体形式、复制方式和使用时需要的技术设备方面,则与音像制品互有交叉、异同并存。

电子出版物与传统纸张出版物相比具有不同的特性:信息量大、可靠性高、承载信息丰富,具有较强的交互性,制作和阅读过程需要相应软件的支持。

对于电子出版物的收入应视出版企业营业执照所列的而作为主营业务收入或其他业务收入核算。出版企业应在电子出版物已经发出,并取得有关索取价款的凭据时,确认收入实现。电子出版物销售应交增值税税率为 9%。

【例 5-15】 观文出版社销售主营的电子图书一批,总价款为2 180元,以银行存款收讫,销售实现时作会计分录如下:

借:银行存款　　2 180

　贷:主营业务收入——电子图书　　2 000

　　应交税费——应交增值税(销项税额)　　180

三、委托代销业务的核算

出版企业委托代销出版物的情况下，受托方只是代理的性质。在代销出版物由受托方出售或进行货款结算以前，委托方仍保留其对出版物的法定所有权。但有时委托方以赊销方式将存货交给购货企业，并通过合同形式保障出售出版物企业的利益。如果购买出版物的企业到期不能支付货款，出售企业将按合同规定收回其存货，这种业务不属于代销业务，实质上是一种以合同规定保障出售企业经济利益的赊销业务。这种情况下，出售企业不能将已交付购买企业的存货作为本企业的存货处理。

发生代销业务时，委托方与受托方应根据签订的合同或协议，办理出版物的交接和货款结算手续。代理出版物有两种情况：一种是收取手续费方式，即委托方销售代销出版物后，作为出售企业的代理，只收取一定的手续费用，不作为受托企业的自管业务处理；另一种是视同买断方式，即受托方将受托业务作为企业的自营业务处理，接受的代销出版物出售以后，作为本企业的销售业务处理，并按接受出版物的接受价格同一委托方结算货款。无论采用何种代销方式办理代销业务，委托方向受托方发出的代销出版物，在结算货款以前，其所有权仍属于委托方，相当于委托方企业存货的移库，企业可以通过有关的委托代销存货账户进行核算，并将其作为本企业的存货。待收到受托方的销货通知时，再在委托代销存货账户中作转销的记录，也可以在有关的存货账上作备查记录。现分别举例说明视同买断方式和收取手续费方式下销售出版物业务的会计核算的处理：

1.视同买断方式下

【例 5—16】 观文出版社委托甲企业代销图书一批，合同规定，甲企业作为自营业务处理，观文出版社采用实际成本对库存图书进行计价，该批图书的成本为50 000元，代销合同的代销价为6 0000元，甲企业销售该批图书的售价为65 000元。观文出版社对该代销业务，应作会计分录如下：

(1)发出代销图书时

借：委托代销商品	50 000	
贷：库存商品		50 000

(2)收到代销清单时

借：应收账款——甲企业	65 400	
贷：主营业务收入		60 000
应交税费——应交增值税(销项税额)		5 400

同时，

借：主营业务成本	50 000	
贷：委托代销商品		50 000

2. 收取手续费方式下

甲企业对代销商品业务应作会计分录如下：

(1)收到代销图书并入库时

借:受托代销商品　　60 000

　贷:代销商品款　　60 000

(2)销售代销图书时

借:银行存款　　70 850

　贷:主营业务收入　　65 000

　　　应交税费——应交增值税(销项税额)　　5 850

同时，

借:主营业务成本　　60 000

　贷:受托代销商品　　60 000

(3)向观文出版社发出代销清单并收到增值税专用发票时

借:代销商品款　　60 000

　　应交税费——应交增值税(进项税额)　　5 400

　贷:应付账款——观文出版社　　65 400

(4)按合同规定结算货款时

借:应付账款——观文出版社　　65 400

　贷:银行存款　　65 400

四、其他销售方式的核算

自办发行中的邮购业务和网上订售业务，虽然收入规模较小，但涉及面广，大部分汇款出自个人和外地单位，不容易核对，所以出版企业应补充明细账户登记并加强发货管理，在发出商品后及时确认收入。

对于网络销售业务，这里简单说明一下与合作单位分配利润的形式。比如观文出版社与某网络公司合作销售图书，有网络公司负责图书网站的建设等工作，出版社负责图书的供应。从网络销售中取得的收入，双方按合同规定取得各自的收入。

对于单位与国内外新闻出版企业合作出版过程中，与合作方税后分配利润的计算方法基本按照：收入＝(单价×册数×折扣)÷110%；支出＝稿酬及编校费＋印制费＋发行及宣传推广费＋分摊管理费＋不可预见费；利润＝收入－支出－相关税费的关系式来计算的。

五、主营业务收入结转的核算

月末，应合计本月实现的销售收入，转入“本年利润”账户，以便计算当月实现的盈亏。其会计分录如下：

借:主营业务收入

贷:本年利润

【例5—17】 观文出版社本月销售甲图书收入为15 000元,其中销售退回1 000元。销售乙图书收入为18 000元。销售丙图书收入为4 520元,其中销售折让计520元。则作结转分录如下:

借:主营业务收入——甲图书	14 000	
——乙图书	18 000	
——丙图书	4 000	
贷:本年利润		36 000

第三节 其他业务收支的核算

出版企业的其他业务收支,就是指除出版物以外的其他销售业务。这部分收支数额在整个销售业务中相对比重较小,它与出版物销售核算一起计算出利润,构成利润总额的一个重要部分。

一、其他业务收入核算的内容及应设置的账户

出版企业的其他业务收入,主要包括场地出租收入、媒体广告收入(报社的广告收入列入主营业务收入核算)、无形资产转让收入(如版权转让收入)、材料销售收入(包括材料的转让收入、下脚料处理收入等)、固定资产出租、包装物出租收入、代储代运收入、协作出版和自费出版业务的收入、多种经营收入等。与其他业务收入相对应的其他业务支出是指为取得其他业务收入而发生的支出,包括销售成本、销售税金及相关成本费用等。

为了正确核算其他业务收入的内容,应设置“其他业务收入”和“其他业务成本”账户。“其他业务收入”账户用来核算除出版物销售以外的其他销售和其他业务的收入,其贷方登记取得或实现的其他业务收入,借方登记期末转入本年利润的数额。结转后,应无余额。该账户应按照其他业务的种类,如“租型业务”“广告业务”“材料销售”“固定资产出租”“无形资产转让”“代储代运业务”等设置明细账。

“其他业务成本”账户用来核算除出版物销售以外的其他销售或其他业务所发生的支出,包括销售成本、提供劳务而发生的相关成本费用以及税金及附加等。该账户的借方用来登记发生的有关其他业务成本,贷方登记期末转入“本年利润”的数额。结转后,应无余额。本账户也应按照其他业务的种类设置明细账。

二、其他业务收入的核算

当出版企业发生或确认有关其他业务收入时,作会计分录如下:

借:银行存款(或应收账款等)

贷:其他业务收入

期末,应将其他业务收入转入"本年利润"账户,以计算出其他销售利润。作会计分录如下:

借:其他业务收入

贷:本年利润

(一)材料的其他业务收入核算

1.纸张材料转让时

借:银行存款(或应收账款等)

贷:其他业务收入——纸张材料转让收入

应交税费——应交增值税(销项税额)

同时结转纸张材料成本。

借:其他业务成本

贷:原材料

2.下脚料或其他材料出售时

借:库存现金(或银行存款)

贷:其他业务收入——材料销售

同时结转材料成本,方法同上。

【例 5—18】 观文出版社销售铜版纸一批,含税价款5 650元,货已发出,款未收到,作会计分录如下:

借:应收账款	5 650	
贷:其他业务收入——材料销售		5 000
		(5 650÷1.13)
应交税费——应交增值税(销项税额)		650
		(5 000×13%)

(二)出租业务取得收入的核算

【例 5—19】 观文出版社本月收到出租办公用房款项5 000元(不动产租赁服务税率为 9%),款已送存银行,根据有关进账单,作会计分录如下:(保留整数)

借:银行存款	5 000	
贷:其他业务收入——场地出租		4 587
		[5000÷(1+9%)]
应交税费——应交增值税(销项税额)		413

(三)无形资产转让取得收入的核算

无形资产一般包括专卖权、专利权、版权、租赁权、商标权和商誉等。新闻出版企业无形资产的内容为影片版权、发行权、专有出版权、著作权、专利权、商标权、土地使用权、非专利技术、商誉等。销售无形资产要缴纳增值税。

企业转让无形资产时，作会计分录如下：

借：银行存款

　贷：其他业务收入——无形资产转让

　　应交税费——应交增值税（销项税额）

1.专有出版权之外无形资产核算

【例 5—20】 观文出版社本月向甲单位转让一项著作权（增值税税率 6%），经评估作价为53 000元，对方以支票结算，根据有关凭证，作会计分录如下：

借：银行存款	53 000	
贷：其他业务收入——著作权转让		50 000
应交税费——应交增值税（销项税额）		3 000

2.专有出版权转让取得的收入

专有出版权，是指出版单位通过和作者订立合同，在预定的期限或地域内，获得出版作者作品的一种专有权利；也指图书的出版者依据图书出版合同享有的在一定期限内独占出版他人作品的权利，属于著作权的邻接权，专有出版权受法律保护。专有出版权是著作权财产权中的一部分权利，是复制权与发行权的组合权利，其初始归属于作为原始著作权人的作者，是一种可以依法处分，可以依法转移的民事经济权利。著作权人可以依法将其许可给图书出版者，也可以将其许可给其他民事主体（现行法律并没有明文规定只能将专有出版权授予图书出版者，也并未明文禁止不得将专有出版权授予其他民事主体）；著作权人还可以依法授予被许可方再授权，即由被许可方再许可第二人出版或专有出版相应作品的权利。对音像制作企业经著作权人许可和表演者同意以付款方式对著作权人的作品以及表演者的节目，制作成音像制品，依法享有许可他人复制发行并取得报酬的权利，即音像版权。对图书出版企业来说，其享有合同约定的专有出版权期限一般不得超过 10 年，但合同到期后可以续订，在此期间，对其享有专有出版权的作品，他人不得出版；对音像制作企业来说，其制作完成的音像制品，享有许可他人复制发行并取得报酬的权利的保护期为 50 年。

专有出版权的摊销，按受益品种一次直接计入出版物成本。如有必要，可分期摊销，但摊销期不得超过 10 年。为了便于管理，可采取“1 元余额法”（无形资产账户保留人民币 1 元的余额，以示尚有该项专有出版权）摊销。企业因故发生的专有出版权损失，一次或者分期摊入管理费用。已报损的专有出版权重做无形资产的，冲销原摊费用。

对出版企业取得专有出版权的支出，规定按受益品种一次直接计入出版物成本，这主要是考虑到出版物的销路很少能延续到出版物的法定有效年限或合同、协议确定的年限，再版图书为数不多；另是考虑到国外一般把版权费全部计入第一次印刷发行的成本，因而将专有出版权按受益品种一次直接计入出版物成本。

企业拥有的无形资产可以依法进行转让，转让方式可分为两种：一种是转让所有权；另一种是转让使用权。转让无形资产所有权的，应将无形资产的摊余价值作为转让无形资产的成本；转让无形资产使用权的，则将受让方履行合同所发生的费用作为转让无形资产的成本。专有出版权的转让一般是转让使用权，其取得的收入计入其他业务收入，发生的费用计入其他业务支出。

确认收入时作会计处理：

借：银行存款

　贷：其他业务收入——专有出版权转让

　　应交税费——应交增值税(销项税额)

(四)代储代运业务取得收入的核算

【例 5－21】 观文出版社本月代为甲书店存储图书一批，按协议规定向对方收取价款2 120元(增值税税率 6%)。根据上述业务性质，确认其他业务收入实现，作会计分录如下：

借：应收账款——甲书店	2 120	
贷：其他业务收入——代储代运		2 000
应交税费——应交增值税(销项税额)		120

(五)广告收入、租型收入的核算

广告收入核算接受外单位刊登在出版的出版物上所收入的广告费。租型收入核算将书刊纸型(图版)交给其他出版单位出版按照总定价一定的比例所收入的租型费。

租型收入、广告费收入按实际发生的数额，借记“银行存款”等账户，贷记“其他业务收入”账户，由此发生的费用和税金支出计入“其他业务成本”账户。

(六)其他种类业务收入的核算

新闻出版企业应按国家新闻出版法律、法规规定，从事合作、协作、自费出版业务，否则按非法出版收入处理。合作出版业务是指企业与国内其他新闻出版企业、境外(含港、澳、台地区)新闻出版企业通过合作方式，联合出版某图书或音像制品的行为。企业与国内机关、团体、企事业单位等非新闻出版企业以及个人进行合作，通过对方资助方式出版某一图书或音像制品的行为，属于协作出版范围。合作出版业务中，以本企业为主的，收支管理视同正常出版业务管理；以对方为主的，收支管理由对方负责，分给对方的利润或从对方分得利润，记入当期损益。

协作出版业务的收支管理按正常出版业务管理。收到协作单位或个人的经费资助，做暂记“其他应付款”处理；图书或音像制品出版后，全额转作其他销售收入处理。

自费出版业务中，图书或音像制品的编辑、出版、印刷、发行等工作由著译者负责，其财务收支不纳入企业财务管理。收取的管理费和代制作费用，应全额做其他销售收入处理。合作、协作出版业务中，出版企业不得从合作、协作出版收入中直接支付企业外的业务加工等费用，需要支付的，按规定视同正常出版业务管理。

(七)结转其他业务收入的核算

【例5—22】 月末，结转其他业务收入50 000元，全部转入“本年利润”账户，作会计分录如下：

借：其他业务收入　　50 000

　贷：本年利润　　50 000

三、其他业务成本的核算

当发生其他销售成本、税金及有关费用时，记入“其他业务成本”账户。即借记“其他业务成本”账户，贷记“原材料”“包装物”“累计折旧”“生产成本”“应付职工薪酬”“银行存款”“应交税费”“其他应付款”等账户。

期末，应将全部发生的其他业务成本转入“本年利润”账户，以配比当期发生的其他业务收入，计算当期其他业务收支利润。期末，结转“其他业务成本”账户时，作会计分录：

借：本年利润

　贷：其他业务成本

【例5—23】 承[例5—18]，该出版社销售铜版纸一批，成本3 000元，予以转账时(假设按实际成本)作会计分录如下：

借：其他业务成本　　3 000

　贷：原材料——铜版纸　　3 000

【例5—24】 承[例5—18]，该出版社销售一批铜版纸，耗用包装纸价值200元(假定一次摊销)，将这部分包装物计入其他业务的成本支出，作会计分录如下：

借：其他业务成本——材料销售　　200

　贷：包装物　　200

【例5—25】 承[例5—20]，该出版社转让一项著作权，该著作权的总成本为10000元，结转时作会计分录如下：

借：其他业务成本——无形资产转让　　10 000

　贷：无形资产——著作权　　10 000

【例5—26】 本月办公用房出租，根据协议规定，应由该出版企业支付有关水电费。本月应交水电费600元，提取房屋折旧为300元，作会计分录如下：

借：其他业务成本　　900

　贷：其他应付款——水电管理部门　　600

累计折旧 300

【例 5－27】 计算本月应付其他销售部门及有关人员的工资1 000元，应提取福利费 140 元，合计1 140元，计入有关其他业务成本，作会计分录如下：

借：其他业务成本 1 140

贷：应付职工薪酬——工资 1 000

——职工福利费 140

【例 5－28】 月末，该出版社计算出本月共发生的其他业务支出为31 250元，全部转入“本年利润”账户，作会计分录如下：

借：本年利润 31 250

贷：其他业务成本 31 250

至此，出版社的有关其他业务收入和其他业务成本的核算都已完成，出版社还应在此基础上，计算出其他业务利润：

本月其他业务利润＝其他业务收入－其他业务成本＝50 000－31 250

＝18 750(元)

第六章　出版企业成本费用的核算

第一节　出版物成本核算概述

一、出版物成本及总体构成

（一）出版物成本

产品成本是指企业为了生产产品而发生的各种耗费。可以指一定时期为生产一定数量产品而发生的成本总额，也可以指一定时期生产产品单位成本。产品成本核算是对生产经营过程实际发生的成本、费用进行核算并进行相关账务处理，成本核算是成本管理的重要组成部分，对于企业的成本预测和企业的经营决策等存在直接影响。

出版物成本是出版物在生产和销售过程中所耗费的生产资料价值和必要劳动价值的货币表现，或者说，就是出版单位在进行出版物的编辑、复制和发行等活动中所支付的费用。

受出版物生产、管理和销售活动影响，各类出版物的生产工艺、管理形式和销售方式有所不同，所以各类出版物具体成本组合有所不同。但总体上看，出版物成本都是出版物生产、管理、销售过程中各阶段性支出的归集。

（二）出版物成本总体构成

出版物成本包括直接成本、间接成本、期间费用三部分内容组成（见图6—1）。

- 出版物全部成本
  - 直接成本
    - 开发成本
      - 信息收集费
      - 调研交通费
      - 通信费
      - 组稿费
      - 专题会议费
      - 开发阶段工薪
      - 其他费用
    - 制作成本
      - 稿酬及校订费
      - 租型费用
      - 排制版费用
      - 原材料及辅助材料费用
      - 印装（复制）费用
      - 出版损失
      - 制作阶段工薪
      - 其他费用
  - 间接成本
    - 编录经费
  - 期间费用
    - 管理费用
    - 财务费用
    - 营业费用

图6—1　出版物成本组成

出版物直接成本是指出版单位直接用于出版物产品生产过程中发生的生产费用总额，具体包括稿酬及校订费、租型费用、原材料及辅助材料费用、制版费用、印装费用、出版损失（废品报废净损失）和其他直接费用。

间接成本是指不与出版物生产过程直接发生关系、服务于出版物生产过程的各项费用，又称为编录经费，包括出版单位编录部门所发生的各项人工成本（工资、奖金、津贴、补助）、办公费、差旅费、会议费、业务招待费、资料费、编辑办公用品费和不能进入单一出版物品种成本的审稿费、编选费、绘图费、装帧设计费、编辑加工费等。编录经费应按照因果原则、受益原则、公平原则，采取科学、合理的方法将其分摊到每一种出版物成本中。一般在结算期（月、季）末，将发生的编录经费按当期完工的总印张数或总定价、总初版字数、总盒数、总印数等分摊。分摊时，既可按一种数据，也可组合多种数据作依据；既可只按各编辑部门分摊，也可分别按编辑部门、出版项目、单一出版物品种等分摊。分摊方式由出版单位自主确定，一经确定，年度内一般不得随意变更。

期间费用是指一定时期内所发生的不能直接归属于某个特定产品的成本而必须从当期收入中扣除的费用，具体包括管理费用、销售费用和财务费用。

期间费用在会计处理时不直接计入产品的生产成本，而是一次性在当期收入中直接扣除，但在预测或核算某个出版物品种的全部成本费用时，却应该将它们按一定方式分摊计入。

1.销售费用（营业费用）

营业费用又称“销售费用”，是指出版单位在销售商品过程中发生的费用。包括销售人员的工资、奖金、津贴和补助等，销售人员的办公费、会议费、差旅费、业务招待费，样品赠阅费、资料费等；出版单位销售商品过程中发生的仓储费、运输费、装卸费、包装费、宣传费、广告费、展览费等。

2.管理费用

管理费用是指出版单位为组织和管理出版经营活动而发生的各种费用。包括管理部门人员的工资、奖金、津贴和补助，劳动保护费、社会统筹费、工会经费、职工教育经费，办公费、会议费、图书资料费、差旅费；固定资产折旧费，低值易耗品支出，财产保险费，提取的出版单位资产损失准备；相关税金（主要是以财产税为主的房产税、车船使用税、土地增值税、印花税等）；诉讼费；无形资产摊销；为职工提供的福利支出，等等。

3.财务费用

财务费用是指出版单位为筹集生产经营所需资金而发生的费用。包括贷款、发行债券等资金筹措活动的利息，外汇业务的汇兑损失，支付给金融机构的手续费，等等。

二、出版物成本核算要求

(一)加强对出版物生产费用的审核和控制

出版企业首先应加强对出版物生产费用的审核和控制,提供生产费用支出的真实资料。对不合理的开支,要坚决抵制;对超计划的费用开支,要按规定的审批手续办理;对各项浪费和损失,要查明原因,追究有关人员的责任。

(二)正确划分各项费用支出界限

出版物的生产成本是出版企业的一种费用支出,但企业发生的各项费用支出并不都属于出版物产品的生产成本。为了正确核算出版物的生产成本,必须划清各项费用支出的界限。

1.正确划分计入出版物产品成本、费用与不计入出版物产品成本、费用的界限,确定成本费用的范围

出版企业发生的费用有很多项目,根据谁受益(或谁消耗)、谁负担的原则,凡出版物出版生产过程中消耗的各种材料、人工和其他费用都应计入生产成本。否则,就不能计入生产成本。如支付的各种滞纳金、赔款、捐赠、赞助款等应计入营业外支出。支付股利应计入利润分配。管理费用、财务费用等均不应计入生产成本,而应计入期间费用。

2.正确划分各个月份的费用界限

根据会计分期原则,为了及时反映和考核费用开支情况,需要定期分月进行成本计算。出版企业在划清应计入出版物成本、费用与不应计入出版物成本、费用界限的基础上,对于应计入出版物成本、费用的各项支出,还应根据权责发生制原则,正确划分各个会计期间的费用界限。凡是应由本期负担的各项支出,应全部计入本期出版物费用,不能延至下期,也不能提前结账。对于本期发生应由以后各期负担的费用,应先借记“预付账款”账户,留待分配计入以后各期的成本、费用内。对于本期已经受益,但本期尚未支出的费用,应先贷记“其他应付款”账户,计入本期的成本、费用内。正确划分各个会计期间的费用界限,实质上是从时间上确定各个成本计算期的成本和费用,是保证出版物成本和费用正确性的重要环节。

3.正确划分产品成本和期间费用的界限

在企业发生的各种费用支出中,凡应该计入本月份由当月份负担的费用,应进一步区分产品成本和期间费用的界限。根据制造成本法的要求,出版企业在一定时期内,发生的生产经营费用,应区分为直接费用、间接费用和期间费用,其中:直接费用(如直接材料、直接工资、其他直接费用)和间接费用属于应计入出版物成本的费用;期间费用属于不应计入出版物成本的费用,应直接计入当期损益。

4.正确划分不同产品的成本界限

如果企业只是生产一种产品，那么全部生产成本就是这种产品的成本。

出版企业全部生产成本在各出版物产品之间进行分配，凡能分清应由哪种出版物负担的费用，应直接计入该种出版物的成本。凡由出版物产品共同负担的费用，则要采用恰当的标准（根据谁受益、谁负担的原则）进行分配。最终把各种出版物产品的成本计算出来。

（三）做好各项基础工作

为了正确地计算出版物成本和费用，出版企业应做好以下成本核算的基础工作：

1.做好各项消耗定额的制定和修订工作

做好成本核算的基础工作，首先是做好对出版企业的原材料（如纸张、装帧材料）、燃料、动力以及工时等消耗定额的制定工作，并根据定额的实际执行情况，对不合理的定额及时定期进行修订。

2.建立和健全原始记录工作

原始记录是否健全、准确，直接关系到出版物成本、费用核算的真实性。出版企业要健全各项原始记录，对出版物生产过程中纸张、装帧材料的领用、燃料、动力和工时的耗费，稿费、校订费、印制费等费用的开支，出版物的质量检验及入库等，都要有真实的原始凭证。

3.严格计量制度

完善各种计量检测设施，保证如实反映出版物生产过程中的各种消耗和支出。

三、出版物成本核算对象和核算单位

（一）出版物成本核算对象

成本核算对象是指为计算出版物成本而确定的生产费用的归集和分配的范围。成本是对象化的费用，离开了计算对象，成本就不存在了。因此，正确地确定成本计算对象是组织出版物成本计算的前提。

确定成本核算对象时，图书应按品种分版（印）次核算，期刊按单一品种分期次核算，音像制品、电子出版物及投影片（含缩微制品）按品种分批次核算。发生书配盘（带）或盘（带）配书时，以有定价的一方作为成本核算对象，无定价的一方视为另一方的成本组成部分。书或盘都有定价的，应分别核算。出版企业可以根据本企业出版物的具体情况和要求，适当增减分类，以便做到既能满足管理要求，又能简化会计核算手续。

1.书刊正文以印张作为核算单位（包括图书和杂志）

（1）一个印张是指 787×1 092毫米规格的标准纸半张。

（2）正常核算时，以千印张为计算单位（相当于上述规格的平版纸一令）。

(3)不同规格的纸张须折合成标准纸令。如1令850×1 168毫米规格的纸折合成787×1 092毫米规格的标准纸为1.155令(其余类推)，其计算公式如下：

标准印张＝某种规格的面积÷(787×1 092)

例如，850×1 168毫米规格的纸张1 000印张，折合为787×1 092毫米规格标准纸的计算如下：

折合标准纸张＝(850×1 168)÷(787×1 092)＝1.155(千印张)

各种规格的纸张对787×1 092毫米规格标准印张的折算表，如表6—1所示：

表6—1

纸张规格(尺幅)	折合标准印张
787×960	0.879
690×960	0.771
880×1 096	1.118
850×1 168	1.155
880×1 230	1.259

2.封面、封套、插页、环衬、护封等的核算

单位封面、封套、插页、环衬、护封等装帧用料的支出，作为正文成本的组成部分，但不计算印张。部分插页如按统计规定可视为同正文计算印张的作为正文处理。

3.音像制品的核算单位

磁带制品为“盒”，光盘制品为“张”。

(二)出版物成本核算项目

计入出版物成本的各项费用，称为出版物成本核算项目。出版物成本项目主要包括以下几项：

1. 直接材料

它是指直接用于产品生产、构成产品实体的原料和主要材料，外购半成品，修理用备件，燃料及动力，以及有助于产品形成的辅助材料。

(1)原材料。它包括：纸张，指书刊正文以及同正文一起印刷的插页纸张；装帧材料，指书刊封面、封套、不同正文一起印刷的插页以及装帧用的各种纸张、塑料薄膜、皮革、织物、金箔、板纸、电化铝、丝带、木板、C-O外盒、印刷品(唱词等)、书型盒、饼带、AB贴、包装膜、“PP”盒、粘接带、封口胶、光盘复制企业的聚碳酸酯、银靶、硅靶、铝靶、镍靶、感光胶、胶水、油墨、网框、网布、包装盒、纸箱、打包带等。

(2)辅助材料。

(3)修理用备件。

(4)委托加工母盘。它是指光盘复制企业委托外部加工制作的母盘。

(5)外购半成品。

(6)燃料、动力。它是指直接用于产品生产的动力费用。

(7)包装物。

(8)低值易耗品。

(9)其他直接材料。

2. 直接工资

它包括出版企业直接从事出版物生产人员的工资、奖金、津贴和补贴,以及直接从事出版物生产人员的职工福利费。

3. 直接费用

它包括出版企业的除直接材料和直接工资以外的其他直接费用:①稿费和校订费。指支付给著译者及校订人员的稿费和校订费。②租型或租胶片费。指向其他单位租型或租胶片所支付的租赁费。③制版费。指用于书刊排版、制版、传版及纸型或胶片费。④印制费。指出版物印制过程中的浇版、镀版、晒版、装版及印刷等加工费用。⑤装订费。指书刊装订过程中的折页、配页、套页、平订、索线订等费用以及封面烫金、上封面、护封、封套、包装等费用。⑥专有出版权转让费。指为取得专有出版权而支付的费用。⑦出版损失。指出版物在稿件加工和印制过程中,由于出版企业的原因,需要变更部分内容或停止出版造成的稿费、纸张和印制费损失等。⑧广告成本。指为刊出广告所支付的费用,包括组稿费、广告业务费、设计费以及专设广告机构人员的工资、差旅费、办公费等。⑨其他直接费用。

4. 间接费用

它是指出版企业编辑、出版、设计、校对等部分为组织和管理出版物编辑加工发生的各项费用,包括:编辑、出版、资料、摄绘等部门人员的工资和福利费、办公费、编辑业务会议费、社外加工费、组稿采访费、摄影费、编绘用品费、样本赠阅费、图书资料费、内部刊物费、学习费及其他费用。

(1)工资和福利费。指编辑、出版、资料、设计、校对、摄绘人员工资及福利费。

(2)办公费。指编辑、资料、设计、校对、摄绘部门领用办公的文具、纸张及印刷等费用。

(3)编辑业务会议费。指经单位批准召开的有关编辑业务会议所支付的各项费用。

(4)社外和业余加工费。指出版社支付给编辑部门委托社外人员和本社职工业余时间进行审稿、设计、编辑、校对、绘图等费用。

(5)组稿采访费。指编辑及有关人员为组稿或采访所支付的差旅费、市内交通费和误餐补助费。

(6)摄影费。指编辑出版物发生的购买胶卷、冲扩加工以及照相机修理等摄影费用。

(7)编绘用品费。指购置卡片、索引、画笔、画纸、颜料等绘图用品费用。

(8)样本赠阅费。指本社出版的出版物，留作内部使用的工作样本和按规定赠送给著译及有关单位的样本费用(可以按批发价，也可以按成本计算)。

(9)内部刊物费。指出版内部刊物所发生的纸张费、稿费和印制费。

(10)学习费。指按规定统一学习所购置的学习资料费用。

四、出版物成本和费用核算应设置的账户

为了按照经济用途归集各项费用，正确计算出版物成本，出版物成本和费用的核算应设置以下会计账户。

(一)“生产成本”账户

“生产成本”账户用于核算出版社各种出版物在编排印制过程中所发生的各项生产费用，借方登记所发生的各项生产费用，贷方登记完工转出的各种书刊的成本，期末余额一般在借方，反映尚未印制完成的各种出版物的在产品成本。本账户应按“稿酬及校订费”“租型费用”“原材料及辅助材料”“制版费用”“印装(制作)费用”“出版损失”“编录经费”“其他直接费用”等项目设置明细账户。

以包印张(件)方式进行结算的，应根据有关部门提供的计算清单或合理的比例按本账户所设置的明细账户分解记入相应成本。

(二)“编录经费”账户

“编录经费”账户，也属于成本类账户，用来核算出版企业无法直接计入某种出版物成本的各项间接生产费用，如编辑、出版、设计、校对等业务所发生的各项费用。包括编辑、出版、设计、资料、校对、摄绘等部门人员的工资和福利费、办公费、编辑业务会议费、社外和业余加工费、组稿采访费、摄影费、编绘用品费、样本赠阅费、图书资料费、内部刊物费、学习费及其他费用。

该账户借方登记出版企业发生的各项编录经费，贷方登记分配转出的编录经费；通常期末无余额，该账户应按编录部门、个人及费用项目设置明细账，进行明细核算。

(三)“应计生产成本”账户

“应计生产成本”账户核算出版单位期末归集当期完工产品生产成本时(出版物已入库、已发货或已销售)，按照权责发生制原则的要求，以合同、付印通知单、协

议工价、市场材料价、稿酬计算标准等为计算依据，应计入生产成本但尚未结算的款项。应计入本期完工产品生产成本的各项支出，借记“生产成本”科目，贷记本科目。根据真实性原则的要求，应计的生产成本应尽可能接近实际成本，不得以应计成本代替实际成本。应计生产成本项目实际结算时，应根据实际结算金额与应计成本的差额对库存商品或本期销售成本进行调整。

(1)采用定价法核算库存商品时，按应计成本，借记本科目，按实际结算金额与应计成本的差额，借记“产品成本差异”科目，按实际结算金额，贷记“银行存款”等科目。

(2)采用实际成本法核算库存商品时，如果相关出版物尚有库存，按应计成本，借记本科目，按实际结算金额与应计成本的差额，借记“库存商品”“委托代销商品”“分期收款发出商品”等科目，按实际结算金额，贷记“银行存款”等科目；如果出版物已经出售完毕，按应计成本，借记本科目，按差额，借记“主营业务成本”科目，按实际结算金额，贷记“银行存款”等科目。本科目应按出版物单一品种、分版(印、批、期)次设置明细账，进行明细核算。本科目期末贷方余额，反映已计入生产成本但尚未结算的款项。

第二节　出版物成本归集与分配

一、出版物成本计算方法

产品成本计算方法主要包括品种法、分批法、分步法。成本计算方法的确定在很大程度上取决于企业生产的特点和成本管理的要求。出版物成本计算方法以书刊成本计算为例，其一般是以每一种书为成本核算对象，并分清初版、重版和印次(杂志按每种每期核算)设置成本登记卡(见表6—2)，进行明细分类核算。由于每种书刊的出版成本，一般要等该书刊全部印制完成后才能计算，因此，书刊成本计算期与书刊出版周期是一致的。

书刊成本核算采用实际成本。但也可将主要成本项目(如纸张、装帧材料)另行按计划价格计算成本(是否采用计划成本，由出版社自定)。

当图书或杂志印制完毕，并已验收入库，书刊成本登记卡即作为书刊产成品的成本卡。如果书刊尚在印、装的过程中，书刊成本登记卡作为在产品即“生产成本”的成本卡。

计算书刊成本时，除计算各成本项目的金额外，还要计算书刊的种类、初版字数、总印数、总印张、总定价等，以反映出版计划的执行情况和进行成本分析。

表 6—2　　书刊成本登记卡

编号________

定价类别________单位定价________总定价________单位印张________总印张________

书名________作者________译者________平、精装________

原版第____次印刷　字数______（万）　开本______印数______（册）　　计算单位：元

付款	凭证号	摘要	正文纸张	装帧材料	稿费	校订费	制版费	印刷费	装订费	出版损失	直接成本合计	编录经费	管理费	间接成本合计	成本总额	出版盈亏

二、出版物成本计算步骤

（一）书刊成本计算步骤

书刊出版企业核算书刊成本的程序，是指企业在书刊编印过程中发生的费用，按照会计核算的原则和成本核算要求，逐步进行归集和分配，计算出各种书刊的出版总成本和单位成本的程序。书刊成本核算的一般程序可以归纳为：

1.发生的各项费用进行审核和控制

根据国家有关政策、法规规定的成本费用开支范围以及本社的生产和成本计划、定额，确定应计入书刊成本的费用和各项期间费用的支出数额。

2.各项费用的归集与分配

将应计入书刊成本的各项费用，根据经过审核的记账凭证，按照书刊名称，在各种书刊之间按照成本项目进行归集和分配，并逐步登记在各种书刊成本明细账（如书刊成本登记卡）中。凡是能直接计入该书刊的费用，如纸张、装帧材料等直接材料费，稿费及校订费，制版费、印制费、装订费、租赁或租胶片费、出版损失等，应直接计入该书刊的成本明细账即书刊成本登记卡中。凡是不能直接计入该书刊的间接费用，如工资编录经费，应先归集汇总在“编录经费”账户内，然后再采用适当的分配标准，分配摊入各种书刊明细账中。同时根据记账凭证，登记“书刊生产成本二级明细账”。书刊生产成本二级明细账的格式如表 6—3 所示。

在实际工作中，书刊成本登记卡的登记方法有两种：一种方法只登记成本项目金额，不抽取原始凭证；另一种方法是按成本项目登记金额后，将原始凭证抽出，附在书刊成本登记卡后面。两种方法各出版社可结合本社的情况选用。一般来说，如果采用微机进行成本核算，则前一种方法好。抽取原始单据时，应填制“抽取原始单据清单”,其格式如表 6—4 所示。

表 6—3　　书刊生产成本二级明细账

总　　页第　　页

年月日	凭证号码	摘要	借方	贷方	借或贷	余额	借方金额的分析									
							稿费校订费	纸张费	装帧材料费	排版费	印刷费	装订费	出版损失	共同及补充费	编辑费用	多书

表 6—4　　抽取原始单据清单

原始凭证		书　名	费用项目	金　额
单位名称	编　号			

单据共　　　张抽附于上列各书成本卡　　　　　　　　　　　　制单:

然后将此单附在日常记账凭证之后,以便查存。如原始凭证上列有几种书刊的费用,可填制“原始单证分割单”,其格式如表 6—5 所示:

表 6—5　　原始单据分割单

本单所列费用系从　　　　　　年　月　日　　　　凭证　　号　　分割

原始凭证		费用项目	金　额
单位名称	编　号		

制单:

原始单据分割单可代替原始凭证附在书刊成本登记卡后。书刊装印完毕后，应将书刊成本登记卡装订成册。

3.月终结算及书刊成本结转

(1)月份终了时，将书刊成本登记卡上逐笔登记的有关成本项目的金额结算合计数。对于已印装完毕并验收入库，但印装费用尚未结算的产成品，则需要估计尚待结算的费用，登记入账(下月红字冲回)。

(2)将每种完工书刊成本登记卡上登记的每一成本项目所发生的金额合计数，按书刊分类别、分印次汇总到“书刊成本核算表”，其格式如表6—6所示，并结算出各种书刊各个成本项目金额的合计数。

表6—6　　书刊成本核算表

单位：　　　　　　　　　　　　　　　　　　　　　　　单位：元

图书类别：　　　　　　　　　年　月　日　　　　　　　　（第　　页）

书名	印次	字数（千字）	印数（千册）	印张（千印）	总定价（元）	批发价	正文纸张	装帧材料	稿费校订费	制版费	印刷费	装订费	出版损失	直接成本合计	编录经费	管理费用	间接费用合计	成本总额	出版利润

(3)将各种书刊各个成本项目金额分别加计，即为出版书刊的总成本。

(4)将尚未印装完毕的书刊已发生的各项费用加计，计算出月末在产品的余额。

4.稿酬的核算

稿酬从狭义上讲是指著译者通过独立构思，运用各种方法和技巧，以编、著或译等形式创作出的书稿作品交出版社出版，出版社对著译者发表的作品支付报酬，是出版社对著译者的劳动补偿。从广义上讲，除了著译者创作之外，一部作品的出版，还要做很多对作品有关的工作，如内容审查、文字加工、版式设计、校对、校订工作等，都要在书稿作品出版之前由专业技术人员来完成，而出版社由于人员配置的限制，部分工作往往邀请社外人员来进行，对社外人员以及本社职工业余时间从事上述工作所支付的报酬在性质上也属于稿酬。

根据国家的有关规定，列入稿酬核算的支付范围主要包括：著译者的创作和翻译；译文的校对和古籍的整理、注译、断句、校勘；资料和中外文字的对照编撰；照片的翻拍；书稿的选编、译编、改编、修订、审阅和编辑加工；由出版社另聘的审稿人、校对人的费用；封面、插图、图表、版式设计和绘制；抄写书稿、美术作品的临摹以及画册和连环画的描绘、着色。凡是在书稿出版之前，非本社人员以及本社人员业余时间直接为书稿加工、提供书稿内容质量进行的工作，都属于稿酬支付的范围。2014 年 9 月，国家版权局和发改委联合下发了《使用文字作品支付报酬办法》，该办法于 2014 年 11 月 1 日起正式施行。主要执行办法为：

以纸介质出版方式使用文字作品支付报酬可以选择版税、基本稿酬加印数稿酬或者一次性付酬等方式。

版税是指使用者以图书定价×实际销售数或者印数×版税率的方式向著作权人支付的报酬。

基本稿酬，是指使用者按作品的字数，以千字为单位向著作权人支付的报酬。

印数稿酬，是指使用者根据图书的印数，以千册为单位按基本稿酬的一定比例向著作权人支付的报酬。

一次性付酬，是指使用者根据作品的质量、篇幅、作者的知名度、影响力以及使用方式、使用范围和授权期限等因素，一次性向著作权人支付的报酬。

(1)采用版税方式支付报酬的，著作权人可以与使用者在合同中约定，在交付作品时或者签订合同时由使用者向著作权人预付首次实际印数或者最低保底发行数的版税。版税率标准和计算方法：原创作品：3%～10%；演绎作品：1%～7%。

首次出版发行数不足千册的，按千册支付版税，但在下次结算版税时对已经支付版税部分不再重复支付。

(2)采用基本稿酬支付方式的，支付基本稿酬以千字为单位，不足千字部分按千字计算。支付报酬的字数按实有正文计算，即以排印的版面每行字数乘以全部实有的行数计算。占行题目或者末尾排不足一行的，按一行计算。基本稿酬标准和计算方法：原创作品为每千字 80～300 元，注释部分参照该标准执行；演绎作品为：如改编：每千字 20～100 元；汇编：每千字 10～20 元；翻译：每千字 50～200 元；

诗词每十行按一千字计算，作品不足十行的按十行计算，辞书类作品按双栏排版的版面折合的字数计算。

采用基本稿酬加印数稿酬的付酬方式的，著作权人可以与使用者在合同中约定，在交付作品时由使用者支付基本稿酬的 30%～50%。除非合同另有约定，作品一经使用，使用者应当在 6 个月内付清全部报酬。作品重印的，应在重印后 6 个月内付清印数稿酬。印数稿酬标准和计算方法：每印1 000册，按基本稿酬的 1%支付。不足1 000册的，按1 000册计算。作品重印时只支付印数稿酬，不再支付基本稿酬。

(3)采用一次性付酬的，可以参照基本稿酬标准及其计算方法。使用演绎作品，除合同另有约定或者原作品已进入公有领域外，使用者还应当取得原作品著作权人的许可并支付报酬。

使用者未与著作权人签订书面合同，或者签订了书面合同但未约定付酬方式和标准，与著作权人发生争议的，应当按本办法第四条、第五条规定的付酬标准的上限分别计算报酬，以较高者向著作权人支付，并不得以出版物抵作报酬。

著作权人许可使用者通过转授权方式在境外出版作品，但对支付报酬没有约定或约定不明的，使用者应当将所得报酬扣除合理成本后的 70% 支付给著作权人。

(4)报刊刊载作品只适用一次性付酬方式。报刊刊载未发表的作品，除合同另有约定外，应当自刊载后 1 个月内按每千字不低于 100 元的标准向著作权人支付报酬。报刊刊载未发表的作品，不足五百字的按千字作半计算；超过五百字不足千字的按千字计算。

报刊依照《中华人民共和国著作权法》的相关规定转载、摘编其他报刊已发表的作品，应当自报刊出版之日起 2 个月内，按每千字 100 元的付酬标准向著作权人支付报酬，不足五百字的按千字作半计算，超过五百字不足千字的按千字计算。

报刊出版者未按前款规定向著作权人支付报酬的，应当将报酬连同邮资以及转载、摘编作品的有关情况送交中国文字著作权协会代为收转。中国文字著作权协会收到相关报酬后，应当按相关规定及时向著作权人转付，并编制报酬收转记录。

报刊出版者按前款规定将相关报酬转交给中国文字著作权协会后，对著作权人不再承担支付报酬的义务。

以纸介质出版方式之外的其他方式使用文字作品，除合同另有约定外，使用者应当参照本办法规定的付酬标准和付酬方式付酬。

在数字或者网络环境下使用文字作品，除合同另有约定外，使用者可以参照该办法规定的付酬标准和付酬方式付酬。

稿酬核准单是支付稿酬的主要凭证，由责任编辑填制，经编辑室主任或其他相关人员审核，并经总编办公室综合平衡后，报主管总编辑或社长批准，其格式如表 6－7 所示。

表 6－7　　　　**××出版社稿酬核准单**

填表人：　　　　　　　　20　　年　月　日

书名					
著译者		审校者		收款及负责分配人	
收款人地址					

续表

稿酬性质		原稿字数	
基本稿酬标准	每千字　　元	翻译稿须注明是否付过校订费及其数额	
印数稿酬标准		预付稿酬	
版税法	按定价　　%		
合同法	一次付酬　　元或按千字　　元计算		
备注			
编辑室主任意见 年　月　日	总编办公室意见 年　月　日	总编辑审批 年　月　日	

填单时应注意以下事项：

首先，多单位或集体合编合译的书籍，收款人一栏必须填明由哪一个单位或个人收款，并负责分配给协编、合译的单位或个人；如经编译者之间事先协商好委托出版社分寄稿酬，则应在备注栏写清收款单位的名称或个人姓名及其应分配的标准和数额。

其次，凡从作者稿酬中扣除代校订、抄写、描图等费用时，应在备注栏加以说明。

再次，书稿中的附录、名词对照表、索引等部分，如需另行计稿酬的，应在备注栏中注明付酬标准、数额。

最后，采用合同议定法的著作，如分数次付酬，或按千字计算付酬，均须在备注栏内注明每次具体数额。

(5)稿酬个人所得税缴纳。根据《中华人民共和国个人所得税法》规定，稿酬所得应缴纳个人所得税，稿酬所得适用比例税率，税率为 20% ，按应纳税额减征 30%。凡每次收入不满 4 000 元的，可减除费用 800 元，每次收入在 4 000 元以上的，可减除 20%的费用，然后按 20%的比例税率征税，并按规定应纳税额减征 30%。

稿酬收入是按每次收入计算的，每次收入是指纳税义务人完成一件事的整个收入，不论预付还是分次支付应按一次计征。根据个人所得税法和实施细则及有关的补充规定，有关稿酬应纳税所得额的计算应遵循以下原则：

第一，个人取得的稿酬应就减除费用后的余额征税，遗作出版的稿酬收入由取得继承权的个人缴纳。

第二，个人几次投稿，从出版社一次取得稿酬，应当一次扣除费用计征个人所得税。

第三，个人每次以图书、报刊方式出版、发表同一作品，不论出版单位是预付还是分次支付稿酬，或是加印该作品后再付稿酬，均应合并其稿酬所得按一次计征个人所得税，在两处或两处以上出版、发表或再版同一作品而取得的稿酬所得，则可分别各处取得的所得或再版所得按分次所得计征个人所得税。

第四，单位接受约稿转由个人著译书籍的，个人完成约稿后，接受约稿单位将稿酬的一部分分给著译者，仅就个人所得的部分计征个人所得税。

第五，两个或两个以上的个人共同取得一个项目的收入，按规定应减除费用的，可对个人分得的收入分别减除费用。

我国的个人所得税实行源泉扣缴与自动申报纳税相结合的征缴方式，以所得人为纳税义务人，以支付单位为扣缴义务人，在两处以上取得工资薪金所得和没有扣缴义务人的，纳税义务人自行申报纳税。因此，出版企业是稿酬所得人的个人所得税的扣缴义务人，出版企业在支付著译者稿酬时应按规定扣缴个人所得税，并于次月 7 日以内上缴国库。

【例 6—1】 观文出版社以现金支付给著译者稿费2 000元，按规定扣缴个人所得税 168 元[(2 000—800)×20%×(1—30%)]。

5.编录经费归集与分配

编录经费也称间接费用，是书刊出版企业为管理和组织编辑、设计、资料、校对业务所发生的各项费用。企业发生的各项编录费用应先归集汇总在“编录经费”账户及其所属有关明细账的借方。期末，应将归集在“编录费用”账户借方的各项费用，采用适当的分配方法，全部分配转入“生产成本”账户，计入书刊成本。“编录经费”账户期末一般没有余额。编录经费明细账的格式，如表 6—8 所示：

表 6—8　　**编录经费**

编制单位：　　年度　季度　　单位：元

项　目	行次	本期实际	本年累计	项　目	行次	本期实际	本年累计
工资	1			摄影费	23		
临时工资	2			社外加工费	24		
福利费	3			奖金	25		
办公费	4			罚金支出	26		
邮电费	5			其他	27		
会议费	6				28		
组稿采访费	7				29		
低值易耗品摊销	8				30		
学习费	9				31		
文本费	10				32		

续表

项　目	行次	本期实际	本年累计	项　目	行次	本期实际	本年累计
外事费	11				33		
保险费	12				34		
样本赠阅费	13				35		
职工误餐补贴	14				36		
宣传推广费	15				37		
业务资料费	16				38		
编绘用品	17				39		
图书资料	18				40		
内部刊物费	19				41		
劳保用品	20				42		
退稿报酬	21				43		
工会经费	22			合　计	44		

编录经费属于间接费用，应于月底分配计入出版物。常用的编录经费分配方法有三种：

(1)以书刊的初版字数为标准分配编录经费。

其计算公式如下：

本期出版的某种书刊应负担的编录经费＝编录经费总额÷本期出版书刊初版字数×某种书刊初版字数

式中："初版字数"一般以千字为计算单位。

【例6－2】 假定观文出版社本期发生的编录经费总额为133 000元，本期图书出版总字数为3800千字，其中本期出版的《环境会计》一书的初版字数为500千字。则应分摊编录经费如下：

每千字应分摊编录经费＝133 000÷3 800＝35(元/千字)

《环境会计》一书应分摊的编录经费＝500×35＝17 500(元)

这种分配方法是将编录经费只在初版书刊之间进行分配，这是因为重版、重印时需要的编录经费较少，为简化会计核算，可以省略不计。除此之外，企业也可以本期出版书刊总定价或总印张为标准，分配编录经费。

(2)以本期出版书刊的总印张数为标准分配编录经费。

其计算公式如下：

本期出版的某种书刊应负担的编录经费＝编录经费总额÷本期出版的书刊的总印张×某种书刊的总印张数

式中:“总印张”一般以千印张为计算单位。

【例 6—3】 假定观文出版社本期发生的编录经费总额为45 000元,本期图书出版的书刊总印张为1 500千印张,其中本期出版的《财务会计实务》一书的总印张为 120 印张。则应分摊编录经费如下:

每千印张应分摊编录经费=45 000÷1 500=30(元/千印张)

《财务会计实务》一书应分摊的编录经费=120×30=3 600(元)

(3)以本期出版书刊的总定价为标准分配编录经费。

其计算公式如下:

本期出版的某种书刊应负担的编录经费=编录经费总额÷本期出版的书刊的总定价×某种书刊的总定价

式中:“总定价”一般以千元为计算单位。

【例 6—4】 假定观文出版社本期发生的编录经费总额为40 000元,本期图书出版的书刊总定价为2 000 000元,其中本期出版的《管理会计》一书的总定价为200 000元。则应负担的编录经费如下:

每千印张应分摊编录经费=40 000÷2 000=20(元/千元)

《管理会计》一书应分摊的编录经费=200×20=4 000(元)

由于每种书刊的印数不同,定价标准有高有低,采用以总定价或总印张作为分配标准分配编录经费不尽合理。

另外,部分出版社由于各月出版的数量不均,这些出版社编录经费的分摊也可按计划定额分配,即每年的 1～11 月份按计划定额分摊,全年的实际编录经费减去 1～11 月份已分摊的数额,在 12 月份一次摊完。出版社的计划定额可根据上年每万字(或每千印张、每千元总定价、每册等)的实际成本,结合本年计划出版量、计划编录经费总额计算。定额一经确定,除特殊情况外(如计划出版量和编录经费与实际相差较大),一般不能随意变动。

如果出版企业既出版图书也出版期刊,但单独设有期刊编辑室,可将期刊室的编录经费,只在期刊之间进行分配。若不易分清图书和期刊的编录经费,可以根据图书和期刊的出版字数各占总字数的比例进行分配,分别计算出本期出版的图书共分摊多少编录经费,本期出版的期刊共分配多少编录经费。然后,再按本期出版的各种图书和期刊的字数分摊,分别计算出各种图书和各种期刊应分摊的编录经费。出版企业选择分摊标准的原则就是力求使编录经费分配更合理。

上述方法各有优缺点,在实际工作中,各出版社应结合本单位的实际情况,选定一种分配方法。分配方法一经确定,不得随意改变。

编录经费的核算通过“编录经费”账户进行,出版社应按编录经费的构成项目设置明细账进行明细分类核算。

编录经费发生时记入本账户的借方,月终将发生的编录经费从贷方全部结转至书刊成本账户，月末无余额。编录经费发生时，借记“编录经费”账户，贷记“库存现金”“银行存款”“原材料”“应付职工薪酬”“累计折旧”“低值易耗品”“无形资产”等账户。月终时，将编录经费分配计入书刊成本，借记“生产成本”账户，贷记“编录经费”账户。

(二)音像制品成本核算步骤

音像制品生产步骤一般包括：母盘(带)制作、子盘(带)复制、盘面印刷、包装装潢等。其成本核算的一般程序可归纳为：

1.生产过程中发生的各项生产费用

按照生产步骤进行归集，分别按成本项目设置专栏进行归集登记。

2.直接材料的归集与分配

音像制品生产耗用的原材料，应根据各生产步骤的领料凭证和“材料耗用汇总表”，直接计入该产品的生产成本；如不能直接计入的，可按各音像制品的定额消耗量或定额费用比例等确定分配标准，分配计入各有关产品成本。企业应根据委托购入母盘的实际成本，直接计入该产品的生产成本。实际发生的动力费用，应根据仪表记录耗用动力的数量以及动力的平均单价计算，直接计入该产品成本项目；如没有仪表记录的，可按生产音像制品和工时比例、机器功率时数(机器功率×机器时数)比例，或定额消耗量比例等确定分配标准，分配计入各个有关音像制品成本。

3.直接人工的归集与分配

(1)计件工资。应根据工资结算凭证和“工资分配表”，直接计入音像制品生产成本；计时工资，应根据人工工种的不同，按不同工种生产各类产品的生产工时(实际工时)比例，分配计入各生产步骤的有关生产成本。

(2)奖金、津贴、补贴和计提职工福利费，以及特殊情况下支付的工资等。应按计入的工资额比例或生产工时比例，分配计入各生产步骤的有关生产成本。

4.编录经费的归集与分配

(1)根据编录部门或个人分别设立编录经费明细账进行归集与分配。

(2)按编录部门或成本对象的受益情况分别核算。

(3)月末，根据各类费用的项目性质和特点，确定编录经费的分配方法。计算后将编录经费分配计入各有关音像制品成本。

5.月末成本的计算与分配

月末，企业根据“生产成本——基本生产成本”等有关明细账和费用分配表以及各类单据，进行成本的计算与分配。

(1)每个步骤的音像制品完工经检验合格后，填制完工产品转移通知单，分别作为财会部门成本计算的依据和下道工序或仓库接收的凭证，以及音像制品转移记录的备查单据。

(2)财会部门依据已完工音像制品转移通知单、仓库产品入库单、产品成本明细账和有关原始凭证资料，选用移动平均法等产品计价方法，编制音像制品成本计算表，据以计算产品的单位成本和总成本。

(3)根据音像制品的生产特点，一般不计算各步骤在产品成本。月末，如有在产品及可回收废品，可按其完工程度折合成约当产量，并结合已完工产品产量，与总生产成本相配比，最终计算在产品成本和可回收废品的成本。

第三节　出版物成本核算举例

一、实际成本法

【例 6—5】 假定观文出版社少儿类图书编辑部本期发生下列有关书刊成本核算的业务：

(1)根据“付印通知单”按照规定印制 A 书刊领用正文纸张100 000元(70 克胶版纸)，封面纸张30 000元(250 克铜版纸)。作会计分录如下：

借：生产成本——A 书刊——正文纸张　　100 000
　　　　　　——封面纸张　　30 000
　贷：原材料——70 克胶版纸　　100 000
　　　　　——250 克铜版纸　　30 000

(2)结算 A 书刊稿费6 000元，其中代扣代缴个人所得税为 672 元，用银行存款支付。作会计分录如下：

借：生产成本——A 书刊——稿费　　6 000
　贷：银行存款　　5 328
　　　应交税费——应交个人所得税　　672

(3)结算 A 书刊制版费，增值税发票注明价款10 000元，增值税 600 元用银行存款支付。作会计分录如下：

借：生产成本——A 书刊——制版费　　10 000
　　应交税费——应交增值税(进项税)　　600
　贷：银行存款　　10 600

(4)支付 A 书刊在编印过程中发生的出版损失2 000元，用银行存款支付。作会计分录如下：

借：生产成本——A 书刊——出版损失　　2 000
　贷：银行存款　　2 000

(5)结转分配编辑、资料、设计、校订、摄绘人员工资25 000元，职工福利费3 500元，作会计分录如下：

借：编录经费　　28 500

贷:应付职工薪酬——工资　　25 000

——职工福利费　　3 500

(6)支付编辑、资料、设计、校对、摄绘部门办公用的文具、纸张、印刷等办公费3 000元,组稿采访费 800 元,社外加工费2 080元,均用银行存款支付。作会计分录如下:

借:编录经费　　5 880

贷:银行存款　　5 880

(7)期末,A 书刊已经出版入库应转作产成品,但应付的印刷费、装订费尚未结算,按付印通知单预计,其中印刷费60 000元,装订费40 000元

借:生产成本——A 书刊　　100 000

贷:应付账款——暂估款——印刷费　　60 000

——暂估款——装订费　　40 000

(8)期末,分配编录经费34 380元。假定本期共出版了 A、B、C、D、E 五本书(皆为初版),每本书的字数分别为 450 千字、550 千字、800 千字、300 千字、765 千字。则:

每千字应分摊编录经费=34 380÷(450+550+800+300+765)

=12(元/千字)

A 书刊应分摊的编录经费=12×450=5 400(元)

B 书刊应分摊的编录经费=12×550=6 600(元)

C 书刊应分摊的编录经费=12×800=9 600(元)

D 书刊应分摊的编录经费=12×300=3 600(元)

E 书刊应分摊的编录经费=12×765=9 180(元)

作会计分录如下:

借:生产成本——A 书刊　　5 400

——B 书刊　　6 600

——C 书刊　　9 600

——D 书刊　　3 600

——E 书刊　　9 180

贷:编录经费　　34 380

(9)期末,印刷厂开具 A 书刊印刷、装订费增值税专用发票,其中印刷、装订图文制作费110 000元,增值税6 600元,银行存款支付

借:应付账款　　100 000

生产成本　　10 000

应交税费——应交增值税(进项税)　　6 600

贷:银行存款　　116 600

(10)期末,假定本期A书刊已印制完毕,共发生直接和间接费用263 400元。作会计分录如下:

借:库存商品——A书刊　263 400

　贷:生产成本——A书刊　263 400

二、出版物成本核算的定价法

上述业务采用定价法核算时,各步骤的会计处理基本相同,但在应计生产成本核算方面略有不同,同时在结转成本时,应按总定价和产品成本差异计算。

【例6—6】 同上例(10)期末,印刷厂开具A书刊印刷、装订费增值税专用发票,其中印刷、装订图文制作费110 000元,增值税6 600元,银行存款支付

借:应付账款　100 000

　生产成本　10 000

　应交税费——应交增值税(进项税)　6 600

　贷:银行存款　116 600

【例6—7】 假定上述A书刊的总定价为50万元,作会计分录如下:

借:库存商品——A书刊　500 000

　贷:生产成本——A书刊　263 400

　　产品成本差异　236 600

第四节　出版物价格制定

经营目标是指企业根据主、客观条件制定的希望达到的预期效果。一个正确目标的确立,有利于统一全体员工的思想,激励他们充分发挥自己的积极性和创造性,从而成为企业前进的推动力;有利于有效配置企业的各种资源,合理协调各部门高效率地工作,按照共同目标的要求发挥作用。

多出优质图书,形成特色、创出品牌,不断提高社会效益和增强经济实力,是出版社经营的基本目标。每个出版社都应该按照出版社实际情况和市场的需求,制订阶段性的经营目标体系。定价目标是为出版企业的经营目标服务的,它反映了出版企业总体经济效益指标的要求,是实现出版企业经营目标的重要手段和途径。产品价格通常是影响交易成败的重要因素,同时又是市场营销组合中最难以确定的因素。企业定价的目标是促进销售,获取利润。这要求企业既要考虑成本的补偿,又要考虑消费者对价格的接受能力,从而使定价策略具有买卖双方双向决策的特征。此外,价格还是市场营销组合中最灵活的因素,它可以对市场做出灵敏的反映。

出版物价格本质上是一个同时关涉经济与文化层面的公共政策问题,由于出版物品种众多,性质各异,读者需求不一,发行量多少不等,固定成本和变动成本的

变化影响，即使是同类的出版物或同一出版物的初版与再版，其成本都大有差别。出版企业应对不同性质的出版物采取不同的原则：①坚持党的新闻出版方针，不以营利为唯一生产目的，既要服从政治利益，又要讲究经济效益，同时还要考虑读者的承受能力。②对不同品种的出版物要区别对待。③对同类性质的出版物，应与市场上的同类出版物的现行价格保持相对的平衡。④对于社会效益较好的出版物和一些学术价值较高的理论、科技著作，应执行“保本微利”的原则，必要时甚至要低于成本定价。

一、影响出版物定价的因素

（一）成本和利润

成本是产品价格的主要组成部分，是定价应考虑的基本因素。在实际工作中，产品的价格是按成本、利润和税金三部分来制定的，其中产品成本包括制造成本、销售成本和储运成本等，是产品价格中的基本部分。企业为了保证再生产的顺利进行，产品价格必须能够补偿产品成本，并实现盈利。产品成本为价格规定了最低界限，企业在制定产品价格时，要进行成本估算，最低价格一般不低于商品的生产经营成本，这是企业价格的下限。但从企业生存目标考虑，并不排斥在一段时期在个别产品上，价格低于成本。

（二）生产数量

一般来说，出版物生产量与单位固定成本成反比；成本越低，就越能给定价带来方便，较低的价格也会创造较高的利润，生产数量是影响出版物定价的一个重要因素，必须在对市场情况做周密的调查研究后才能确定。

（三）市场需求

市场需求决定价格的上限。需求的变化影响企业的产品销售以至企业营销目标的实现。出版物生产量的多少，取决于市场需求。市场需求有潜在需求和现实需求两种。消费者主观上的某种需求只是潜在需求，有相应购买能力的需求才是现实需求，而两者在一定条件下会相互转化。一般来讲，消费者是按自己的现实需求来决定购买行为的。出版物定价要考虑是否适应市场的现实需求，并且要尽量把一些潜在需求转化为现实需求。

（四）同类出版物价格状况

竞争因素对定价的影响主要表现为竞争价格对产品价格水平的约束。在竞争激烈的市场上，价格的最低限受成本限制，最高限受需求约束，介于两者之间的价格水平确定则以竞争价格为依据。同类产品的竞争最直接地表现为价格竞争。企业都试图通过制定适当价格及价格的调整来争取更多的顾客，这就意味着竞争企业要失去一部分市场，或者维持同样的市场份额要付出更多的营销努力。因而在竞争激烈的市场上，企业都会认真分析竞争对手的价格策略，密切注视其价格变向并及时做出反应。出版物的定价与市场上同类出版物的价格水平有关。在不考虑品牌因素的前提下，一般来说，相同类别的出版物，定价越低越有销售竞争力，定价越高销售越难。出版物的质量如何，若不考虑出版单位品牌的影响力等因素，消费者在实施购买行为的一瞬间难以判断，必须阅读、使用之后才能有所体会和判断，出版单位在对某种出版物定价时，必须充分掌握市场情况，了解同类产品的价格状况，才便于做出合理的决策。

（五）消费者心理

消费者购买出版物时还受某种消费心理的支配。具有不同消费心理的消费者，对出版物定价的考虑也不同。譬如，某些图书是特定的消费者群体必读的，或者是能给消费者带来很大利益的，他们往往就很少考虑其定价的高低。又如，某些书对消费者来说不是非买不可的，如果定价过高，消费者就会不买。只有让消费者觉得物有所值，他才会接受。可见，消费者心理也是出版物定价时需要考虑的因素之一。

（六）国家政策

国家政策对产品的定价的影响表现在许多的方面。例如国家的价格政策、金融政策、税收政策、产业政策等都会直接影响企业产品的定价。

（七）品牌

品牌能够通过为顾客提供商品本身价值以外的各种附加值来使得顾客更为满意，最终使得顾客更乐意用较高的价格购买，因此，由于品牌的影响，品牌商品比非品牌商品价格高。

二、出版物定价目标

出版物定价目标是出版单位制定出版物定价策略的依据和出发点。不同出版单位有不同的具体目标，就是同一出版单位，在不同的时期也有不同的具体目标。

总的来讲，出版物的定价目标主要有以下几种。

（一）销售目标

定价目标中的销售目标，是将大幅度增加产品销售量、提高市场占有率作为最直接的努力方向。越来越多的出版单位经营管理者认识到，利润率是随着市场占有率的提高而增加的，因为市场占有率的提高意味着生产量的增大，从而会促使生产成本下降，从长期来看又能进一步提高市场占有率。

（二）品牌目标

把品牌目标作为定价目标，显然具有浓厚的品牌意识，旨在为树立品牌服务。品牌，如前所述，既有出版物的品牌，也有出版单位的品牌。以图书来说，名书、名社互为因果。名社是在名书的基础上形成的，名书又大多为名社的产品。名书、名社一旦在消费者心目中扎根，就能在市场竞争中立于不败之地。因而，定价要有利于树立品牌。

（三）利润目标

利润目标以获取利润为努力方向，实际上是定价的最终目标。这是因为没有利润就不能扩大再生产，出版单位就无法发展。所以，在不影响销售、不影响树立品牌的前提下，偏高定价，未尝不可；不能偏高定价者，可以适中定价，以获取一般利润或保本微利。

应当说明的是，虽然获取利润是定价的最终目标，但并不等于每一种出版物的定价都必须保证赢利。一个出版单位有少量出版物亏本，也是正常现象。

三、出版物定价的测算方法

出版社书刊的定价要对造货数量、各项成本费用开支、发行折扣、税金和期望收益等诸多因素进行测算。书刊定价的测算方法很多，大致可以分为以成本为导向的定价测算方法和以供求为导向的测算方法两大类。

以成本为导向的价格测算方法，是以价格必须首先补偿成本为基础，然后再考虑利润等其他因素的定价测算方法。定价所依据的成本既可以是总成本指标，也可以是单位成本指标，主要方法包括成本加成定价法、收支平衡定价法、变动成本定价法、印制成本定价法、单位成本及相关收益比例定价法、收支平衡定价法等。

以市场需求为导向的定价方法，优先考虑的是读者对书刊价格的接受程度，研究出版企业确定什么样的价格才能使书刊的销量不仅符合市场需求，又能给出版企业带来最佳经济效益，即要考虑价格与供给和需求的关系、市场均衡价格以及最佳的售价—销量的组合等因素，主要有需求弹性定价法等。

（一）成本定价法

它是指按照单位成本加上一定比率的加成制定出版物销售价格的方法。其计算公式如下：

$$\text{定价}=\frac{\dfrac{\text{固定成本总额}+\text{利润}}{\text{生产数量}}+\text{单位销售税金}+\text{单位变动成本}}{\text{发行折扣率}}\times(1+\text{增值税率})$$

其中：

固定成本：是指总额在一定范围内不随生产量变动的成本，主要包括相对固定的稿酬（基本稿酬和一次性稿酬）、制版费用（文字排版费、图片制作费、胶片输出费等）、前期策划费和编辑加工费等。

变动成本：是指总额在一定范围内随着生产量的变动而呈线性变动的成本，主要包括版税与印数稿酬、租型费用原材料和辅助材料费用（纸张、装帧材料等）、印装(制作)费用。

在稿酬的支付采取版税法时,可以将成本定价公式改写为:

$$定价=\frac{\frac{固定成本总额+利润}{生产数量}+\frac{单位销}{售税金}+\frac{单位变}{动成本}}{发行折扣率-版税率\times(1+增值税率)}\times(1+增值税率)$$

上式中的两处增值税率应该取相同的值,并且固定成本或单位变动成本中不再包含稿酬费用。

【例 6—8】 观文出版社计划出版B图书,目标利润定为8 000元,预计生产数量为2 000册时可全部实现销售,发行折扣率为60%,单位变动成本为3.5元,单位销售税金0.10元,固定成本总额为12 000元,应缴增值税的适用税率是9%,则B图书定价应为:

$$B图书定价=\frac{\frac{8\ 000+12\ 000}{2\ 000}+0.10+3.5}{60\%}\times(1+9\%)=24.71(元)$$

(二)印张定价法

印张定价法只适用于纸介质出版物。这种定价方法是出版行业沿用时间最久的定价方法。最早时,有国家统一对一般图书、教科书、期刊的正文每印张价格和和封面、插页的价格分别制定标准,全国出版单位统一执行。但目前,一般有出版单位根据近期本单位书刊的定价情况,分别确定正文、封面和插页每印张价格标准的范围。确定印张定价标准时一般会考虑成本、利润、发行折扣率、税金等因素。

印张定价法的基本特点,是以印张作为计价单位,根据每印张单价和书刊正文的印张数量来计算书刊正文的价格,再加上其他部件的价格后定出整册书刊的价格。这种定价方法要求先分别计算出正文、封面和插页的价格,再将它们相加,从而定出整册书刊的价格。

需要说明的是,定价法中所说的"正文""封面"和"插页",包括范围较广泛,与书刊整体设计中的概念不完全一致。在定价法中,正文包括各种与作品一起用相同纸张印刷的部件(如前言、目录、索引、附录、后记等),封面包括护封、腰封、函套等不属于书心的部件,插页包括书心中用纸与作品部分不同的各种书页(如图片页、书名页、衬页、环衬、辑封、篇章页、题词页等)。由于各类插页的印制成本往往不一致,所以需要按它们的具体情况分别计算。

印张定价法的计算公式是:

$$定价=\frac{定价印张}{价格标准}\times\frac{正文}{印张数}+\frac{封面}{价格}+\frac{插页_1价}{格标准}\times\frac{插页_1}{数量}+\frac{插页_2价}{格标准}\times\frac{插页_2}{数量}\cdots\cdots+\frac{插页_n价}{格标准}\times\frac{插页_n}{数量}$$

上式中:"正文印张价格标准"的单位是元/印张;封面因总是只有一个,就直接采用“封面价格”(如有护封、函套等,其价格可事先加入封面价格,以方便后续计算);“插页价格标准”的单位是元/页,“插页$_1$、插页$_2$……插页$_n$”表示不同类别的插页。

【例 6—9】 D图书的正文用纸为19个印张,每印张的价格标准为2.00元;封面价格为2.50元;主书名页1页,价格标准为0.20元;环衬4页,价格标准为0.25元;彩图页4页,价格标准为0.50元。将这些数据代入上式,便可计算出该书的定价:

$$定价=2.00\times19+2.50+0.20\times1+0.25\times4+0.50\times4=43.70(元)$$

实际上,各出版单位在确定本单位的印张价格标准时,一般也要考虑成本、利润、发行折扣率、税金等因素。所以,现在的印张定价法也可说是成本定价法的速算方式。虽然如此,由于各种具体书刊的成本情况千差万别,与确定每印张价格标准时所采用的一般成本水平不可能完全一致,而且各种书刊的发行折扣率也往往有所不同,所以利润率也不可能一成不变。

(三)理解价值定价法

理解价值定价法也称“觉察价值定价法”,是以消费者对商品价值的感受及理解程度作为定价的基本依据。消费者购买商品时总会在同类商品之间进行比较,选购那些既能满足其消费需要,又符合其期望售价的商品。消费者对商品价值的理解不同,会形成不同的价格限度。这个限度就是消费者宁愿付货款而不愿失去这次购买机会的价格。如果价格刚好定在这一限度内,消费者就会顺利购买。现在西方国家有越来越多的出版商采取这种方法。他们认为,确定定价的关键因素是消费者的价值观念,而不是出版者的成本水平。于是,他们便试图衡量自己的出版物与市场上同类出版物相比较的相对直觉价值,并以此作为出版物定价的依据。

(四)需求差别定价法

需求差别定价法也称“市场细分定价法”,是根据需求差异及紧迫程度的不同,为同一种出版物制定两种或更多种价格。这些价格之间的差异,反映了出版物需求弹性的差异,但并不反映成本上的差异。采用需求差别定价法,必须具备三个条件:

一是市场能够细分,能明确区分需求的差异。

二是在价格上获得优惠的那些机构或个人,没有转手销售给未得到优惠者的机会。

三是不会因销售价格的不同而引起消费者不满,进而失去消费者。

(五)随行就市定价法

随行就市定价法是按照行业的现行平均价格水平来定价。出版单位采用这种方法定价的原因是:

第一，行业的平均价格具有相当的合理性，可以保证自己获得与其他出版单位相近的利润。

第二，在成本难以衡量的情况下，现行价格反映了实现全行业合理利润的集成智慧。

第三，市场上同类产品比较多，竞争激烈，如果另行定价，很难预料消费者的反应，风险较大。

第四，按通行价格定价，损害行业协调性的力度最小。

随行就市定价并不意味着在任何情况下定价都要与其他同类出版物相同，而仅仅是把市场通行价格作为基础，可以有一定的浮动空间。只要出版单位有足够的依据认为消费者相信本出版单位的出版物具有更好的质量，那就可以把价格定得高于现行平均水平。

音像制品包括录影带、磁带、VCD、CD，它的定价方法与纸制图书类似。

四、电子出版物价格制定

电子出版物作为一种蓬勃发展的新兴出版业态，其定价行为和定价水平具有很多异于传统出版业的特点，但同时又受到传统出版物定价的影响，电子出版物的核心价值在于其承载的内容和创意，定价包括内容费用和电子访问费用两部分，在某些定价模式下，购买者并不需要支付电子图书内容费用，只需支付电子访问费用，而电子访问费用的计价也有多种计算方式，由于我国电子出版物付费阅读习惯的缺乏，造成电子出版物整体价格水平较印刷图书偏低，同时，因为尚未形成统一的定价制度，采取的是完全市场化的定价机制，电子出版物整体价格水平较印刷图书偏低。但是，由于电子出版物具有多元化特征，其定价模式更具灵活性。就一般状况而言，目前电子出版物主要采用以下几种基本的定价方式：

（一）渗透定价法

渗透定价法是指在电子书进入市场初期时将其价格定在较低水平，牺牲高利润尽可能吸引最多的消费者，以期获得较高的销售量及市场占有率的一种定价方法和策略，渗透价格并不仅仅意味着低价，而是相对于成本和价值而言比较低。这主要是目前我国电子出版物缺乏统一的定价机制，各大电子出版物销售平台都希望通过低价吸引和扩大付费电子书市场占有率，并以低价击败竞争对手来增强自己的竞争地位。

（二）差别化定价法

差别化定价法指的是电子出版物企业在制定电子出版物价格时，综合考虑现实中多种复杂因素，提供不同的有针对性的价格，在满足客户需求的同时，最大限度地提高企业的收益的一种定价方法，主要包括渠道差别化定价和产品差别化定价两种方法，渠道差别化定价指的是对于相同的电子书产品，当经过的渠道不同时提供不同的销售价格，目前，我国电子书出版商多采用多平台销售的方式和代理制定价模式，即电子书出版商向多个电子书销售商提供同样的电子书产品，并与销售商签订电子书代理销售协议，二者协商定价，但最终定价权仍然掌握在出版商手中，出版商都会针对不同渠道单独定价。产品差别化定价是根据电子出版物不同的产品属性采用不同的价格制定策略。通常专业电子出版物价格高于教材电子出版物和大众电子出版物的价格。

(三) 捆绑定价法

捆绑定价法是指将两种或两种以上的相关产品，捆绑打包出售，并制定一个合理的价格的定价方法，通常是要由一些开发有电子书阅读器的出版商采用此定价方法。

五、数字出版物价格制定

数字出版物主要包括数字图书、数字期刊、数字报纸、软件、数字音像制品、数据库出版物等。与传统商品相比，数字出版物具备低边际成本、网络外部性、知识后验性和锁定效应等特点，使其价格形成机制具有一定的特殊性，在数字出版领域，数字出版物的价格水平，取决于从数字出版产业链的源头作者，到出版单位、数字出版运营商、技术提供商、硬件制造商，再到用户的共同努力，各个环节密不可分，平衡利益，联合定价。数字出版物的定价基本上由终端制造商和运营商决定，目前数字出版物主要采用的定价方式：

(一)数字出版领域的免费模式

在数字出版领域，"免费内容 ＋ 广告"是一种可行、有效的营销模式。此处的免费策略并非不收费，而是指对消费者免费、改前向收费为后向收费：通过向消费者免费，扩大消费群体规模，将消费者作为"商品"向广告商或相关商业机构销售。这一策略等同于传统的媒体"二次售卖"模式。

(二)数字出版领域的两段收费定价模式

数字出版领域的两段收费定价，是指数字出版企业先向消费者收取一笔固定的购买权费，然后再收取每单位的使用费或年租费。两段收费可以根据数字出版企业的目标来设定，是先高价还是先低价可根据数字出版物的实际情况而定。

(三)数字出版领域的产品组合定价模式

数字出版领域的产品组合定价模式，是指数字出版物生产或销售企业将一种产品与其他产品组合在一起以一种价格出售。

(四)数字出版领域的价值差异化定价模式

价值差异化定价模式是指依据消费者的价值取向而非生产成本对产品定价，差异化定价的必要前提是产品的差异化，在此基础上对同一产品制定不同的价格。

第七章　出版企业利润与利润分配的核算

第一节　出版企业利润的形成及核算

一、出版企业利润总额的组成

利润是指企业在一定会计期间的经营成果，包括营业利润、利润总额和净利润。按照《企业会计制度》的规定，营业利润是指主营业务收入减去主营业务成本和税金及附加，加上其他业务利润，减去销售费用、管理费用和财务费用后的金额；利润总额是指营业利润加上投资收益、补贴收入、营业外收入，减去营业外支出后的金额。

净利润是指利润总额减去所得税后的金额。有关计算公式如下：

营业利润＝营业收入－营业成本－税金及附加－销售费用－管理费用－财务费用－资产减值损失＋公允价值变动净收益＋投资净收益

利润总额＝营业利润＋营业外收入－营业外支出

净利润＝利润总额－所得税

其中：

营业收入是指企业经营业务所确认的收入总额，包括主营业务收入和其他业务收入。

营业成本是指企业经营业务所发生的实际成本总额，包括主营业务成本和其他业务成本。

出版企业的主营业务利润是指批发和零售出版物所取得的利润，其他业务利润是指批发和零售出版物以外的利润，如销售材料、出租固定资产、代储代运等业务取得的利润。这里需要注意的是，出版单位以提供广告服务、专有出版权使用再许可版权使用费（含租型）、版权贸易为主营业务的，其广告收入、专有出版权使用再许可版权使用费收入（含租型收入）、版权贸易收入，在“主营业务收入”账户核算；否则，在“其他业务收入”账户核算。

投资净收益是指出版企业进行对外投资所取得的收益，减去发生的投资损失和计提的投资减值准备后的净额。补贴收入是指出版企业按规定实际收到退还的增值税，或按销量或工作量等依据国家规定的补助定额计算并按期给予的定额补助，以及属于国家财政扶持的领域而给予的其他形式的补贴。出版单位应在“补贴收入”账户下设置“增值税返还款”和“其他补贴收入”明细账户核算。营业外收入和营业外支出是指出版企业发生的与其生产经营活动无直接关系的各项收入与支出。

二、期间费用的核算

期间费用是出版企业当期发生的费用中的重要组成部分，是指本期发生的、不能直接或间接归入某种产品成本的、直接计入损益的各项费用，包括销售费用、管理费用和财务费用。

（一）销售费用

1.销售费用的内容

销售费用核算出版企业为了销售书刊、音像制品、电子出版物等产品而发生的有关费用，包括运输费、装卸费、包装费、保险费、展览费、广告费等，以及为销售本企业出版物而专设的销售机构（含销售网点）的职工工资、福利费、业务费、差旅费、折旧费、办公费等经营费用。

2.销售费用的核算

出版企业发生的销售费用，通过“销售费用”账户核算，并在本账户中按费用项目设置明细账，进行明细核算。企业在销售出版物过程中发生的运输费、装卸费、包装费、保险费、展览费和广告费等，借记本账户，贷记“库存现金”“银行存款”账户。企业发生的为销售本企业出版物而专设的销售机构的职工工资、福利费、业务费、差旅费、折旧费、办公费等经营费用，借记本账户，贷记“应付职工薪酬”“银行存款”等账户。期末，应将本账户的余额转入“本年利润”账户，结转后本账户应无余额。

（二）管理费用

1.管理费用的内容

管理费用核算出版企业为组织和管理企业生产经营所发生的各种费用，包括公司经费、董事会会费、工会经费、职工教育经费、业务招待费、待业保险费、劳动保险费、聘请中介机构费、咨询费（含顾问费）、诉讼费、房产税、车船使用税、土地使用税、印花税、技术转让费、无形资产摊销、研究与开发费、排污费、存货盘亏与盘盈（不包括应计入营业外支出的存货损失）、计提的坏账准备和存货跌价准备等。

公司经费包括行政管理部门职工工资、职工福利费、差旅费、修理费、物料消耗、低值易耗品摊销、办公费及其他公司经费。

董事会会费是指出版企业的董事会及其成员为执行其职能而发生的费用，包括董事会成员津贴、会议费和差旅费等。

业务招待费指出版企业为业务经营的合理需要而支付的费用，在下列限额内据实列入管理费用:全年销售净额在1 500万元以下的,不超过年销售净额的5‰;起过1 500万元(含1 500万元)不足5 000万元的,不超过该部分的3‰;超过5 000万元(含5 000万元)不足1亿元的,不超过该部分的2‰;超过1亿元(含1亿元)的,不超过该部分的1‰。

2.管理费用的核算

出版企业发生的各项管理费用,通过“管理费用”账户核算,并按费用项目设置明细账,进行明细核算。企业发生各项管理费用,借记本账户,贷记“银行存款”“无形资产”“累计折旧”“应交税费”“应付职工薪酬”“坏账准备”等账户,期末,应将本账户的余额转入“本年利润”账户,结转后本账户应无余额。

(三)财务费用

1.财务费用的内容

财务费用核算出版企业为筹集生产经营所需资金等而发生的费用,包括利息支出(减利息收入)、汇兑损失(减汇兑收益)以及相关的手续费等。为购建固定资产的专门借款所发生的借款费用,在固定资产达到预定可使用状态前按规定应予资本化的部分,不包括在“财务费用”账户的核算范围内。

2.财务费用的核算

出版企业发生的财务费用,通过“财务费用”账户核算,并按费用项目设置明细账,进行明细核算。企业发生的财务费用,借记本账户,贷记“银行存款”“长期借款”等账户。发生的应冲减财务费用的利息收入、汇兑收益,借记“银行存款”“长期借款”等账户,贷记本账户。期末,应将本账户的余额转入“本年利润”账户,结转后本账户应无余额。

三、投资净收益的核算

投资净收益作为企业利润总额的构成项目,企业确认的投资收益或投资损失,通过“投资收益”科目核算。本科目核算主要内容包括:(1)企业根据长期股权投资准则确认的投资收益或投资损失;(2)企业根据投资性房地产准则确认的采用公允价值模式计量的投资性房地产的租金和处置损益;(3)企业处置交易性金融资产、交易性金融负债、可供出售金融资产实现的损益;(4)证券公司自营证券所取得的买卖价差收入。

本科目可按投资项目进行明细核算。期末,应将本科目余额转入“本年利润”科目,本科目结转后应无余额。

投资收益的主要账务处理:

(1)长期股权投资采用成本法核算的,企业应按被投资单位宣告发放的现金股利或利润中属于本企业的部分,借记“应收股利”科目,贷记“投资收益”科目;属于被投资单位在取得本企业投资前实现净利润的分配额,应作为投资成本的收回,借记“应收股利”等科目，贷记“长期股权投资”科目。

【例 7—1】 观文出版社 2016 年 1 月 1 日以银行存款购入 C 公司 10%的股份，并准备长期持有。初始投资成本110 000元。C 公司于 2016 年 5 月 2 日宣告分派 2015 年度的现金股利100 000元。假设 C 公司 2016 年 1 月 1 日股东权益合计为1 200 000元，其中股本为1 000 000元，未分配利润为200 000元；2016 年实现净利润400 000元；2017 年 5 月 1 日分派现金股利300 000元。观文出版社的账务处理为：

2016 年 1 月 1 日投资时：

借：长期股权投资——C 公司　　110 000

　贷：银行存款　　110 000

2016 年 5 月 2 日宣告发放现金股利时：

借：应收股利　　10 000

　贷：长期股权投资——C 公司　　10 000

2017 年 5 月 1 日宣告发放现金股利时：

借：应收股利　　30 000

　长期股权投资——C 公司　　10 000

　贷：投资收益—股利收入　　40 000

假设 C 公司于 2017 年 5 月 1 日分派现金股利450 000元，由于 C 公司分派的现金股利比 2016 年度实现的净利润多50 000元，属于由观文出版社投资前实现的净利润的分配额，其中的5 000元(50 000×10%)应作为初始投资成本收回，冲减长期股权投资的账面价值；当期应收的股利中属于应有观文出版社享有的部分40 000元，确认为当期投资收益。观文出版社的账务处理为：

借：应收股利　　45 000

　贷：投资收益——股利收入　　40 000

　　长期股权投资——C 公司　　5 000

(2)长期股权投资采用权益法核算的，应按根据被投资单位实现的净利润或经调整的净利润计算应享有的份额，借记“长期股权投资——损益调整”科目，贷记“投资收益”科目。被投资单位发生净亏损的，分担亏损份额超过长期股权投资而冲减长期权益账面价值的，借记“投资收益”，贷记“长期股权投资(损益调整)”科目。发生亏损的被投资单位以后实现净利润的，企业计算的应享有的份额，如有未确认投资损失的，应先弥补未确认的投资损失，弥补损失后仍有余额的，借记“长期股权投资——损益调整”科目，贷记本科目。

作会计分录如下：被投资单位当年实现净利润时：

借：长期股权投资——X 企业(损益调整)

　贷：投资收益

被投资单位当年发生净亏损时：

借：投资收益

　贷：长期股权投资——X 企业（损益调整）

（3）出售长期股权投资时，应按实际收到的金额，借记“银行存款”等科目，原已计提减值准备的，借记“长期股权投资减值准备”科目，按期账面余额，贷记“长期股权投资”科目，按尚未领取的现金股利或利润，贷记“应收股利”科目，按期差额，贷记或借记“投资收益”。

出售或收回股权投资时，确认投资损益，作会计分录如下：

借：银行存款等（实际收到的金额）

　长期股权投资减值准备

　投资收益（实际收到的金额小于长期股权投资账面价值的差额）

　贷：长期股权投资（账面余额）

　　投资收益（实际收到的金额大于长期股权投资账面价值的差额）

处置采用权益法核算的长期股权投资，除上述规定外，还应结转原记入资本公积的相关金额，借记或贷记“资本公积——其他资本公积”科目，贷记或借记“投资收益”科目。

【例 7—2】　观文出版社 2017 年 3 月 1 日向甲企业投资，占甲企业注册资本的50%，对甲企业有重大影响，采用权益法进行核算。2017 年年末，甲企业实现净利润1 000 000元。观文出版社的账务处理为：

借：长期股权投资——损益调整	500 000	
贷：投资收益		500 000

【例 7—3】　2017 年 5 月，观文出版社将持有的甲企业的股权出让，收到出让费250 000元，长期股权投资账面余额为300 000元，尚未领取的现金股利为50 000元，观文出版社为该项投资已计提减值准备10 000元。账务处理为：

借：银行存款	250 000	
长期股权投资减值准备	10 000	
投资收益	90 000	
贷：长期股权投资		300 000
应收股利——乙企业		50 000

（4）企业持有交易性金融资产、持有至到期投资、可供出售金融资产期间取得的投资收益以及处置交易性金融资产、交易性金融负债、指定为以公允价值计量且其变动计入当期损益的金融资产或金融负债、持有至到期投资、可供出售金融资产实现的损益，比照“交易性金融资产”“持有至到期投资”“可供出售金融资产”“交易性金融负债”等科目的相关规定进行处理。

四、营业外收支的核算

营业外收支是指出版企业发生的与其生产经营活动无直接关系的各项收支。它虽然与企业生产经营活动没有多大关系，但从企业主体来考虑，同样带来企业的收入或形成企业的支出，是利润总额的一个构成项目。

（一）营业外收入

营业外收入是指与出版企业生产经营活动没有直接关系的各项收入。营业外收入并不是由企业经营资金耗费所产生的，不需要企业付出代价，实际上是一种纯收入，不可能也不需要与有关费用进行配比。因此，在会计核算上，应当严格区分营业外收入与营业收入的界限。营业外收入包括非流动资产处置利得、非货币性资产交换利得、出售无形资产收益、债务重组利得、因债权人原因确实无法支付的应付款项、政府补助、教育费附加返还款、罚款收入、捐赠利得等。

（1）非流动资产处置利得。非流动资产处置利得包括固定资产处置利得和无形资产出售利得。固定资产处置利得，也就是处理固定资产净收益。指企业出售固定资产所取得价款和报废固定资产的残料价值和变价收入等，扣除固定资产的账面价值、清理费用、处置相关税费后的净收益；无形资产出售利得，指企业出售无形资产所取得价款扣除出售无形资产的账面价值、出售相关税费后的净收益。

（2）非货币性资产交换利得。非货币性资产交换利得（与关联方交易除外），指在非货币性资产交换中换出资产为固定资产、无形资产的，换入资产公允价值大于换出资产账面价值的差额，扣除相关费用后计入营业外收入的金额。

（3）出售无形资产收益。出售无形资产收益指企业出售无形资产时，所得价款扣除其相关税费后的差额，大于该项无形资产的账面余额与所计提的减值准备相抵差额的部分。

（4）债务重组利得。指重组债务的账面价值超过清偿债务的现金、非现金资产的公允价值、所转股份的公允价值，或者重组后债务账面价值间的差额。

（5）因债权人原因确实无法支付的应付款项。它主要是指因债权人单位变更登记或撤销等而无法支付的应付款项等。

（6）政府补助。指企业从政府无偿取得货币型资产或非货币型资产形成的利得。

（7）教育费附加返还款。它是指自办职工子弟学校的企业，在交纳教育费附加后，教育部门返还给企业的所办学校经费补贴费。

（8）罚款收入。它是指对方违反国家有关行政管理法规，按照规定支付给本企业的罚款，不包括银行的罚息。

（二）营业外支出

营业外支出是指不属于出版企业生产经营费用，与企业生产经营活动没有直接的关系，但应从企业实现的利润总额中扣除的支出。营业外支出包括固定资产盘亏、处置固定资产净损失、出售无形资产损失、债务重组损失、计提的固定资产减值准备、计提的无形资产减值准备、计提的在建工程减值准备、罚款支出、捐赠支出、非常损失等。

1.固定资产盘亏

它是指企业在进行财产清查盘点中，因实际固定资产数量和价值低于固定资产账面数量和价值而发生的损失。对于固定资产盘亏，企业应查明原因后及时处理，将账面原价减去累计折旧和所能取得的赔偿后的差额，作为营业外支出处理。

2.处置固定资产净损失

它是指企业在生产经营期间处置固定资产所获得的收入不足以抵补处置费用和该项固定资产账面净值与所计提的减值准备相抵差额所发生的正常处理损失。

3.出售无形资产损失

它是指企业出售无形资产所取得的转让收入不足以抵补应支付的相关税费和该项无形资产账面价值与所计提的减值准备相抵差额所发生的损失。

4.债务重组损失

它是指按债务重组会计处理规定应计入营业外支出的债务重组损失。

5.计提的固定资产减值准备、计提的无形资产减值准备、计提的在建工程减值准备

它是指企业按照会计制度规定对预计可收回金额低于其账面价值的固定资产、无形资产、在建工程所计提的减值准备。

6.罚款支出

它是指企业因违反经济合同、税收法规等规定而支付的各种罚款、赔偿金、违约金、罚息、滞纳金等。

7.捐赠支出

它是指企业对外捐赠的各种资产的价值。

8.非常损失

它是指由于客观原因造成的损失在扣除保险公司赔偿后应计入营业外支出的净损失。如自然灾害造成的资产损失、停工损失和善后清理费用 。

为核算出版企业的营业外收支，应设置“营业外收入”和“营业外支出”两个账户，并分别根据收入项目和费用项目设置明细账户，进行明细核算。本年度营业外收入和营业外支出的累积余额，在期末时转入“本年利润”账户，结转后此两个账户应无余额。

五、利润形成的账务处理

为了正确的反映出版企业在 1 年内实现的利润总额，在会计处理上应设置“本年

利润”账户，以此来核算企业在本年度实现的利润(或亏损)总额。该账户的借方登记“主营业务成本”“税金及附加”“其他业务成本”“销售费用”“管理费用”“财务费用”“营业外支出”“所得税费用”以及“投资收益”(借方余额)、“以前年度损益调整”(借方余额)等账户的期末余额转入数，贷方登记“主营业务收入”“其他业务收入”“营业外收入”“投资收益”(贷方余额)“补贴收入”等账户的期末余额转入数。

平时(指1～11月份)，该账户如有贷方余额，反映出版企业在一定期间获得的利润总额；如有借方余额，则反映出版企业在一定期间发生的亏损总额。年度终了，企业应将本年所有收入和支出相抵后结出本年实现的净利润，转入“利润分配”账户，借记“本年利润”账户，贷记“利润分配——未分配利润”账户；如果企业本年实现的收益为净亏损，借记“利润分配——未分配利润”账户，贷记“本年利润”账户。“本年利润”账户在年末结转后应无余额。

【例7—4】 观文出版社以图书、音像制品批发零售为主营业务，也承接少量广告业务，本月发生了如下业务，并作利润形成的账务处理。

(1)本月销售音像制品500 000元，增值税税率为9%，书已交付并办妥托收手续。图书销售成本为300 000元，作会计分录，如下：

借：应收账款	545 000	
贷：主营业务收入		500 000
应交税费——应交增值税(销项税额)		45 000
借：主营业务成本	300 000	
贷：库存商品		300 000

(2)本月因刊登广告业务获得收入200 000元，增值税率9%，对方以支票形式付讫。作会计分录如下：

借：银行存款	218 000	
贷：其他业务收入		200 000
应交税费——应交增值税(销项税)		18 000

(3)本月发生其他业务成本15 000元，其中生产成本7 000元，应交文化事业建设费8 000元。作会计分录如下：

借：其他业务成本	15 000	
贷：生产成本		7 000
应交税费——文化事业建设费		8 000

(4)观文出版社的管理部门本月共发生应付职工薪酬20 000元，应付福利费2 800元，办公费1 000元，用银行存款支付；计提本月管理部门资产折旧5 000元。作会计分录如下：

借：管理费用	28 800	
贷：应付职工薪酬——工资		20 000

——职工福利费　　2 800

银行存款　　1 000

累计折旧　　5 000

(5)观文出版社的销售机构本月共发生应付职工薪酬12 000元，应付福利费1 680元，销售书刊运杂费1 500元，办公费 800 元。作会计分录如下：

借：销售费用　　15 980

贷：应付职工薪酬——工资　　12 000

——职工福利费　　1 680

银行存款　　2 300

(6)观文出版社本月向灾区捐款20 000元，支付某作者违约金8 000元。作会计分录如下：

借：营业外支出——救济性捐款支出　　20 000

——违约金支出　　8 000

贷：银行存款　　28 000

(7)月末，采用账结法结出本月利润总额。作会计分录如下：

借：主营业务收入　　500 000

其他业务收入　　200 000

贷：本年利润　　700 000

借：本年利润　　387780

贷：主营业务成本　　300 000

其他业务成本　　15 000

管理费用　　28 800

销售费用　　15 980

营业外支出　　28 000

经过以上结转，即可在“本年利润”账户上计算出本期的损益情况。在【例 7—4】中，“本年利润”账户贷方发生额为700 000元，借方发生额为387 780元，贷方发生额大于借方发生额的差额为312 220元，这就是企业本年度实现的利润总额。在利润总额的基础上，企业应根据税法有关规定调整计算当期应纳所得税额，据此计算缴纳的所得税，转入本年利润的借方，从而可求出企业净利润。

第二节　出版企业所得税的核算与缴纳

一、暂时性差异

(一)基本界定

暂时性差异是指资产、负债的账面价值与其计税基础不同产生的差额。其中账面价值，是指按照会计准则规定确定的有关资产、负债在资产负债表中应列示的金额。由于资产、负债的账面价值与其计税基础不同，产生了在未来收回资产或清偿负债的期间内，应纳税所得额增加或减少并导致未来期间应交所得税增加或减少的情况，在这些暂时性差异发生的当期，一般应当确认相应的递延所得税负债或递延所得税资产。

（二）暂时性差异的分类

1.应纳税暂时性差异

该差异在未来期间转回时，会增加转回期间的应纳税所得额，即在未来期间不考虑该事项影响的应纳税所得额的基础上，由于该暂时性差异的转回，会进一步增加转回期间的应纳税所得额和应交所得税金额。在应纳税暂时性差异产生当期，应当确认相关的递延所得税负债。

应纳税暂时性差异通常产生于以下情况：

（1）资产的账面价值大于其计税基础。一项资产的账面价值代表的是企业在持续使用或最终出售该项资产时会取得的经济利益的总额，而计税基础代表的是一项资产在未来期间可予税前扣除的总金额。资产的账面价值大于其计税基础，该项资产未来期间产生的经济利益不能全部税前抵扣，两者之间的差额需要交所得税，产生应纳税暂时性差异。

（2）负债的账面价值小于其计税基础。一项负债的账面价值为企业预计在未来期间清偿该项负债时的经济利益流出，而其计税基础代表的是账面价值在扣除税法规定未来期间允许税前扣除的金额之后的差额。因负债的账面价值与其计税基础不同产生的暂时性差异，实质上是税法规定就该项负债在未来期间可以税前扣除的金额为负数，即应在未来期间应纳税所得额的基础上调增，增加应纳税所得额和应交所得税金额，产生应纳税暂时性差异，应确认相关的递延所得税负债。

2.可抵扣暂时性差异

该差异在未来期间转回时会减少转回期间的应纳税所得额，减少未来期间的应交所得税。在可抵扣暂时性差异产生当期，符合确认条件的情况下，应当确认相关的递延所得税资产。

可抵扣暂时性差异一般产生于以下情况：

（1）资产的账面价值小于其计税基础。从经济含义来看，资产在未来期间产生的经济利益少，按照税法规定允许税前扣除的金额多，则企业在未来期间可以减少应纳税所得额并减少应交所得税。

（2）负债的账面价值大于其计税基础。负债产生的暂时性差异实质上是税法规定就该项负债可以在未来期间税前扣除的金额。一项负债的账面价值大于其计税基础，意味着未来期间按照税法规定构成负债的全部或部分金额可以自未来应税经济利益中扣除，减少未来期间的应纳税所得额和应交所得税。

值得关注的是，对于按照税法规定可以结转以后年度的未弥补亏损及税款抵减，虽不是因资产、负债的账面价值与计税基础不同产生的，但本质上可抵扣亏损和税款递减与可抵扣暂时性差异具有同样的作用，均能够减少未来期间的应纳税所得额，进而减少未来期间的应交所得税，在会计处理上，视同可抵扣暂时性差异，符合条件的情况下，应确认相关的递延所得税资产。

（三）特殊项目产生的暂时性差异

某些交易或事项发生后，因为不符合资产、负债的确认条件而未体现为资产负债表中的资产或负债，但按照税法规定能够确定其计税基础的，其账面价值与计税基础之间的差异也构成暂时性差异。如企业发生的符合条件的广告费和业务宣传费支出，除税法另有规定外，不超过当年销售收入 15%的部分准予扣除；超过部分准予在以后纳税年度结转扣除。该类支出在发生时按照会计准则规定即计入当期损益，不形成资产负债表中的资产，但因按税法规定可以确定其计税基础，两者之间的差异也形成暂时性差异。

【例 7—5】 观文出版社 2017 年发生广告费10 000 000元，至年末尚未支付给广告公司。税法规定，企业发生的广告费、业务宣传费不超过当年销售收入 15%的部分，允许税前扣除，超过部分允许结转以后年度税前扣除。观文出版社 2017 年实现销售收入60 000 000元。

分析：因广告费支出形成其他应付款的账面价值为10 000 000元，其计税基础＝10 000 000－(10 000 000－60 000 000×15%)＝9 000 000(元)。

其他应付款的账面价值10 000 000元与其计税基础9 000 000元之间形成1 000 000元可抵扣暂时性差异。

二、递延所得税负债的确认和计量

应纳税暂时性差异在转回期间将增加未来期间的应纳税所得额和应交所得税，导致企业经济利益的流出，从其发生当期看，构成企业应支付税金的义务，应作为负债确认。

确认应纳税暂时性差异产生的递延所得税负债时，交易或事项发生时影响到会计利润或应纳税所得额的，相关的所得税影响应作为利润表中所得税费用的组成部分；与直接计入所有者权益的交易或事项相关的，其所得税影响应增加或减少所有者权益；企业合并产生的，相关的递延所得税影响应调整购买日应确认的商誉或是计入当期损益的金额。

（一）递延所得税负债的确认

1.递延所得税负债确认

企业在确认因应纳税暂时性差异产生的递延所得税负债时，应遵循以下原则：

除会计准则中明确规定可不确认递延所得税负债的情况以外，企业对于所有的应纳税暂时性差异均应确认相关的递延所得税负债。除直接计入所有者权益的交易或事项以及企业合并外，在确认递延所得税负债的同时，应增加利润表中的所得税费用。

【例 7—6】 观文出版社于 2017 年 1 月 1 日开始计提折旧的某设备，取得成本为2 000 000元，采用年限平均法计提折旧，使用年限为 10 年，预计净残值为 0。假定计税时允许按双倍余额递减法计列折旧，使用年限及预计净残值与会计相同。观文出版社适用的所得税税率为 25%。假定该企业不存在其他会计与税收处理的差异。

分析：2017 年该项固定资产按照会计规定计提的折旧额为200 000元，计税时允许扣除的折旧额为400 000元，则该固定资产的账面价值1 800 000元与其计税基础1 600 000元的差额构成应纳税暂时性差异，企业应确认递延所得税负债50 000元[(1 800 000－1 600 000)×25%]。

2.不确认递延所得税负债的特殊情况

有些情况下，虽然资产、负债的账面价值与其计税基础不同，产生了应纳税暂时性差异，但出于各方面考虑，会计准则规定不确认相关的递延所得税负债，主要包括：

(1)商誉的初始确认。非同一控制下的企业合并中，企业合并成本大于合并中取得的被购买方可辨认净资产公允价值份额的差额，确认为商誉。因会计与税收的划分标准不同，按照税法规定作为免税合并的情况下，税法不认可商誉的价值，即从税法角度，商誉的计税基础为 0，两者之间的差额形成应纳税暂时性差异。但是，确认该部分暂时性差异产生的递延所得税负债，则意味着将进一步增加商誉的价值。因商誉本身即是企业合并成本在取得的被购买方可辨认资产、负债之间进行分配后的剩余价值，确认递延所得税负债进一步增加其账面价值会影响到会计信息的可靠性，而且增加了商誉的账面价值以后，可能很快就要计提减值准备，同时其账面价值的增加还会进一步产生应纳税暂时性差异，使得递延所得税负债和商誉价值量的变化不断循环。因此，对于企业合并中产生的商誉，其账面价值与计税基础不同形成的应纳税暂时性差异，会计准则规定不确认相关的递延所得税负债。

(2)除企业合并以外的其他交易或事项中，如果该项交易或事项发生时既不影响会计利润，也不影响应纳税所得额，则所产生的资产、负债的初始确认金额与其计税基础不同，形成应纳税暂时性差异的，交易或事项发生时不确认相应的递延所得税负债。该规定主要是考虑到由于交易发生时既不影响会计利润，也不影响应纳税所得额，确认递延所得税负债的直接结果是增加有关资产的账面价值或是降低所确认负债的账面价值，使得资产、负债在初始确认时，违背历史成本原则，影响会计信息的可靠性。

(3)与联营企业、合营企业投资等相关的应纳税暂时性差异，一般应确认递延所得税负债，但同时满足以下两个条件的除外：一是投资企业能够控制暂时性差异转回的时间；二是该暂时性差异在可预见的未来很可能不会转回。满足上述条件时，投资企业可以运用自身的影响力决定暂时性差异的转回，如果不希望其转回，则在可预见的未来该项暂时性差异即不会转回，从而无须确认相关的递延所得税负债。

应予说明的是，企业在运用上述条件不确认与联营企业、合营企业相关的递延所得税负债时，应有确凿的证据表明其能够控制有关暂时性差异转回的时间。一般情况下，企业对联营企业的生产经营决策仅能够实施重大影响，并不能够主导被投资单位包括利润分配政策在内的主要生产经营决策的制定，满足《企业会计准则第 18 号——所得税》规定的能够控制暂时性差异转回时间的条件一般是通过与其他投资者签订协议等，达到能够控制被投资单位利润分配政策等情况。

（二）递延所得税负债的计量

递延所得税负债应以应纳税暂时性差异转回期间适用的所得税税率计量。在我国，除享受优惠政策的情况以外，企业适用的所得税税率在不同年度之间一般不会发生变化，企业在确认递延所得税负债时，可以现行适用所得税税率为基础计算确定。对于享受优惠政策的企业，如国家需要重点扶持有高新技术企业，享受一定时期的税率优惠，则所产生的暂时性差异应以预计其转回期间的适用所得税税率为基础计量。另外，无论应纳税暂时性差异的转回期间如何，递延所得税负债不要求折现。

三、递延所得税资产的确认和计量

（一）递延所得税资产的确认

1.确认的一般原则

资产、负债的账面价值与其计税基础不同产生可抵扣暂时性差异的，在估计未来期间能够取得足够的应纳税所得额用以利用该可抵扣暂时性差异的，应当以很可能取得用来抵扣可抵扣暂时性差异的应纳税所得额为限，确认相关的递延所得税资产。同递延所得税负债的确认相同，有关交易或事项发生时，对会计利润或是应纳税所得额产生影响的，所确认的递延所得税资产应作为利润表中所得税费用的调整；有关的可抵扣暂时性差异产生于直接计入所有者权益的交易或事项，则确认的递延所得税资产也应计入所有者权益；企业合并时产生的可抵扣暂时性差异的所得税影响，应相应调整企业合并中确认的商誉或是应计入当期损益的金额。

确认递延所得税资产时，应关注以下问题：

（1）递延所得税资产的确认应以未来期间可能取得的应纳税所得额为限。在可抵扣暂时性差异转回的未来期间内，企业无法产生足够的应纳税所得额用以抵减可抵扣暂时性差异的影响，使得与递延所得税资产相关的经济利益无法实现的，该部分递延所得税资产不应确认;企业有确凿的证据表明其于可抵扣暂时性差异转回的未来期间能够产生足够的应纳税所得额,进而利用可抵扣暂时性差异的,则应以可能取得的应纳税所得额为限,确认相关的递延所得税资产。

在判断企业于可抵扣暂时性差异转回的未来期间能否产生足够的应纳税所得额时,应考虑以下两个方面的影响:

一是通过正常的生产经营活动能够实现的应纳税所得额,如企业通过销售商品、提供劳务等所实现的收入,扣除相关费用后的金额。

二是以前期间产生的应纳税暂时性差异在未来期间转回时将产生应纳税所得额的增加额。

考虑到受可抵扣暂时性差异转回的期间内可能取得应纳税所得额的限制,因无法取得足够的应纳税所得额而未确认相关的递延所得税资产的,应在财务报表附注中进行披露。

(2)对与联营企业、合营企业的投资相关的可抵扣暂时性差异,同时满足下列条件的,应当确认相关的递延所得税资产:一是暂时性差异在可预见的未来很可能转回;二是未来很可能获得用来抵扣可抵扣暂时性差异的应纳税所得额。

对联营企业和合营企业的投资产生的可抵扣暂时性差异,主要产生于权益法下确认的投资损失以及计提减值准备的情况下。

(3)对于按照税法规定可以结转以后年度的未弥补亏损和税款抵减,应视同可抵扣暂时性差异处理。在预计可利用可弥补亏损或税款递减的未来期间内能够取得足够的应纳税所得额时,应当以很可能取得的应纳税所得额为限,确认相关的递延所得税资产,同时减少确认当期的所得税费用。

与未弥补亏损和税款抵减相关的递延所得税资产,其确认条件与可抵扣暂时性差异产生的递延所得税资产相同,在估计未来期间能否产生足够的应纳税所得额用于利用该部分未弥补亏损或税款抵减时,应考虑以下相关因素的影响:

①在未弥补亏损到期前,企业是否会因以前期间产生的应纳税暂时性差异转回而产生足够的应纳税所得额;

②在未弥补亏损到期前,企业是否可能通过正常的生产经营活动产生足够的应纳税所得额;

③未弥补亏损是否产生于一些在未来期间不可能再发生的特殊原因;

④是否存在其他的证据表明在未弥补亏损到期前能够取得足够的应纳税所得额。

2.不确认递延所得税资产的特殊情况

某些情况下,如果企业发生的某项交易或事项不是企业合并,并且交易发生时既不影响会计利润也不影响应纳税所得额,且该项交易中产生的资产、负债的初始确认金额与其计税基础不同,产生可抵扣暂时性差异的,会计准则规定在交易或事项发生时不确认相关的递延所得税资产。其原因同该种情况下不确认相关的递延所得税负债相同，如果确认递延所得税资产，则需调整资产、负债的入账价值，对实际成本进行调整将有违历史成本原则，影响会计信息的可靠性，该种情况下不确认相关的递延所得税资产。

（二）递延所得税资产的计量

1.适用税率的确定

同递延所得税负债的计量相一致，确认递延所得税资产时，应估计相关可抵扣暂时性差异的转回时间，采用转回期间适用的所得税税率为基础计算确定。另外，无论相关的可抵扣暂时性差异转回期间如何，递延所得税资产均不予折现。

2.递延所得税资产的减值

与其他资产相一致，资产负债表日，企业应当对递延所得税资产的账面价值进行复核。如果未来期间很可能无法取得足够的应纳税所得额用以利用递延所得税资产的利益，应当减记递延所得税资产的账面价值。对于预期无法实现的部分，一般应确认为当期所得税费用，同时减少递延所得税资产的账面价值；对于原确认时计入所有者权益的递延所得税资产，其减记金额亦应计入所有者权益，不影响当期所得税费用。

递延所得税资产的账面价值因上述原因减记以后，继后期间根据新的环境和情况判断能够产生足够的应纳税所得额用以利用可抵扣暂时性差异，使得递延所得税资产包含的经济利益能够实现的，应相应恢复递延所得税资产的账面价值。

四、所得税费用的确认和计量

企业核算所得税，主要是为确定当期应交所得税以及利润表中的所得税费用，从而确定各期实现的净利润。确认递延所得税资产和递延所得税负债，最终目的也是解决不同会计期间所得税费用的分配问题。按照资产负债表债务法进行核算的情况下，利润表中的所得税费用由两个部分组成：当期所得税和递延所得税费用（或收益）。

（一）当期所得税

当期所得税是指企业按照税法规定计算确定的针对当期发生的交易和事项，应缴纳给税务机关的所得税金额，即应交所得税。当期所得税应当以适用的税收法规为基础计算确定。

企业在确定当期所得税时，对于当期发生的交易或事项，会计处理与税收处理不同的，应在会计利润的基础上，按照适用税收法规的要求进行调整（即纳税调整），计算出当期应纳税所得额，按照应纳税所得额与适用所得税税率计算确定当期应交所得税。一般情况下，应纳税所得额可在会计利润的基础上，考虑会计与税收规定之间的差异，按照以下公式计算确定：

应纳税所得额＝会计利润＋按照会计准则规定计入利润表但计税时不允许税前扣

除的费用+(或-)计入利润表的费用与按照税法规定可予税前抵扣的金额之间的差额+(或-)计入利润表的收入与按照税法规定应计入应纳税所得额的收入之间的差额-税法规定的不征税收入+(或-)其他需要调整的因素

(二)递延所得税费用(或收益)

递延所得税费用(或收益)是指按照会计准则规定应予确认的递延所得税资产和递延所得税负债在会计期末应有的金额相对于原已确认金额之间的差额,即递延所得税资产和递延所得税负债的当期发生额,但不包括计入所有者权益的交易或事项的所得税影响。用公式表示即为:

递延所得税费用(或收益)=当期递延所得税负债的增加
+当期递延所得税资产的减少
-当期递延所得税负债的减少
-当期递延所得税资产的增加

值得注意的是,如果某项交易或事项按照会计准则规定应计入所有者权益,由该交易或事项产生的递延所得税资产或递延所得税负债及其变化亦应计入所有者权益,不构成利润表中的递延所得税费用(或收益)。

【例7—7】 观文出版社2017年9月取得的某项可供出售金融资产,成本为2 000 000元,2017年12月31日,其公允价值为2 400 000元。观文出版社适用的所得税税率为25%。

分析:

会计期末在确认400 000元(2 400 000-2 000 000)的公允价值变动时

借:可供出售金融资产——公允价值变动	400 000	
贷:资本公积——其他资本公积		400 000

确认应纳税暂时性差异的所得税影响时

借:资本公积——其他资本公积(400 000×25%)	100 000	
贷:递延所得税负债		100 000

另外,非统一控制下的企业合并中因资产、负债的入账价值与其计税基础不同产生的递延所得税资产或递延所得税负债,其确认结果直接影响购买日确认的商誉或计入利润表的损益金额,不影响购买日的所得税费用。

(三)所得税费用

计算确定了当期应交所得税及递延所得税费用(或收益)以后,利润表中应予确认的所得税费用为两者之和,即:

所得税费用=当期所得税+递延所得税费用(或收益)

【例7—8】 观文出版社2017年度利润表中利润总额为12 000 000元,该公司适用的所得税税率为25%。递延所得税资产及递延所得税负债不存在期初余额。

该公司2017年发生的有关交易和事项中，会计处理与税收处理存在差别的有：

(1)2016年12月31日取得的一项固定资产，成本为6 000 000元，使用年限为10年，预计净残值为0，会计处理按双倍余额递减法计提折旧，税收处理按直线法计提折旧。假定税法规定的使用年限及预计净残值与会计规定相同。

(2)向关联企业捐赠现金2 000 000元。

(3)当年度发生研究开发支出5 000 000元，较上年度增长20%。其中3 000 000元予以资本化；截至2017年12月31日，该研发资产仍在开发过程中。税法规定，企业费用化的研究开发支出按50%税前加计扣除，资本化的研究开发支出按资本化金额的150%确定应予摊销的金额。

(4)应付违反环保法规定罚款1 000 000元。

(5)期末对持有的存货计提了300 000元的存货跌价准备。

分析：

(1)2017年度当期应交所得税

应纳税所得额＝12 000 000＋600 000＋2 000 000－1 000 000＋1 000 000
＋300 000
＝14 900 000(元)

应交所得税＝14 900 000×25%＝3 725 000(元)

(2)2017年度递延所得税

该公司2017年度资产负债表相关项目金额及其计税基础如表7—1所示：

表7—1 单位：元

项　目	账面价值	计税基础	差　异	
			应纳税暂时性差异	可抵扣暂时性差异
存货	8 000 000	8 300 000		300 000
固定资产：				
固定资产原价	30 000 000	30 000 000		
减：累计折旧	4 600 000	4 000 000		
固定资产账面价值	25 400 000	26 000 000		600 000
其他应付款	1 000 000	1 000 000		
总　计				900 000

递延所得税收益＝900 000×25%＝225 000(元)

(3)利润表中应确认的所得税费用

所得税费用＝3 725 000－225 000＝3 500 000(元)

借:所得税费用　　3 500 000

　递延所得税资产　　225 000

　贷:应交税费——应交所得税　　3 725 000

【例 7—9】 沿用【例 7—8】中有关资料,假定观文出版社 2018 年当期应交所得税为 4 620 000 元。资产负债表中有关资产、负债的账面价值与其计税基础相关资料如表 7—2 所示,除所列项目外,其他资产、负债项目不存在会计与税收规定的差异。

表 7—2　　单位:元

项目	账面价值	计税基础	差异	
			应纳税暂时性差异	可抵扣暂时性差异
存货	16 000 000	16 800 000		800 000
固定资产:				
固定资产原价	30 000 000	30 000 000		
减:累计折旧	560 000	600 000		
减:固定资产减值准备	2 000 000	0		
固定资产账面价值	22 440 000	25 400 000		2 960 000
无形资产	2 700 000	4 050 000		1 350 000
其他应付款	1 000 000	0		1 000 000
总计				6 110 000

(1)当期应交所得税为 4 620 000 元

(2)当期递延所得税费用(收益)

期末递延所得税资产(6 110 000×25%)　　1 527 500

期初递延所得税资产　　225 000

递延所得税资产增加　　1 302 500

递延所得税收益=1 302 500(元)

(3)所得税费用

所得税费用=4 620 000—1 302 500 = 3 317 500(元)

借:所得税费用　　3 317 500

　递延所得税资产　　1 302 500

　贷:应交税费——应交所得税　　4 620 000

五、净利润形成的账务处理

出版企业实现的利润总额在扣减了按税法规定应缴纳的所得税后的数额,称为净利润或税后利润。

本年度净利润或净亏损数额的计算，既可以采用账结法，也可以采用表结法。若采用账结法，应于每月终了将各损益类账户的余额转入“本年利润”账户，通过“本年利润”账户中的借、贷方发生额相抵，结出各会计期间的净利润或净亏损数额。若采用表结法，每月结账时，各损益类账户的余额不结转到“本年利润”账户，只在年终决算时才进行转账，平常月末，只将各月结出的各损益类账户的本年度自年初至本月末的累计数逐项填入该月利润表，在利润表上计算出从年初至本月末止的累计利润，然后减去上月末该表的累计利润，就是本月份的净利润或净亏损。无论采用哪一种核算方法，年度终了时均将“本年利润”账户的余额结转到“利润分配——未分配利润”账户，结转后“本年利润”账户应无余额。现举例说明如下：

【例 7—10】 观文出版社 2017 年有关损益类科目的年末余额如下(该企业采用表结法年末一次结转损益类科目，所得税税率为 25%)：

表 7—3

账户名称	借方余额	贷方余额
主营业务收入		6 000 000
主营业务成本	4 000 000	
税金及附加	80 000	
销售费用	500 000	
管理费用	770 000	
财务费用	200 000	
其他业务收入		700 000
其他业务成本	400 000	
公允价值变动损益		150 000
投资收益		600 000
资产减值损失	100 000	
营业外收入		50 000
营业外支出	250 000	

观文出版社 2017 年末未结转本年利润的会计分录如下：

(1)将各损益类科目年末余额结转入“本年利润”科目：

①结转各项收入、利得类科目：

借：主营业务收入　　6 000 000
　　其他业务收入　　700 000
　　公允价值变动损益　　150 000

投资收益 600 000
营业外收入 50 000
贷:本年利润 7 500 000

②转各项费用、损失类科目

借:本年利润 6 300 000
贷:主营业务成本 4 000 000
其他业务成本 400 000
税金及附加 80 000
销售费用 500 000
管理费用 770 000
财务费用 200 000
资产减值损失 100 000
营业外支出 250 000

(2)经过上述结转后,“本年利润”科目的贷方发生额合计7 500 000元减去借方发生额合计6 300 000元即为税前会计利润1 200 000元。假设将该税前会计利润进行纳税调整后,应纳税所得额为1 000 000元,则应交所得税额=1 000 000×25%=250 000(元)。假定将该应交所得税按照会计准则进行调整后计算确认的所得税费用为400 000元。

①确认所得税费用,会计分录略。

②所得税费用结转入“本年利润”科目:

借:本年利润 400 000
贷:所得税费用 400 000

(3)将“本年利润”科目年末余额800 000转入“利润分配——未分配利润”科目:

借:本年利润 800 000
贷:利润分配——未分配利润 800 000

第三节 出版企业利润分配的核算

一、利润分配及顺序

利润分配,是企业根据国家有关规定和投资者的决议,对企业的净利润所进行的分配。根据现行法律、法规及有关制度的规定,企业当期实现的净利润,加上年初未分配利润(或减去年初未弥补亏损)和其他转入后的余额,为可供分配的利润。可供分配的利润,除国家另有规定者外,应当按照下列顺序进行分配。

①弥补以前年度亏损。②提取盈余公积。③向投资者分配利润。

公司从税后利润中提取法定公积金后，经股东会或者股东大会决议，还可以从税后利润中提取任意公积金。公司弥补亏损和提取公积金后所余税后利润，有限责任公司股东按照实缴的出资比例分取红利；股份有限公司按照股东持有的股份比例分配，但股份有限公司章程规定不按持股比例分配的除外。

企业可供分配的利润经过上述分配后，为未分配利润（或未弥补亏损）。未分配利润是指企业尚未向投资者分配的净利润，包括企业以前年度积存的留待以后年度分配的净利润和当年待分配的净利润。这部分净利润既没有分配给投资者，也没有指定用途，企业可随时分配使用。

未分配利润属于企业所有者权益，其数额反映在“利润分配”账户下的“未分配利润”明细账的贷方余额。各年末未分配利润的金额可通过“本年利润”账户和“利润分配”账户下除“未分配利润”明细账以外的明细账户的结转来确定。

为了完整反映出版企业的利润分配情况，“利润分配”账户应当设置以下明细账户：①其他转入；②提取法定盈余公积；③提取任意盈余公积；④应付普通股股利；⑤转做资本的普通股股利；⑥未分配利润。

二、利润分配的账务处理

1.“利润分配”账户

用来反映企业利润的分配（或亏损的弥补）和历年分配（或弥补）后的结存余额，它属于所有者权益类账户。本账户应当分别“提取法定盈余公积”“提取任意盈余公积”“应付现金股利或利润”“转作股本的股利”“盈余公积补亏”和“未分配利润”等进行明细核算。

该账户的借方登记企业提取的盈余公积、应付股利或利润；贷方登记企业用盈余公积弥补的亏损。贷方登记可供分配的利润数额（即从“本年利润”账户转入的净利润数额）。年末，企业将全年实现的净利润（或净亏损），从“本年利润”账户借方（或贷方）转入“利润分配”账户贷方（或借方）。结转后，“利润分配”账户如为贷方余额，表示企业年末未分配利润数额；如为借方余额，表示企业年末未弥补的亏损数额。

年度终了，企业应将“利润分配”账户所属其他明细账户的余额转入本账户的“未分配利润”明细账户。结转后，本账户除“未分配利润”明细账户外，其他明细账户应无余额。

2.“应付股利”账户

属于负债类账户，用来核算企业向投资者分配的现金股利或利润。企业分配的股票股利，不通过本账户核算。该账户贷方登记企业根据股东大会或类似机构通过的利润分配方案所支付的现金股利或利润，借方登记实际支付的现金股利或利润。该账户期末贷方余额，反映企业尚未支付的现金股利或利润。本账户应当按照投资者进行明细核算。

3.利润分配的会计处理

提取盈余公积以及分配现金股利的账务处理。

借：利润分配——提取法定盈余公积

　　　　　　——提取任意盈余公积

　　　　　　——应付股利

　贷：盈余公积——法定盈余公积

　　　　　　　——任意盈余公积

　　　应付股利

对于按规定实行补充流动资本的国有出版企业，则应在“利润分配”账户下设置“补充流动资本”明细账户进行核算。企业按税后利润的一定比例计提用于补充流动资本的部分，借记“利润分配——补充流动资本”账户，贷记“盈余公积——补充流动资本”账户。

企业在年度终了实施利润分配并作相应的账务处理后，应将“利润分配”账户下的各有关明细账户的余额转入“利润分配——未分配利润”账户的借方，这样结转后，除“利润分配——未分配利润”明细账户外，“利润分配”账户的其他明细账户在年末应当无余额。

【例 7－11】 文海出版集团为股份有限公司，2014 年发生经营亏损 7 000 000元，自 2015 年至 2017 年每年均实现利润3 000 000元，假定各年都无纳税调整事项。2017 年弥补亏损后的净利润提取法定盈余公积后，发放普通股现金股利400 000元，发给普通股股票股利600 000元，进行各年利润分配的会计核算。

(1)2014 年结转发生的亏损，作会计分录如下：

借：利润分配——未分配利润	7 000 000	
贷：本年利润		7 000 000

(2)2015 年至 2017 年每年实现的净利润因符合税前弥补以前年度亏损的规定，可

用于弥补亏损，各年作会计分录如下：

借：本年利润	3 000 000	
贷：利润分配——未分配利润		3 000 000

(3)2017 年弥补亏损后的净利润即为“利润分配一未分配利润”账户贷方余额，对净利润进行分配，作会计分录如下：

2017 年弥补亏损后的净利润＝9 000 000－7 000 000＝2 000 000(元)

法定盈余公积提取数＝2 000 000×10％＝200 000(元)

借:利润分配——提取法定盈余公积　200 000
　　　　　——应付普通股股利　400 000
　　　　　——转作股本的普通股股利　600 000
　贷:盈余公积　200 000
　　应付股利　400 000
　　股本　600 000
借:利润分配——未分配利润　1 200 000
　贷:利润分配——提取法定盈余公积　200 000
　　　　　　——应付普通股股利　400 000
　　　　　　——转作股本普通股股利　600 000

把“利润分配——未分配利润”借贷方余额相抵减,即为本年未分配利润:

年末未分配利润=2 000 000—1 200 000=800 000(元)

第八章　出版企业的财务会计报告

第一节　财务会计报告概述

一、财务会计报告概念及构成

(一)财务会计报告概念

财务会计报告(简称财务报告),是指企业对外提供的反映企业在某一特定日期的财务状况和某一会计期间的经营成果、现金流量等会计信息的文件。根据财务报告的定义,财务报告具有以下几层含义。

(1)财务报告应当是对外报告,其服务对象主要是投资者、债权人等外部使用者。专门为了内部管理需要的、特定目的的报告不属于财务报告的范畴。

(2)财务报告应当综合反映企业的生产经营状况,包括某一时点的财务状况和某一时期的经营成果与现金流量等信息,以勾画出企业的整体和全貌。

(3)财务报告必须形成一个系统的文件,不应是零星的或者不完整的。

(二)财务报告的构成

财务报告包括财务报表和其他应当在财务报告中披露的相关信息和资料。其中,财务报表由报表本身及其附注两部分组成。附注是财务报表的有机组成部分,而报表至少应当包括资产负债表、利润表、现金流量表、所有者权益(或股东权益)变动表等报表。

1. 资产负债表

资产负债表是反映企业在某一特定日期的财务状况的会计报表。企业编制资产负债表的目的是如实反映企业的资产、负债和所有者权益金额及其结构情况,从而有助于使用者评价企业资产的质量以及短期偿债能力、长期偿债能力、利润分配能力等。

2. 利润表

利润表是反映企业在一定会计期间的经营成果的会计报表。企业编制利润表的目的是如实反映企业实现的收入、发生的费用以及应当计入当期利润表的利得和损失等金额及其结构情况,从而有助于使用者分析评价企业的赢利能力及其构成与质量。

3. 现金流量表

现金流量表是反映企业在一定会计期间的现金和现金等价物流入和流出的会计报表。企业编制现金流量表的目的是如实反映企业各项活动的现金流入、流出情况，从而有助于使用者评价企业的现金流和资金周转情况。

4. 所有者权益变动表

所有者权益变动表是反映构成所有者权益的各组成部分当期的增减变动情况的报表。所有者权益变动表全面反映了一定时期所有者权益的变动情况，不仅包括所有者权益总量的增减变动，还包括所有者权益增减变动的重要结构性信息，特别是要反映直接计入所有者权益的利得和损失，让报表使用者准确理解所有者权益增减变动的情况。

5. 附注

附注是对资产负债表、利润表、现金流量表和所有者权益变动表等报表中列示项目的文字描述或明细资料，以及对未能在这些报表中列示项目的说明等。企业编制附注的目的是对财务报表本身做补充说明，有助于向使用者提供更为有用的决策信息，帮助其做出更加科学合理的决策。

需要注意，除了财务报表之外，财务报告还应当包括其他相关信息，具体可以根据有关法律、法规的规定和外部使用者的信息需求而定。

二、会计报表的种类

不同性质的会计主体，其会计报表的种类不尽相同。对企业来说，为了便于编制和运用会计报表，应对会计报表进行分类。会计报表可以按照不同的标准进行分类。

（一）会计报表按其反映的经济内容分类

（1）反映财务状况的会计报表，用来总括反映企业财务状况及其变动情况的会计报表，包括资产负债表、现金流量表等。

（2）反映财务成果的会计报表，用来总括反映企业在一定时期内经营过程中收入和业务成果的会计报表，如利润表等。

（3）反映成本费用的会计报表，用来总括反映企业生产经营过程中各项费用支出和成本形成情况的会计报表，如商品产品成本表、制造费用明细表等。

（二）会计报表按其报送的对象分类

（1）外部会计报表，是指对企业外部有关方面提供的会计报表。

（2）内部会计报表，指为企业内部服务、向企业管理者提供的会计报表。

（三）会计报表按其编制时间分类

（1）月份会计报表，简称月报，它是反映企业本月经营成果与月末财务状况的报表。每月编制一次，如资产负债表、利润表等。

(2)季度会计报表，简称季报，反映一个季度的经营成果与季末财务状况的报表。

(3)年度会计报表，简称年报，反映企业全年的经营成果和年末的财务状况以及年内现金流量情况的报表。

其中，月报和季报属于中期报告。

三、会计报表的编制要求

出版企业必须按照国家统一会计制度的规定，定期编制财务报告。对外报送的财务报告应当根据国家统一会计制度规定的格式和要求编制。内部使用的财务报告，其格式和要求由各单位自行规定。会计报表应当根据登记完整、核对无误的会计账簿记录和其他有关资料编制，做到数字真实、计算准确、内容完整、说明清楚。

会计报表之间、会计报表各项目之间，凡有对应关系的数字，应当相互一致。本期会计报表与上期会计报表之间有关的数字应当相互衔接。如果不同会计年度会计报表中各项目的内容和核算方法有变更的，应当在年度会计报表中加以说明。各单位应当按照国家统一会计制度的规定认真编写会计报表附注及其说明，做到项目齐全，内容完整。

1.遵循各项会计准则进行确认和计量

企业应当根据实际发生的交易和事项，遵循各项具体会计准则的规定进行确认和计量，并在此基础上编制财务报表。

2.列报基础

在编制财务报表的过程中，企业管理层应当对企业持续经营的能力进行评价，需要考虑的因素包括市场经营风险、企业目前或长期的赢利能力、偿债能力、财务弹性以及企业管理层改变经营政策的意向等。

3.重要性和项目列报

关于项目在财务报表中是单独列报还是合并列报，应当依据重要性原则来判断。具体而言如下：

(1)性质或功能不同的项目，一般应当在财务报表中单独列报，但是不具有重要性的项目可以合并列报。例如存货和固定资产在性质上和功能上都有本质差别，必须分别在资产负债表上单独列报。

(2)性质或功能类似的项目，一般可以合并列报，但是对其具有重要性的类别应该单独列报。例如原材料、低值易耗品等项目在性质上类似，均通过生产过程形成企业的产品存货，因此可以合并列报，合并之后的类别统称为“存货”进行单独列报。

(3)项目单独列报的原则不仅适用于报表,还适用附注。某些项目的重要性程度不足以在资产负债表、利润表、现金流量表或所有者权益变动表中单独列示,但是可能对附注而言却具有重要性,在这种情况下应当在附注中单独披露。

4.列报的一致性

可比性是会计信息质量的一项重要质量要求,目的是使同一企业不同期间和同会计计量方法和填报方法应保持前后期的一致,一经确定,不可随意更改。当情况发生变化使变更成为必需时,应及时变更,并在报表附注中说明变更原因及影响。一致性还体现在各种报表之间、各项目之间,凡有对应关系的数字,应该一致;本期报表与上期报表之间的有关的数字应相互衔接。

四、会计报表编制前的准备工作

为了准确编制会计报表,满足上述编制要求,在编制会计报表之前应该做好必要的准备工作。主要包括:

(一)财产清查

会计报表编制前,必须对企业的财产物资进行清查盘点,并编制盘点表,与账簿记录核对,做到账实相符。如发现账实不符或账账不符的情况,应及时查明原因,并按规定的方法进行处理。

(二)会计分录的调整

按债权发生制原则的要求,会计期末应对一些会计记录进行整理和调整。如待摊费用的摊销、预提费用的提取、折旧的提取、应交税费的计算等业务。

(三)核对账目

为了确保账簿记录的正确性,应对各种账簿的相关指标进行核对。总分类账户的各账户余额同有关明细账和日记账的余额应该相符,会计账簿记录应与实物保管、使用部门的记录相符,本单位与其他单位的往来账款也应相符。

(四)会计记录的试算

会计记录的试算,是运用借贷原理,采用编制"总分类账户发生额"测算全部账户的借方发生额合计是否等于全部账户贷方发生额合计;全部账户的借方余额合计是否等于全都账户贷方余额合计。

(五)结账

对会计记录进行试算平衡后,就可以按规定进行结账,即计算各账户的本期发生额和期末余额,并按规定做好结账记录。正式结账后,才可按账簿记录编制各种会计报表。

第二节　资产负债表

一、资产负债表的作用

资产负债表是反映企业在某一特定日期所拥有或控制的经济资源、所承担的现时义务和所有者对净资产的要求权。资产负债表是总括反映企业在特定日期财务状况的报表，是静态会计报表。它是根据会计等式设立的。通过资产负债表，可以了解下列会计信息。

(1)企业所拥有的各项经济资源(资产)及其分布情况，据此，分析企业资产结构的合理性。

(2)企业所负担的债务(短期和长期负债)及构成，据此，分析企业的偿债能力和支付能力。

(3) 企业所有者在企业拥有的权益，并结合负债分析企业资本结构的合理性和面临的财务风险。

(4)通过对前后各期资产负债对比，了解企业资金结构变化，据此分析企业财务状况的变化情况及变化趋势。

二、资产负债表的结构

资产负债表通常包括表首、表体。表首部分包括资产负债表的名称、编制单位、编制日期和金额单位；表体部分包括资产、负债和所有者权益各项目的年初数和期末数，是资产负债表的主要部分。资产负债表表体部分格式通常有报告式和账户式两种。报告式资产负债表，是将资产、负债、所有者权益项目采用垂直形式分别列示。账户式资产负债表，是按照分类账户的格式，将资产列示在报表的左方，负债和所有者权益列示在报表的右方。

在我国，资产负债表采用账户式结构，报表分为左右两方，左方列示资产各项目，反映全部资产的分布及存在形态；右方列示负债和所有者权益各项目，反映全部负债和所有者权益的内容及构成情况。资产负债表左右双方平衡，即资产总计等于负债和所有者权益总计。

三、资产负债表的编制方法

(一)资产负债表的数据来源

现行的资产负债表相当于一个两年期比较资产负债表，具有两个填列金额的栏目，即“年初数”栏目和“年末数”栏目。“年初数”栏的数据可取自上年末资产负债表的“期末数”栏。如果上年资产负债表规定的各个项目名称和内容与本年不一致，则应将上年数按本年项目的内容进行调整，使前后两年项目口径可比。“期末数”栏填列各项目的月末余额、季末余额或年末余额。这些余额数据主要通过以下几种方式取得：①根据总账账户余额直接填列，包括：“应收票据”“应收股利”“应收利息”“应收补贴款”“固定资产原价”“累计折旧”“短期借款”“应付票据”“应付职工薪酬”“实收资本”“资本公积”“盈余公积”等项目；②根据总账账户余额计算填列，包括：货币资金（由库存现金、银行存款、其他货币资金合计填列）、如资产负债表中的“存货”项目，需要根据“原材料”“库存商品”“委托加工物资”“周转材料”“材料采购”“在途物资”“发出商品”“材料成本差异”“编录经费”等总账账户期末余额的分析汇总数，再减去“存货跌价准备”账户余额后的净额填列。③根据明细账户余额计算填列，包括：“长期借款”“长期待摊费用”等项目；④根据总账账户和明细账户余额分析计算填列，包括：“应收账款”“应付账款”项目；⑤根据账户余额减去其备抵项目后的净额填列，包括：“短期借款”“应收账款”“存货”“在建工程”“无形资产”等项目。

（二）资产负债表各项目具体填列方法

1.“货币资金”项目

反映出版企业库存现金、银行结算户存款、外埠存款、银行汇票存款、银行本票存款、信用卡存款、信用证保证金存款和在途货币资金等的合计数。本项目可根据“库存现金”“银行存款”“其他货币资金”账户的期末余额合计填列。

2.“交易性金融资产”项目

反映企业为交易目的所持有的债券投资、股票投资、基金投资等交易性金融资产的公允价值。本项目应根据“交易性金融资产”科目的期末余额填列。

3.“应收票据”项目

反映出版企业因销售商品或提供劳务而收到票据形成的债权，包括商业承兑汇票和银行承兑汇票。本项目应根据“应收票据”账户的期末余额填列。已贴现或已背书转让的应收票据不包括在本项目内。

4.“应收账款”项目

反映出版企业因销售商品或提供劳务而应向购货方或接收方收取的各种款项。本项目应根据“应收账款”账户所属各明细账户期末借方余额合计填列。如“预收账款”账户所属有关明细账户有借方余额的，也包括在本项目内；如“应收账款”账户所属各明细账户有贷方余额，应包括在“预收账款”项目内。

5.“应收股利”项目

反映出版企业因股权投资而应收取的现金股利，应收其他单位的利润等。本项目应根据“应收股利”账户的期末余额填列。

6.“应收利息”项目

反映出版企业因债权投资而应收取的利息。企业购入到期还本付息债券应收的利息，不包括在本项目中。本项目应根据“应收利息”账户的期末余额填列。

7.“其他应收款”项目

反映出版企业应收账款、应收票据和预付账款以外的各种应收、暂付款项。本项目应根据“其他应收款”账户的期末余额填列。

8.“预付账款”项目

反映出版企业预付给供货方的贷款。本项目应根据“预付账款”账户所属各明细账户期末借方余额合计填列。如“应付账款”账户所属各明细账有借方余额。则应包括在本项目内,如“预付账款”账户所属有关明细账有贷方余额,则应在“应付账款”项目内反映。

9.“存货”项目

反映出版企业期末在库、在途和在加工中的各项存货的实际成本,包括原材料、包装物、低值易耗品、在产品、自制半成品、产成品、分期收款发出商品等。本项目应根据“物资采购”“原材料”“包装物”“低值易耗品”“材料成本差异”“委托加工材料”“自制半成品”“库存商品”“分期收款发出商品”“生产成本”“编录经费”(本账户期末采用计划定额分配时有余额)等账户的期末借贷方余额相抵后的差额填列。

10.“一年内到期的非流动资产”项目

反映企业将于一年内到期的非流动资产。本项目应根据有关科目的期末余额分析计算填列。

11.“其他流动资产”项目

反映出版企业除以上流动资产项目以外的其他流动资产,本项目应根据有关科目的期末余额填列。如其他流动资产价值较大的,应在财务报表附注中披露其内容和金额。

12.“可供出售金融资产”项目

反映企业持有的划分为可供出售金融资产的证券。本项目根据“可供出售金融资产”科目的期末余额填列。

13.“持有至到期投资”项目

反映出版企业持有的划分为持有至到期投资的证券。本项目根据“持有至到期投资”科目的期末余额减去“持有至到期投资减值准备”科目的期末余额后填列。

14.“投资性房地产”项目

反映出版企业持有的投资性房地产。本项目应根据“投资性房地产”科目的期末余额,减去“投资性房地产累计折旧”“投资性房地产减值准备”所属有关明细科目期末余额后的金额分析计算填列。

15. “长期股权投资”项目

反映出版企业不准备在1年内(含1年)变现的各种股权性质的投资的可收回金额。本项目应根据“长期股权投资”科目的期末余额,减去“长期投资减值准备”

科目中的有关股权投资减值准备期末余额后的金额填列。

16.“长期应收款”项目

反映企业持有的长期应收款的可收回金额。本项目应根据“长期应收款”科目的期末余额，减去“坏账准备”科目所属相关明细科目期末余额，再减去“未确认融资收益”科目期末余额后的金额分析计算填列。

17.“固定资产”项目

反映企业的固定资产可收回金额。本项目应根据“固定资产”科目的期末余额，减去“累计折旧”“固定资产减值准备”科目期末余额后的金额填列。

18.“在建工程”项目

反映出版企业期末未完成工程的实际支出，包括交付安装的设备价值。本项目应根据“在建工程”账户的期末余额填列。

19.“工程物资”项目

反映出版企业各项工程尚未使用的工程物资的实际成本。本项目应根据“工程物资”科目的期末余额填列。

20.“固定资产清理”项目

反映出版企业因出售、毁损、报废等原因转入清理但尚未清理完毕的固定资产的净值，以及清理过程中发生的清理费用和变价收入等各项金额的差额。本项目应根据“固定资产清理”账户的期末借方余额填列，以负号填列。

21.“无形资产”项目

反映出版企业各项无形资产的原价扣除摊销后的余额。本项目应根据“无形资产”账户的期末余额填列。

22.“递延所得税资产”项目

反映企业确认的递延所得税资产。本项目应根据“递延所得税资产”科目期末余额分析填列。

23.“其他流动资产”项目

反映出版企业除以上流动资产项目以外的其他流动资产的实际成本。本项目应根据有关账户的期末余额填列。

24.“坏账准备”项目

反映出版企业已提取但尚未专销的坏账准备。本项目应根据“坏账准备”账户的期末余额填列，若为借方余额则以负号填列。

25.“存货跌价准备”项目

反映出版企业提取的存货可变现净值低于成本的跌价准备。本项目应根据“存货跌价准备”账户的期末余额填列。

26.“其他非流动资产项目”

反映企业除以上资产以外的其他长期资产，本项目应根据有关科目的期末余额填列。如其他长期资产的价值较大的，应在财务报表附注中披露其内容和金额。

27.“短期借款”项目

反映出版企业借入尚未归还的1年期以下(含1年)的借款。本项目应根据“短期借款”账户的期末余额填列。

28.“交易性金融负债”项目

反映企业为交易而发生的金融负债，包括以公允价值计量且变动计入当期损益的金融负债。本项目应根据“交易性金融负债”等科目的期末余额分析填列。

29.“应付票据”项目

反映企业为了抵付货款等而开出、承兑的尚未到期付款的应付票据，包括银行承兑汇票和商业承兑汇票。本项目应根据“应付票据”科目的期末余额填列。

30.“应付账款”项目

反映出版企业应付给供应单位的款项。本项目应根据“应付账款”账户所属各有关明细账户的期末贷方余额合计填列。如“应付账款”账户所属各有关明细账户有期末借方余额，应在“预付账款”项目填列。

31.“预收账款”项目

反映出版企业预收购货单位的货款。本项目应根据“预收账款”账户所属各有关明细账户的期末贷方余额合计填列。如“预收账款”账户所属各有关明细账户有借方余额，应在“应收账款”项目填列。

32.“应付职工薪酬”项目

反映企业应付未付的各种薪酬。本项目按照“工资，奖金，津贴，补贴”“职工福利”“社会保险费”“住房公积金”“工会经费”“职工教育经费”“解除职工劳动关系补偿”“非货币性福利”“其他与获得职工提供的服务相关的支出”等应付职工薪酬项目进行明细核算。本项目应根据“应付职工薪酬”科目期末贷方余额填列。如“应付职工薪酬”科目期末为借方余额；以“—”号填列。

33.“应交税费”项目

反映企业期末未交、多交或未抵扣的各种税费。本项目应根据“应交税费”科目的期末贷方余额填列；如“应交税费”科目期末为借方余额，以“—”号填列。

34.“应付利息”项目

反映企业应付未付的利息。本项目应根据“应付利息”科目的期末贷方余额填列。

35.“应付股利”项目

反映企业尚未支付的现金股利。本项目应根据“应付股利”科目的期末余额填列。

36.“其他应付款”项目

反映出版企业所有应付和暂收其他单位和个人的款项，包括应付经营租入固定资产和包装物租金、存入保证金等。本项目应根据“其他应付款”账户的期末余额填列。

37.“预计负债”项目

反映企业预计负债的期末余额。本项目应根据“预计负债”科目的期末余额填列。

38.“一年内到期的非流动负债”项目

反映企业承担的将于一年内到期的非流动负债。本项目应根据有关非流动负债科目的期末余额分析计算填列。

39.“其他流动负债”项目

反映企业除以上流动负债以外的其他流动负债。本项目应根据有关科目的期末余额填列，如“待转资产价值”科目的期末余额可在本项目反映。如其他流动负债价值较大的，应在财务报表附注中披露其内容及金额。

40.“长期借款”项目

反映企业借入尚未归还的 1 年期以上(不含 1 年)的借款本息。本项目应根据“长期借款”科目的期末余额填列。

41.“应付债券”项目

反映企业发行的尚未偿还的各种长期债券的本息。本项目应根据“应付债券”科目的期末余额填列。

42.“长期应付款”项目

反映企业除长期借款和应付债券以外的其他各种长期应付款。本项目应根据“长期应付款”科目的期末余额，减去“未确认融资费用”科目期末余额后的金额填列。

43.“递延所得税负债”项目

反映企业确认的递延所得税负债。本项目应根据“递延所得税负债”科目期末余额分析计算填列。

44.“其他流动负债”项目

反映企业除以上非流动负债项目以外的其他非流动负债。本项目应根据有关科目的期末余额填列。如其他非流动负债价值较大的，应在财务报表附注中披露其他内容和金额。

45.“实收资本”项目或“股本”项目

实收资本反映股份有限公司以外企业的投资者实缴的出资额；股本反映股份有限公司实际发行的股票面值。这两个项目可分别根据“实收资本”或“股本”账户的期末余额填列。

46.“资本公积”项目

本项目包括超面值缴入股本(或资本溢价)、重估价准备、受赠资产价值、出版单位根据国家有关规定获得的宣传文化发展专项资金拨款和专项贴息资金。本项目应根据“资本公积”账户的期末余额填列。

47.“盈余公积”项目

反映出版企业盈余公积的期末余额。本项目应根据“盈余公积”账户的期末余额填列。

48.“未分配利润”项目

反映出版企业留待以后会计年度分配的利润或留待以后会计年度弥补的亏损。本项目应根据“利润分配”账户和“本年利润”账户的期末余额计算填列。若为未弥补亏损,则以负号填列 。

四、资产负债表的编制举例

【例 8—1】 观文出版社为增值税一般纳税人,增值税税率为 10%,所得税税率为 25%。其 2017 年有关账户的期初余额和期末余额如表 8—1 和表 8—2 所示。要求根据有关资料编制 2017 年 12 月 31 日的资产负债表。

表 8—1 **账户余额表** 单位:元

科目名称	借方余额	科目名称	贷方余额
库存现金	2 000	短期借款	200 000
银行存款	1 500 000	应付票据	200 000
其他货币资金	80 000	应付账款	679 600
应收票据	158 000	应付职工薪酬	110 000
应收账款	300 000	应交税费	26 000
坏账准备	—900	其他应付款	50 000
其他应收款	5 000	长期借款	600 000
预付账款	100 000	其中:一年内到期的长期负债	1 000 000
材料采购	225 000	实收资本(或股本)	4 000 000
原材料	550 000	盈余公积	100 000
包装物	38 050	利润分配(未分配利润)	58 500
低值易耗品	50 000		
材料成本差异	36 950		
库存商品	500 000		
委托加工物资	150 000		
委托代销商品	280 000		
长期股权投资	200 000		

续表

科目名称	借方余额	科目名称	贷方余额
固定资产	1 500 000		
累计折旧	—400 000		
在建工程	1 000 000		
无形资产	500 000		
生产成本	150 000		
编录经费	100 000		
合计	7 024 100	合计	7 024 100

表 8—2　　**科目余额表**　　单位：元

科目名称	借方余额	科目名称	贷方余额
库存现金	2 430	短期借款	50 000
银行存款	1 143 270	应付票据	80 000
其他货币资金	10 000	应付账款	950 000
应收票据	18 000	应付职工薪酬	180 000
应收账款	600 000	应交税费	211 600
坏账准备	—1 800	其他应付款	50 000
其他应收款	5 000	应付股利	30 000
预付账款	100 000	长期借款	1 100 000
材料采购	275 000	其中：一年内到期的长期负债	0
原材料	45 000	实收资本(或股本)	5 000 000
包装物	38 050	盈余公积	120 000
低值易耗品	0	利润分配(未分配利润)	220 000
材料成本差异	4 250		
库存商品	2 000 400		
委托加工物资	100 000		
委托代销商品	42 000		
长期股权投资	250 000		
固定资产	2 450 000		
累计折旧	—450 000		

续表

科目名称	借方余额	科目名称	贷方余额
工程物资	150 000		
在建工程	600 000		
无形资产	540 000		
生产成本	50 000		
编录经费	20 000		
合计	7 991 600	合计	7 991 600

根据上述资料，编制该出版社2017年12月31日的资产负债表，如表8—3所示。其中：①“编录经费”期末采用计划定额分配时有余额，并列入资产负债表中的“存货”项目；②“货币资金”项目是“库存现金”“银行存款”“其他货币资金”项目期末借方余额的合计数；③“存货”项目是“材料采购”“原材料”“周转材料”“材料成本差异”“库存商品”“委托加工物资”“委托代销商品”“生产成本”“编录经费”项目的合计数；④除“固定资产减值准备”项目在资产负债表中列示，其他的跌价准备和减值准备不在资产负债表上列示，直接是原项目扣除跌价、减值后的净值列示。

表8—3 **资产负债表**

编制单位：观文出版社 2017年12月31日 单位：元

资　产	年初数	期末数	负债和所有者权益	年初数	期末数
流动资产：			流动负债：		
货币资金	1 582 000	1 155 700	短期借款	200 000	50 000
应收票据	158 000	18 000	应付票据	200 000	80 000
应收股利	0	0	应付账款	679 600	950 000
应收账款	299 100	598 200	应付职工薪酬	110 000	180 000
其他应收款	5 000	5 000			
预付账款	100 000	100 000	应付股利	0	30 000
存货	2 080 000	2 574 700	应交税费	26 000	211 600
其他流动资产	0	0			
流动资产合计	4 224 100	4 451 600	其他应付款	50 000	50 000
非流动资产：			一年内到期的长期负债	1 000 000	0
长期股权投资	200 000	250 000	流动负债合计	2 265 600	1 551 600
固定资产	1 500 000	2 450 000	长期负债：		

续表

资　产	年初数	期末数	负债和所有者权益	年初数	期末数
减:累计折旧	400 000	450 000	长期借款	600 000	1 100 000
固定资产净值	1 100 000	2 000 000	长期负债合计	600 000	1 100 000
工程物资	0	150 000	所有者权益:		
在建工程	1 000 000	600 000	实收资本(或股本)	4 000 000	5 000 000
固定资产清理	0	0	盈余公积	100 000	120 000
无形资产	500 000	540 000	未分配利润	58 500	220 000
非流动资产合计	2 800 000	3 540 000	所有者权益合计	4 158 500	5 340 000
资产总计	7 024 100	7 991 600	负债和所有者权益总计	7 024 100	7 991 600

第三节　利润表

一、利润表的作用

利润表是反映企业一定会计期间经营成果的会计报表,是动态报表。利润表编制的理论依据是配比原则,即将一定时期的各种收入与为获取这些收入而耗费的各项支出进行配比,以计算出该时期企业的净利润(或亏损)。同样是出版企业对外报送的主要报表之一。通过利润表反映的收入、成本和费用等情况,能够表明企业生产经营的收益与成本耗费情况,揭示企业生产经营成果;通过利润表提供的不同时期的比较数字(本期金额、上期金额),可以分析企业今后利润的发展趋势、获利能力,了解投资者投入资本的使用效益,综合反映企业经营业绩。

二、利润表的内容和结构

利润表通常包括表首、表体;利润表的表首部分标明报表的名称、编制单位、编制时间及计量单位。利润表的表体包括收入、费用各项目的年初数和期末数,是利润表的主要部分。

常见的利润表结构主要有单步式和多步式两种。在我国,企业利润表采用的多步式利润表。

(1)单步式利润表,是将所有收入及费用分别汇总,两者相减得出本期损益。

(2)多步式利润表,是当期的收入、费用、支出项目按性质加以分类,按利润形成的主要环节列示一些中间性利润指标,分步计算当期净利润。

三、利润表的编制方法

按照我国多步式利润表的格式，其编制方法如下：

（一）利润表的数据来源

如报表中的“本月数”栏反映各项目的本月实际发生数。在编报中期报表时，将“本月数”栏改为“上年数”栏，填列上年同期累计实际发生数；在编报年度报表时，将“本月数”栏改为“上年数”栏，填列上年全年累计实际发生数。如果上年度利润表项目的名称和内容与本年度利润表不一致，应对上年度利润表项目的名称和数字按本年度的规定进行调整，填入报表“上年数”栏。本表“本年累计数”栏反映各项目自年初起至本月末止的累计实际发生数。

（二）利润表各项目具体填列方法

1.“营业收入”项目

反映出版企业经营主要业务和其他业务所取得的收入总额。本项目应根据“主营业务收入”账户和“其他业务收入”账户的发生额分析填列。

2.“营业成本”项目

反映出版企业经营主要业务和其他业务发生的实际成本总额。本项目应根据“主营业务成本”账户和“其他业务成本”的发生额分析填列。

3.“税金及附加”项目

反映出版企业经营主要业务应负担的消费税、城市维护建设税、土地增值税、资源税和教育费附加等。本项目应根据“税金及附加”账户的发生额分析填列。

4.“销售费用”项目

反映出版企业在销售商品和提供劳务等主要经营业务的过程中发生的费用。本项目应根据“销售费用”账户的发生额分析填列。

5.“管理费用”项目

反映出版企业发生的管理费用。本项目应根据“管理费用”账户的发生额分析填列。

6.“财务费用”项目

反映出版企业发生的财务费用。本项目应根据“财务费用”账户的发生额分析填列。

7.“资产减值损失”项目

因资产的账面价值高于其可收回金额而造成的损失。

8.“公允价值变动损益”项目

出版企业以各种资产，如投资性房地产、债务重组、非货币交换、交易性金融资产等公允价值变动形成的应计入当期损益的利得或损失。

9.“投资收益”项目

反映出版企业以各种方式对外投资所取得的收益。本项目应根据“投资收益”账户的发生额分析填列;如为损失,以“—”号填列。

10.“补贴收入”项目

反映出版企业取得的增值税返还款以及出版物出版补贴等专项补助。本项目应根据“补贴收入”账户的发生额分析填列。

11.“营业外收入”项目和“营业外支出”项目

反映出版企业发生的与其生产经营无直接关系的各项收入和支出。这两个项目应分别根据“营业外收入”账户和“营业外支出”账户的发生额分析填列。

12.“利润总额”项目

反映出版企业实现的利润总额。如为亏损,以“—”号填列。

13.“所得税费用”项目

反映出版企业从本期损益中扣除所得税金额。本项目应根据“所得税费用”账户的发生额分析填列。

14.“净利润”项目

反映出版企业实现的税后净利润。如为净亏损,以“—”号填列。

15.“基本每股收益”和“稀释每股收益”项目

应当反映根据每股收益准则的规定计算的金额。

(1)基本每股收益。企业应当按照归属于普通股股东的当期净利润,除以发行在外普通股的加权平均数计算基本每股收益。即:

基本每股收益＝归属于普通股股东的当期净利润
÷当期实际发行在外普通股的加权平均数

发行在外普通股的加权平均数＝期初发行在外普通股股数＋当期新发行普通股股数
×已发行时间÷报告期时间－当期回购普通股股数
×已回购时间÷报告期时间

已发行时间、报告期时间和已回购时间一般按照天数计算;在不影响计算结果合理性的前提下,也可以采用简化的计算方法。

(2)稀释每股收益。企业存在稀释性潜在普通股的,应当分别调整归属于普通股股东的当期净利润和发行在外普通股的加权平均数,并据以计算稀释每股收益。

四、利润表的编制举例

【例 8—2】 观文出版社为增值税一般纳税人,增值税税率为 10%,所得税税率为 25%。2017 年有关损益账户发生额如表 8—4 所示,要求根据有关资料编制 2017 年度的利润表。

表 8—4　　**科目发生额表**　　单位：元

科目名称	借方发生额	贷方发生额
主营业务收入		1 000 000
主营业务成本	560 000	
税金及附加	38 000	
其他业务收入		60 000
其他业务成本	40 000	
销售费用	50 000	
管理费用	40 000	
财务费用	10 000	
资产减值损失	1 200	
公允价值变动损益		18 000
投资收益		30 000
营业外收入		2 000
营业外支出	8 000	
所得税费用	79 200	

根据上述资料，编制该出版企业 2017 年度的利润表，如表 8—5 所示：

表 8—5　　**利润表**

编制单位：观文出版社　　2017 年度　　单位：元

项　目	本月数(略)	本年累计数
一、营业收入		1 060 000
减：营业成本		600 000
税金及附加		38 000
销售费用		50 000
管理费用		40 000
财务费用		10 000
资产减值损失		1 200
加：公允价值变动损益		18 000
投资收益(亏损以“—”号填列)		30 000
二、营业利润(亏损以“—”号填列)		368 800

续表

项　目	本月数(略)	本年累计数
加:营业外收入		2 000
减:营业外支出		8 000
三、利润总额(亏损总额以"—"号填列)		362 800
减:所得税费用		90 700
四、净利润(净亏损以"—"号填列)		272 100
五、每股收益		
(一)基本每股收益		
(二)稀释每股收益		

第四节　现金流量表

一、现金流量表的作用

现金流量表是以现金为基础编制的财务状况变动表。它反映出版企业一定期间内现金的流入和流出,表明企业获得现金和现金等价物(除特别说明,以下现金均包括现金等价物)的能力。现金流量表是继资产负债表和利润表之后的又一张基本报表,是企业三大对外会计报表(资产负债表、利润表、现金流量表)之一。其作用主要表现在:①全面揭示出版企业在一定时期内的财务状况变动情况;②现金流量表是在营运资金为基础的财务状况变动表的基础上发展起来的,它提供了许多新的信息;③ 现金流量表是联系资产负债表和利润表的桥梁;④通过现金流量表不仅可了解出版企业当前的财务状况,还可预测企业未来的发展情况。

二、现金流量表的内容和结构

现金流量表的编制基础是现金,这里的"现金"并非是狭义的现金概念,而是广义的,包括:①库存现金,即日常会计工作中"现金"账户所核算的内容;②可随时用于支付的银行存款,即除了不能随时支取的定期存款,与会计核算中"银行存款"账户所包含的内容一致;③其他货币资金,即出版企业存在金融机构有特定用途的资金,如外埠存款、银行汇票存款、银行本票存款、信用卡存款等;④现金等价物,即持有期限短、流动性高、易于转换为已知金额现金的短期投资,通常指购买在 3 个月或更短时间内即到期或即可转换为现金的投资。如观文出版社 2017 年 1 月 1 日购入 2017 年 3 月 1 日到期(持有期 2 个月)的国债,则可视为现金等价物;如该出版社 2017 年 3 月 1 日又购入 7 月 1 日到期(持有期 4 个月)的某企业债券,则不能视为现金等价物。

按企业活动性质不同,可分为经营活动、投资活动、筹资活动等,因而可将现金流量分为三类:经营活动产生的现金流量、投资活动产生的现金流量、筹资活动产生的现金流量。

现金流量表纵向可依次分为经营活动产生的现金流量、投资活动产生的现金流量、筹资活动产生的现金流量、汇率变动对现金的影响、补充资料五大部分,而经营、投资、筹资三类活动的现金流量列示包括:现金流入、现金流出、净现金流量。

三、现金流量表的编制方法

出版企业日常的会计确认、记录和报告是按照权责发生制进行的,而现金流量表是反映出版企业某一期间现金流入和流出的实际发生额,并以收付实现制作为确认的标准。因此,在编制现金流量表时,需要将已有的会计资料按照收付实现制的标准予以调整。下面分别介绍现金流量表各项目的具体内容。

(一)经营活动产生的现金流量

经营活动产生的现金流量有直接法和间接法两种方法反映。在我国,现金流量表以直接法编制,但在补充资料中采用间接法。所谓直接法,即以利润表中的营业收入为起算点,调整与经营活动有关的项目的增减变动,然后计算出经营活动的现金流量。经营活动现金流量包括如下内容:

1.“销售商品、提供劳务收到的现金项目”项目

反映出版企业销售商品、提供劳务实际收到的现金(含销售收入和应向购买者收取的增值税销项税额),包括:①本期销售商品、提供劳务收到的现金;②前期销售商品、提供劳务本期收到的现金;③本期预收的款项;④企业销售材料和代购代销业务等收到的现金;⑤扣除本期退回商品支付的现金。

2.“收到的税费返还”项目

反映出版企业收到返还的各种税费,如收到的增值税、消费税、所得税、教育费附加返还等。

3.“收到的其他与经营活动有关的现金”项目

反映出版企业收到的其他与经营活动有关的现金流入,如罚款收入等。

4.“购买商品、接受劳务支付的现金”项目

反映出版企业购买商品、接受劳务实际支付的现金(含支付的价款和应向销售者支付的增值税进项税额),包括:①本期购入商品、接受劳务支付的现金;②前期购入商品、接受劳务本期支付的现金;③本期预付的款项;④扣除本期购货退回收到的现金。

5.“支付给职工以及为职工支付的现金”项目

反映出版企业实际付给职工和为职工支付的现金，包括：①本期实际支付给职工的工资、奖金、津贴和补贴等；②为职工支付的其他费用。

6."支付的各项税费"项目

反映出版企业当期实际上缴税务部门的各种税金，以及支付的教育费附加、矿产资源补偿费、印花税、房产税、土地增值税、车船使用税等。

7."支付的其他与经营活动有关的现金"项目

反映出版企业支付的其他与经营活动有关的现金流出，如罚款支出、支付的差旅费、支付的保险金、业务招待费的现金流出、支付给离退休人员的各项费用等。

(二)投资活动产生的现金流量

现金流量表中的投资活动包括非现金等价物的短期投资和长期投资的购买和处置、固定资产的购建和处置、无形资产的购置与处置等。投资活动现金流量包括如下内容：

1."收回投资所收到的现金"项目

反映出版企业出售、转让、到期收回除现金等价物以外的短期投资、长期投资而收到的现金。

2."取得投资收益所收到的现金"项目

反映出版企业因股权投资或债权投资而收到的现金股利、利润、利息等。

3."处置固定资产、无形资产和其他长期资产所收到的现金净额"项目

反映出版企业处置固定资产、无形资产和其他长期资产取得的现金扣除相关费用的净额。因自然灾害造成固定资产等损失而收到的保险赔偿收入，也在本项目列示。

4."收到的其他与投资活动有关的现金"项目

反映出版企业收到的其他与投资活动有关的现金流入。

5."购建固定资产、无形资产和其他长期资产所支付的现金"项目

反映出版企业购买、建造固定资产，取得无形资产和其他长期资产所支付的现金。

6."投资所支付的现金"项目

反映出版企业进行各种性质的投资所支付的现金，包括：①企业取得的除现金等价物以外的短期投资、长期投资支付的现金；②支付的佣金、手续费等附加费用。

7."支付的其他与投资活动有关的现金"项目

反映出版企业支付的其他与投资活动有关的现金流出。

(三)筹资活动产生的现金流量

出版企业可通过发行债券、发行股票、借款等手段筹集资金。筹资活动现金流量包括如下内容：

1."吸收投资所收到的现金"项目

反映出版企业收到的投资者投入的现金，包括：①发行股票实际收到的股款净额（发行收入减去佣金等发行费用）；②发行债券实际收到的现金净额（发行收入减去佣金等发行费用）。

2."借款所收到的现金"项目

反映出版企业举借各种短期、长期借款所收到的现金。

3."收到的其他与筹资活动有关的现金"项目

反映出版企业收到的其他与筹资活动有关的现金流入，如接受现金捐赠等。

4."偿还债务所支付的现金"项目

反映出版企业偿还债务（借款、债券）的本金。

5."分配股利、利润、偿付利息所支付的现金"项目

反映出版企业实际支付的现金股利、利润，以及支付的借款利息和债券利息。

6."支付的其他与筹资活动有关的现金"项目

反映出版企业支付的其他与筹资活动有关的现金流出，如对外现金捐赠等。

（四）汇率变动对现金的影响额

"汇率变动对现金的影响额"项目，反映出版企业外币现金流量及境外子公司的现金流量折算为人民币时，所采用的现金流量发生日的汇率或平均汇率折算的人民币金额与"现金及现金等价物净增加额"中外币现金净增加额按期末汇率折算的人民币金额之间的差额。

（五）补充资料项目的内容及填列

补充资料中"将净利润调节为经营活动的现金流量"，实质是以间接法编制的经营活动的现金流量。所谓间接法，是以净利润为出发点，调整不涉及现金的收入、费用、营业外收支等有关项目的增减变动，据此计算出经营活动的现金流量。其需要调整的项目可分为四大类：①实际没有支付现金的费用；②实际没有收到现金的收益；③不属于经营活动的损益；④经营性应收、应付项目的增减变动。补充资料项目的具体内容如图表 8—6 所示：

表 8—6 **现金流量表**

编制单位：××出版企业 20×7 年度 单位：元

项　目	金　额
一、经营活动产生的现金流量	
销售商品、提供劳务收到的现金	
收到的税费返回	
收到的其他与经营活动有关的现金	
现金流入小计	

续表

项　目	金　额
购买商品、接受劳务支付的现金	
支付给职工以及为职工支付的现金	
支付的各项税费	
支付的其他与经营活动有关的现金	
现金流出小计	
经营活动产生的现金流量净额	
二、投资活动产生的现金流量：	
收回投资所收到的现金	
取得投资收益所收到的现金	
处置固定资产、无形资产和其他长期资产所收回的现金净额	
收到的其他与投资活动有关的现金	
现金流入小计	
构建固定资产、无形资产和其他长期资产所收回的现金净额	
收到的其他与投资活动有关的现金	
现金流入小计	
构建固定资产、无形资产和其他长期资产所支付的现金	
投资所支付的现金	
支付的其他与投资活动有关的现金	
现金流出小计	
三、投资活动产生的现金流量净额	
筹资活动产生的现金流量	
吸收投资所收到的现金	
借款所收到的现金	
收到的其他与筹资活动有关的现金	
现金流入小计	
偿还债务所支付的现金	
分配股利、利润和偿付利息所支付的现金	
支付的其他与筹资活动有关的现金	
现金流出小计	

续表

项　目	金　额
筹资活动产生的现金流量净额	
四、汇率变动对现金的影响	
五、现金及现金等价物净增加额	
1.将净利润调节为经营活动现金流量	
净利润	
加:计提的资产损失准备	
固定资产折旧	
无形资产摊销	
处置固定资产、无形资产和其他长期资产的损失(减:收益)	
固定资产报废损失	
财务费用	
投资损失(减:收益)	
存货的减少(减:增加)	
经营性应收项目的减少(减:增加)	
经营性应付项目的增加(减:减少)	
其他	
经营活动产生的现金流量净额	
2.不涉及现金收支的投资和筹资活动	
债务转为资本	
一年内到期的可转换公司债券	
融资租入固定资产	
3.现金及现金等价物净增加情况	
现金的期末余额	
减:现金的期初余额	
加:现金等价物的期末余额	
减:现金等价物的期初余额	
现金及现金等价物的净增加额	

但在编制时，我们需要注意如下一些容易混淆的项目：

(1)支付离退休人员的各项费用(包括支付的统筹退休金和未参加统筹的退休人员的费用)，不在“经营活动现金流量——支付给职工以及为职工支付的现金”项目反映，而应在“经营活动现金流量——支付的其他与经营活动有关的现金”项目中反映。

(2)支付的在建工程人员的工资，不在“经营活动现金流量——支付给职工以及为职工支付的现金”项目反映，而应在“投资活动现金流量——购建固定资产、无形资产和其他长期资产所支付的现金”项目中反映。

(3)企业为职工支付的养老、失业等社会保险基金、补充养老保险、住房公积金、支付给职工的住房困难补助、企业为职工缴纳的商业保险金，以及企业支付给职工或为职工支付的其他福利费用等，应按职工的工作性质和服务对象，分别在“经营活动现金流量——支付给职工以及为职工支付的现金”项目和“投资活动现金流量——购建固定资产、无形资产和其他长期资产所支付的现金”项目中反映。

(4)为购建固定资产实际支付的耕地占用税，不在“经营活动现金流量——支付的各项税费”项目反映，而应在“投资活动现金流量”项目中反映。

(5)为购建固定资产而发生借款利息资本化的部分，不在“投资活动现金流量——购建固定资产、无形资产和其他长期资产所支付的现金”项目反映，而应在“筹资活动现金流量”项目中反映。

(6)融资租入固定资产支付的租赁费，不在“投资活动现金流量——购建固定资产、无形资产和其他长期资产所支付的现金”项目反映，而应在“筹资活动现金流量”项目中反映；经营租入固定资产支付的租赁费，应在“经营活动现金流量”项目中反映。

(7)企业分期付款方式购建的固定资产，首次付款应在“投资活动现金流量”项目中反映，以后各期支付的现金应在“筹资活动现金流量”项目中反映。

(8)企业购买股票或债券实际支付的价款中包含已宣告但尚未领取的现金股利或已到期但尚未领取的债券利息，不在“投资活动现金流量——投资所支付的现金”项目反映，而应在“投资活动现金流量——支付的其他与投资活动有关的现金”项目中反映。

(9)收回购买的股票或债券中包含已宣告但尚未领取的现金股利或已到期但尚未领取的债券利息，不在“投资活动现金流量——取得投资收益所收到的现金”项目反映，而应在“投资活动现金流量——收到的其他与投资活动有关的现金”项目中反映。

(10)发行股票而由出版企业直接支付的审计、咨询等费用和发行债券支付的发行费用，不在“筹资活动现金流量——吸收投资所收到的现金”项目中扣除，而应在“筹资活动现金流量——支付的其他与筹资活动有关的现金”项目中反映。

第五节 所有者权益变动表

一、所有者权益变动表的内容

所有者权益变动表是指反映构成所有者权益各组成部分当期增减变动情况的报表。所有者权益变动表应当全面反映一定时期所有者权益变动的情况，不仅包括所有者权益总量的增减变动，还包括所有者权益增减变动的重要结构性信息，特别是要反映直接计入所有者权益的利得和损失，让报表使用者准确理解所有者权益增减变动的根源。

在所有者权益变动表中，企业至少应当单独列示反映下列信息的项目：①净利润；②直接计入所有者权益的利得和损失项目及其总额；③会计政策变更和差错更正的累积影响金额；④所有者投入资本和向所有者分配利润等；⑤提取的盈余公积；⑥实收资本或股本、资本公积、盈余公积、未分配利润的期初余额和期末余额及其调节情况。

二、所有者权益变动表的结构

为了清楚地表明构成所有者权益的各组成部分当期的增减变动情况，所有者权益变动表应当以矩阵的形式列示：一方面，列示导致所有者权益变动的交易或事项，改变了以往仅仅按照所有者权益的各组成部分反映所有者权益变动情况，而是从所有者权益变动的来源对一定时期所有者权益变动情况进行全面反映；另一方面，按照所有者权益各组成部分（包括实收资本、资本公积、盈余公积、未分配利润和库存股）及其总额列示交易或事项对所有者权益的影响。此外，企业还需要提供比较所有者权益变动表，所有者权益变动表还就各项目再分为“本年金额”和“上年金额”两栏分别填列。

三、所有者权益变动表的填列方法

1.“上年年末余额”项目

“上年年末余额”项目反映企业上年资产负债表中实收资本（或股本）、资本公积、库存股、盈余公积、未分配利润的年末余额。

2.“会计政策变更”“前期差错更正”项目

“会计政策变更”“前期差错更正”项目分别反映企业采用追溯调整法处理的会计政策变更的累积影响金额和采用追溯重述法处理的会计差错更正的累积影响金

额。

3.“本年增减变动额”项目

(1)“净利润”项目,反映企业当年实现的净利润(或净亏损)金额。

(2)“直接计入所有者权益的利得和损失”项目,反映企业当年直接计入所有者权益的利得和损失金额。

①“可供出售金融资产公允价值变动净额”项目,反映企业持有的可供出售金融资产当年公允价值变动的金额。

②“权益法下被投资单位其他所有者权益变动的影响”项目,反映企业对按照权益法核算的长期股权投资,在被投资单位除当年实现的净损益以外其他所有者权益当年变动中应享有的份额。

③“与计入所有者权益项目相关的所得税影响”项目,反映企业根据《企业会计准则第18号——所得税》规定应计入所有者权益项目的当年所得税影响金额。

④ 其他(例如投资性房地产将自用房地产转为以公允价值进行后续计量的投资性房地产,转换日的公允价值大于原账面价值的,差额计入资本公积;可转换公司债券在初始确认时,分拆的权益成分计入资本公积)。

(3)“所有者投入和减少资本”项目,反映企业当年所有者投入的资本和减少的资本。

①“所有者投入资本”项目,反映企业接受投资者投入形成的实收资本(或股本)和资本溢价或股本溢价。

②“股份支付计入所有者权益的金额”项目,反映企业处于等待期中的权益结算的股份支付当年计入资本公积的金额。

(4)“利润分配”项目,反映企业当年的利润分配金额。

①“提取盈余公积”项目,反映企业按照规定提取的盈余公积。

②“对所有者(或股东)的分配”项目,反映对所有者(或股东)分配的利润(或股利)金额。

(5)“所有者权益内部结转”项目,反映企业构成所有者权益的组成部分之间的增减变动情况。

①“资本公积转增资本(或股本)”项目,反映企业以资本公积转增资本或股本的金额。

②“盈余公积转增资本(或股本)”项目,反映企业以盈余公积转增资本或股本的金额。

③“盈余公积弥补亏损”项目,反映企业以盈余公积弥补亏损的金额。

所有者权益变动表

会企 04 表

编制单位：　　　　　　　　________年度　　　　　　　　单位：元

项目	本年金额										上年金额									
	实收资本（或股本）	其他权益工具			资本公积	减：库存股	其他综合收益	盈余公积	未分配利润	所有者权益合计	实收资本（或股本）	其他权益工具			资本公积	减：库存股	其他综合收益	盈余公积	未分配利润	所有者权益合计
		优先股	永续债	其他								优先股	永续债	其他						
一、上年年末余额																				
加：会计政策变更																				
前期差错更正																				
其他																				
二、本年年初余额																				
三、本年增减变动金额（减少以“－”号填列）																				
（一）综合收益总额																				
（二）所有者投入和减少资本																				
1.所有者投入的普通股																				
2.其他权益工具持有者投入资本																				
3.股份支付计入所有者权益的金额																				
4.其他																				
（三）利润分配																				
1.提取盈余公积																				
2.对所有者（或股东）的分配																				
3.其他																				
（四）所有者权益内部结构																				
1.资本公积转增资本（或股本）																				
2.盈余公积转增资本（或股本）																				
3.盈余公积弥补亏损																				
4.设定受益计划变动额结转留存收益																				
5.其他																				
四、本年年末余额																				

第九章　企业集团合并会计报表

第一节　合并会计报表概述

一、企业合并、合并报表概念

(一)企业合并

公司合并是指两个或两个以上的公司依照公司法规定的条件和程序,通过订立合并协议,共同组成一个公司的法律行为。公司的合并可分为吸收合并和新设合并两种形式。吸收合并又称存续合并,它是指通过将一个或一个以上的公司并入另一个公司的方式而进行公司合并的一种法律行为。并入的公司解散,其法人资格消失。接受合并的公司继续存在,并办理变更登记手续。新设合并是指两个或两个以上的公司以消灭各自的法人资格为前提而合并组成一个公司的法律行为。其合并结果,原有公司的法人资格均告消灭。新组建公司办理设立登记手续取得法人资格。

(二)合并报表

合并报表(Consolidation of Accounting statement),是指由母公司编制的包括所有控股子公司会计报表的有关数据的报表。该报表可向报表使用者提供公司集团的财务状况和经营成果。也可以说,是以母公司及其子公司组成会计主体,以控股公司和其子公司单独编制的个别财务报表为基础,由控股公司编制的反映抵消集团内部往来账项后的集团合并财务状况和经营成果的财务报表,合并报表包括合并资产负债表、合并利润表、合并现金流量表或合并财务状况变动表等。

二、合并会计报表的作用及其特点

(一)合并会计报表的作用

合并会计报表的作用主要表现在两个方面:①合并会计报表能够对外提供反映由母子公司组成的企业集团整体经营情况的会计信息。②合并会计报表有利于避免一些企业集团利用内部控股关系,人为粉饰会计报表情况的发生。

(二)合并会计报表的特点

合并会计报表是以整个企业集团为一会计主体,以组成企业集团的母公司和子公司的个别会计报表(指企业单独编制的会计报表,为了与合并会计报表相区别,将其称为个别会计报表)为基础,抵消内部交易或事项对个别会计报表的影响后编制而成的。与个别会计报表比较,它具有如下特点:

(1)合并会计报表反映的是母公司和子公司所组成的企业集团整体的财务状况和经营成果,反映的对象是由若干个法人组成的会计主体,是经济意义上的会计主体,而不是法律意义上的主体。个别会计报表反映的则是单个企业法人的财务状况和经营成果,反映的对象是企业法人。

(2)合并会计报表由企业集团中对其他企业有控制权的控股公司或母公司编制。也就是说,并不是企业集团中所有企业都必须编制合并会计报表,但是所有企业都需要编制个别会计报表。

(3)合并会计报表以个别会计报表为基础编制。合并会计报表根据个别会计报表,抵消有关会计事项对个别会计报表的影响编制的,它并不需要在现行会计核算方法体系之外,单独设置一套账簿体系。

(4)合并会计报表编制有其独特的方法。合并会计报表是在对纳入合并范围的个别会计报表的数据进行加总的基础上,通过编制抵消分录将企业集团内部的经济业务对个别会计报表的影响予以抵消,然后合并会计报表各项目的数额编制。

三、合并会计报表的合并范围

(一)合并范围

编制合并会计报表,首先必须确定其合并范围。合并会计报表的合并范围是指纳入合并会计报表编报的子公司的范围。根据我国《合并会计报表暂行规定》的规定,凡是能够为母公司所控制的被投资企业都属于其合并范围,即所有的子公司都应当纳入合并会计报表的合并范围。所谓子公司是指被另一企业控制的企业。所谓控制是指有权决定一个企业的财务和经营政策,并能据以从该企业的经营活动中获取利益。根据该规定,我国合并会计报表的合并范围具体如下:

1.母公司拥有其半数以上表决权资本的被投资企业

表决权资本是指对企业有投票权,能够据此参与企业经营管理决策的资本,如股份制企业中的普通股,有限责任公司中的投资者出资额等。当母公司拥有被投资企业50%以上股份时,母公司就拥有对该被投资企业的控制权,能够操纵该被投资企业的股东大会并对其生产经营活动实施控制。母公司拥有被投资企业半数以上表决权资本,具体又包括以下三种情况:

(1)母公司直接拥有被投资企业半数以上表决权资本。如A公司直接拥有B公司发行的普通股总数的50.1%,在这种情况下,B公司就成为A公司的子公司,A公司编制合并会计报表时,必须将B公司纳入其合并范围。

(2)母公司间接拥有被投资企业半数以上表决权资本。间接拥有半数以上表决权资本，是指通过子公司而对子公司的子公司拥有半数以上表决权资本。例如，A公司拥有B公司60%的股份，而B公司又拥有C公司60%的股份。在这种情况下，A公司作为母公司通过其子公司B公司，间接拥有和控制C公司60%的股份，从而C公司也是A公司的子公司，A公司编制合并会计报表时，也应当将C公司纳入其合并范围。这里必须注意的是，A公司间接拥有和控制C公司的股份是以B公司为A公司的子公司作为前提的。

(3)母公司直接和间接方式合计拥有，控制被投资企业半数以上表决权资本。直接和间接方式合计拥有和控制半数以上表决权资本是指母公司以直接方式拥有、控制某一被投资企业一定数量(半数以下)的表决权资本，同时又通过其他方式如通过子公司拥有、控制该被投资企业一定数量的表决权资本，两者合计拥有、控制该被投资企业超半数以上的表决权资本。例如，A公司拥有B公司70%的股份，拥有C公司35%的股份；B公司拥有C公司30%的股份。在这种情况下，B公司为A公司的子公司，A公司通过子公司B公司间接拥有、控制C公司30%的股份，与直接拥有、控制35%的股份合计，A公司共拥有、控制C公司的股份合计为65%，从而C公司属于A公司的子公司，A公司编制合并会计报表时，也应当将C公司纳入其合并范围。假定B公司只拥有C公司14%的股份，则A公司通过B公司间接控制C公司14%的股份，A公司通过直接方式和间接方式合计只拥有C公司49%的股份。在这种情况下，A公司则不能将C公司的会计报表纳入其合并范围。如果A公司只拥有B公司40%的股份时，则不能将C公司作为A公司的子公司处理，将其纳入A公司的合并范围。

2.被母公司控制的其他被投资企业

在母公司通过直接和间接方式没有拥有和控制被投资企业的半数以上表决权资本的情况下，如果母公司通过其他方法对被投资企业的经营活动能够实施有效控制时，这些被母公司所能够控制的被投资企业，也应作为子公司纳入其合并范围。

(1)通过与该被投资企业的其他投资者之间的协议，持有该被投资企业半数以上表决权。这种情况指母公司与其他投资者共同投资某企业，母公司与其中的某些投资者签订协议，受托管理和控制这一被投资企业，从而在被投资企业的股东大会上拥有该被投资企业半数以上表决权。在这种情况下，母公司对这一被投资企业的经营管理拥有控制权，使该被投资企业成为事实上的子公司，为此必须将其纳入合并范围。

(2)根据章程或协议，有权控制企业的财务和经营政策。这种情况指在被投资企业章程等文件中明确母公司对其财务和经营政策能够实施管理和控制。企业的财务和经营政策直接决定着企业的生产经营活动，决定着企业的未来发展。能够控制企业财务和经营政策也就是等于能控制整个企业生产经营活动。这样，也就使得该被投资企业成为事实上的子公司，从而应当纳入母公司的合并范围。

(3)有权任免公司董事会等类似权力机构的多数成员。这种情况指母公司能够通过任免公司董事会的董事，从而控制被投资企业的生产经营决策权。此时，该被投资企业也在母公司的控制下进行生产经营活动，被投资企业成为事实上的子公司。从而应当纳入母公司的合并范围。

(4)在公司董事会或类似权力机构会议上有半数以上投票权。这种情况指母公司能够控制董事会等权力机构的会议，从而操纵公司董事会的经营决策，使该公司的生产经营活动在母公司的间接控制下进行，使被投资企业成为事实上的子公司。因此，也应将其纳入母公司的合并范围。

(二)不纳入合并会计报表合并范围的子公司

被投资企业虽然半数以上的表决权资本为母公司所拥有，属于母公司的子公司，但由于一些特殊的原因，母公司并不能有效地对其实施控制，或者对其控制权受到限制。对于这些子公司，可以不将其纳入合并会计报表的合并范围。可以不纳入合并范围的子公司有：

1.已准备关停并转的子公司

这类子公司是指根据政府宏观管理和调控的要求，以及有关产业政策的规定，被政府有关部门确定为关闭、停业、准备与其他企业合并以及转产其他产品的企业。在这种情况下，这类子公司或者由政府有关部门直接管理和控制，或者不能进行正常的生产经营活动，母公司对这类子公司的控制权受到限制。

2.按照破产程序，已宣告被清理整顿的子公司

根据《破产法》的有关规定，企业在清理整顿期间应当按照整顿方案进行整顿，并由企业的上级主管部门负责整顿的实施。在这种情况下，母公司对其的控制权同样受到了限制。

3.已宣告破产的子公司

根据《破产法》的有关规定，企业宣告破产后，必须设立清算组。破产企业的财产在破产宣告后，即由清算组接管，并由清算组行使管理和处分权，其他任何人员不得非法处理破产企业的财产等。在这种情况下，一是母公司对宣告破产的子公司财产没有控制权；二是破产企业不能进行正常的生产经营活动，属于非持续经营的企业。因此，没有必要将其纳入合并会计报表的合并范围。

4.准备近期售出而短期持有其半数以上的表决权资本的子公司

这种情况指母公司在资产负债表日持有被投资企业过半数以上表决权资本的投资，其中有一部分表决权资本投资准备在近期内出售。对于这一部分准备近期出售的表决权资本投资母公司并不是为了控制该被投资企业而持有的。在这种情况下，母公司对该被投资企业的控制权是暂时性的，没有必要将其纳入合并

范围。

5.非持续经营的所有者权益为负数的子公司

这种情况下，根据股东对公司承担有限责任的规定，母公司也只承担对子公司的投资额以内的有限责任。由于采用权益法核算，母公司对该子公司长期股权投资账户已降到零，不再承担子公司的债务等责任，因此没有必要将其纳入合并范围。但在该子公司持续经管时，

如母公司考虑到子公司继续为母公司提供原材料的需要，不准备宣告该子公司破产。在这种情况下，母公司仍然控制着该子公司，则仍然必须将其纳入合并会计报表的合并范围。

6.受所在国外汇管制及其他管制，资金高度受到限制的境外子公司

在这种情况下，母公司不能完全按照自身的意图调度和使用子公司的资金，使得母公司的控制权受到限制。

四、合并会计报表编制的前期准备事项

(一)统一母子公司的会计报表决算日及会计期间

为了编制合并会计报表，必须要求子公司的会计报表决算日和会计期间保持一致，统一企业集团内部各企业的会计报表决算日和会计期间，以便于子公司提供相同日期和会计期间的会计报表。对于境外子公司，由于当地法律限制不能与母公司会计报表决算日和会计期间一致的，可以要求其为编制合并会计报表单独编报与母公司会计报表决算日和会计期间一致的个别会计报表。

(二)统一母子公司的会计政策

只有在会计报表各项目反映的内容一致的情况下，才能对其进行了加总，编制合并会计报表。为此，在编制会计报表前，应统一母子公司会计政策，要求子公司所采用的会计政策与母公司保持一致。

(三)对子公司股权投资采用权益法核算

在编制合并报表时进行抵消处理的项目之一，就是母公司对子公司长期股权投资与子公司所有者权益各项目相互抵消。在采用权益法的情况下，有利于合并会计报表的编制。

(四)对子公司外币表示的会计报表进行折算

对母公司和子公司的会计报表进行合并，其前提必须是母子公司个别会计报表所采用的货币计量单位一致。在我国允许外币业务比较多的企业采用某一外币作为记账本位币，境外企业一般也是采用其所在国或地区的货币作为其记账本位币。在将这些企业的会计报表纳入合并时，必须将其折算为母公司所采用的记账本位币表示的会计报表。

五、合并会计报表的种类及其编制原则

(一)合并会计报表的种类

合并会计报表主要包括合并资产负债表、合并利润表、合并利润分配表和合并现金流量表,它们分别从不同的方面反映企业集团的经营情况,构成一个完整的合并会计报表体系。

1.合并资产负债表

合并资产负债表是反映母公司和子公司所形成的企业集团某一特定日期财务状况的会计报表。

2.合并利润表

合并利润表是反映母公司和子公司所形成的企业集团整体在一定期间内经营成果的会计报表。

3.合并所有者权益变动表

合并所有者权益变动表是反映构成企业集团所有者权益的各组成部分当期的增减变动情况的财务报表。

4.合并现金流量表

合并现金流量表是反映母公司和子公司所形成的企业集团在一定期间现金流入流出量以及现金净增减变动情况的会计报表。

5.附注

附注是对合并资产负债表、合并利润表、合并现金流量表和合并所有者权益变动表(或合并股东权益变动表)等报表中列示项目的文字描述或明细资料,以及对未能在这些报表中列示项目的说明等。

(二)合并会计报表的编制原则

合并会计报表作为会计报表,必须符合会计报表编制的一般原则和基本要求。合并会计报表的编制除遵循会计报表编制的一般原则和要求外,还应当遵循以下原则和要求:

1.以个别会计报表为基础编制

合并会计报表并不是直接根据母公司和子公司账簿编制,而是利用母公司和子公司编制的反映各自财务状况和经营成果的会计报表提供的数据,通过合并会计报表的特有方法进行编制。以纳入合并范围的个别会计报表为基础,可以说是客观性原则在合并会计报表编制时的具体体现。

2.一体性原则

合并会计报表反映的是企业集团的财务状况和经营成果,反映由多个法人企业组成的一个会计主体的财务情况,在编制合并会计报表时应当将母公司和所有子公司作为整体来看待,视为同一会计主体,母公司和子公司发生的经营活动都应

当从企业集国这一整体的角度进行考虑。

3.重要性原则

一些项目在企业集团中的某一企业具有重要性,但对于整个企业集团则不一定具有重要性,在这种情况下根据重要性的要求对会计报表项目进行取舍,则具有重要的意义。对整个企业集团财务状况和经营成果影响不大时,为简化合并手续也应根据重要性原则进行取舍,可以不编制抵消分录而直接编制合并会计报表。

六、合并会计报表的编制程序

(一)第一步

编制合并工作底稿。工作底稿的格式在举例中所示。

(二)第二步

将母公司、纳入合并范围的子公司个别资产负债表、利润表及利润分配表各项目的数据过入合并工作底稿,并在合并工作底稿中对母公司和子公司个别会计报表各项目的数据进行加总,计算得出个别资产负债表、个别利润表及个别利润分配表各项目合计数额。

(三)第三步

编制抵消分录,将母公司与子公司、子公司相互之间发生的经济业务对个别会计报表有关项目的影响进行抵消处理。编制抵消分录,进行抵消处理是合并会计报表编制的关键和主要内容,其目的在于将个别会计报表各项目的加总数据中重复的因素予以抵消。

(四)第四步

计算合并会计报表各项目的合并数额:①资产、成本费用类各项目,其合并数根据该项目加总的数额,加上该项目抵消分录有关的借方发生额,减去该项目抵消分录有关的贷方发生额计算确定。②负债、收益类各项目和所有者权益类项目,其合并数根据该项目加总的数额,减去该项目抵消分录有关的借方发生额,加上该项目抵消分录有关的贷方发生额计算确定。

(五)第五步

填列合并会计报表。即根据合并工作底稿中计算出的资产、负债、所有者权益、收入、成本费用类各项目的合并数,填列正式的合并会计报表。

第二节　合并报表的编制

一般情况下,企业取得子公司的途径主要有两条:一是对外进行直接投资组建新的被投资企业使其成为子公司,这里包括单独投资组建全资子公司、与其他企业合资组建非全资子公司,这里包括购买同一控制下的企业的股权使其成为直接的子公司、购买非同一控制的企业的股权使其成为子公司的两种情况。下面以同一控制下取得子公司为例说明合并报表的编制。

一、同一控制下取得子公司合并日合并财务报表的编制

根据现行企业会计制度,母公司在合并日可以编制合并日的合并资产负债表、合并利润表、合并现金流量表等合并财务报表。母公司在将购买取得子公司股权登记入账后,在编制合并日合并资产负债表时,只需将对子公司长期股权投资与子公司所有者权益中母公司所拥有的份额相抵消。

【例 9—1】 上海文化公司 2017 年 1 月 1 日以28 600万元的价格取得 A 公司80%的股权。A 公司净资产的公允价值为35 000万元。上海文化公司在购买 A 公司过程中发生审计、评估和法律服务等相关费用 120 万元。上述价款均以银行存款支付。上海文化公司与 A 公司均为同一控制下的企业。A 公司采用的会计政策与上海文化公司一致。A 公司 2017 年 1 月 1 日的资产负债表见表 9—2 中的 A 公司数据。

根据 A 公司资产负债表,A 公司股东权益总额为32 000万元,其中,股本20 000万元,资本公积为8 000万元,盈余公积为1 200万元,未分配利润为2 800万元。合并后,上海文化公司在 A 公司股东权益中所拥有的份额为25 600万元。上海文化公司对 A 公司长期股权投资的初始投资成本为28 600万元。至于购买该股权过程中发生的审计、评估等相关费用,则直接计入当期损益,即计入当期管理费用。

母公司在对 A 公司投资进行账务处理编制的资产负债表,以及 A 公司当日的资产负债表如表 9—1 所示。

在本例中,对于上海文化公司为购买 A 公司所发生的审计等费用实际上已支付给会计师事务所等中介机构,不属于上海文化公司与 A 公司所构成的企业集团内部交易,不涉及抵消处理的问题。编制合并日合并资产负债表时,假定不考虑留存收益恢复因素,上海文化公司抵消处理如下:

借:股本	20 000	
资本公积	8 000	
盈余公积	1 200	
未分配利润	2 800	
贷:长期股权投资		25 600
少数股东权益		6 400

表 9—1　　合并工作底稿　　单位：万元

项目	上海文化公司	A公司	合计数	抵消分录		少数股东权益	合并数
				借方	贷方		
流动资产：							
货币资金	9 000	4 200	13 200				13 200
以公允价值计量且变动计入当期损益的金融资产	4 000	1 800	5 800				5 800
衍生金融资产							
应收票据	4 700	3 000	7 700				7 700
应收账款	5 800	3 920	9 720				9 720
预付款项	2 000	880	2 880				2 880
应收利息							
应收股利	4 200	0	4 200				4 200
其他应收款	0	0	0				0
存货	31 000	20 000	51 000				51 000
一年内到期的非流动资产							
其他流动资产	1 300	1 200	2 500				2 500
流动资产合计	62 000	35 000	97 000				97 000
非流动资产：							
可供出售金融资产	11 400	0	11 400				11 400
持有至到期投资	10 000	0	10 000				10 000
长期应收款							
长期股权投资	25 600	0	25 600		25 600		0
投资性房地产							
固定资产	21 000	18 000	39 000				39 000
在建工程							
工程物资							
固定资产清理							
无形资产	4 000	1 600	5 600				5 600
开发支出							

续表

项目	上海文化公司	A公司	合计数	抵消分录		少数股东权益	合并数
				借方	贷方		
商誉	2 000	0	2 000				2 000
长期待摊费用							
递延所得税资产							
其他非流动资产	0	0	0				0
非流动资产合计	94 000	23 000	117 000		25 600		91 400
资产总计	156 000	58 000	214 000		25 600		188 400
流动负债：							
短期借款	12 000	5 000	17 000				17 000
以公允价值计量且其变动计入当期损益的金融负债	3 800	0	3 800				3 800
应付票据	10 000	3 000	13 000				13 000
应付账款	18 000	4 200	22 200				22 200
预收款项	3 000	1 300	4 300				4 300
应付职工薪酬	6 000	1 600	7 600				7 600
应交税费	2 000	1 200	3 200				3 200
应付利息							
应付股利	4 000	4 000	8 000				8 000
其他应付款	0	0	0				0
一年内到期的非流动负债							
其他流动负债	1 200	700	1 900				1 900
流动负债合计	60 000	21 000	81 000				81 000
非流动负债：							
长期借款	4 000	3 000	7 000				7 000
应付债券	20 000	2 000	22 000				22 000
长期应付款	2 000	0	2 000				2 000
其他非流动负债	0	0	0				0
非流动负债合计：	26 000	5 000	31 000				31 000

续表

项目	上海文化公司	A公司	合计数	抵消分录		少数股东权益	合并数
				借方	贷方		
负债合计	86 000	26 000	112 000				112 000
股本	40 000	20 000	60 000	20 000			40000
其他权益工具							
其中:优先股							
永续债							
资本公积	10 000	8 000	18 000	8 000			10 000
盈余公积	11 000	1 200	12 200	1 200			11 000
未分配利润	9 000	2 800	11 800	2 800			9 000
股东权益合计	70 000	32 000	102 000	32 000			70 000
少数股东权益						6 400	6 400
负债和股东权益总计	156 000	58 000	214 000	32 000		6 400	188 400

二、直接投资及同一控制下取得子公司合并日后合并财务报表的编制

编制合并日后合并财务报表时,首先,将母公司对子公司长期股权投资由成本法核算的结果调整为权益法核算的结果,使母公司对子公司长期股权投资项目反映其在子公司所有者权益中所拥有权益的变动情况;期次,将母公司对子公司长期股权投资项目与子公司所有者权益项目等内部交易相关的项目进行抵消处理,将内部交易对合并财务报表的影响予以抵消;最后,在编制合并日合并工作底稿的基础上,编制合并财务报表。

(一)长期股权投资成本法核算的结果调整为权益法核算的结果

将成本法核算调整为权益法核算时,应当自取得对子公司长期股权投资的年度起,逐年按照子公司当年实现的净利润中属于母公司享有的份额,调整增加对子公司长期股权投资的金额,并调整增加当年投资收益;对于子公司当期分派的现金股利或宣告分派的股利中母公司享有的份额,则调整冲减长期股权投资的账面价值,同时调整减少原投资收益。之所以要按子公司分派或宣告分派的现金股利调整减少投资收益,是因为在成本法核算的情况下,母公司在当期的财务报表中已按子公司分派或宣告分安排的现金股利确认投资收益。

在取得长期股权投资的第 2 年,将成本法调整为权益法核算的结果时,则在调整计算第一年年末权益法核算的对子公司长期股权投资的金额的基础上,按第二

年子公司实现的净利润中母公司所拥有的份额，调增长期股权投资的金额；按子公司分派或宣告分派的现金股利中所拥有的份额，调减长期股权投资的金额。以后年度的调整，则比照上述做法进行调整处理。

子公司除净损益以外所有者权益的其他变动，在按照权益法对成本法核算的结果进行调整时，应当根据子公司本期除净损益以外的所有者权益的其他变动而计入资本公积或其他综合收益的金额中所享有的份额，对长期股权投资的金额进行调整。在以后年度将成本法调整为权益法核算的结果时，也应当持续考虑这一因素对长期股权投资的金额进行调整。

【例 9—2】 观文出版社于 2017 年 1 月 1 日，以28 600万元价格取得 A 公司 80%的股权，使其成为子公司。观文出版社和 A 公司 2017 年度个别财务报表如表 9—2、9—3、9—4 所示。

表 9—2 **资产负债表**

编制单位： 2017 年 12 月 31 日 单位：万元

资　产	观文出版社	A 公司	负债和所有者权益（或股东权益）	观文出版社	A 公司
流动资产：			流动负债：		
货币资金	5 700	6 500	短期借款	10 000	4 800
以公允价值计量且其变动计入当期损益的金融资产	3 000	5 000	以公允价值计量且其变动计入损益的金融负债	4 000	2 400
衍生金融资产			衍生金融负债		
应收票据	7 200	3 600	应付票据	13 000	3 600
应收账款	8 500	5 100	应付账款	18 000	5 200
预付账款	1 500	2 500	预收账款	4 000	3 900
应收利息			应付职工薪酬	5 000	1 600
应收股利	4 800	0	应交税费	2 700	1400
其他应收款	500	1 300	应付利息		
存货	37 000	18 000	应付股利	5 000	4 500
一年内到期的非流动资产			其他应付款	300	700
其他流动资产	1 800	1 000	一年内到期的非流动负债		
可供出售金融资产	8 000	0	其他流动负债	2 000	900
持有至到期投资	13 000	4 000	流动负债合计	64 000	29 000
长期应收款			非流动负债：		
长期股权投资	40 000	0	长期借款	4 000	5 000
投资性房地产			应付债券	20 000	7 000

续表

资　产	观文出版社	A公司	负债和所有者权益（或股东权益）	观文出版社	A公司
固定资产	28 000	26 000	长期应付款	6 000	0
在建工程	13 000	4 200	专项应付款		
工程物资			预计负债		
固定资产清理			递延所得税负债		
无形资产	6 000	1 800	其他非流动负债	0	0
开发支出			非流动负债合计	30 000	12 000
商誉	2 000	0	负债合计	94 000	41 000
长期待摊费用			股东权益：		
递延所得税资产			股本	40 000	20 000
其他非流动资产	0	0	其他权益工具		
非流动资产合计	110 000	36 000	其中：优先股		
			永续债		
			资本公积	10 000	8 000
			减：库存股		
			其他综合收益		
资产总计			专项储备		
			盈余公积	18 000	3 200
			未分配利润	18 000	6 800
			股东权益合计	86 000	38 000
资产总计	180 000	79 000	负债和股东权益合计	180 000	79 000

表 9—3　　　　　　　　　　　利润表

编制单位：　　　　　　　　　　2017 年度　　　　　　　　　　单位：万元

项目	观文出版社	A公司
一、营业收入	150 000	94 800
减：营业成本	96 000	73 000
税金及附加	1 800	1 000
销售费用	5 200	3 400
管理费用	6 000	3 900
财务费用	1 200	800

续表

项目	观文出版社	A公司
资产减值损失	600	300
加:公允价值变动损益(损失以“—”号填列)	0	0
投资收益(损失以“—”号填列)	9 800	200
其中:对联营企业和合并企业的投资收益(损失以“—”号填列)		
二、营业利润(亏损以“—”号填列)	49 000	12 600
加:营业外收入	1 600	2 400
其中:非流动资产处置利得		
减:营业外支出	2 600	1 000
其中:非流动资产处置损失		
三、利润总额(亏损总额以“—”号填列)	48 000	14 000
减:所得税费用	12 000	3 500
四、净利润(亏损额以“—”号填列)		
五、其他综合收益的税后净额		
(一)以后不能重分类进损益的其他综合收益		
1.重新计量设定收益计划净负债或净资产的变动		
2.权益法下在被投资单位不能重分类进损益的其他综合收益中享有的份额		
3.其他		
(二)以后将重分类进损益的其他综合收益		
1.权益法下在被投资单位以后将重分类进损益的其他综合收益中享有的份额		
2.可供出售金融资产公允价值变动损益		
3.持有至到期投资重分类为可供出售金融资产损益		
4.现金流量套期损益的有效部分		
5.外部财务报表折差额		
6.其他		
六、综合收益总额	36 000	10 500
七、每股收益		
(一)基本每股收益		
(二)稀释每股收益		

表 9—4

股东权益变动表

2017 年度

单位：万元

项目	观文出版社									A 公司								
	股本	其他权益工具	资本公积	减：库存股	其他综合收益	盈余公积	未分配利润	专项储备	股东权益合计	股本	其他权益工具	资本公积	减：库存股	其他综合收益	盈余公积	未分配利润	专项储备	股东权益合计
一、上年年末余额	40 000		10 000			11 000	9 000		70 000	20 000		8 000			1 200	2 800		32 000
加：会计政策变更																		
前期差错更正																		
二、本年年初余额	40 000		10 000			11 000	9 000		70 000	20 000		8 000			1 200	2 800		32 000
三、本年增减变动金额（减少以“—”号填列）																		
（一）综合收益总额							36 000		36 000							10 500		10 500
（二）所有者投入和减少资本																		
1.所有者投入的普通股																		
2.其他权益工具持有者投入资本																		
3.股份支付计入所有者权益的份额																		
4.其他																		
（三）利润分配																		
1.提取盈余公积						7 000	7 000								2 000	2 000		
2.对股东的分配							20 000		20 000							4 500		4 500
3.其他																		
（四）股东权益内部结转																		
1.资本公积转增资本																		
2.盈余公积转增资本																		
3.盈余公积弥补亏损																		
4.其他																		
四、本年年末余额	40 000		10 000			18 000	18 000		86 000	20 000		8 000			3 200	6 800		38 000

【例 9—3】 观文出版社 2017 年 1 月 1 日股东权益总额为32 000万元，其中，股本为20 000万元，资本公积为8 000万元，盈余公积为1 200万元，未分配利润为2 800万元。2017 年 12 月 31 日，股东权益总额为38 000万元，其中，股本为20 000万元，资本公积为8 000万元，盈余公积为3 200万元，未分配利润为6 800万元。

A 公司 2017 年全年实现净利润10 500万元，经公司董事会提议并经股东会批准，2017 年提取盈余公积2 000万元，向股东宣告分派现金股利4 500万元。本例中，A 公司当年实现净利润10 500万元，经公司董事会提议并经股东会批准，2017 年提取盈余公积2 000万元，向股东宣告分派现金股利4 500万元。观文出版社对 A 公司长期股权投资取得时的账面价值为25 600万元，2017 年 12 月 31 日仍为25 600万元，观文出版社当年确认投资收益3 600万元。

观文出版社 2017 年年末编制合并财务报表时，会计处理如下

(1)将成本法核算的结果调整为权益法核算的结果，相关的调整分录如下：

借：长期股权投资——A 公司　　8 400

　贷：投资收益　　8 400

(10500×80%)

借：投资收益　　3 600

(4500×80%)

　贷：长期股权投资——A 公司　　3 600

经过上述调整分录后，观文出版社对 A 公司长期股权投资的账面价值为30 400万元(25 600+8 400—3 600)。观文出版社对 A 公司长期股权投资的账面价值30 400万元正好与母公司在 A 公司股东权益所拥有的份额(38 000×80%)相等。

(二)合并抵消处理

在合并工作底稿中，对长期股权投资的金额进行调整后，长期股权投资的金额正好反映母公司在子公司所有者权益中的份额。或者也可以不进行权益法核算，直接抵消，本章存货举例中是按照先调整后抵消的原则处理的。要编制合并财务报表，在此基础上还必须按编制合并财务报表的要求进行合并抵消处理，将母公司与子公司之间的内部交易对合并财务报表的影响予以抵消。

编制合并财务报表时。首先，必须将母公司对子公司的长期股权投资与子公司所有者权益中所拥有的份额予以抵消。根据母公司在子公司所有者权益中拥有份额的多少不同，可以将子公司分为全资子公司和非全资子公司。对于全资子公司，进行抵消处理时对子公司长期股权投资的金额与子公司所有者权益全部抵消；而对于非全资子公司，则将长期股权投资与子公司所有者权益中母公司所拥有的金额进行抵消，不属于母公司的份额，即属于子公司少数股东权益，应将其转为少数股东权益。

经过上述调整分录后，观文出版社对A公司长期股权投资的账面价值为30400万元；A公司股东权益总额为38000万元，观文出版社拥有80%的股权，即在子公司股东权益中拥有30400万元；其余20%则属于少数股东权益。

将长期股权投资与子公司所有者权益相互抵消，抵消分录如下：

借：股本　　20 000
　　资本公积　　8 000
　　盈余公积　　3 200
　　未分配利润　　6 800
　贷：长期股权投资　　30 400
　　　少数股东权益　　7 600

观文出版社进行上述抵消处理后，其抵消分录如下：

借：投资收益　　8 400
　　（10500×80%）
　　少数股东损益　　2 100
　　（10500×20%）
　　年初未分配利润　　2 800
　贷：提取盈余公积　　2 000
　　　向股东分配利润　　4 500
　　　年末未分配利润　　6 800

同时，被合并方在企业合并前实现的留存收益中归属于合并方的部分，自资本公积转入留存收益。

另外，本例中A公司本年宣告分派现金股利4 500万元，股利款项尚未支付，A公司已将其计列应付股利4 500万元。观文出版社根据A公司宣告分配的现金股利的公告，按照其所享有的金额，已确认应收股利，并在资产负债表中计列应收股利3 600万元。这属于母公司与子公司之间的债权债务，在编制合并财务报表时必须将其予以抵消，其抵消分录如下：

借：应付股利　　3 600
　贷：应收股利　　3 600

根据上述调整分录①和②和抵消分录③至⑤，编制合并工作底稿如表9—5所示。

表9—5　　**合并工作底稿**　　单位：万元

项目	母公司	子公司	合计数	调整分录		抵消分录		少数股东权益	合并数
				借方	贷方	借方	贷方		
流动资产：									

续表

项目	母公司	子公司	合计数	调整分录		抵消分录		少数股东权益	合并数
				借方	贷方	借方	贷方		
货币资金	5 700	6 500	12 200						12 200
以公允价值计量其变动计入当期损益的金融资产	3 000	5 000	8 000						8 000
衍生金融资产									
应收票据	7 200	3 600	10 800						10 800
应收账款	8 500	5 100	13 600						13 600
预付款项	1 500	2 500	4 000						4 000
应收股利	4 800	0	4 800				3 600 ⑤		1 200
其他应收款	500	1 300	1 800						1 800
存货	37 000	18 000	55 000						55 000
其他流动资产	1 800	1 000	2 800						2 800
流动资产合计	70 000	43 000	113 000				3 600		109 400
非流动资产：									
可供出售金融资产	8 000	0	8 000						8 000
持有至到期投资	13 000	4 000	17 000						17 000
长期股权投资	40 000	0	40 000	8 400 ①	3 600 ②		30 400 ③		14 400
固定资产原价	28 000	26 000	54 000						54 000
在建工程	13 000	4 200	17 200						17 200
无形资产	6 000	1 800	7 800						7 800
商誉	2 000	0	2 000						2 000
其他非流动资产	0	0	0						0
非流动资产合计	110 000	36 000	146 000	8 400	3 600		30 400		120 400
资产总计	180 000	79 000	259 000	8 400	3 600		34 000		229 800

续表

项目	母公司	子公司	合计数	调整分录		抵消分录		少数股东权益	合并数
				借方	贷方	借方	贷方		
流动负债：									
短期借款	10 000	4 800	14 800						14 800
以公允价值计量且其变动计入当期损益的金融负债	4 000	2 400	6 400						6 400
衍生金融负债									
应付票据	13 000	3 600	16 600						16 600
应付账款	18 000	5 200	23 200						23 200
预收账款	4 000	3 900	7 900						7 900
应付职工薪酬	5 000	1 600	6 600						6 600
应交税费	2 700	1 400	4 100						4 100
应付股利	5 000	4 500	9 500			3 600 ⑤			5 900
其他应付款	300	700	1 000						1 000
其他流动负债	2 000	900	2 900						2 900
流动负债合计	64 000	29 000	93 000			3 600			89 400
非流动负债：									
长期借款	4 000	5 000	9 000						9 000
应付债券	20 000	7 000	27 000						27 000
长期应付款	6 000	0	6 000						6 000
其他非流动负债	0	0	0						0
非流动负债合计	30 000	12 000	42 000						42 000
负债合计	94 000	41 000	135 000			3 600			131 400
股东权益：									
股本	40 000	20 000	60 000			20 000 ③			40 000
资本公积	10 000	8 000	18 000			8 000 ③			10 000
盈余公积	18 000	3 200	31 200			3 200 ③			18 000

续表

项目	母公司	子公司	合计数	调整分录		抵消分录		少数股东权益	合并数
				借方	贷方	借方	贷方		
未分配利润(见本表最后一行)									
股东权益合计	86 000	38 000	124 000			41 600			90 800
少数股东权益								7 600③	7 600
负债和股东权益总计	180 000	79 000	259 000						229 800
利润表									
一、营业收入	150 000	94 800	244 800						244800
减:营业成本	96 000	73 000	169 000						169 000
税金及附加	1 800	1 000	2 800						2 800
销售费用	5 200	3 400	8 600						8 600
管理费用	6 000	3 900	9 900						9 900
财务费用	1 200	800	2 000						2 000
资产减值损失	600	300	900						900
加:公允价值变动收益	0	0	0						0
投资收益	9 800	200	10 000	3 600②	8 400①	8 400④			6 400
二、营业利润	49 000	12 600	61 600	3 600	8 400	8 400			58 000
加:营业外收入	1 600	2 400	4 000						4 000
减:营业外支出	2 600	1 000	3 600						3 600
三、利润总额	48 000	14 000	62 000	3 600	8 400	8 400			58 400
减:所得税费用	12 000	3 500	15 500						15 500
四、净利润	36 000	10 500	46 500	3 600	8 400	8 400			42 900
归属于母公司股东损益									40 800
少数股东损益								2 100④	2 100
五、其他综合收益的税后净额									
六、综合收益总额	16 000	10 500	46 500	3 600	8 400	8 400			42 900

续表

项目	母公司	子公司	合计数	调整分录		抵消分录		少数股东权益	合并数
				借方	贷方	借方	贷方		
归属于母公司股东的综合收益总额									40 800
归属于少数股东的综合收益总额								2 100④	2 100
一、年初未分配利润	9 000	2 800	11 800			2 800 ④			9 000
二、本年增减变动金额									
其中:利润分配									
1.提取盈余公积	7 000	2 000	9 000				2 000 ④		7 000
2.对股东的分配	20 000	4 500	24 500				4 500 ④		20 000
三、年末未分配利润	18 000	6 800	24 800	3 600	8 400	6 800 ③ 13 300	68 00 ④ 13 300	2 100④	22 800

根据上述合并工作底稿，可以编制观文出版社 2017 年度合并资产负债表、合并利润表和合并股东权益变动表如表 9—6、9—7 和表 9—8 所示。

表 9—6　　合并资产负债表

编制单位:观文出版社　　2017 年 12 月 31 日　　单位:万元

资产	期末余额	年初余额	负债和所有者权益（或股东权益）	期末余额	年初余额
流动资产:			流动负债:		
货币资金	12 200		短期借款	14 800	
以公允价值计量且其变动计入当期损益的金融资产	8 000		以公允价值计量且其变动计入当期损益的金融负债	6 400	
衍生金融资产			衍生金融负债		
应收票据	10 800		应付票据	16 600	
应收账款	13 600		应付账款	23 200	
预付款项	4 000		预收账款	7 900	

续表

资产	期末余额	年初余额	负债和所有者权益（或股东权益）	期末余额	年初余额
应收利息			应付职工薪酬	6 600	
应收股利	1 200		应交税费	4 100	
其他应收款	1 800		应付利息	5 900	
存货	55 000		应付股利	5 900	
一年内到期的非流动资产			其他应付款	1 000	
其他流动资产	2 800		一年内到期的非流动负债		
流动资产合计	109 400		其他流动负债	2 900	
非流动资产：			流动负债合计	89 400	
可供出售金融资产	8 000		非流动负债		
持有至到期投资	12 000		长期借款	9 000	
长期应收款			应付债券	27 000	
长期股权投资	14 400		长期应付款	6 000	
投资性房地产			专项应付款		
固定资产	54 000		预计负债		
在建工程	17 200		递延所得税负债		
工程物资			其他非流动负债	0	
固定资产清理			非流动负债合计	42 000	
生产性生物资产			负债合计	131 400	
油气资产			股东权益：		
无形资产	7 800		股本	40 000	
开发支出			其他权益工具		
商誉	2 000		其中：优先股		
长期待摊费用			永续债		
递延所得税资产			资本公积	10 000	
其他非流动资产	0		减：库存股		
非流动资产合计	120 400		其他综合收益		
流动资产合计			专项储备		

续表

资产	期末余额	年初余额	负债和所有者权益（或股东权益）	期末余额	年初余额
非流动资产：			盈余公积	18 000	
可供出售金融资产			未分配利润	22 800	
持有至到期投资			归属于母公司股东权益合计	90 800	
			少数股东权益	7 600	
资产总计	229 800		负债和股东权益总计	229 800	

表 9—7　　　　**合并利润表**

编制单位：观文出版社　　　　2017 年度　　　　单位：万元

项目	本年金额	上年金额
一、营业收入	244 800	
减：营业成本	169 000	
税金及附加	2 800	
销售费用	8 600	
管理费用	9 900	
财务费用	2 000	
资产减值损失	900	
加：公允价值变动收益（损失以“—”号填列）	0	
投资收益（损失以“—”号填列）	6 400	
其中：对联营企业和合营企业的投资收益（损失以“—”号填列）		
二、营业利润（亏损以“—”号填列）	58 000	
加：营业外收入	4 000	
其中：非流动资产处置利得		
减：营业外支出	3 600	
其中：非流动处置损失		
三、利润总额（亏损总额以“—”号填列）	58 400	

续表

项目	本年金额	上年金额
减:所得税费用	15 500	
四、净利润(净亏损以“—”号填列)	42 900	
归属于母公司股东的净利润	40 800	
少数股东损益	2 100	
五、其他综合收益的税后净额		
归属于母公司股东的其他综合收益的税后净额		
其中:以后不能重分类进损益的其他综合收益中享有的份额		
1.重新计量设定收益计划净负债或净资产的变动		
2.权益法下在被投资单位不能重分类进损益的其他综合收益中享有的份额		
3.其他		
以后将重分类进损益的其他综合收益		
1.权益法下在被投资单位以后将重分类进损益的其他综合收益中享有的份额		
2.可供出售金融资产公允价值变动损益		
3.持有至到期投资重分类为可供出售金融资产损益		
4.现金流量套期损益的有效部分		
5.外部财务报表折算差额		
6.其他		
归属于少数股东的其他综合收益的税后净额		
六、综合收益总额	42 900	
归属于母公司股东的综合收益总额	40 800	
归属于少数股东的综合收益总额	2 100	
七、每股收益		
(一)基本每股收益		
(二)稀释每股收益		

表 9—8

合并股东权益变动表

编制单位：观文出版社　　　　2017 年度　　　　单位：万元

项目	本年金额											上年金额										
	归属于母公司股东权益									少数股东权益	股东权益合计										少数股东权益	股东权益合计
	股本	其他权益工具	资本公积	减：库存股	其他综合收益	盈余公积	未分配利润	专项储备	其他			股本	其他权益工具	资本公积	减：库存股	其他综合收益	盈余公积	未分配利润	专项储备	其他		
一、上年年末金额	40 000		10 000			11 000	9 000				70 000											
加：会计政策变更										6 400	6 400											
前期差错更正																						
二、本年年初余额	40 000		10 000			11 000	9 000			6 400	76 400											
三、本年增减变动金额							40 800			2 100	42 900											
（一）综合收益总额							40 800			2 100	42 900											
（二）所有者投入和减少资本																						
1.所有者投入的普通股																						
2.其他权益工具持有者投入资本																						
3.股份支付计入所有者权益的份额	40 000		10 000			11 000	9 000				70 000											
4.其他																						
（三）利润分配																						
1.提取盈余公积																						
2.对股东的分配																						
3.其他																						
（四）股东权益内部结转																						
1.资本公积转增资本																						
2.盈余公积转增资本																						
3.盈余公积弥补亏损																						
4.其他																						
四、本年年末余额	40 000		10 000			18 000	22 800			7 600	98 400											

第三节　编制合并报表时的抵消处理

编制合并财务报表时，首先应对各子公司进行分类，分为同一控制下企业合并中取得的子公司和非同一控制下企业合并中取得的子公司两类。

(1)同一控制下企业合并中取得的子公司

对于同一控制下企业合并中取得的子公司，其采用的会计政策、会计期间与母公司一致的情况下，编制合并财务报表时，应以有关子公司的个别财务报表为基础，不需要进行调整；子公司采用的会计政策、会计期间与母公司不一致的情况下，则需要考虑重要性原则，按照母公司的会计政策和会计期间，对子公司的个别财务报表进行调整。

(2)非同一控制下企业合并中取得的子公司

对于非同一控制下企业合并中取得的子公司，除应考虑会计政策及会计期间的差别，需要对子公司的个别财务报表进行调整外，还应当根据母公司在购买日设置的备查簿中登记的该子公司有关可辨认资产、负债及或有负债等的公允价值，对子公司的个别财务报表进行调整，使子公司的个别财务报表反映为在购买日公允价值基础上确定的可辨认资产、负债及或有负债等在本期资产负债表日应有的金额。

一、同一控制下的企业合并

1.同一控制下取得子公司合并日合并财务报表的编制

(1)合并过程中发生的审计、评估和法律服务等相关费用计入管理费用，不涉及抵消处理。

(2)抵消分录：

借：股本(实收资本)
　　资本公积
　　其他综合收益
　　盈余公积
　　未分配利润
　贷：长期股权投资
　　　少数股东权益

借：资本公积
　贷：盈余公积
　　　未分配利润

留存收益按照个别报表的列示金额乘以股权比例确定。

注：(1)同一控制下企业合并不产生新商誉。(2)同一控制下企业合并中按一

体化存续原则，在合并财务报表上，对被合并方在企业合并前实现的留存收益中归属于合并方的部分，应自合并方资本公积（资本溢价或股本溢价）转入留存收益。

2.直接投资及同一控制下取得子公司合并日后合并财务报表的编制

（一）首先，将成本法调整为权益法

投资当年调整分录：

（1）调整被投资单位盈利/亏损

借：长期股权投资

　贷：投资收益

（若亏损做相反分录）

（2）调整被投资单位分派现金股利

借：投资收益

　贷：长期股权投资

（3）调整子公司其他综合收益变动

借：长期股权投资

　贷：其他综合收益——本年

（若减少做相反分录）

（4）调整所有者权益的其他变动

借：长期股权投资

　贷：资本公积——本年

（若减少做相反分录）

若个别报表中成本法确认现金股利即

借：应收股利

　贷：投资收益

该分录需要冲减掉，调整为合并报表中的权益法下确认现金股利即

借：应收股利

　贷：长期股权投资

所以，在合并报表中就体现为：

借：投资收益

　贷：长期股权投资

（二）当连续编制合并财务报表

（1）调整以前年度被投资单位盈亏

借：长期股权投资

　贷：未分配利润——年初

（注：若为亏损则做相反分录）

（2）调整被投资单位本年盈利

借:长期股权投资
　贷:投资收益
(若亏损做相反分录)
(3)调整被投资单位以前年度分派现金股利
借:未分配利润——年初
　贷:长期股权投资
(4)调整被投资单位当年分派现金股利
借:投资收益
　贷:长期股权投资
(5)调整子公司以前年度其他综合收益变动
借:长期股权投资
　贷:其他综合收益—年初
(若减少做相反分录)
(6)调整子公司本年其他综合收益变动
借:长期股权投资
　贷:其他综合收益——本年
(若减少做相反分录)
(7)调整子公司以前年度所有者权益的其他变动
借:长期股权投资
　贷:资本公积——年初
(若减少做相反分录)
(8)调整子公司本年所有者权益的其他变动
借:长期股权投资
　贷:资本公积——本年
(若减少做相反分录)

注:(1)连续编制合并报表时,上期涉及股本(或实收资本)、资本公积、其他综合收益、盈余公积项目的,在本期编制时均应用"股本——年初""资本公积——年初""其他综合收益——年初"和"盈余公积——年初"项目代替;(2)对于上期编制调整和抵消分录时涉及利润表中的项目及所有者权益变动表"未分配利润"的项目,在本期编制合并财务报表调整分录和抵消分录时均应用"未分配利润——年初"项目代替。

(三)进行合并抵消处理

母公司长期股权投资与子公司所有者权益的抵消
借:股本(实收资本)
　　资本公积

其他综合收益

盈余公积

未分配利润——年末⑥

贷:长期股权投资

少数股东权益(子公司所有者权益×少数股东持股比例)母公司对子公司、子公司相互之间持有对方长期股权投资的投资收益的抵消。

借:投资收益①

少数股东损益②

未分配利润——年初③

贷:提取盈余公积④

对所有者(或股东)的分配⑤

未分配利润——年末⑥

该分录是对左侧分录中"未分配利润—年末"的进一步说明,⑥=本年利润增加(①+②)+年初未分配利润③-本年利润减少(④+⑤)。

注:在合并财务报表中,子公司少数股东分担的当期亏损超过了少数股东在该子公司期初所有者权益中所享有的份额的(即发生超额亏损),其余额仍应当冲减少数股东权益,即少数股东权益可以出现负数。

(1)母公司向子公司出售资产所发生的未实现内部交易损益,应当全额抵消"归属于母公司所有者的净利润"。

(2)子公司向母公司出售资产所发生的未实现内部交易损益,应当按照母公司对该子公司的分配比例在"归属于母公司所有者的净利润"和"少数股东损益"之间分配抵消。

(3)子公司之间出售资产所发生的未实现内部交易损益,应当按照母公司对出售方子公司的分配比例在"归属于母公司所有者的净利润"和"少数股东损益"之间分配抵消。

(4)会计处理:在调整子公司盈亏时不考虑未实现内部交易损益,对逆流交易少数股东相关的未实现内部交易损益,单独编制分录,借记"少数股东权益",贷记"少数股东损益"。

二、非同一控制下的企业合并

1.非同一控制下取得子公司购买日合并财务报表的编制

(1)首先,将账面价值调整为公允价值

调整分录(以固定资产为例,公允价值大于账面价值):

借:固定资产——原价

贷:资本公积

借:资本公积

　贷:递延所得税负债

(2)母公司长期股权投资与子公司所有者权益抵消

借:股本

　资本公积(根据上一笔分录进行调整后的资本公积)

　其他综合收益

　盈余公积

　未分配利润

　商誉(借方差额)

　贷:长期股权投资

　　少数股东权益

　　盈余公积和未分配利润(贷方差额,母公司购买日不编制合并利润表故不能使用利润表项目的营业外收入)

(3)应收与应付股利的抵消

借:应付股利

　贷:应收股利

2.非同一控制下取得子公司购买日后合并财务报表的编制

(1)对子公司个别报表进行会计调整

根据购买日子公司有关可辨认资产、负债的公允价值,对子公司的个别财务报表进行调整,使子公司的个别财务报表反映为在购买日公允价值基础上确定的可辨认资产、负债等在本期资产负债表日应有的金额。比如固定资产的公允价值大于账面价值情况下做如下调整:

①投资当年

借:固定资产——原价(调整固定资产价值)

　贷:资本公积

借:资本公积

　贷:递延所得税负债

②折旧调整

借:管理费用(当年按公允价值应补提折旧)

　贷:固定资产——累计折旧

借:递延所得税负债

　贷:所得税费用

③根据要求来判断是否需要考虑所得税影响连续编制

借:固定资产——原价(调整固定资产价值)

　贷:资本公积——年初

借:资本公积——年初

贷:递延所得税负债

借:未分配利润——年初(年初累计补提折旧)

贷:固定资产——累计折旧

借:递延所得税负债

贷:未分配利润——年初

借:管理费用(当年补提折旧)

贷:固定资产——累计折旧

借:递延所得税负债

贷:所得税费用

(2)成本法改为权益法

会计处理与同一控制相同,不再重复。

(3)抵消分录

母公司长投与子公司所有者权益抵消

借:股本(实收资本)

资本公积

其他综合收益

盈余公积

未分配利润——年末⑥

商誉

贷:长期股权投资

少数股东权益(子公司所有者权益×少数股东持股比例)母公司对子公司、子公司相互之间持有对方长期股权投资的投资收益的抵消。

借:投资收益①

少数股东损益②

未分配利润——年初③

贷:提取盈余公积④

对所有者(或股东)的分配⑤

未分配利润——年末⑥

该分录是对左侧分录中"未分配利润——年末"的进一步说明,⑥=本年利润增加(①+②)+年初未分配利润③－本年利润减少(④+⑤)

(4)应付应收股利的抵消

借:应付股利

贷:应收股利

三、内部商品交易的合并处理

(一)不考虑存货跌价准备情况下内部商品销售业务的抵消

在连续编制合并财务报表的情况下，首先必须将上期抵消的存货价值中包含的未实现内部销售损益对本期期初未分配利润的影响予以抵消，调整本期期初未分配利润的金额；然后再对本期内部购进存货进行抵消处理。根据平衡等式(内部交易部分)即：

期初存货＋购入的存货＝销售的存货＋期末存货

销售的存货＝期初存货＋购入的存货－期末存货

采用"全销售"假设，即先假定期初存货及本期购入存货全部对外销售，然后按期末存货的实际情况进行调整。

其具体抵消处理程序和方法如下：

(1)抵消上期未实现内部销售损益对期初未分配利润影响数额：

借：年初未分配利润

　贷：营业成本

(2)如果本期发生内部购销活动，抵消本期内部销售收入：

借：营业收入

　贷：营业成本

(3)抵消期末存货中包含的未实现内部销售损益：

借：营业成本

　贷：存货

该抵消分录的原理为：本期发生的未实现内部销售收入与本期发生存货中未实现内部销售利润之差即为本期发生的未实现内部销售成本。抵消分录中的"未分配利润——年初"和"存货"两项之差即为本期发生的存货中未实现内部销售利润。

【例 9－3】 2016 年 1 月 1 日，P 出版公司以银行存款购入 S 公司 80％的股份，能够对 S 公司实施控制。2016 年 S 公司从 P 出版公司购进 A 商品 400 件，购买价格为每件 2 万元。P 出版公司 A 商品每件成本为 1.5 万元。2016 年 S 公司对外销售 A 商品 300 件，每件销售价格为 2.2 万元；年末结存 A 商 100 件。2016 年 12 月 31 日，A 商品每件可变现净值为 1.8 万元；S 公司对 A 商品计提存货跌价准备 20 万元。2017 年 S 公司对外销售 A 商品 20 件，每件销售价格为 1.8 万元。2017 年 12 月 31 日，S 公司年末存货中包括从 P 出版公司购进的 A 商品 80 件，A 商品每件可变现净值为 1.4 万元。A 商品存货跌价准备的期末余额为 48 万元。假定 P 出版公司和 S 公司适用的所得税税率均为 25％。

要求：编制 2016 年和 2017 年与存货有关的抵消分录(编制抵消分录时应考虑递延所得税的影响)。

P出版公司2016年和2017年编制的与内部商品销售有关的抵消分录：

(1)2016年抵消分录

抵消未实现的收入、成本和利润

借：营业收入　6 000 000
(3 000 000×2)

　贷：营业成本　6 000 000

借：营业收入　2 000 000
(1 000 000×2)

　贷：营业成本　1 500 000
(1 000 000×1.5)

　　存货　500 000

抵消存货中未实现内部销售利润而确认的递延所得税资产

借：递延所得税资产　125 000
(500 000×25%)

　贷：所得税费用　125 000

抵消计提的存货跌价准备

借：存货——存货跌价准备　200 000

　贷：资产减值损失　200 000

抵消与计提存货跌价准备有关的递延所得税资产

借：所得税费用　50 000

　贷：递延所得税资产　50 000
(200 000×25%)

(2)2017年抵消分录

抵消期初存货中未实现内部销售利润及递延所得税资产

借：未分配利润——年初　500 000

　贷：营业成本　100 000
[500 000×(1/5)]

　　存货　400 000
[500 000×(4/5)]

借：递延所得税资产　125 000

　贷：未分配利润——年初　125 000

抵消期初存货跌价准备及递延所得税资产

借：存货——存货跌价准备　200000

　贷：未分配利润——年初　200000

借：未分配利润——年初　50 000

贷:递延所得税资产 50 000

(200 000×25%)

抵消期末存货中未实现内部销售利润及递延所得税资产

借:营业成本 400 000

贷:存货 400 000

[800 000×(2—1.5)]

借:所得税费用 25 000

贷:递延所得税资产 25 000

(125 000—100 000)

抵消本期销售商品结转的存货跌价准备

借:营业成本 40 000

(200 000÷100×20)

贷:存货——存货跌价准备 40 000

调整本期存货跌价准备和递延所得税资产的抵消数

2017 年 12 月 31 日结存的存货中未实现内部销售利润为 40 万元,存货跌价准备的期末余额为 48 万元,期末存货跌价准备可抵消的余额为 40 万元,本期应抵消的存货跌价准备=40—20+4=24(万元)。

借:存货——存货跌价准备 240 000

贷:资产减值损失 240 000

2017 年 12 月 31 日存货跌价准备可抵消的余额为 40 万元,应抵消递延所得税资产 10 万元,本期抵消递延所得税资产计入所得税费用的金额为 5 万元。

借:所得税费用 50 000

贷:递延所得税资产 50 000

(400 000×25%—50 000)

(二)存货跌价准备的合并处理

(1)抵消存货跌价准备期初数

借:存货——存货跌价准备

贷:未分配利润——年初

(2)抵消本期结转的存货跌价准备

借:营业成本

贷:存货——存货跌价准备

(3)抵消存货跌价准备期末数与上述余额的差额

借:存货——存货跌价准备

贷:资产减值损失

(或做相反分录)

注:第三笔抵消分录,存货跌价准备的抵消以存货中未实现内部销售利润为限。

(三)内部交易存货相关所得税会计的合并抵消处理

一般为递延所得税资产

(1)调整期初数

借:递延所得税资产

　贷:未分配利润——年初

(2)调整期初期末差额

借:递延所得税资产

　贷:所得税费用

(或做相反分录)

注:(1)确认期末余额(即列报金额)

期末余额=期末合并财务报表中存货可抵扣暂时性差异余额×所得税税率

合并财务报表中存货账面价值为集团内部销售方(不是购货方)存货成本与可变现净值孰低的结果。

合并财务报表中存货计税基础为集团内部购货方期末结存存货的成本。

(2)本期调整金额=合并财务报表中递延所得税资产的期末余额-购货方个别财务报表中已确认的递延所得税资产

存货没有计提减值时,为了简化处理,可以直接用未实现内部销售损益×25%,确定递延所得税资产的期末余额(列示金额)。

存货中未实现内部销售利润可以应用毛利率计算确定。

①毛利率=(销售收入-销售成本)÷销售收入

②存货中未实现内部销售利润=未实现销售收入-未实现销售成本

③存货中未实现内部销售利润=购货方内部存货结存价值×销售方毛利率

四、内部债权债务的合并处理

(一)内部债权债务项目本身的抵消

需要进行抵消处理的内部债权债务项目主要包括:

(1)应收账款与应付账款;

(2)应收票据与应付票据;

(3)预付账款与预收账款;

(4)持有至到期投资(或交易性金融资产)与应付债券;

(5)应收股利与应付股利;

(6)其他应收款与其他应付款。

抵消分录为:

借:债务类项目(账面价值+坏账准备,不可只填写账面价值)

贷:债权类项目

(二)内部投资收益(利息收入)和利息费用的抵消

在抵消内部发行的应付债券和持有至到期投资等内部债权债务的同时,将内部应付债券和持有至到期投资相关的利息费用与投资收益(利息收入)相互抵消。应编制的抵消分录为:

借:投资收益

贷:财务费用(在建工程等)

在某些情况下(如证券市场买入),持有至到期投资中的债券投资与发行债券企业的应付债券抵消时,可能会出现差额,应当计入合并利润表的投资收益或财务费用项目。

(1)当应付债券的摊余成本大于持有至到期投资的摊余成本时

借:应付债券(个别报表的摊余成本)

贷:持有至到期投资(个别报表的摊余成本)

财务费用(差额倒挤)

(2)当应付债券的摊余成本小于持有至到期投资的摊余成本时

借:应付债券(个别报表的摊余成本)

投资收益(差额倒挤)

贷:持有至到期投资(个别报表的摊余成本)

(三)内部应收账款计提坏账准备的抵消

先抵期初数,然后抵消期初数与期末数的差额。

抵消分录如下:

(1)抵消坏账准备期初数

借:应收账款——坏账准备

贷:未分配利润——年初

(2)将本期计提(或冲回)的坏账准备数额抵消,抵消分录与计提(或冲回)分录借贷方向相反。

借:应收账款——坏账准备

贷:资产减值损失

或做相反分录

(四)内部应收款项相关所得税会计的合并抵消处理

抵消分录如下:

(1)抵消期初坏账准备对递延所得税的影响

借:未分配利润——年初(期初坏账准备余额×所得税税率)

贷:递延所得税资产

(2)确认递延所得税资产期初期末余额的差额

递延所得税资产的期末余额＝期末坏账准备余额×所得税税率

若坏账准备期末余额大于期初余额

借:所得税费用(坏账准备增加额×所得税税率)

　贷:递延所得税资产

若坏账准备期末余额小于期初余额

借:递延所得税资产

　贷:所得税费用(坏账准备减少额×所得税税率)

【例9—4】 文海出版集团为B的母公司。2016年末文海出版集团应收B公司货款3 000万元。集团在编制2016年合并报表时,应将集团内部应收、应付账款抵消。文海出版集团盈余公积的提取比例10%。

借:应付账款　　　　30 000 000

　贷:应收账款　　　　30 000 000

假定债权方(本例为母公司),按应收账款0.5%计提坏账准备,作会计处理:

借:应收账款——坏账准备　　　　150 000

　贷:资产减值损失　　　　150 000(简称"抵消分录(A)")

就个别报表看:母公司计提坏账准备增加150 000,因此,在母公司个别单位账上资产的账面价<计税基础,存在可抵扣暂时差异,母公司个别报表确认过"递延所得率资产";就集团看:这是内部交易引起的,上述抵消分录(A)已经要抵消了"坏账准备",则企业就不存在暂时性差异,故还要抵消"递延所得税资产"项目。即:

借:所得税费用　　　　37 500

(150 000×25%)

　贷:递延所得税资产　　　　37 500——简称为"抵消分录(B)"

若是在连续编制合并报表:抵消分录(A)和(B)对下年"未分配利润——年初"的影响。一般分析:(1)上述抵消分录(A)抵消了资产减值损失,使得本年合并报表中"未分配利润——年末"项目增加【"抵消分录(B)"为减少】;(2)在连续合并报表中,本年合并报表的"未分配利润——年末"项目应该等于下年合并报表的"未分配利润——年初"项目;(3)但是,下年合并报表是根据下年的个别会计报表为基础来编制的,在个别会计报表中并没有进行过抵消分录(A)或(B)的抵消;因此,下年以个别会计报表为基础编制的合并报表中的"未分配利润——年初"与上年合并报表中的"未分配利润——年末"一定是不一致的。

因此,下年编合并报表时首先要调整"未分配利润——年初"项目【"抵消分录(A)"为调整增加,"抵消分录(B)"为调整减少】。

【例9—5】 接上例,假定2017年末,文海出版集团应收B公司货款5000万元。2017年编合并报表时,做如下抵消分录:

(1)调整年初未分配利润

①调整年初未分配利润增加。

借:应收账款——坏账准备　　150 000(上年内部应收款 * 提取率)

　贷:未分配利润——年初　　150 000

②调整年初未分配利润减少。

借:未分配利润——年初　　37 500

(150 000×25%)

　贷:递延所得税资产　　37 500

(2)抵消 2017 年集团内部的应收、应付账款

借:应付账款　　50 000 000

　贷:应收账款　　50 000 000

(3)抵消 2017 年末债权提取的坏账准备(50 000 000－30 000 000)×0.5%＝100 000 元故抵消如下:

借:应收账款——坏账准备　　100 000

　贷:资产减值损失　　100 000

抵消以前年度多做的递延所得税资产(因为,此时母公司账上有坏账准备 25 万元,所以"递延所得税资产"一定有 6.25 万元,要冲销)。由于前面已经冲减过 3.75万元,因此,只要再冲减 2.5 万元。

借:所得税费用　　25 000

(250 000×25%－37 500)

　贷:递延所得税资产　　25 000

五、内部固定资产交易的合并处理

(一)未发生变卖或报废的内部交易固定资产的抵消

1.将期初固定资产原价中未实现内部销售利润抵消

借:未分配利润——年初

　贷:固定资产——原价(期初未实现内部销售利润)

2.将期初累计多提折旧抵消

借:固定资产——累计折旧(期初累计多提折旧)

　贷:未分配利润——年初

3.将本期购入固定资产原价中未实现内部销售利润抵消

(1)一方销售的商品,另一方购入后作为固定资产

借:营业收入(本期内部固定资产交易产生的收入)

　贷:营业成本(本期内部固定资产交易产生的成本)

　　固定资产——原价(本期购入的固定资产原价中未实现内部销售利润)

(2)一方的固定资产,另一方购入后仍作为固定资产

借:营业外收入

　贷:固定资产——原价

4.将本期多提折旧抵消

借:固定资产——累计折旧(本期多提折旧)

　贷:管理费用

(二)发生变卖或报废情况下的内部固定资产交易的抵消

将上述抵消分录中的“固定资产——原价”项目和“固定资产——累计折旧”项目用“营业外收入”项目或“营业外支出”项目代替。一般用“营业外收入”代替。

1.将期初固定资产原价中未实现内部销售利润抵消

借:未分配利润——年初

　贷:营业外收入(期初固定资产原价中未实现内部销售利润)

2.将期初累计多提折旧抵消

借:营业外收入(期初累计多提折旧)

　贷:未分配利润——年初

3.将本期多提折旧抵消

借:营业外收入(本期多提折旧)

　贷:管理费用

例题类型 1:一方销售的是产品,另一方作固定资产购入。

【例 9—6】 假定文海出版集团为 B 公司的母公司。1 月 1 日文海出版集团将成本为8 000万元的产品售给 B 公司,销售收入10 000万元;B 公司本期购入后作为固定资产使用,使用年限为 10 年,不考虑残值。假定不考虑递延所得税的因素。

1.第一年的抵消分录

(1)分析:

①就个别报表看:文海出版集团收入增加10 000万元,营业成本增加8 000万元;B 公司固定资产原价增加10 000万元。

②就集团看:这只是固定资产的内部转移,并不存在销售,所以收入、成本要抵消;同时从集团看,这种内部转移是等价的,所以 B 公司固定资产原价应该是8 000万元,原价中多记的2 000万元,属于集团内部未实现的销售利润,要抵消。

(2)抵消分录:

借:营业收入	100 000 000	
贷:营业成本		80 000 000
固定资产——原价		20 000 000

【若考虑递延所得税,还要抵消:

借:递延所得税资产	5 000 000	

贷:所得税费用　　5 000 000

(2000×25%)】

(3)抵消当年多提的固定资产折旧

(为了方便起见,假定B公司从1月份起开始折旧。)

①就B公司而言:每年的折旧额=10 000/10=1 000万元

②就集团而言:集团每年的折旧额=8 000/10=800万元

B公司多提折旧200万元,要抵消。

③抵消分录:

借:固定资产——累计折旧　　2 000 000

　贷:管理费用　　2 000 000

2.第二年的抵消分录

(1)抵消固定资产原价中所包含的未实现的内部销售利润

借:未分配利润——年初　　20 000 000

　贷:固定资产——原价　　20 000 000

(2)抵消以前年度累计折旧中包含的未实现的内部销售利润

借:固定资产——累计折旧　　2 000 000

　贷:未分配利润——年初　　2 000 000

(3)抵消当年多提的固定资产折旧

借:固定资产——累计折旧　　2 000 000

　贷:管理费用　　2 000 000

3.第三年的抵消分录

(1)抵消固定资产原价中所包含的未实现的内部销售利润

借:未分配利润——年初　　20 000 000

　贷:固定资产——原价　　20 000 000

(2)抵消以前年度累计折旧中包含的未实现的内部销售利润

借:固定资产——累计折旧　　4 000 000

　贷:未分配利润——年初　　4 000 000

(3)抵消当年多提的固定资产折旧

借:固定资产——累计折旧　　2 000 000

　贷:管理费用　　2 000 000

例题类型2:若是母、子公司均作为固定资产:

【例9—7】 文海出版集团是B公司的母公司。文海出版集团2017年6月30日以2 000万元的价格出售一台管理用设备给B公司,该设备的原价为4 000万元,已提折旧为2 400万元,剩余使用年限4年。文海出版集团采用直线法计提折旧,折旧年限为10年,预计净残值为0。B公司购入后以2 000万元作为固定资产的入账价值，采用直线法计提折旧，折旧年限为 4 年，预计净残值为 0。

1.抵消内部固定资产交易及内部销售利润

(1)该固定资产在文海出版集团的账面价值为＝4 000－2 400＝1 600万元，而文海出版集团以2 000万元的价格出售给子公司 B，其中包含有集团内部未实现的销售利润 400 万元(营业外收入)，要抵消。

(2)从集团看，该固定资产的净值为1 600万元，而 B 公司按2 000万元记入“固定资产”。所以，固定资产原价多记了 400 万元，要抵消。

借：营业外收入　　4 000 000

　贷：固定资产——原价　　4 000 000

2.抵消 B 公司多提的折旧

借：固定资产——累计折旧　　1 000 000

　贷：管理费用　　1 000 000

(连续合并报表的抵消同前。)

六、内部无形资产交易的合并处理

(一)未发生变卖或报废的内部交易无形资产的抵消

1.将期初无形资产原价中未实现内部销售利润抵消

借：未分配利润——年初

　贷：无形资产——原价(期初未实现内部销售利润)

2.将期初累计多提摊销抵消

借：无形资产——累计摊销(期初累计多提摊销)

　贷：未分配利润——年初

3.将本期购入的无形资产原价中未实现内部销售利润抵消

借：营业外收入

　贷：无形资产——原价(未实现内部销售利润)

4.将本期多提摊销抵消

借：无形资产——累计摊销(本期多提摊销)

　贷：管理费用

(二)发生变卖情况下的内部无形资产交易的抵消

将上述抵消分录中的“无形资产——原价”项目和“无形资产——累计摊销”项目用“营业外收入”项目或“营业外支出”项目代替。

1.将期初无形资产原价中未实现内部销售利润抵消

借：未分配利润——年初

　贷：营业外收入(期初无形资产原价中未实现内部销售利润)

2.将期初累计多提摊销抵消

借:营业外收入(期初累计多提摊销)

　贷:未分配利润——年初

3.将本期多提摊销抵消

借:营业外收入(本期多提摊销)

　贷:管理费用

【例 9—8】 文海出版集团是 B 公司的母公司。2017 年 1 月 1 日文海出版集团将成本为1 000万元的无形资产售给 B 公司,收入1 500万元。

1.抵消内部无形资产交易及内部销售利润

分析:

(1)该无形资产在文海出版集团的账面价值为1 000万元,而文海出版集团以1 500万元的价格出售给子公司 B,其中包含有集团内部未实现的销售利润 500 万元,要抵消。

(2)从集团看,该无形资产的价值为1 000万元,而 B 公司按1 500万元入账,无形资产账面多记了 500 万元,要抵消。

借:营业外收入	5 000 000	
贷:无形资产		5 000 000

2.抵消 B 公司多摊销的无形资产的价值

分析:

(1)B 公司每年无形资产的摊销额=1 500/10=150(万元)

(2)从集团看:集团每年的摊销额=1 000/10=100(万元),每年多摊的 50 万元无形资产摊销额要抵消。(假定摊销计入管理费用)

借:无形资产——累计摊销	500 000	
贷:管理费用		500 000

(连续合并报表抵消同固定资产抵消的方法略。)

七、特殊交易在合并财务报表中的会计处理

(一)追加投资的会计处理

1.母公司购买子公司少数股东股权

注:购买子公司少数股权在合并财务报表中属于权益性交易。因控制权未发生改变,商誉金额只反映原投资部分,新增持股比例部分在合并财务报表中不确认商誉。

因购买少数股权新取得的长期股权投资与按照新增持股比例计算应享有子公司自购买日或合并日开始持续计算的可辨认净资产份额之间的差额,应当调整母公司个别报表中的资本公积(资本溢价或股本溢价),资本公积不足冲减的,调整留存收益。

2.企业因追加投资等原因能够对非同一控制下的被投资方实施控制

通过多次交易分步实现非同一控制下企业合并时，要判断是否属于“一揽子交易”；

（1）如果属于“一揽子交易”，应当将各项交易作为一项取得子公司控制权的交易进行会计处理。

（2）如果不属于“一揽子交易”，在合并财务报表中，对于购买日之前持有的被购买方的股权，应当按照该股权在购买日的公允价值进行重新计量，公允价值与其账面价值之间的差额计入当期投资收益；

（3）购买日之前持有的被购买方的股权涉及权益法核算下的其他综合收益以及除净损益、其他综合收益和利润分配外的其他所有者权益变动（其他所有者权益变动）的，与其相关的其他综合收益、其他所有者权益变动应当转为购买日所属当期收益，由于被投资方重新计量设定受益计划净负债或净资产变动而产生的其他综合收益除外。（说明：合并日或购买日，先将个别报表中按照权益法核算的长期股权投资账面价值，调整为按照购买日持续计算的公允价值，差额计入合并当期投资收益。）

（4）购买方应当在附注中披露其在购买日之前持有的被购买方的股权在购买日的公允价值、按照公允价值重新计量产生的相关利得或损失的金额。

3.通过多次交易分步实现同一控制下企业合并

对于分步实现的同一控制下企业合并，在编制合并财务报表时，应视同参与合并的各方在最终控制方开始控制时即以目前的状态存在进行调整，在编制比较报表时，以不早于合并方和被合并方同处于最终控制方的控制之下的时点开始。

（1）将被合并方的有关资产、负债并入合并方合并财务报表的比较报表中，并将合并而增加的净资产在比较报表中调整所有者权益项下的相关项目（资本公积等）。

（2）为避免对被合并方净资产的价值进行重复计算，合并方在取得被合并方控制权之前持有的股权投资，在取得原股权之日与合并方和被合并方同处于同一方最终控制之日孰晚日起至合并日之间已确认有关损益、其他综合收益以及其他净资产变动，应分别冲减比较报表期间的期初留存收益或当期损益。

4.本期增加子公司时如何编制合并财务报表

以本期取得的子公司在合并资产负债表日的资产负债表为基础编制。对于本期投资或追加投资取得的子公司，不需要调整合并资产负债表的期初数。但应当在财务报表附注中披露本期取得的子公司对合并财务报表的财务状况的影响，即披露本期取得的子公司在购买日的资产和负债金额编制合并利润表时，应将本期取得的子公司自取得控制权日起至本期期末的收入、费用和利润通过合并，纳入合并财务报表中。同时，应在财务报表附注中披露本期取得的子公司自取得控制权日至本期期末止的经营成果，包括营业收入、营业利润、利润总额、所得税费用和净利润等。编制合并现金流量表时，应当将本期取得的子公司自取得控制权日起至本期期末止的现金流量的信息纳入合并现金流量表，并将取得子公司所支付的现金扣除子公司于购买日持有的现金及现金等价物后的净额，在有关投资活动类的“取得子公司及其他营业单位所支付的现金”项目反映。

(二)处置对子公司投资的会计处理

1.在不丧失控制权的情况下部分处置对子公司长期股权投资

该交易从合并财务报表角度属于权益性交易，合并财务报表中不确认投资收益。合并财务报表中的商誉不因持股比例改变而改变。合并财务报表中确认资本公积的金额＝售价－出售日应享有子公司按购买日公允价值持续计算的金额对应处置比例份额。处置价款与处置长期股权投资相对应享有子公司自购买日或合并日开始持续计算的净资产份额之间的差额，应当调整资本公积(资本溢价或股本溢价)，资本公积不足冲减的，调整留存收益。

2.母公司因处置对子公司长期股权投资而丧失控制权

若是一次交易处置子公司，则做会计处理：

(1)终止确认长期股权资产、商誉等的账面价值，并终止确认少数股东权益(包括属于少数股东的其他综合收益)的账面价值。

(2)按照丧失控制权日的公允价值进行重新计量剩余股权，将剩余股权作为长期股权投资或金融工具进行核算。

(3)处置股权取得的对价与剩余股权的公允价值之和，减去按原持股比例计算应享有原有子公司自购买日开始持续计算的净资产账面价值份额与商誉之和，形成的差额计入丧失控制权当期的投资收益。

(4)与原有子公司的股权投资相关的其他综合收益、其他所有者权益变动，应当在丧失控制权时转入当期损益，由于被投资方重新计量设定受益计划净负债或净资产变动而产生的其他综合收益除外。

若是多次交易分步处置子公司，首先应判断分步交易是否属于“一揽子交易”。

(1)若不属于“一揽子交易”，则在丧失对子公司控制权以前的各项交易，应按照本节中“在不丧失控制权的情况下部分处置对子公司长期股权投资”的规定进行会计处理。

(2)若属于“一揽子交易”，则应将各项交易作为一项处置原有子公司并丧失控制权的交易进行会计处理，其中，对于丧失控制权之前的每一次交易，处置价款与处置投资对应的享有该子公司自购买日开始持续计算的净资产账面价值的份额之间的差额，在合并财务报表中应当计入其他综合收益(如下分录)，在丧失控制权时一并转入丧失控制权当期的损益。

借：银行存款

　贷：少数股东权益

其他综合收益(差额)

判断“一揽子交易”的特征：

①这些交易是同时或者在考虑了彼此影响的情况下订立的；

②这些交易整体才能达成一项完整的商业结果；

③一项交易的发生取决于至少一项其他交易的发生；

④一项交易单独看是不经济的，但是和其他交易一并考虑时是经济的。

3.因子公司少数股东增资导致母公司股权稀释

编制合并资产负债表时，不需要对该出售转让股份而成为非子公司的资产负债表进行合并。编制合并利润表时，将该子公司自期初至丧失控制权之日止的收入、费用、利润纳入合并利润表。在编制现金流量表时，应将该子公司自期初至丧失控制权之日止的现金流量信息纳入合并现金流量表，并将出售该子公司所收到的现金扣除子公司持有的现金和现金等价物以及相关处置费用后的净额，在有关投资活动类的“处置子公司及其他营业单位所收到的现金”项目反映。

(三)交叉持股的合并处理

准则中的处理方式是采取了简易处理的办法；交叉持股，是在母公司和子公司组成的企业集团中，母子公司相互持有对方的股份。在编制合并财务报表时，做如下会计处理：

(1)对于母公司持有的子公司股权，与通常情况下母公司长期股权投资与子公司所有者权益的合并抵消处理相同。

(2)对于子公司持有的母公司股权，应当按照子公司取得母公司股权日所确认的长期股权投资的初始投资成本，将其转为合并财务报表中的库存股，作为所有者权益的减项；

对于子公司持有母公司股权所确认的投资收益(如利润分配或现金股利)，应当进行抵消。子公司将所持有的母公司股权分类为可供出售金融资产的，按照公允价值计量的，同时冲销子公司累计确认的公允价值变动。

(3)子公司相互之间持有的长期股权投资，应当比照母公司对子公司的股权投资的抵消方法，将长期股权投资与其对应的子公司所有者权益中所享有的份额相互抵消。

(四)逆流交易的合并处理

如果母子公司之间发生逆流交易，即子公司向母公司出售资产，则所发生的未实现内部交易损益，应当按照母公司对该子公司的分配比例在“归属于母公司所有者的净利润”和“少数股东损益”之间分配抵消。归属于少数股东的未实现内部销售损益。

借:少数股东权益

贷:少数股东损益

(五)其他特殊交易

在编制合并财务报表时,应站在企业集团角度对该特殊交易事项予以调整。例如,母公司将借款作为实收资本投入子公司用于长期资产的建造,母公司应在合并财务报表层面反映借款利息的资本化金额。再如,子公司作为投资性房地产的大厦,出租给集团内其他企业使用,母公司应在合并财务报表层面作为固定资产反映。

八、所得税会计相关的合并处理

(一)确认本期合并财务报表中递延所得税资产期末余额(即列报金额)

递延所得税资产的期末余额=期末合并财务报表中固定资产可抵扣暂时性差异余额×所得税税率

合并财务报表中固定资产账面价值为集团内部销售方(不是购货方)期末固定资产账面价值。

合并财务报表中固定资产计税基础为集团内部购货方期末按税法规定确定的账面价值。

(二)调整合并财务报表中本期递延所得税资产

本期期末递延所得税资产的调整金额=合并财务报表中递延所得税资产的期末余额-购货方个别财务报表中已确认的递延所得税资产

1.调整期初数

借:递延所得税资产

贷:未分配利润——年初

注:合并财务报表中期初递延所得税资产调整金额即为上期期末合并财务报表中递延所得税资产的调整金额。

2.调整期初期末差额

借:递延所得税资产

贷:所得税费用

第十章　出版物发行企业会计实务

第一节　出版物发行企业会计核算概述

一、出版物发行企业的经营活动概述

出版物发行，是出版业的有机组成部分，是出版产业链中一个十分重要的环节。没有出版物的生产，就没有出版物产品，也就不会有出版物的发行。从这一意义上说，出版物生产决定发行。出版物的价值虽是在生产环节形成的，却是在发行环节实现的。

出版物发行，是出版单位通过商品交换将出版物传送给消费者的活动。它作为联系出版物生产与出版物消费的中间环节，构成了出版物由生产领域向消费领域转移的商品流通过程。出版物发行企业是图书、期刊、音像制品等出版物赖以流通的媒介，是连接出版企业与广大读者之间不可或缺的桥梁，是商品流通领域中一种特殊的商品流通企业。

（一）发行企业的经营活动含义

凡是从事图书、期刊、影像制品或其他出版商品交易行为的企业，包括出版社发行部、图书批发公司、音像发行公司、书店、书报亭等，都是发行企业。我国图书的发行方式包括总发行、批发、零售、连锁经营，其中大型发行集团、连锁经营系统、大型书城是发行主力。发行的主要渠道包括国有渠道（国有新华书店、邮政系统和出版社自办发行）、各类民营书店和其他（主要为网上书店）。

发行企业的经营活动由出版物的购进、销售和储存这三项经济活动构成。他们是全部书刊发行工作的基础，其中购进和销售又是经营活动中的重要环节。而与一般商品流通不同的是其购进的对象，发行企业主要是向出版社、杂志社、邮局、音像制品企业、其他书刊发行企业和其他相关的经济组织以及从国外购进的图书、期刊、音像制品等出版商品。

（二）发行企业的经营活动特点

发行企业属于商品流通行业，具有一般商品流通行业的特点，如经营活动主要为商品的流转，销售渠道由批发和零售两个环节构成。此外，发行企业还具有不同于一般商品流通企业的特点：

1.发行企业零售实行全国统一价

由于出版商品使用价值的特殊性，决定了其定价的特殊性。因此，在我国对出版类商品实行不同于一般性商品的定价政策，即对同一出版商品实行全国统一价，出版物的定价是由出版社在出版时，根据国家规定的定价政策决定的。书刊等出版物价格是明码标价，故称为“码价”，从而也为发行企业的会计核算实行码价核算创造了客观条件。

2.发行企业购销渠道中间环节价格实行折扣与折让

发行企业在零售环节实行全国统一定价。在出版类商品从出版到最终流通到消费者中间，是在全国统一定价的基础上进行折扣与折让。中间流通渠道的环节与终端的销售商得到的折扣成反比，这里的折扣与折让，本质上属于一般商品销售中的商业折扣，然而它又不同于一般商品销售中的商业折扣，发行企业在除零售环节的整个销售渠道中销售价格的决定，都是以这种在既定零售价格基础上的折扣价进行的；而一般商品销售商业折扣是一种促销方式，所谓的量大价格从优，并且折扣的基础价格不是零售价，是商品的出厂价或批发价。

二、出版物发行企业购销

对于每个发行企业来说，其业务环节核心部分主要由商品的购进、销售构成，而其业务流程也主要包括这两个环节。出版物购销，即出版物的购进和销售，特指出版单位与发行商之间、不同发行商之间发生的出版物商品交换活动，不包括出版单位或发行商与消费者之间的出版物商品交换行为。

出版物购销形式，是指出版物经营者之间转移出版物所有权的方式，主要有包销、经销、寄销和代理四种。这些形式都适用于出版单位与批发商之间的购销活动，有些则在发行商之间的购销活动中也适用。

（一）包销

包销是发行商买断出版物所有权，在全国范围或特定区域或特定渠道内享有专有销售权，且不退货的购销形式。在约定范围内，出版单位不得自行销售或委托他人销售出版物。

包销的操作程序一般是：包销商从出版单位买断某种出版物的发行权→出版单位参考包销者的包销数决定出版物的生产数量→出版物出版后按包销数交包销者分发销售→包销者按协议时间与出版单位结算货款。未销出的出版物不退货。

（二）经销

经销是发行商按一定数量向出版物所有者进货，转而销售，不退货的购销形式。经销不具有排他性，出版单位可在同一市场内自行销售或委托他人销售出版物。

经销的操作程序一般是：经销商从出版单位购进一定数量的出版物→经销商

分发销售出版物→按协议时间结算货款。未销出的出版物不退货。

经销也适用于出版物发行商之间的购销活动。

(三)寄销

寄销是出版物所有者委托发行商销售出版物,双方按照协议约定对实际销售的出版物转移所有权,允许退货的购销形式。

寄销的操作程序一般是:出版单位向各发行商按事先协议规定的数量和方式发货→各发行商进行销售→按协议时间根据实际销售量结算货款,未销出的出版物予以退货。

寄销是我国当前较通行的出版物购销形式,根据具体操作方式的不同,可分为以下类型。

1.基数主发式寄销

基数主发式寄销是出版单位按与寄销方事先确定的基数,将每种出版物均发送一定数量的样品给寄销方,由寄销方试销后添货。

2.主动发货式寄销

主动发货式寄销是由出版单位选择适销品种,根据寄销方的销售能力主动向寄销方发送一定数量出版物。

3.滚动式寄销

采用滚动式寄销方式时,出版单位主动发货,在与寄销方事先商定的寄销期(一般为一季度或半年)到期时,未销完的出版物不立即作退货处理,而是或者等价调换新的出版物,或者将一部分折价处理,或者经双方同意延长一个寄销期,不断滚动。

(四)代理

代理是发行商受出版物所有者委托,代表其从事出版物发行活动。出版单位与发行商达成协议,由出版单位委托发行商代表出版单位推销出版物、签订合同,由此而产生的权利和义务直接对出版单位发生效力。代理人在委托人授权的范围内行事,不承担销售风险和费用,不垫付资金,通常按达成交易的数额提取约定比例的佣金。

代理的种类主要有以下几种。

1.总代理

总代理是委托人在指定地区的全权代理。总代理除了有权代理委托人进行签订买卖合同、处理货物等商务活动外,也可进行一些非商业性的活动。总代理有权指派分代理,并可分享佣金。

2.独家代理

在代理协议规定的时间、地区内,对指定出版物享有专营权的代理,即委托人不得在约定范围内自行或通过其他代理人进行销售。

3.佣金代理

佣金代理又称“一般代理”，是指在同一代理地区、时间、期限内，同时有几个代理人代表委托人行为的代理。代理人根据推销出版物的实际金额和协议规定的办法、比例向委托人计收佣金。

三、出版物发行方式

出版物的批发和零售在操作方式上各有特点，形成出版物的两种基本发行方式。这两种基本方式的不同组合，可形成展销、连锁经营等出版物发行形式。

(一)出版物批发

出版物批发是指出版物所有者向出版物经营者批量销售出版物。

1.批发的特点

出版物批发的特点主要有不与消费者直接交易，即批发的销货对象中没有消费者，只有各种出版物经营者(其他批发商和零售商)；销售方式具有批量性，即出版物须成批量地销出，没有就零星出版物进行的交易。销售方必须给购货方留有一定的利润空间，即要给予购入方一定的发行折扣额。

2.批发的具体形式

(1)目录征订交易，即通过寄发征订目录(或加上样品)，由需购者填单交易。

(2)参加订货会现场交易，由供求双方在订货会上面谈成交。

(3)到批发市场上进行现货批销，即一手交钱、一手交货式的交易。

(4)网上电子商务交易，即通过采用电子商务模式的网站发布信息、订购、确认订购、配送产品和结算货款，来实现出版物交易。

(二)出版物零售

1.出版物零售的特点

出版物零售的特点主要有：销货对象只是消费者；销售量没有定规，面向团体消费者的销售，品种和数量一般较多，而面向个人消费者的销售，则以零星的居多；一般按出版物定价销售，仅在特殊情况下，可以向消费者让利，降低销售价格。此外，零售还有一种比较特殊的经营形式——出租出版物，即有偿转让给消费者的并不是出版物商品的所有权，而只是一定时间内的使用权。

2.出版物零售机构的类型

出版物的零售机构多种多样，并且会随着市场经济的发展，不断推陈出新。按照不同的标准，出版物零售机构可以划分成不同的类型。

(1)按经济成分，可划分成国有店、民营股份合作店、个体店、中外合作店、中外合资店等。

(2)按经营品种，可划分成综合店、专业店、代理专卖店等。

(3)按经营组织形式，可划分成独立店、连锁店等。

(4)按经营规模,可划分成超大型店、大型店、中型店、小型店等。

(5)按有无固定销售场地,可划分成无店铺销售机构、有店铺店、售书亭、流动书摊等。

(6)按经营方式,可划分成以门市销售为主的店、以预订销售为主的店、以邮购为主的店、网上销售的店等。

(7)按出版物商品的价格竞争策略,可划分成精品店、特价店、仓储式店等。

四、发行企业会计核算特点及会计科目设置

(一)会计核算方法

在财政部《新闻出版企业会计核算办法》(下称《办法》的文件(财会[2004]第1号)中,有关发行企业会计核算办法的说明规定:发行企业可以采用售价(或码价)核算,也可以采用进价核算。现分别介绍如下:

1.售价法(码价核算制)

所谓售价核算法,是指书刊购进、调入、调出、销售和储存的日常管理与核算,采用出版物定价进行计价、核算和记账的一种方法。由于出版物的售价即指出版物的定价,所以又称发行企业的售价核算方法为码价核算。码价与实际进货之间的差额,通过“商品进销差价”账户反应。

传统的售价核算方法又再分为售价金额核算和数量售价金额核算。售价金额核算指库存商品总分类账和明细分类账都只反映商品售价金额,不反映实物数量的一种核算方法。其优点是不必登记大量的销售数量明细账,记账较简便;缺点就是不能控制商品的数量,对短缺的商品不能及时反映。数量售价金额核算是指库存商品总分类账和明细分类账除了都要按商品售价金额反映外,明细分类账还要同时反映商品的实物数量。优点为便于加强对库存的管理和控制;缺点是记账工作量较大。所以,一般认为售价金额核算法适用于零售类发行企业,数量售价金额核算法适用于批发类发行企业。

2.进价法

进价核算是指发行企业商品的购进、调入、调出、销售和储存日常管理与核算、采用出版物实际进价进行计价、核算和记账的一种方法。因为没有进销差价,此方法不必设置“商品进销差价”账户。

(二)发行收入核算的特点

发行企业发行收入的核算特点之一是对出租商品收入的核算。发行企业的发行收入包括发行企业销售书刊、音像制品等出版物过程中取得的商品销售收入和出租商品收入,不管商品销售收入还是出租商品收入都在“主营业务收入”账户中核算;而一般商品流通企业的出租商品收入在“其他业务收入”账户核算,商品销售收入在“主营业务收入”账户中核算。

发行企业发行收入的核算特点之二是对出版物销售中的折扣与折让的核算。发行企业销售价格是在码价的基础上进行折扣来确定的;一般的商品销售对商业折扣不反映在账面上,而销售企业(在售价核算法下)却将销售折让单独反映在账面上。具体核算是:在售价核算法下,按码价与实际售价的差额借记主营业务收入下的明细账户(销售折让),按码价贷记主营业务收入下的明细账户(商品销售收入)。

出版物发行折扣核算,在我国出版物实行的是统一定价制度。出版物零售的价格(出版物定价)由出版单位确定,并标于出版物的显著位置。在出版产业链中,出版单位与批发商之间、批发商与零售商之间都以按出版物定价打一定折扣的方式实现交易。出版单位给予的折扣金额,就是各发行商之间分配利润的来源。因此,出版物发行折扣是出版物发行和销售的重要杠杆。

1.码洋

码洋也称"码价"或"定价金额""总定价"等,是指按出版物定价计算的金额。它多用于表示一定数量出版物定价的总和,以反映出版物的生产和销售规模。这里的"一定数量出版物",既可以是单一品种的出版物,也可以是多种品种的出版物。

计算码洋时,只要将相应出版物的定价乘以其数量。譬如,某书定价 15 元,总共有 10 000 册,本书的码洋便为 150 000 元(15×10 000)。如果需要计算码洋的出版物品种不止一种,就要先计算出其中每种出版物的码洋,然后将各种出版物的码洋相加。譬如,甲图书定价 20 元,共有 3 000 册;乙图书定价 25 元,共有 2 000 册;丙图书定价 30 元,共有 1 000 册,那么,该三种图书的总码洋就是 14 万元(20×3 000+25×2 000+30×1 000)。

码洋可以分为出版码洋、进货码洋和销售码洋三种。出版码洋又称"造货码洋",用于统计出版单位所生产的出版物的定价金额。进货码洋用于统计发行商所购进出版物的定价金额。销售码洋用于统计所销售出去的出版物的定价金额。这三类码洋都可以适用于各种不同的具体统计范围,如按出版物品种统计、按出版物类别统计、按时间段统计、按某一单位或若干单位统计,等等。

2.发行折扣与销售折扣

发行折扣是指出版单位与发行商之间或各种发行商之间实行的价格折扣,其本质是基于出版产业内部分工的成本与利润分割。销售折扣是指图书销售终端(通常是指零售商)根据消费者购买出版物的数量与出版物实际情况等因素给予的一种价格优惠,其本质是价格竞争的一种手段。

3.发行折扣额与发行折扣率

发行折扣额,是出版单位与发行商之间、各种发行商之间实际结算的出版物购销货款(即实洋)低于码洋的差额。譬如,一批出版物的码洋为 10 000 元,但实际结算的货款是 70 00 元，差额 3 000 元即为发行折扣额。

发行折扣额是出版物发行商获得劳动消耗补偿和取得盈利的基本来源，确定科学、合理的发行折扣额，是平衡出版物产销关系的基础，是出版物的生产和发行能够健康发展的重要条件之一。发行折扣额过高或过低，都不利于出版业的可持续发展。发行折扣额过高，会严重损害出版单位的利益，影响出版单位的再生产，同时，出版单位有可能将损失以高定价的形式转移到出版物消费者身上，影响消费者的购买积极性。发行折扣额过低，会影响出版物发行商的利益和积极性，从而减少进货，反过来又制约了出版物的生产。

发行折扣率简称“折扣率”，是指出版单位与发行商之间、各种发行商之间实际结算的货款（即“实洋”）占码洋的比值。折扣率一般用百分比表示，并简称“折”。如发行折扣率为 65％，即可简称“六五折”，表示销出方按照出版物码洋的 65％向购入方收取货款，而码洋的 35％即为给予购入方的发行折扣额。

由此可见，发行折扣额与发行折扣率之间的关系是：发行折扣额越多，发行折扣率越低；发行折扣额越少，发行折扣率越高。

3.实洋

实洋也称“实价”，是与码洋相对应的一个概念，指出版物商品的实际销售价。实洋与发行折扣额之和，就是码洋。

实洋的计算方式，是以码洋乘发行折扣率。如某种图书定价为 40 元，共销出 10 000 册，销售总码洋为 40 万元；若发行折扣率为 65％，则其实洋为 26 万元（40×65％），发行折扣额为 14 万元。

（三）发行企业会计核算账户特点

一般而言，发行企业会计核算账户按照商品流通类企业会计核算账户来设置，应遵照《企业会计制度》执行。在《办法》中，有关发行企业会计核算办法一节，在《企业会计制度》的基础上，对“库存商品”“商品进销差价”“委托代销商品”“受托代销商品”“主营业务收入” 等账户的明细设置和核算内容作了补充规定。下面遵照办法中的有关规定，介绍相关核算账户的设置特点。

1.“库存商品”账户

该账户核算发行企业从供货方购进的出版物的实际成本（或进价）、或计划成本（或售价）、或明码标印的定价（码价）。凡所有权不属于本企业的出版物，不在本账户核算，并且发行企业出版物的采购业务可以不通过“物资采购”账户核算，直接通过本账户核算。本账户明细账户可以按照：“期刊”“教材”“图书”“年（历）画”“音像制品”“出租商品”等出版物的种类设置。

而“出租商品”这一明细账户下，发行企业还应设置三级明细账户。在售价法下按照“出租商品售价（或码价）”“出租商品摊销”设置三级明细账户；在进价法下按照“出租商品进价”“出租商品摊销”设置明细账户进行核算。

2."商品进销差价"账户

本账户在发行企业采用售价核算法时才被使用，用来核算发行企业出版物售价(或码价)与进价之间的差额。

本账户设置"进销差价"和"进项税额"二级明细账户。还可以按照出版物的种类如："期刊""教材""图书""年(历)画""音像制品""出租商品"等，在二级账户下分别设置三级明细账户核算。

3."主营业务收入"账户

本账户核算发行企业在出版物销售活动中所取得的销售收入、出租收入。托收货款过程取得付款方滞纳金收入不在本账户核算，应作为营业外收入核算。商品销售收入的确认原则，应执行《企业会计制度》相关规定。

本账户明细账户的设置分为："商品销售收入""出租商品收入""销售折让""销项税额"等明细账户。

4.其他

发行企业包装物的采购与摊销业务可以不通过"包装物"账户核算，直接通过"销售费用""其他业务成本"账户核算即可。

第二节　批发类发行企业会计核算

一、批发类发行企业购进业务核算

批发类发行企业购进出版物的核算可以按售价法，也可以按进价法。按照《办法》中的相关规定。在售价核算法下，按照出版物的售价，借记"库存商品"账户，并且按照出版物的种类对应在二级明细账户下；按售价与含税进价之间的差额，贷记"商品进销差价——进销差价"账户。按含税进价与不含税进价的差额，贷记"商品进销差价——进项税额"账户，按不含税进价，贷记"应付账款""库存现金""银行存款""预付账款"等账户。在进价法下，《办法》规定：发行企业购进出版物验收入库时，借记"库存商品"账户，贷记"应付账款""库存现金""银行存款""预付账款"等账户。

(一)同城购进会计核算

【例 10－1】 文山图书批发公司(一般纳税人)从当地某出版社购进图书1 000册，每册20元，折扣率为60%，由出版社送货，货款以支票结算，所购图书已验收入库，增值税率为9%。

所购图书总定价＝1 000×20＝20 000(元)

含税进价＝20 000×60%＝12 000(元)

进销差价＝20 000－12 000＝8 000(元)

进项税额＝12 000÷1.09×0.09＝990.83(元)

不含税进价成本＝12 000－990.83＝11 009.17(元)

进货入库时，根据入库单和增值税专用发票等有关单证，作会计分录如下，

(1)售价法核算

借：库存商品——图书	20 000.00	
应交税费——应交增值税(进项税额)	990.83	
贷：商品进销差价——进销差价		8 000.00
——进项税额		990.83
银行存款		12 000.00

(2)进价法核算

借：库存商品——图书	11 009.17	
应交税费——应交增值税(进项税额)	990.83	
贷：银行存款		12 000.00

(二)异地购进会计核算

发行企业异地购进业务与同城购进业务的区别在于：异地采购结算方式大多采用托收承付、委托收款等结算货款，这会造成购货单据和所购出版物不能同时到达企业，通常出现三种情况：货到单未到、单到货未到和货单同时到。

1.单到货未到

【例 10－2】　上海某图书批发公司从广州购进图书 500 册，含税进价每册 40 元，销售价每册 80 元，双方采用托收承付结算方式付款，供货方代垫运费2 000元，增值税税额 180 元。(存货采用实际成本法核算)

含税进价＝40×500＝20 000(元)

含税售价＝80×500＝40 000(元)

进销差价＝40 000－20 000＝20 000(元)

货物进项税额＝20 000÷1.09×0.09＝1651.38(元)

进项税合计＝1651.38＋180＝1831.38(元)

(1)该图书批发公司先收到银行转来的托收凭证和运单。在核对托收凭证同到的发货清单与合同后承付货款，作会计分录如下：

借：在途物资——图书	40 000.00	
应交税费——应交增值税(进项税额)	1 831.38	
销售费用	2 000.00	
贷：银行存款		22 180.00
商品进销差价——进销差价		20 000.00
——进项税额		1 651.38

(2)10 天后，收到图书并验收入库。作会计分录如下：

借:库存商品——图书　　40 000

　贷:在途物资——图书　　40 000

2.货到单未到

仍然按上例,假设货物先到,而托收凭证来到,此时暂不作账。

(1)若当月收到托收单据的,待到凭证收到时,直接记入"库存商品"账户,作会计分录如下:

借:库存商品——图书　　40 000.00

　应交税费——应交增值税(进项税额)　　1 831.38

　销售费用　　2 000.00

　贷:银行存款　　22 180.00

　　商品进销差价——进销差价　　20 000.00

　　　　——进项税额　　1 651.38

(2)若到月底,托收承付凭证等有关单据仍然未到,则先暂估入账。假设图书批发公司估计货款总收入为20 000元,不考虑税金。作会计分录如下:

借:库存商品——图书　　20 000

　贷:应付账款　　20 000

待到下月初,作相反的会计分录冲销即可。

3.货单同到

在这种情况下,与货到单未到当月收到单据的会计处理相同。

(三)购进过程中的异常业务核算

批发类发行企业,由于购进出版物批量大,金额也较大,很容易因为各种原因,而发生退货、退补价、短缺或溢余以及拒付货款或拒收货物等一些异常的业务。

1.进货退出的核算。

批发类发行企业如购进图书发现质量、规格与合同不符,办理退货。办理退货时,应由业务部门填制红字"收货章",并向销货单位取领"红字"发货票。退货后,财会部应做如下分录:借记"银行存款"或"应收账款"科目,借记"商品进销差价"科目,贷记"库存商品"科目。同时调整"应交税费"账户和"商品进销差价"账户。

2.进货溢缺的核算

发行企业的进货溢缺是指企业购进出版物时,在验收过程中发现实收数量多于或少于应收数量。当发现有进货溢缺时,首先通过"待处理财产损溢"账户,然后视原因不同进行处理。购进发生溢余的原因多为供货方多发货物,一般应补作购进;若为其他原因,则列入"营业外收入"账户。购进发生短缺的原因有供货方少发货物、运输单位责任、本单位责任人过失、意外灾害等,若属于少发货,应由供货单位补发或退货款;若属于运输单位或本单位责任人过失,应由其赔偿损失,列入"其他应收款"账户;意外灾害的,列入"营业外支出"账户。

3.购进货物退补价的核算

发行企业发生进货退补价，是由于供货单位价格计算错误等原因而造成。在这种情况下，发行企业在账务处理时只需要调整“商品进销差价”账户和“应交税费”账户即可解决。

4.购进过程中拒收商品、拒付货款的核算

发行企业在购进业务过程中，会因增值税专用发票上的登记商品或实际收到的出版物的品种、数量、质量，与合同规定不符，而部分或全部拒付货款或者拒收出版物。如果货款尚未支付，则对拒收或拒付部分，不作账务处理，暂作备查登记；如果已全部支付货款，把拒收部分转入“应收账款”账户，同时备查登记拒收商品。

【例 10—3】 文山图书批发公司图书核算采用售价法，本月购进教材 1 500 册，定价每册为 30 元，折扣率为 70%，货已入库，发票账单已到，到货验收发现短缺 100 册，其中，运输单位过错造成损失 50 册，另 50 册为对方少发货造成，对方同意补货。后发现另有 500 册存在着严重缺页现象，经过与供应商联系，同意将这 500 册教材退还给供货商，增值税率 9%，作会计分录如下：

(1)商品入库

借：库存商品	42 000.00	
应交税费——应交增值税(进项税)	2 600.92	
待处理财产损益——待处理流动资产损溢	3 000.00	
贷：商品进销差价——进销差价		13 500.00
——进项税额		2 600.92
应付账款		31 500.00

(2)对方少发货 50 册，补作购进处理，作会计分录如下：

借：库存商品——教材(对方补货)	1 500.00	
贷：待处理财产损益——待处理流动资产损溢		1 500.00

(3)对于运输单位损失的部分向其索赔，作会计分录如下：

借：其他应收款	1 050.00	
商品进销差价——进销差价	450.00	
——进项税额	86.70	
贷：待处理财产损溢——待处理流动资产损溢		1 500.00
应交税费——应交增值税(进项税额转出)		86.70

(4)500 册退货账务处理

借：应收账款	10 500.00	
商品进销差价——进销差价	4 500.00	
——进项税额	866.97	
贷：库存商品——教材		15 000.00

应交税费——应交增值税(进项税额)　　866.97

二、批发类发行企业销售业务核算

批发类发行企业业务核算主要包括发出商品和货款结算两个环节。按照销售地区的不同又分为同城销售和异地销售业务。

有关发行企业销售出版物实现销售收入的核算,《办法》规定:实现出版物销售收入时,按实际售价,借记"应收账款""库存现金""银行存款""预收账款"等科目,按码价与实际售价的差额,借记主营业务收入——销售折让,按码价,贷记主营业务收入账户。期末,根据"商品销售收入"和"销售折让"等明细账户的本期发生额计算销项税额,借记"主营业务收入——销项税额"账户,贷记"应交税费"账户,同时出版物销售成本也在期末结转,借记"主营业务成本""商品进销差价——进销差价和进项税额"账户。贷记"库存商品""委托代销商品"和"受托代销商品"等账户。在进价法下按实际售价,借记"应收账款""库存现金""银行存款""预收账款"等账户,贷记"主营业务收入——商品销售收入"账户;期末,根据"商品销售收入"明细账户的本期发生额计算销项税额,借记"主营业务收入——进项税额"账户,贷记"应交税费"账户,期末结转成本时,借记"主营业务成本""商品进销差价——(进销差价、进项税额)"账户,贷记"库存商品""委托代销商品"等账户。

(一)同城销售

同城商品销售,一般采取提货制和送货制的商品交接方式。

采用提货制方式的,一般是由购货方到出版批发企业选好所购出版物品种和数量后,到出版批发企业业务部门交款并取得一式数联的购货发票,凭购货发票到指定仓库提货。因此,交款提货是提货制常用的结算方式。

采用送货制方式的,一般是购销双方签订合同,出版批发企业按合同规定的时间、品种、数量将商品送到购货方,然后向购货方收取款项。也有先办理全部或部分货款结算,然后送货的情况。因此,交款送货或送货收款是送货制常用的结算方式。

【例 10－4】 文山图书批发公司批发销售图书给当地一家零售书店,数量 200 册,每册 25 元,折扣率 70%,当日以支票结算,并且已经办理发货手续。该批发公司采用售价法核算其业务,该批书购进折扣率为 60%,增值税率 9%.

实际售价＝200×25×70%＝3 500(元)

销售折让＝5 000－3 500＝1 500(元)

销项税额＝3 500÷1.09×0.09＝288.99(元)

(1)销售业务发生时,作会计分录如下:

借:银行存款　　3 500.00

　　主营业务收入——销售折让　　1 500.00

贷:主营业务收入——商品销售收入　　4 711.01

应交税费——应交增值税(销项税额)　　288.99

(2)期末结转成本时,作会计分录如下:

当初购进时的进项税额=25×200×60%÷1.09×0.09=247.71(元)

当初购进时的进销差价=25×200×(1-60%)=2 000(元)

主营业务成本=5 000-2 000-247.71=2 752.29(元)

借:主营业务成本　　2 752.29

商品进销差价——进项税额　　247.71

——进销差价　　2 000.00

贷:库存商品——图书　　5 000.00

【例 10-5】 承上例,假设该批发公司采用进价法核算,则作会计分录如下:

(1)销售发生时,作会计分录如下:

借:银行存款　　3 500.00

贷:主营业务收入——商品销售收入　　3 211.01

应交税费——应交增值税(销项税额)　　288.99

(2)结转成本时,作会计分录如下:

成本计算=5 000×60%÷1.09=2 752.29(元)

借:主营业务成本　　2 752.29

贷:库存商品——图书　　2 752.29

(二)异地销售

异地商品销售,一般采用"发货制",由出版批发企业业务部门根据与购货单位签订的合同中规定的出版物品种、数量、规格等要求,填制"发货单"一式数联,分送有关部门。储运部门根据"发货单"备货、发货,并办理托运手续,取得承运部门的运单,连同"发货单"及有关凭证,一并送银行办理委托收款手续。取得银行托收回单后,连同有关凭证一起送财会部门做商品销售业务的账务处理。因此,异地商品销售的货款结算多采用"委托收款"或"托收承付"结算方式,也可以采用商业汇票或银行汇票等适合异地的结算方式。

【例 10-6】 浙江某图书批发公司 6 月 20 日销售给上海某书店图书 500 册,每册 70 元,折扣率为 70%,代垫运费1 000元,发票及运单已交开户银行办理托收。6 月 30 日,接到开户行转来的收款通知,货款(含增值税)及代垫运费全部收妥入账。该企业采用售价法核算其业务,该图书购进折扣率为 60%,适用增值税率为 9%。

(1)开出增值税发票,办理托收手续后,作会计分录如下:

借:应收账款　　25 500.00

主营业务收入——销售折让　　10 500.00

贷:主营业务收入——商品销售收入　　35 000.00

银行存款　　1 000.00

借:主营业务收入——销项税额　　2 022.94

贷:应交税费——应交增值税(销项税额)　　2 022.94

(2)接到银行收款通知时,作会计分录如下:

借:银行存款　　25 500.00

贷:应收账款　　25 500.00

(3)结转销售成本时,作会计分录如下:

借:主营业务成本　　19 266.06

商品进销差价——进销差价　　14 000.00

——进项税额　　1 733.94

贷:库存商品——图书　　35 000.00

(三)直运业务核算

直运业务是指出版批发企业将其从异地购进的出版物直接发运销售给购货单位而不经过批发企业仓库储存的销售方式,采用这种销售方式可以加速商品流转、节约商品流通费用,所以是一种重要的销售方式。其具体做法是:出版物批发企业从异地出版单位购进出版物直接发给购货单位,办理直运时可以委托出版单位代办,也可以由批发企业派业务员在出版单位所在地监督办理。一般是出版批发企业向出版单位购进出版物并向购货单位发运后,由出版单位填制两套托收款凭证,同时交开户银行办理委托收款,一份是以购货单位的名义向出版批发企业收款,货款由出版批发企业开户银行账户划回销货单位开户银行账户,另一份是以出版批发企业名义向购货单位收款,货款直接划回出版批发企业开户银行,收入批发企业账户。进行直运商品销售的核算,需填制直运商品收发货单,其中既要注明购进单价,又要注明销售单价,以此作为办理托收货款及记账的依据。直运业务不通过库存直接发往购货方,因此,进行核算时不使用"库存商品"账户,而使用"在途物资"或"材料采购"账户来表示商品没有入库这一环节。并且直运出版社购进和销售的增值税专用发票商已经列明商品的购进金额和销售金额,故而商品销售成本可以按照实际进价成本,按销售批次随时结转,不必等到期末。

【例 10—7】 上海某书刊批发公司向江苏某出版社订购图书2 000册,每册 20元,折扣率为 60%,该批图书由江苏出版社代垫运费2 000元,直接发往江西某图书批发企业。三方都采用托收承付方式结算货款。该公司图书采用实际成本法核算。

(1)承付银行转来江苏某出版社的托收凭证、专用发票和运费收据时,作会计分录如下:

借:在途物资——图书　　22 018.35

(20×2 000×60%÷1.09)

应交税费——应交增值税(进项税额)　　1 981.65
应收账款　　2 000.00
贷:银行存款　　26 000.00

(2)直运销售的图书折扣率是70%,江苏图书批发公司开出增值税专用发票价额28 000元,税额2 545.45元,连同运费1 000元一起,通过银行向河北某图书批发企业办理托收,作会计分录如下:

借:应收账款　　28 000.00
主营业务收入——销项税额　　2 311.93
贷:主营业务收入——商品销售收入　　28 000.00
应交税费——应交增值税(销项税额)　　2 311.93

(3)同时结转销售成本,作会计分录如下:

借:主营业务成本　　22 018.35
贷:在途物资——图书　　22 018.35

(四)销售中异常业务的核算

1.销售退回的核算

发行企业出版物销售后,购货单位发现品种、规格、质量等,因与购销合同不符等而提出退货,经销售部门同意后办理退货。若财务部门没有做账,则不必再做任何处理,只需回开给购货方的发票联和抵扣联,连同存根联和记账联一起注明“作废”字样;若财务部门已经做了账务处理,则开具红字增值税专用发票,连同开给购货方的发票联和抵扣联一起,作为账务处理的依据,并办理退款。若已经结转给销售成本的,还要冲销“主营业务成本”账户。

2.销售退补价的核算

发行企业发生销售退补价,一般由于计算或填写错误等原因,造成多记或少计算货款。这时,只需调整“主营业务收入”账户以及税金,不需调整“库存商品”账户和“主营业务成本”账户。

3.销售中购货单位拒收商品、拒付货款的核算

发行企业异地销售中以托收承付或委托收款结算方式向外地销售出版物,在商品发出、办妥托收手续,并已作收入入账,购货单位因增值税专用发票上的商品或实际收到的商品的品种、数量、质量,与合同规定不符,会部分或全部拒付货款、拒收商品。当财务部门收到银行转来的“拒付理由书”时,暂不作账务处理,应会同业务部门及时与购货单位联系并查明原因后,根据不同情况协商处理。

(1)对少发货物的处理有两种情况:一种是补发货物,收到货款后作正常销售处理;一种是不再补发,做销售退回处理。

(2)若属于发错货物的,一般应按销售退回处理。但若经协商后,购货方同意购买错发的出版物,则不必进行特殊处理。

(3)若属于多计货款,则按销售退价处理。

(4)如果属于品种质量问题引起的,也有两种情况:一种是做销售退回处理;一种是再给予购货方一定折让。

【例 10—8】 承接[例 10—6]购货方上海某书店由于质量原因提出退货要求,销售方北京某图书批发公司同意退货,开具红字增值税专用发票办理退货,归还货款,款项已付。销售方分别作会计分录如下:

若尚未结转成本前

只需作会计分录如下:

借:主营业务收入——商品销售收入	35 000.00	
贷:主营业务收入——销售折让		10 500.00
银行存款		24 500.00
借:应交税费——应交增值税(销项税额)	2 022.94	
贷:主营业务收入——销项税额		2 022.94

同时红字冲销库存商品明细账销售数量。

(2)若已经结账销售成本,还要同时作会计分录如下:

借:库存商品——图书	35 000.00	
贷:商品进销差价——进项税额		1 733.94
——进销差价		14 000.00
主营业务成本		19 266.06

此时,不必冲销库存商品明细账的销售数量栏,作入库处理。

【例 10—9】 承接[例 10—8] 假设购货方发现图书的质量问题,由于货款已经结算,购货方拒收该批图书,经双方协商后,购货方同意接受供货方再给总定价20%的折扣即 7 000 元,购买该批图书。供货方做会计分录如下:

借:主营业务收入——销售折让	7 000.00	
贷:银行存款		7 000.00
借:应交税费——应交增值税(销项税额)	577.98	
贷:主营业务收入——销项税额		577.98

三、批发企业出版物储存业务核算

出版物储存业务主要是指出版物批发企业购进出版物在销售前在企业停留的状态,是保证出版物正常销售的基础。发行企业出版物储存主要是对还没有销售的出版物进行核算管理的环节。在该环节中,核算的重点主要有三个:一是出版物盘点过程中发生盘盈、盘亏和毁损现象的处理;二是购进的出版物,因发生滞销、积压或因保管不善等原因造成出版物发黄、污损,而使其价值逐步降低,需要进行商品削价损失的核算;三是发行企业出版物内部调拨的核算。

(一)库存出版物盘点盘亏的核算

书刊发行企业在储存出版物的过程中,可能会出现账实不符的情况。因此,企业应该在末期进行实物盘点。企业盘点结束后,应填制“商品盘点表”,出现盘亏、盘盈时还应填制“商品短缺溢余报告单”,按规定程序审批处理,如果出现出版物损毁等问题时,还应查明原因、数量、损毁程度等,并列表说明。

对出版物盘点发生的盘亏,盘盈和损毁和核算,首先要通过“待处理财产损溢”账户反映,同时调整“库存商品”账户和“商品进销差价”账户;待查明原因经批准后分别处理;盘盈的出版物,一般应贷记“销售费用”账户;盘亏和损毁的核算与“购进短缺”的核算方法相同,可参照前面的方法处理,此处不再详述;应注意的是,在对盘亏和损毁的核算中应分清正常损失和非正常损失。对于正常损失,计入“销售费用”账户,但不必将进项税额转出;对于非正常损失,应记入“营业外支出”账户,同时必须将进项税作转出处理,不得抵扣销项税。

(二)库存出版物提存差价的核算

出版物发生滞销、积压或因保管不善等原因造成出版物发黄、亏损,而使其价值逐步降低。对此,发行企业应于每年年度终了,对库存出版存货进行全面的清查并实行分年核价,按规定的比例提成差价。首次提取提成差价时,借记“资产减值损失——出版物提成差价”账户,贷记“存货跌价准备——出版物提成差价”账户,以后年度年末应计提的金额大于“存货跌价准备——出版物提成差价”账户的期末余额时,应按差额借记“资产减值损失——出版物提成差价”账户,贷记“存货跌价准备——出版物提成差价”;应计提的金额小于“存货跌价准备——出版物提成差价”账户的期末余额时,应冲回差额,借记“存货跌价准备——出版物提成差价”账户,贷记“资产减值损失——出版物提成差价”账户。

出版物经批准报废时,在“存货跌价准备——出版物提成差价”中列支。

(1)采用售价法报废核算时 ,按实际成本 ,借记“存货跌价准备——出版物提成价”,按定价与实际成本的差额,借记“产品成本差异”科目,按定价,贷记“库存商品”科目。

(2)采用实际成本法报废核算时 ,借记“ 存货跌价准备——出版物提成差价”,贷记“库存商品”科目。

参照出版单位对存货跌价损失的计提标准,发行企业可按如下标准确定企业的出版物提成差价:①纸质图书,分 3 年提取,当年出版的不提,前 1 年出版的,按年末库存图书总定价提取 10%~20%,前 2 年出版的,按年末库存图书总定价提取 20%~30%,前 3 年及 3 年以上的,按年末库存图书总定价提取 30%~40%。②纸质期刊(包括年鉴)和挂历、年画,当年出版的,按年末库存实际成本提取。③音像制品、电子出版物和投影片(含微缩制品),按年末库存实际成本的 10%~30%提取,如遇上述出版物升级,升级后原出版物仍有市场的,保留该出版物库存实际成本10%，升级后的原有出版物已无市场的报废。④所有各类提成差价的累计提取额不得超过实际成本。发行企业在参照上述标准确定本企业的提成差价标准后，一般不得随意改变。

【例10—10】 某图书批发公司对库存图书的提成差价的标准和年末库存图书如表10—1所示。该公司采用进价法核算。假设11月初“存货跌价准备——出版物提成差价”账户贷方余额为30 000元，11月底库存图书的实际成本为500 000元。

表10—1 单位：元

库存图书按年限分类	实际成本	计提比例	应提成差价
当年出版库存图书的实际成本	500 000	不限	0
前1年出版库存图书的实际成本	200 000	10%	20 000
前2年出版库存图书的实际成本	100 000	20%	20 000
前3年出版及3年以上库存图书的实际成本	30 000	40%	12 000
合　计	910 000	52 000	

应计提的提成价差数为52 000元

年底应补计提金额为52 000－30 000＝22 000(元)

作会计分录如下：

借：资产减值损失——出版物提成差价　　22 000

　贷：存货跌价准备——出版物提成差价　　22 000

第三节　零售类发行企业会计核算

一、零售类发行企业购进业务核算

零售类发行企业一般纳税人的购进业务核算与批发企业的相同，都要遵守《办法》的规定进行处理，只是零售类发行企业更适合使用售价法进行业务的核算。另外，《办法》中的规定仅适用于一般纳税人，对于小规模纳税人来说，由于不计算进项税，收入和成本都按含税价核算，“商品进销差价”账户中则不必设置“进项税额”这一明细账户。现举例说明小规模纳税人的购进业务核算。

【例10—11】 某书店(小规模纳税人)从本地图书批发公司购进100本图书，总定价2500元，折扣率为70%，购进音像制品100盘，含税进货单价10元，含税销售单价15元，货款已付，支票结算。

根据付款凭证和进货入库有关单据，做会计分录如下：

借:库存商品——图书 2 500

——音像制品 1 500

贷:商品进销差价——图书 750

——音像制品 500

银行存款 2 750

有关购进过程中异常业务的处理,如购进溢余、短缺、进货退出,进货退补价等业务,与批发企业的核算方法相同。对于小规模纳税人,由于不涉及进项税额的核算,在参照批发企业进行核算时,业务处理更加简单,只需调整"库存商品"账户和"商品进销差价"等账户,不必进行税额的换算,所以此处不再举例介绍。

二、零售类发行企业销售业务核算

零售类发行企业的销售业务零星且频繁,所以一般更适合用售价法核算销售业务。一般纳税人销售业务的核算,与批发企业的核算相同,可按照《办法》规定核算,这里不再例举说明。小规模纳税人销售的核算,特殊之处在于销项税额的核算,其采用抵扣税率核算应交的增值税,所以其增值税金一般在期末根据主营业务收入统一进行换算。

【例 10—12】 承上例,某书店一日销售购进图书 30 本,按码价售出,总金额为 750 元,销售音像制品 20 盒,总金额为 300 元,现金收讫(增值税征收率为 3%)。

销售时作会计分录如下:

借:库存现金 1 050

贷:主营业务收入——商品销售收入 1 050

月底计算销项税金时,做会计分录如下:

1 050÷1.03×0.03=30.58(元)

借:主营业务收入——销项税额 30.58

贷:应交税费——应交增值税 30.58

结转销售成本时,做会计分录如下:

借:主营业务成本 725

商品进销差价——图书 225

——音像制品 100

贷:库存商品——图书 750

——音像制品 300

三、零售类发行企业出租业务核算

一些零售类发行企业在销售的同时兼营出版物的出租业务,兼营这种业务的发行企业一般为零售企业。发行企业兼营出租业务,不是一种销售行为。因此,购进专用于出租的商品不计算进项税，出租收入需要缴纳增值税。

《办法》中有关出租出版物的购进、摊销和销售的核算，其规定既可以采用进价法又可以采用售价法。出租的出版物在“库存商品”账户下设的“出租商品”明细账户进行核算。现分别按进价法和售价法介绍如下：

(一)进价法

发行企业应在“出租商品”明细账户下设“出租商品进价”和“出租商品摊销”三级明细账户，进行明细核算。

【例 10－13】 某书店兼营书刊和音像制品的出租业务。3 月份，购进一批图书，总码价1 000元，折扣率为 70%，全部用于出租；又将库存图书 20 本，总码价 400 元，以及 50 张 DVD 光盘，总码价 750 元，转作出租，图书的进货折扣率为 65%，光盘进货折扣率为 50%。

(1)购进出版物时，做会计分录如下：

借：库存商品——出租商品(1 000×0.7)　　　　700

　贷：银行存款　　　　700

在实际工作中，企业可以根据不同出版物的名称，在出租商品下设更明细的账户进行核算，这样可使出租商品核算和管理更清楚。

(2)库存商品转作出租使用时，做会计分录如下：

借：库存商品——出租商品(400×0.65＋750×0.5)　　　　635.00

　贷：库存商品——图书(400×0.65÷1.09)　　　　238.53

　　　　　　——音像制品(750×0.5÷1.09)　　　　344.04

　　　　应交税费——应交增值税(进项税额转出)　　　　52.43

(3)假设上述全部图书本月全部实现对外出租时，做会计分录如下：

借：库存商品——出租商品(出租商品进价)　　　　1 335

　贷：库存商品——出租商品　　　　1 335

(4)假设本月共实现出租收入 300 元，做会计分录如下：

借：库存现金　　　　300.00

　贷：主营业务收入——出租商品收入　　　　265.49

　　应交税费——应交增值税(销项税)　　　　34.51

(5)摊销时，做会计分录如下：

借：主营业务成本

　贷：出租商品(出租商品摊销)

报废时，按已摊销的价值，借记“出租商品(出租商品摊销)”账户，按未摊销的价值借记“销售费用”账户，按进价贷记“出租商品(出租商品进价)”账户。

(二)售价法

(1)发行企业应在“出租商品”明细账户下设“出租商品售价或码价”和“出租商

品摊销”三级明细账户，进行明细核算。

(2)购进出租出版物时，按含税码价借记“出租商品”明细账户，按码价乘以进价折扣率后的金额贷记“银行存款”“应付账款”等账户，按两者的差额贷记“商品进销差价——进销差价”账户；若为其他销售的商品转为出租商品，则贷记“库存商品”账户，同时借记“商品进销差价——进项税额”账户，贷记“应交税费——应交增值税(进项税额转出)”账户。

(3)对外出租时，借记“出租商品(出租商品售价或码价)”账户，贷记“出租商品”账户、“商品进销差价——进销差价”账户。

(4)期末摊销时，借记“主营业务成本”“商品进销差价——进销差价”账户，贷记“出租商品(出租商品摊销)”账户；报废时，按已摊销的价值借记“出租商品(出租商品摊销)”账户，按未摊销的价值借记“销售费用”“商品进销差价——进销差价”账户，贷记“出租商品(出租商品售价或码价)”。

(5)出租实现收入时，借记“库存现金”账户，贷记“主营业务收入——出租商品收入”账户。期末，根据出租商品收入明细账户的发生额计算增值税，借记“主营业务成本”账户，贷记“应交税费——应交增值税”账户。

上述内容为售价法下的核算和计量方法，此处不再举例。

另外值得注意的是：不管用什么方法核算，经营出租业务时，有时涉及押金业务，企业收到的现金，从理论上讲应该在账上反映，借记“库存现金”账户，贷记“其他应付款”账户；偿还押金时，作相反的分录即可。但是，在实际中由于押金业务收付频繁，在账目中频繁反映也不切实际，所以，一般由专人对押金收付进行登记，可以不在账内核算。

第四节　发行企业网上售书的核算

随着网络技术的发展，越来越多的人倾向于通过网络销售渠道购物。在图书行业，传统的销售渠道正面临巨大的考验，当当网、卓越网等网络销售渠道的兴起，给传统销售渠道带来了巨大的冲击，网络发行渠道凭借其速度快、成本低、信息积累性强等优势，在当下的出版发行工作中扮演着越来越重要的角色。从 2016 年起，我国图书网络发行超过新华书店等传统渠道销售金额，开始占据发行渠道的主导地位。天猫等网络平台压缩了发行环节，有效降低发行成本，增强图书公司的营销自主权。随着数字出版的兴起和微信等移动平台的日益壮大，图书网络发行形式将更加丰富。此外，社交媒体对网络发行的助推作用也受到广泛重视。新零售理念正进入图书发行行业，与实体书店的互动将进一步放大图书网络发行的重要性，实体书店将成为网络发行平台的取货点，丧失图书发行市场的支配地位。

随着数字时代的到来，图书消费者的阅读与消费习惯的转变从趋势成为事实，网络发行渠道应在购书渠道设置、营销信息形式、互动机制运用等方面，进一步融合网络平台的优势、融合纸质书与电子书的发行、融合多元的营销信息形式、融合多方互动机制，使图书发行工作更高效。

一、网络发行图书的业务流程

发行企业实施电子商务也即网络销售。专营网络销售的批发企业，一般都没有库存商品，往往是在接到订单时，立即与事先约好的第三方批发企业或出版社进行联系，由他们直接发货到购货方。也就是说，进行网络销售的发行企业，其每一次的采购行为都是以销售行为的发生为前提，并且伴随着销售而发生。因此，我们连同购买与销售这两个过程同时介绍网络销售业务流程，如图 10－2 所示：

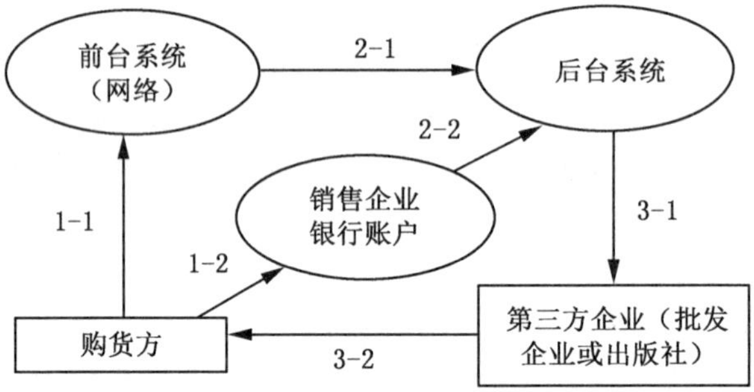

图 10－2　批发类发行企业网络售书业务流程图

按图中标列号次说明如下:①顾客登录企业网站。在浏览网页商品之后，选择商品并发出订单，这一过程都是通过网络完成的;然后顾客通过银行等支付平台把货款打到企业的账号上，图中流程为 1-1 和 1-2;②企业在接到定单后，通过其后台网络系统处理定单，并与银行核对款项是否到达，金额是否准确，图中流程为 2-1 和 2-2;③在企业核对无误后，便与第三方企业联系购买产品，由第三方企业直接发往顾客所在地。在这一过程中，既包含购买又包含销售，类似于直销的销售业务流程。

二、网络销售的核算

由前面有关业务流程的介绍，网上售书一般都不设有库存商品，其销售实质类似于直销，只涉及商品的购入和销售，因此，有关发行企业网上售书的采购和销售行为可参照第二节中介绍的直销方式下的核算方法处理，不再详述。

第十一章　报业企业会计实务

第一节　报业企业经营活动与会计核算特点

一、报业企业经营活动概述

报纸是以刊载新闻和时事评论为主的定期向公众发行的印刷出版物。是大众传播的重要载体，具有反映和引导社会舆论的功能。报纸从诞生到今天已经走过了漫长的历史，公元前60年，古罗马政治家恺撒把罗马市以及国家发生的事件书写在白色的木板上，告示市民，这便是世界上最古老的报纸。汉代的《邸报》是中国最早的报纸。

现代报纸随着人民物质生活的日益改善及文化教育水平的提高迅速发展，并日益成为社会生活中不可或缺的商品。

报纸一般可这样分类：①按出报时间和周期来分，可分为日报、晚报、早报、周报等；②按覆盖范围来分，可分为地区报和全国报；③按内容侧重点的不同来分，可分为党报和市民报。党报在宣传党和政府方针政策、传播新舆论导向上是最具权威性的。所谓市民报即适应市场经济、面向报业市场的新兴报纸，基本可分为两类：都市报和商报。都市报是继机关报、晚报之后，我国综合性日报中的一个新的报种，泛指以城市居民为主要读者对象的综合类或文化、经济、生活类报纸，包括机关报、行业和专业报、生产服务类报、社会团体报、企业报、文摘报、综合类报、军队报；商报顾名思义是为商者报，是与市场经济血脉相连的市场报。

现代报业企业以报纸为核心产品，经营活动涉及印刷业、广告业、发行业等多个行业，从事广告经营、发行经营、印刷经营、信息经营以及报业集团的多元化经营。

受互联网尤其是移动互联网发展影响，人群阅读习惯逐渐由线下向线上迁移，纸媒发行量萎缩，发行收入下降。报纸广告市场自2012年开始负增长并连续萎缩。移动互联网产业的迅猛发展，改变了报纸的生态环境。报纸要想生存和发展，必须进行供给侧结构性改革和产业拓展，走上和新媒体融合的转型发展之路，形成报纸新的经济增长点，增强报纸的整体实力、发展活力和竞争力。

（一）发行经营

发行是生产与消费之间的中间环节。报业企业的主要产品就是报纸，报社的主要经营手段就是卖报即发行，所谓“报纸进入市场”。报纸的商品属性是客观存在的，是报业企业经济核算的基础。

（二）广告经营

广告收入是大部分报社收入的重要来源，广告经营是一家报社重要的日常业务。一般来讲，报纸刊登的广告包括分类广告、工商广告、软文广告等。

（三）印务经营

目前报业集团向多种经营的方向发展，报业企业下属的印刷厂、印务中心，不但承担自身印刷工作，也利用剩余生产力承揽社会上的其他印刷活动。与此同时，一些报业企业并没有自己的印刷车间，印刷工作采用外包的方式进行。印务经营已经越来越成为报业企业的一个重要的经济活动。

（四）多元化经营

报业企业在出版发行报纸之外，也从事一些跨越本行业的多元经营。1996年，我国成立了第一家报业集团——广州日报报业集团，报业集团是以报纸为核心，以报业及带有报业外延性质的实业为主体，兼容其他非报业经营实体的经济联合体，目前报业集团多元化业务发挥越来越重要的作用，很多报业集团甚至实现了多元业务对传统媒体业务份额的反超，如一些大的报业集团也涉足房地产、金融证券等行业。

二、报业企业会计核算特点

（一）经营成果的双重性

报业企业与其他企业最主要的区别，就是报刊必须把社会效益放在第一位。其内容必须遵循既定的办报宗旨和编辑方针，必须根据当前形势、任务和新闻宣传需要进行正确的舆论导向，而不应完全受市场支配，为经济利益所左右。

（二）日常结算业务的频繁性

在报业企业经营活动中，报业企业与周围很多单位及个人发生经济往来，如自由撰稿人、社外记者、个体工商户等。报纸的生产周期与其他企业相比，相对较短，几乎是天天有产品，日日有销售。这两个特点决定了报业企业日常核算的频繁性。

（三）发行方式的多样性及由此决定的核算特殊性

报纸的发行有整订业务和零售业务。报纸的长期客户众多、分散等特点，决定了报款回收业务量巨大、金额分散。保证报款安全、及时、完整的回笼是会计核算的首要目标。因此，需要区分报纸类别，不同折扣率的报纸份数、金额，属本地还是外埠等情况。

(四)核算办法多样性

由于报业集团的多样化经营,报业集团中又有出版社、发行公司、广告公司等,从而使得报业单位会计核算办法的多样性,《办法》规定,在报业单位中具有独立法人资格的出版社、杂志社、发行公司、广告公司、印务公司等单位,执行《企业会计制度》及相应的会计核算办法。

三、报业企业核算的会计科目

(一)会计科目表

报业企业核算的会计科目,如表 11-1 所示:

表 11—1　　报业企业核算的会计科目

一、资产类		1244	商品进销差价
1001	库存现金	1251	委托加工商品
1002	银行存款	1261	委托代销商品
1009	其他货币资金	1271	受托代销商品
1101	交易性金融资产	1281	存货跌价准备
1111	应收票据	1291	分期收款发出商品
1121	应收股利	1301	持有至到期投资
1122	应收利息	1302	持有至到期投资减值准备
1131	应收账款	1303	可供出售金融资产
1133	其他应收款	1401	长期股权投资
1141	坏账准备	1421	长期股权投资减值准备
1151	预付账款	1431	委托贷款
1161	应收补贴款	1432	长期应收款
1201	在途物资	1501	固定资产
1211	原材料	1502	累计折旧
1221	包装物	1505	固定资产减值准备
1231	低值易耗品	1601	工程物资
1231	材料成本差异	1603	在建工程
1241	自制半成品	1605	在建工程减值准备
1243	库存商品	1701	固定资产清理

续表

1801	无形资产	三、所有者权益类	
1802	累计摊销	3101	实收资本(或股本)
1805	无形资产减值准备	3102	上级拨入资金
1815	未确认融资费用	3103	已归还投资
1901	长期待摊费用	3111	资本公积
1911	待处理财产损益	3121	盈余公积
二、负债类		3131	本年利润
2001	短期借款	3141	利润分配
2011	应付票据	四、成本类	
2121	应付账款	4101	生产成本
2131	预收账款	4105	制造费用
2141	代销商品款	4106	采编费用
2151	应付职工薪酬	4108	记者站经费
2161	应付股利	五、损益类	
2171	应交税费	5101	主营业务收入
2176	其他应交款	5102	其他业务收入
2181	其他应付款	5201	投资收益
2182	社会公益往来	5203	补贴收入
2101	交易性金融负债	5301	营业外收入
2201	待转资产价值	5401	主营业务成本
2202	递延收益	5402	税金及附加
2211	预计负债	5405	其他业务成本
2301	长期借款	5501	销售费用
2311	应付债券	5502	管理费用
2321	长期应付款	5503	财务费用
2322	未确认融资费用	5601	营业外支出
2331	专项应付款	5701	所得税费用
2341	递延所得税负债	5801	以前年度损益调整

(二)新增会计科目的试用说明

报业企业在执行《企业会计制度》的同时,还要执行财政部《新闻出版业会计核算办法》。在《企业会计制度》的基础上增设了"拨付所属资金""社会公益往来""上级拨入资金""采编费用""记者站经费"会计科目,并对"其他应交款""资本公积""生产成本""主营业务收入""其他业务成本""销售费用"等科目的明细科目设置和核算内容进行了补充规定。

1."拨付所属资金"账户

本账户核算报业企业对所属的非独立法人单位拨付的经营等项目所需资金。报业企业向所属单位拨付资金时,借记"拨付所属资金"账户,贷记"银行存款"等账户。本账户期末借方余额,反映报业企业向所属单位投入的资金总额。

2."上级拨入资金"账户

本账户由报业企业所属的非独立法人单位使用。所属单位收到报业企业拨入的资金时,借记"银行存款""库存现金"等账户,贷记本账户。本账户属于所有者权益类账户,期末余额在资产负债表中单列"上级拨入资金"项目列示。运用"拨付所属资金"和"上级拨入资金"账户对报业企业进行内部核算时,期末报业企业在编制汇总会计报表时两个账户余额相互抵消。

3."资本公积"账户

报业企业应在本账户设置"宣传文化发展专项资金或新闻出版发展基金"明细账户,核算报业企业根据国家有关规定取得的专项资金拨款。报业企业收到财政部门或主管部门拨付的专项资金拨款时,借记"银行存款"账户,贷记本账户。

第二节　报业企业成本的核算

报业企业的基本活动是发行报纸,报纸是报业企业的主要产品。报社成本核算的内容包括报纸采访、编辑、排版、印刷、发行过程及其他生产经营过程中所发生的各项费用。报纸成本的核算应以每一种报纸为成本核算对象,以千对开印张为核算单位。报纸成本的计算方法,采用分步法。报社所属印刷厂按照排字、制版、印刷、装订等工艺步骤归集计算印制成本。

一、报纸成本核算的项目

报纸的生产成本可按纸张费、排版、传版费、印制费、采编费、其他费用等成本项目进行核算,反映报纸编辑、印刷等过程中发生的费用。一般报纸的单位成本以千对开印张(简称"千对开")为核算对象。印张是计算出版物篇幅的单位,整张新闻纸横裁为二,称为"对开"。对开报纸就是报纸的面积是整张印刷纸的 1/2,一张全开纸为 108×78 厘米,对开报为其 1/2 大,四开报为其 1/4 大。

企业生产经营过程中，实际发生的各项直接支出，包括直接材料、直接工资、直接费用，直接计入生产经营成本；企业生产经营过程中实际发生的各项间接费用，分配计入生产经营成本。

直接材料包括企业生产经营过程中实际消耗的原材料、辅助材料、备品配件、外购半成品、燃料、动力、包装物、低值易耗品以及其他直接材料。

直接工资包括企业直接从事产品生产人员的工资、奖金、津贴和补贴，以及直接从事产品生产人员的职工福利费。

直接费用包括稿费、核订费、传版费、报纸编辑费、广告成本、专有出版权转让费、印制费、出版损失等。

间接费用包括企业内各生产经营单位为组织和管理生产所发生的生产经营单位管理人的工资、折旧费、修理费、机物料消耗、低值易耗品、取暖费、水电费、办公费、差旅费、运输费、保险费、设计制图费、劳动保护费、职工福利费、社外和业余加工费、编录用品费、样本(样报)赠阅费、图书资料费等。

二、报纸成本核算应设置的相关会计科目

(一)生产成本

核算报纸成本应设置“生产成本”总分类账户。该账户借方反映报纸编辑、制版、印刷等过程中发生的费用，贷方反映结转的产成品的成本。

在“生产成本”总分类账户下，应按纸张费、排版、传版费、印制费、采编费、其他费用等设置二级明细账进行明细核算。

相关费用发生时，借记“生产成本”账户，贷记“银行存款”“库存现金”等账户。

月末，将归集完整的费用全部转入“库存商品”账户，借记“库存商品”账户，贷记本账户。期末结转后本账户应无余额。

(二)采编费用

本科目核算报业单位采编部门开展新闻采访、报纸编辑业务所发生的费用，主要包括采编部门人员工资及附加、福利费、稿费、办公费、差旅费、邮电通讯费、美术摄影费、图书资料费、通联费、业务招待费、外事经费、折旧费、租赁费、修理费、物业管理费、低值易耗品摊销、水电费、社会保险费等。其中，稿费包括出版稿件支付的稿费，内部采编人员非职务撰稿及非采编人员撰稿的稿酬，按规定支付的审稿费以及对来稿摘编向投稿者支付的信息费等。通联费包括采编部门组织大型读者活动以及为作者、通讯员组织大型业务交流、培训活动的各项费用等。

“采编费用”账户应按费用项目类别设置明细科目，进行明细核算。采编费用发生时，借记本科目，贷记“库存现金”“银行存款”“应付职工薪酬”“累计折旧”等科目。月末，应将本科目余额转入“生产成本”科目，结转后本科目应无余额。

(三)记者站经费

本科目核算报业单位驻外记者站所发生各项费用,主要包括各驻站记者及工作人员工资及附加、福利费、办公费、差旅费、交通费、邮电通讯费、图书资料费、通联费、房屋租赁费(物业管理费)、折旧费、低值易耗品摊销、修理费、水电费、社会保险费等。

记者站经费应按费用项目类别设置明细科目,进行明细核算。记者站发生费用时,借记本科目,贷记"库存现金""银行存款"等科目。月末,应将本科目余额转入"生产成本"科目,结转后本科目应无余额。

(四)销售费用

本科目核算报业单位在报纸发行、销售业务过程中支付的各项费用,主要包括发行人员的工资及附加、福利费、办公费、差旅费、宣传推广费、业务招待费、租赁费、运输费、发行网点费等项目。其中,宣传推广费,是指报纸发行过程中,为促进和扩大发行量,支付给其他媒体或协助报纸推广的部门的相关费用、劳务费,为报纸发行、推介组织各类活动所支付的费用等。发行网点费,是指为组织报纸发行工作而设置的门市、经销网点、投送网点所发生的各项业务经费等。相关费用发生时,借记本科目,贷记"库存现金""银行存款"等科目。期末,应将本科目余额转入"本年利润"科目,结转后本科目应无余额。

三、报纸成本的核算

报社一般都有自己的印刷厂,以印刷报纸(使用新闻纸)为主,由于印刷量比较大,一般都自己采购纸张。

(一)纸张费的核算

纸张是报纸生产的主要材料,报社核算方法有两种:一种是按实际成本计价核算;另一种是按计划成本计价核算。企业可以根据自身生产经营特点及管理要求,对纸张采用不同的方法进行核算。在企业的日常核算中,可以采取实际成本,也可以采取计划成本对原材料的收入、发出及结存进行核算。按照实际成本核算的,可以采用先进先出法、加权平均法、移动平均法等方法确定其发出实际成本;采用计划成本核算的,按期结转其应负担的成本差异,将计划成本调整为实际成本。企业可自行选择成本计算方法,一旦选定便不能随意更改。

1.纸张按实际成本会计处理

(1)外购纸张的会计处理

外购纸张材料的实际成本主要包括:买价、运杂费、运输途中的合理损耗、入库前的挑选整理费用、进口纸张及材料的进口关税、付给供货商的代办费等。具体核算可参看企业会计准则——存货相关规定。

【例 11—1】 甲报社 1 月 10 日购进纸张一批，支付纸张材料货款50 000元，运费1 000元，材料的增值税进项税额为6 500元(材料增值税税率为 13%)，运费的增值税进项税额为 90 元，进项税额合计6 590元。纸张已验收入库，按实际成本核算。

借：原材料——纸张　　50 910

　应交税费——应交增值税(进项税额)　　6 590

　贷：银行存款　　57 500

(2)内部领取纸张的会计处理

纸张领用，报业企业纸张收发业务频繁，平时应随时登记明细分类账，以反映各种材料的收、发及结存余额。为简化核算手续，在实际工作中，总分类核算是根据实际成本计价的领料凭证，按领用部门和用途进行归类汇小编制“发料凭证汇总表”，月末一次登记总分类账。发出纸张实际成本的确定，可以由企业从上述个别计价法、先进先出法、月末一次加权平均法、移动加权平均法等方法中选择。计价方法一经确定，不得随意变动，如需变更，应在附注中予以说明。企业月末按领用部门和用途编制的“发料凭证汇总表”。领用纸张，应借记“生产成本”“采编费用”“管理费用”等账户，贷记“原材料”账户。

【例 11—2】 甲报社印刷厂本月发出新闻纸 4 吨，实际成本为200 000元，采编部门领用新闻纸20 000元，经营管理部门领用新闻纸1 000元，做会计分录如下：

借：生产成本——纸张费　　200 000

　采编费用——纸张　　20 000

　管理费用　　1 000

　贷：原材料——新闻纸　　221 000

2.纸张按计划成本会计处理

计划成本法，是在存货日常业务中以计划成本计价进行收入、发出和结存的核算。这种方法在有关账户的设置、存货的明细分类核算和总分类核算以及对存货的管理要求等方面，均与实际成本计价有所不同。但在期末财务会计报告中，仍需将存货的计划成本调整为实际成本对外披露，存货的实际成本计价原则并未改变。

报业企业应设置“材料采购”“原材料”“材料成本差异”等账户，用以核算纸张物资采购业务。纸张购进，按其实际成本计入“材料采购”账户的借方；纸张验收入库，按其计划成本从“材料采购”账户转入“原材料”账户。同时，将纸张材料的计划成本与实际成本的差额计入“材料成本差异”账户。实际成本大于计划成本的差额为材料采购成本超支差额，应从“材料采购”账户转至“材料成本差异”账户借方；实际成本小于计划成本的差额为材料采购成本节约差额，应从“材料采购”账户转至“材料成本差异”贷方。平时有关纸张材料的收发业务，均按计划成本核算，期末应将材料成本差异额在发出材料和结存材料之间进行分摊，将发出纸张材料的计划成本调整为实际成本。

(1)报业企业纸张采购业务，在纸张材料尚未入库时，根据供货方提供的销售发票和代垫运费发票等单据，作会计分录如下：

借：材料采购

　应交税费——应交增值税(进项税额)

　贷：银行存款等

纸张材料验收入库后，根据仓库转来的纸张材料的数量和计划价格，做会计分录如下：

借：原材料

　贷：材料采购

根据计划成本与实际成本的差额，做会计分录如下：

实际成本大于计划成本的差异：

借：材料成本差异

　贷：材料采购

计划成本大于实际成本的差异：

借：材料采购

　贷：材料成本差异

【例 11－3】 承【例 11－1】，如甲报社原材料核算采用计划成本核算，该批纸张的计划成本为48 000元。

借：材料采购	50 910	
应交税费——应交增值税(进项税额)	6 590	
贷：银行存款		57 500
纸张验收入库		
借：原材料	48 000	
材料成本差异	2 910	
贷：材料采购		50 910

(2)纸张材料的领用，发出都按计划成本核算，月份终了再将本月发出纸张材料应负担的成本差异进行分摊，随同本月发出纸张的计划成本计入有关账户，将发出材料的计划成本调整为实际成本。发出纸张材料应负担的成本差异，必须按月分摊，不得在季末或年末一次分摊。报业企业在月份终了时计算材料成本差异率，据以分配当月形成的材料成本差异。材料成本差异率的计算公式如下：

$$本月材料成本差异率=\frac{月初结存材料的成本差异+本月收入材料的成本差异}{月初结存材料的计划成本+本月收入材料的计划成本}$$

$$本月发出材料应负担差异=发出材料的计划成本\times材料成本差异率$$

【例 11－4】 甲报社采用计划成本核算，2017 年 1 月初“原材料”账户下新闻纸的期初余额60 000元，“材料成本差异”账户期初借方余额6 000元。本月购进纸张一批，见【例 11—3】，实际与计划成本为超支差3 000元，本月印刷车间领用纸张合计计划成本 100 000 元。

根据上述资料进行会计处理如下：

印刷车间领用纸张

借：生产成本——纸张费　　100 000

　贷：原材料　　100 000

1 月 31 日分摊本月领用纸张的成本差异。

$$本月材料成本差异率=\frac{6\ 000+3\ 000}{60\ 000+51\ 000}=8.1\%$$

本月领用材料应负担的成本差异＝100 000×8.1%＝8 108.10(元)

借：生产成本——纸张费　　8 108.10

　贷：材料成本差异　　8 108.10

（二）排版、传版费

它是指报纸照排费用、委托印刷所发生的版面传输费用。排版是指将图文内容按照一定的规范，合理地编排在报纸的版面上，照排是指利用计算机技术实现照相排版。一些发行量较大的报纸都在国内各地或国外建立了代印点，借助于信息技术将版面信息传递到外地代印点，从而达到外地读者和本地读者能同时阅读报刊，其中就需要传版技术。传版是指将报纸的版面信息发送到代印点以备印刷的方式，目前主要的传版方式有：电话传版、互联网传版、通信卫星传版。电话传版，即通过电话线路进行点对点传输，双方的电脑通过调制解调器对报版数据文件进行调制，通过电话连接上进行传输；互联网传版，即利用互联网的文件传输或电子邮件传版；通信卫星传版，即通过租用卫星线路、通过通信卫星对多家代印点进行同时传版，是目前比较先进的一种传版方式，但是技术要求高、投资巨大。报社在版面传输各环节发生的费用计入“生产成本”账户借方，包括电话费、上网费、卫星代传费及传版人员的工资福利费等。

【例 11－5】 甲报社在全国设有 15 个代印点，采用卫星传版方式，2019 年 5 月支付某卫星网络中心传版费，增值税发票注明价款10 000元，增值税900元，银行存款支付。

借：生产成本——传版费　　10 000

　　应交税费——应交增值税(进项税)　　900

　贷：银行存款——网络中心　　10 900

（三）印制费的核算

它是企业印刷机构和委托印刷等发生的费用，如报社有所属的印刷厂(公司)，报纸生产成本中的印制费包括制版、拼版、晒板、校对等环节发生的材料费、人工成本及间接费用。报业企业一般应设置原材料、印刷用纸、燃料和动力、工资及福利费、废品损失、制造费用、委托外加工等项目，其生产成本核算按照制造企业成本会计核算方法处理。

原材料是指直接用于报纸生产，虽不构成报纸实体，但有助于报纸形成的各种原材料及辅助材料，如油墨、制版用的PS板、软片、各种药水等。

燃料和动力是指各工艺直接用于排印报纸的外购和自制的燃气和动力费用。

工资及福利费是指各工艺直接参加排印报纸人员的工资、奖金、津贴以及其他各种属于工资性质的补贴和职工福利费。

废品损失是指在生产过程中发生的报废损失，包括纸张超伸放，报纸重制重印的损失等。

制造费用是指印刷车间为印刷报纸而发生的各项间接费用，包括车间管理人员工资和职工福利费，折扣费，租赁费，修理费、水电费，办公费、保险费、劳动保护费、修理期间的停工损失等。

委托外加工是指委托外加工时所发生的各项费用。

【例 11—5】 甲报社 2017 年 4 月，用银行存款支付某设备公司设备维护费 5 000元，此项维修费是中心委托提供设备的公司进行日常维护所发生的费用。假如报社仅出版一种报纸，制造费用可直接计入报纸成本，作会计分录如下：

借：制造费用——印刷车间　　5 000
　贷：银行存款　　5000
借：生产成本——印制费　　5 000
　贷：制造费用——印刷车间　　5 000

【例 11—6】 甲报社委托乙印刷厂代印报纸，4 月应付印刷厂费用20 000元，做会计分录如下：

借：生产成本——印制费　　20 000
　贷：应付账款　　20 000

(四)采编费的核算

归集采编费用、记者站经费等发生的费用。

1.“采编费用”账户

本账户核算报业企业采编部门开展新闻采访、报纸编辑业务所发生的费用，主要包括采编部门人员工资及附加、福利费、稿费、办公费、差旅费、邮电通讯费、美术摄影费、图书资料费、通联费、业务招待费、外事经费、折旧费、租赁费、修理费、物业管理费、低值易耗品摊销、水电费、社会保险费等。其中：稿费包括出版稿件支付的稿费，内部采编人员非职务撰稿及非采编人员撰稿的稿酬，按规定支付的审稿费以及对来稿摘编向投稿者支付的信息费等。通联费包括采编部门组织大型读者活动以及为作者、通讯员组织大型业务交流、培训活动的各项费用等。

本账户应按费用项目类别设置明细账户，进行明细核算。采编费用发生时，借“采编费用”账户，贷记“库存现金”“银行存款”“应付职工薪酬”“累计折旧”等账户。月末，应将本账户余额转入“生产成本”账户；结转后本账户应无余额。

【例 11—7】 甲报社采编部门 2017 年 3 月发生费用汇总表，如表 11—2 所示：

表 11—2　　2017 年 3 月发生费用汇总表

工资及福利	福利费	稿　费	办公费	差旅费	低值易耗品摊销	合　计
20 000	2 800	4 000	5 000	2 000	500	34 300

相关项目发生时，报社应做会计分录如下：

借：采编费用——工资及附加　　20 000
　　　　——福利费　　2 800
　　　　——稿费　　4 000
　　　　——办公费　　5 000
　　　　——差旅费　　2 000
　　　　——低值易耗品摊销　　500
　贷：银行存款　　14 300
　　应付职工薪酬——工资及福利　　20 000

月末，将采编费用结转入“生产成本”账户，做会计分录如下：

借：生产成本——采编费　　34 300
　贷：采编费用——工资及福利　　20 000
　　　　——福利费　　2 800
　　　　——稿费　　4 000
　　　　——办公费　　5 000
　　　　——差旅费　　2 000
　　　　——低值易耗品摊销　　500

2.“记者站经费”账户

本账户核算报业企业驻外记者站所发生各项费用，主要包括各驻站记者及工作人员工资及附加、福利费、办公费、差旅费、交通费、邮电通讯费、图书资料费、通联费、房屋租赁费（物业管理费）、折旧费、低值易耗品摊销、修理费、水电费、社会保险费等。

本账户应按费用项目类别设置明细账户，进行明细核算。记者站发生费用时，借记本账户，贷记“库存现金”“银行存款”等账户。月末，应将本账户余额转入“生产成本”账户，结转后本账户应无余额。

【例 11—8】 甲报社驻外记者站 2017 年 3 月发生费用汇总表，如表 11—3 所示：

表 11—3　　**报社驻外记者站经费汇总表**

工资及福利费	邮电通讯费	交通费	房屋租赁费	水电费	通联费	合　计
12 000	1 120	1 000	10 000	500	24 000	48 620

相关费用发生时，报社应做会计分录如下：

借：记者站经费——工资及福利费　12000
　　　　　　——邮电通讯费　1 120
　　　　　　——交通费　1 000
　　　　　　——房屋租赁费　10 000
　　　　　　——水电费　500
　　　　　　——通联费　24 000
　贷：银行存款　48 620

月末，将记者站经费转入生产成本账户，作会计分录如下：

借：生产成本——采编费　48 620
　贷：记者站经费——工资及福利费　12 000
　　　　　　　——邮电通讯费　1 120
　　　　　　　——交通费　1 000
　　　　　　　——房屋租赁费　10 000
　　　　　　　——水电费　500
　　　　　　　——通联费　24 000

（五）其他费用的核算

它是指除上述费用以外，应计入报纸生产成本的其他直接费用。相关费用发生时，做会计分录如下：

借：生产成本——其他费用
　贷：银行存款（库存现金等）

月末，将本月报纸的生产成本转入“库存商品”账户，现举例如下：

【例 11—9】 报社采用先进先出法核算纸张材料成本。月末，编制的报纸生产成本汇总表，如表 11—4 所示：

表 11—4　　**报纸生产成本汇总表**　　单位：元

年		凭证号数	摘　要	印制成本项目					合　计
月	日			纸张费	排版、传版费	印制费	采编费	其他费用	
			结转纸张费	50 686					

续表

年		凭证号数	摘　要	印制成本项目					合 计
月	日			纸张费	排版、传版费	印制费	采编费	其他费用	
			结转传版费		8 000				
			印制费			30 100			
			采编费				82 920		
			结转完工成本	50 686	8 000	30 100	82 920	1 200	172 906

根据成本汇总表将归集完整的费用全部转入“库存商品”账户，借记“库存商品”账户，贷记“生产成本”账户。期末结转后“生产成本”账户无余额。

借：库存商品——晚报　　172 906

　贷：生产成本——纸张费　　50 686

　　　　——排版、传版费　　8 000

　　　　——印制费　　30 100

　　　　——采编费　　82 920

　　　　——其他费用　　1 200

第三节　报业企业期间费用的核算

期间费用是报业企业当期发生的费用中的重要组成部分，是指本期发生的、不能直接或间接归入产品成本的，直接计入损益的各项费用，包括销售费用、管理费用和财务费用。

一、销售费用

报业企业在报纸发行、销售业务过程中支付的各项费用，通过“销售费用”账户核算，包括发行人员的工资及附加、福利费，办公费、差旅费，宣传推广费，业务招待费、租赁费。运输费、发行网点费、其他等项目。其中宣传推广费是指报纸发行过程中，为促进和扩大发行量，支付给其他媒体或协助报纸推广的部门的相关费用、劳务费，为报纸发行、推介组织各类活动所支付的费用等。发行网点费，是指为组织报纸发行工作而设置的门市，经销网点、投送网点所发生的各项业务经费等。相关费用发生时，借记“销售费用”账户，贷记“库存现金”“银行存款”等账户。期末，将销售费用账户余额转入“本年利润”账户，结转后本账户无余额。

【例 11－10】　甲报社为了提高报纸知名度，购置报刊订阅附赠奖品合计28 000元。

举办活动时,作会计分录如下:

借:销售费用 28 000

贷:库存现金 28 000

二、管理费用

管理费用是报业企业行政管理部门为组织和管理生产经营活动而发生的各种费用。包括:工会经费、职工教育经费、业务招待费、印花税等相关税金、无形资产摊销、咨询费、诉讼费、提取的坏账损失、提取的存货跌价准备、公司经费、劳动保险费、待业保险费、董事会费及其他管理费用。其中:公司经费包括总部管理人员工资、职工福利费、差旅费、办公费、折旧费、修理费、物料消耗、低值易耗品摊销以及其他管理费用;劳动保险费指离退休职工的退休金、价格补贴、医疗费、按规定支付给离休干部的各项经费以及实行社会统筹办法的企业按规定提取的统筹退休基金;待业保险费是指企业按照国家规定缴纳的待业保险基金;董事会会费是指企业最高权力机构及其成员为执行其职能而发生的费用,如差旅费、会议费等。

企业发生的管理费用,在"管理费用"账户核算,并在"管理费用"账户中按费用项目设置明细账进行明细核算。期末,"管理费用"账户的余额结转"本年利润"账户后无余额。

三、财务费用

财务费用是指企业筹集生产经营所需资金而发生的费用。包括:利息净支出、汇总净损失、金融机构手续费以及筹集生产经营资金发生的其他费用等。

企业发生的财务费用,在"财务费用"账户核算,并在"财务费用"账户中按费用项目设置明细账进行明细核算。期末,"财务费用"账户的余额结转"本年利润"账户后无余额。

第四节 报纸发行收入的核算

一、报纸发行概述

报纸的发行,报纸编辑出版后发送给读者的手段。发行是报纸工作的最后一个环节,是将报纸销售给读者的商业性活动。

报纸的发行方法可以分为无偿发行和有偿发行两大类。无偿发行,即免费赠阅,不收取读者的报纸费用,这主要用于报纸的宣传和促销,适用于报纸创刊初期或改版时期。有偿发行,即报社或经销商通过买卖关系把报纸销售给读者,这是报纸发行的正常形式。报纸的有偿发行，又可以分为订阅和零售两种基本形式。订阅方式是订户预交报纸订费（从1个月至1年），由邮局投递员按期把报纸投送到指定地点。由报社自办发行的则由报社雇人投送给订户，或封装后通过邮局作为邮件寄给订户。订阅可分为整订和破订两种：整订是指整月、整季、整年订阅。破订是指错过了整订期，从当月的某一天开始订阅到月底。有些还可采用短期订阅的方式。零售方式是由报社发行部门在城市或乡镇设立若干报纸零售点，由读者根据需要自行选择购买，交付现金，不预交报费，报社不负责投送，没有固定的供应关系。零售方式包括：定点零售、流动零售、预约零售、外地函购、寄售等服务项目。

报纸的发行方式主要有邮发合一，自办发行。

（一）邮发合一

邮发合一即是把报纸发行工作交给邮局来做，报纸的生产（编印）和流通（发行）是截然分开的，把送信与送报捆在一起，把多家报纸捆在一起，把报纸的征订、运发和投递捆在一起，把批发和零售捆在一起，这种“一分开、四捆起”就是“邮发合一”的发行模式。

但随着报纸的数量增多，品种由单一变为多品种、多层次，版面由四版变为八版、十六版甚至更多，内容特色更是日新月异，邮电部门不负重荷。“邮发合一”收费高，手续烦，资金回笼慢，不利于报社的发展。

（二）自办发行

1985年《洛阳日报》率先自办发行，其主要是源于邮发合一的不尽人意。自办发行缩短了报刊的投递时间，减少了发行费用，提高了投递质量，方便了订户，简化了手续。但是，自办发行面对的问题是建立自己的发行网络的费用可能很高，特别是中央级报纸和地域广阔人烟稀少的省级党报。

20世纪80年代，随着全国各地报纸自办发行的兴起，许多报商也介入报刊发行领域，形成了强有力的代理发行网络，经过几十年的探索，形成了目前邮发、自办发行和民营渠道相互竞争、互为补充、和平共处的多渠道发行格局。

二、报纸发行收入核算

报纸发行收入同时满足以下条件的，才能予以确认收入：

（1）发行劳务实际已经提供；

（2）收入的金额能够可靠地计量；

（3）相关的经济利益很可能流入；

（4）相关的已发生或将发生的成本能够可靠地计量。

报业企业的报纸发行收入通过“主营业务收入”账户。本账户应按收入项目设置明细账户，进行明细核算。报纸发行收入的金额应为报业企业与邮局或发行机构实际应结算的金额。报业企业预收的报刊费在报纸实际出版发行时，确认为报纸发行收入。期末，应将本账户的余额转入“本年利润”账户，结转后本账户应无余额。

【例 11—11】 甲报社 2019 年 4 月 3 日发行晚报500 000份，其中280 000份是订阅发行，订阅价款为109 000元，220 000份是零售发行，发行价格为 0.3 元/份。报社与各发行机构的价款66 000元，税金5 940元。报纸成本 15 万元，增值税税率为 9%。

报社收款入账时，做会计分录如下：

借：预收账款	109 000	
贷：主营业务收入——晚报		100 000
应交税费——应交增值税(销项税额)		9 000

报社办理报纸征订业务时，做会计分录如下

借：银行存款	109 000	
贷：预收账款		109 000
借：银行存款	71 940	
贷：主营业务收入——晚报		66 000
应交税费——应交增值税(销项税额)		5 940
借：主营业务成本	150 000	
贷：库存商品		150 000

第五节 报业单位广告业务的核算

一、广告业务的核算概述

在市场经济条件环境下，报纸的广告收入是大部分报社的主要收入来源，广告经营是一家报社重要的日常业务，一般来讲，报纸刊登广告可划分为分类广告、工商广告、软文广告。广告刊登载体采用平面媒体广告、互联网广告、户外广告等形式，目前报业单位的广告经营模式正从单一的报纸广告自营模式，转向“自营＋代理”并重，并开拓代理户外广告、数字营销渠道广告开发等业务。报业集团已从单一报纸平面广告经营者转变为包含报刊平面广告、网络广告、户外广告等多种广告形式的媒体运营商，构建涵盖线上线下销售的全案服务的立体化综合营销平台。

二、广告业务核算

(一)广告收入的确认

(1)根据与客户签订的合同，广告内容见诸媒体或商业行为开始出现于公众面前，按归属本年的广告发布期确认收入；

（2）收入的金额能够可靠地计量，是指广告收入的金额能够合理估计。

（3）相关的经济利益很可能流入，是指广告收入价款收回的可能性大于不能收回的可能性。

（4）相关的已发生或将发生的成本能够可靠地计量，是指与广告制作销售有关的成本能够充分合理估计。

（二）广告业务的账务处理

《新闻出版企业会计核算办法》规定，报纸的广告收入应通过“其他业务收入”账户核算。报业企业的广告成本通过“其他业务成本”账户核算，并在该账户下设置“广告成本”明细账户，核算报业企业为客户刊出广告所支付的费用，包括组稿费、广告业务费、设计制作费、专设广告机构人员工资及附加、福利费、办公费、差旅费等。广告的制版、印刷费等一般都不单独计算。如采用加版、加页等方式刊登的广告，则应计算所有费用。相关费用发生时，借记“其他业务成本——广告成本”，贷记“银行存款”“库存现金”等账户。期末，应将本账户的余额转入“本年利润”账户，结转后本账户应无余额。

鉴于广告收入占报业单位营业收入比重较大，在实际的操作过程中，许多报业单位将广告收入作为主营业务收入确认，通过“主营业务收入”账户核算，并按不同广告收入项目设置明细账户，进行明细核算。据此，广告成本通过“主营业务成本”账户核算，同样需设置相关广告成本明细账户。

报业企业根据国家有关规定，按照广告收入的一定比例计算缴纳的文化事业建设费。报业企业应在“其他应交款”账户设置“文化事业建设费”明细账户核算按广告收入提取文化事业建设费。借记“其他业务成本”账户，贷记“其他应交款”（文化事业建设费）账户；实际缴纳时，借记“其他应交款”（文化事业建设费），贷记“银行存款”账户。

【例 11—12】 2017 年 5 月，某公司与报社签订为期 1 个月的整版广告刊登协议，协定广告价款为 20 万元/期，增值税 12 000 元，见报即付。文化事业建设费率为 3%。

6 月 1 日第一期报纸刊登时，做会计分录如下：

借：应收账款——某公司	212 000	
贷：其他业务收入（主营业务收入）		200 000
应交税费——应交增值税（销项税）		12 000

收到公司广告款时，做会计分录如下：

借：银行存款	212 000	
贷：应收账款		212 000

计算应交文化事业建设费时，做会计分录如下：

借：其他业务成本（主营业务成本）　　6 000
　贷：其他应交款——文化事业建设费　　6 000

实际缴纳时，做会计分录如下：

借：其他应交款——文化事业建设费　　6 000
　贷：银行存款　　6 000

第六节　报业单位其他业务核算

一、印刷业务的核算

报业企业在自有印刷厂的情况下，印刷厂除印刷本报社的报纸之外，也承接其他报业企业的印刷业务。

报业企业承接外部报刊印刷等取得的印刷收入通过“主营业务收入”账户核算。印刷成本的核算参见前述第二节报纸成本核算中的印制费部分。

【例 11－13】 2017 年 5 月，A 报社承接 B 报社印刷业务，合同规定总印数为 15 万份，价款为80 000元，增值税为7 200元。A 报社核算的成本为60 000元。（B 报社购买纸张提供印刷业务）

做会计分录如下：

借：银行存款　　87 200
　贷：主营业务收入　　80 000
　　应交税费——应交增值税（销项税额）　　7 200

借：主营业务成本　　60 000
　贷：库存商品　　60 000

二、报业企业社会公益往来的核算

报业企业设置“社会公益往来”账户核算报业企业与国家机关、社会团体、企事业单位及个人以报纸为载体联合举办社会公益性活动的经费。本账户应按社会公益活动项目名称设置明细账户，进行明细核算。报业企业收到专项公益活动赞助款时，借记“银行存款”或“库存现金”账户，贷记本账户。专项活动发生费用支出时，借记本账户，贷记“银行存款”“库存现金”账户。待该专项活动结束时，本账户如为借方余额，借记“营业外支出”账户，贷记本账户；本账户如为贷方余额，借记本账户，贷记“营业外收入”账户。本账户期末贷方余额，反映报业企业尚未结束的社会公益活动的经费余额。在编制资产负债表时，本账户余额应在“其他流动负债”项目列示。

【例 11－14】 2017 年 10 月，甲报社与某科技有限公司携手，共同推出公益活动。10 月 20 日，收到专项公益活动赞助款120 000元 10 月 25 日发生公益活动支出90 000元，10 月 30 日支出活动经费 30 000 元。此次活动就此结束。

10 月 10 日作会计分录如下：

借：银行存款　　120 000

　贷：社会公益往来　　120 000

10 月 25 日、30 日活动支出作会计分录如下：

借：社会公益往来　　90 000

　贷：银行存款　　90 000

借：社会公益往来　　50 000

　贷：银行存款　　50 000

活动结束时作会计分录如下：

借：营业外支出　　20 000

　贷：社会公益往来　　20 000

假如 10 月 30 日未发生费用，则活动结束时应做会计分录如下：

借：社会公益往来　　10 000

　贷：营业外收入　　10 000

三、报业单位拨付资金核算

报业单位或报业集团因经营业务发展需要，将资金拨付给所属的非独立法人单位的经营项目的资金，《办法》规定，需设置"拨付所属资金"账户核算。报业单位向所属单位拨付资金时，借记"拨付所属资金"科目，贷记"银行存款"等科目，本科目期末借方余额，反映报业单位向所属单位投入的资金总额。报业非独立法人单位收到报业集团拨付的资金，需设置"上级拨入资金"科目，所属单位收到报业单位拨入的资金时，借记"银行存款""库存现金"等科目，贷记"上级拨入资金"科目。本科目属于所有者权益类科目，期末余额在资产负债表中单列"上级拨入资金"项目列示。运用"拨付所属资金"和"上级拨入资金"科目对报业单位进行内部核算时，期末，报业单位在编制汇总会计报表时两个科目余额相互抵消。

【例 11－15】 甲报社 10 月份拨付100 000元给所属的广告制作公司，银行存款付讫。

借：拨付所属资金　　100 000

　贷：银行存款　　100 000

四、报业单位政府补助核算

随着我国产业结构的调整，我国财政投入加大了文化产业及宣传领域的投资，报业集团的政府补助项目是一项收入来源。为切实解决我国企业相关会计实务问题，进一步规范我国政府补助的确认、计量和披露，提高会计信息质量，财政部结合我国实际，同时保持与国际财务报告准则的持续趋同，于 2017 年 5 月印发修订《企业会计准则第 16 号——政府补助》(以下简称修订准则)。

(一)政府补助定义和范围

政府补助，是指企业从政府无偿取得货币性资产或非货币性资产。政府补助必须具备政府补助来源于政府的经济资源，且补助是无偿两个特征，企业接受政府补助不需要向政府支付等价的商品及服务来换取政府的补助，因此，其本质特征是无偿性和无对价性，不等同于政府购买服务，也不等同于政府投资。

政府补助分为与资产相关的政府补助和与收益相关的政府补助。与资产相关的政府补助，是指企业取得的、用于购建或以其他方式形成长期资产的政府补助。与收益相关的政府补助，是指除与资产相关的政府补助之外的政府补助。

政府以投资者身份向企业投入资本，享有企业相应的所有权，政府与企业之间是投资者与被投资者的关系，属于互惠交易。政府拨入的投资补助等专项拨款中，国家相关文件要求作为所有者权益进行会计处理的，不属于本准则规范的政府补助。

企业与政府发生交易所取得的收入，如果该交易与企业销售商品或提供劳务等日常经营活动密切相关，且来源于政府的经济资源是企业商品或服务的对价或者是对价的组成部分，应当按照《企业会计准则第 14 号——收入》的规定进行会计处理，不适用政府补助核算。

(二)政府补助会计核算

1.与资产相关的政府补助

与资产相关的政府补助，应当冲减相关资产的账面价值或确认为递延收益。与资产相关的政府补助确认为递延收益的，应当在相关资产使用寿命内按照合理、系统的方法分期计入损益。按照名义金额计量的政府补助，直接计入当期损益。

需要注意的是，自长期资产可供使用时起，按照长期资产的预计使用期限，将递延收益分摊转入当期损益。递延收益分配的起点是“相关资产可供使用时”，对于应计提折旧或摊销的长期资产，即为资产开始折旧或摊销的时点。递延收益分配的终点是“资产使用寿命结束或资产被处置时(孰早)”。

相关资产在使用寿命结束前被出售、转让、报废或发生毁损的，应当将尚未分配的递延收益余额一次性转入资产处置当期的损益。

【例 11－16】 按照国家有关政策，甲报社购置印刷设备可以申请补贴。2017 年 4 月 15 日，甲报社收到政府补助 300 万元，与日常活动相关。2017 年 5 月 20 日甲报社购入不需要安装印刷设备，实际成本为 500 万元，使用寿命 10 年，采用直线法计提折旧，不考虑净残值。假设不考虑增值税。

(1)2017 年 4 月 15 日，实际收到财政拨款确认递延收益

借:银行存款　　3 000 000

　贷:递延收益　　3 000 000

(2)2017 年 5 月 20 日购入设备

借:固定资产　　5 000 000

　贷:银行存款　　5 000 000

同时:

借:递延收益　　3 000 000

　贷:固定资产　　3 000 000

(3)自 2017 年 6 月起,每个资产负债表日(月末)计提折旧,同时分摊的递延收益

①计提折旧

借:生产成本　　41 666.67

　贷:累计折旧　　41 666.67

②末分摊递延收益

借:递延收益　　25 000(3000 000/10/12)

　贷:其他收益　　25 000

2.与收益相关的政府补助

与收益相关的政府补助,应当分情况按照以下规定进行会计处理:

(1)用于补偿企业以后期间的相关成本费用或损失的,确认为递延收益,并在确认相关成本费用或损失的期间,计入当期损益或冲减相关成本;

(2)用于补偿企业已发生的相关成本费用或损失的,直接计入当期损益或冲减相关成本。

【例 11－17】 甲报社于 2015 年 6 月 15 日与企业所在地地方政府签订合作协议,根据协议约定当地政府向甲报社提供 100 万元奖励基金,用于企业的人才激励和人才引进奖励。甲报社必须按年向当地政府报送详细的资金使用计划,并按规定用途使用资金。

甲报社于 2015 年 6 月 25 收到 100 万元补助资金。分别在 2016 年 12 月、2016 年 12 月、2017 年 12 月使用了 20 万、30 万、50 万发放给高管级别高管年度奖金。甲企业选择将该政府补助冲减管理费用。

(1)2015 年 6 月 15 日甲报社实际收到补助资金:

借:银行存款　　1 000 000

　贷:递延收益　　1 000 000

(2)2015 年 12 月、2016 年 12 月、2017 年 12 月甲企业将补贴资金发放高管奖金时:

借:递延收益　　200 000

　贷:管理费用　　200 000

借：递延收益　　300 000
　贷：管理费用　　300 000
借：递延收益　　500 000
　贷：管理费用　　500 000

【案例 11－18】 甲报社于 2019 年 5 月 20 日通过公开招投标，参与当地政府某单位宣传 App 推广，获得财政采购服务价款 60 万元。

借：银行存款　　600 000
　贷：主营业务收入　　545 454.55
　　应交税费——应交增值税(销项税)　　54 545.45

【案例 11－19】 甲报社申报当地文化产业资金补助500 000元，用于补助报纸发行业务费。

借：银行存款　　500 000
　贷：主营业务成本　　500 000

【案例 11－20】 按照国家相关规定，甲报社发行的某类科技报产品适用增值税先征后返政策，即先按规定征收增值税，2017 年 1 月，该报刊实际缴纳增值税额 20 万元。2017 年 2 月，该企业实际收到返还的增值税额 20 万元。

甲报社收到返还的增值税税额属于以收益相关的政府补助，且用于补偿企业已发生的相关费用，且增值税先征后返属于与企业的日常活动密切相关的补助，应在实际收到时直接计入当期损益(其他收益)。

2017 年 2 月，甲报社实际收到返还的增值税额时，会计分录为：

借：银行存款　　200 000
　贷：其他收益　　200 000

3.综合性项目的政府补助

对同时包含与资产相关部分和与收益相关部分的政府补助，应当区分不同部分分别进行会计处理；难以区分的，应当整体归类为与收益相关的政府补助。

【例 11－21】 甲报社 2014 年 12 月申请某国家级研发补贴，用于数字出版项目开发，其中项目总投资为1 200万元，计划自筹 800 万，申请财政拨款 400 万，项目经费将用于购置数字出版设备、人员开发、市场开发。2015 年 1 月 10 日，政府主管部门批准了甲报社的申报，签订的补贴协议规定：批准甲公司补贴申请，共补贴款项 400 万元，分两次拨付。申请批准日拨付 200 万元，结项验收时支付 200 万元。该开发项目假定于 2015 年末完工，2015 年 11 月 1 日通过验收并收到第二笔补贴款。假设按年分配递延收益。甲报社对政府补助采用总额法处理。

本例属于针对综合性项目的政府补助，因为该项目包括人员费等费用和购置固定资产，且不能区分哪部分政府补助属于与收益相关的政府补助，哪部分政府补助属于与收益相关的政府补助，因此应按照与收益相关的政府补助原则进行会计处理。

甲报社的账务处理如下(分录中的金额以万元为单位):

(1)2015 年 1 月 10 日,实际收到拨款 200 万元:

借:银行存款　　200

　贷:递延收益　　200

(2)自 2015 年 1 月 1 日至 2015 年 12 月 31 日,每个资产负债表日,分配递延收益:

借:递延收益　　200

　贷:营业外收入　　200

(3)2015 年项目通过验收,于 11 月 1 日实际收到拨付 200 万元:

借:银行存款　　200

　贷:营业外收入　　200

第十二章　广播电视台会计实务

第一节　传媒企业概述及其会计核算特点

一、传媒企业概述

传媒产业是指传播各类信息、知识的传媒实体部分所构成的产业群，它是生产、传播各种以文字、图形、艺术、语言、影像、声音、数码、符号等形式存在的信息产品以及提供各种增值服务的特殊产业。包括电视、广播、报纸、期刊、网络、图书、音像电子出版、出版物分销业等领域。随着知识经济的发展和文化传媒业的产业化进程，传媒行业正成为拥有较高效益和最具投资前景的朝阳产业之一。

(一)传媒(大众传媒)的含义

传媒通俗地讲即大众传媒。大众传媒是由一些机构和技术所构成，专业化群体凭借这些机构和技术，通过技术手段(如报刊、广播、电视等)向为数众多、各不相同而又分布广泛的受众传播符号的内容。根据这个定义，印刷品、电影、唱片、收音机、电视等都属于大众传播媒介。这一定义指明了大众传媒系统性、公众性和开放性的特征，也指明了大众传媒的传播过程是一个流动的过程，是有目的的活动。

(二)大众传媒特点

1.具有组织性

它的传者通常是一个庞杂的机构，内部有精细的分工。

2.在传播内容上具有公开性和易逝性

大众传播与密码、旗语、信鸽、书信等传播现象不同，它不带有保密的性质。这就决定了各种社会制度下的政府部门，往往以不同的方式或在不同的程度上，对传播内容加以审查和控制

3.具有很强的选择性

一是传播工具对受众有一定的选择；二是受众对传播工具有一定的选择，年龄、性别、职业、文化素养、个人兴趣等可以使受众分为不同的读者层、听众层或观众层而偏爱某种传播工具；三是受众对传播的内容可以任意选择；四是受众对参与大众传播的时间可以自由选择。受众的选择性表明，大众传播并不意味着对每个人的传播。

4.受众具有不知名和参差不一的特点

传者可能了解受众总体的某些情况，但对具体的受传者往往是不熟悉的。

5.在信息流通上具有单向性

受众无法当面提问、要求解释，整个传播过程缺乏及时而广泛的反馈。

6.具有快速性

不断吸收最新科学技术，提高传播信息的速度，是大众传播的一个发展趋势。

（三）大众传媒的作用

大众传媒凭借自己在手段、功能与效果方面的绝对优势，一方面，让公众尽可能全面和迅速的了解整个世界各个方面的情况，实现人们足不出户而知天下事的梦想；另一方面，它还成为人们反馈意见、表达态度及观念的有效工具。所以大众传媒不仅是社会活动的重要媒介，而且是社会发展的重要动力。

大众传媒对人类的社会环境、生活方式、思维模式、价值观念、文化结构、教育发展、精神世界等方面产生巨大影响。大众传媒所推进的流行文化已经主导人们生活的新潮流，基本控制了民众从物质到精神的所有世俗性需要，导致人们的精神世界和价值观念都有了相应的变化。作为信息传播制度化、系统化、便捷化最佳工具的大众传媒，在促进人们彼此间的信息交流方面，提供了快捷多样的形式，越来越成为公众生活的直接背景和现实，其社会权威及正面价值与日俱增。

（四）传媒业的发展现状

数字经济正在席卷全球，伴随着互联网的迅猛发展，传媒产业的结构和分类被颠覆和重构。随着互联网与传统媒体的融合走向深化，传媒产业已经成为中国数字经济的重要组成部分。中国经济稳中有进的，中国居民消费的持续增长和文化传媒消费的稳步提升，带动传媒产业持续增长。2017 年中国传媒产业总规模达1.896 67万亿元，较上一年同比增长 16.6%。传统媒体市场仍持续整体衰落，总体规模仅占五分之一，其中报刊、图书等平面媒体的市场份额不到 6%。中国网络广告市场规模超过3 800亿元，网络游戏收入首次突破了2 000亿元，网络视频市场规模也将近1 000亿元，并以 30%的速度快速增长。互联网广告和网络游戏已成为传媒产业中的支柱行业，网络视频、手机游戏、数字音乐与数字阅读是增长潜力最大的细分市场。内容付费、数据跨境贸易或将成为传媒业新的经济增长点。

在经济转型升级不断深化、居民消费意愿持续走高的背景下，传媒产业有望继续分享政策性扶持和经济转型红利。随着实体经济的向好发展，传媒广告市场整体增幅有望继续扩大，传统媒体广告营收的下降幅度可能进一步缩小。随着竞争格局的逐步稳定和监管的加强，互联网广告市场或将在快速增长后，迎来中速增长的稳定发展期。传统媒体和传统互联网领域，竞争格局进一步固化；移动互联网、影视节目制作、文化公共服务领域继续保持投资吸引力；移动网络游戏、VR 内容制作领域将成为新的产业增长点。

由于传媒业中的一些领域，如报纸、期刊、图书、音像电子出版等的经营活动在本书前面各章已述及，本章指讨论电台、电视台和网络、电影这部分媒体的经营活动。

二、传媒企业经营活动与会计核算特点

传媒企业会计是对传媒企业的各项经济活动进行记录和反映。它以价值形态提供企业经营活动所需要的各种信息。其核算对象是传媒企业的财务状况、经营成果以及资金运动情况。因此，鉴于前面所述传媒企业的特点，其会计核算也与一般工商企业有所不同，主要特点如下：

（一）资产运营跨行业

传媒企业不仅从事舆论宣传、节目制作、节目营销、电视购物、电视网络业而且从事媒介调查、媒介咨询、广告购买、卫星电视、节目租赁、媒介上市等一系列与电视相关联的衍生业务。这就使得传媒企业的会计核算非常特殊，不同于其他任何一个行业的会计核算。

（二）节目制作独立核算

传媒企业只有瞄准市场，制作出适合大众欣赏的节目，将其投入市场，转化为经济效益，才能使传媒企业得以生存和发展。因此，必须对节目制作成本进行全面的成本核算，将制作的节目作为一种产品，归集各种直接和间接费用，进而核算出节目制作的成本。这是与一般工商企业成本核算的不同之处。

（三）无形资产在企业资产中的比例很高

传媒企业与一般工商企业相比，无形资产占企业资产的比重很大。如广告经营权、节目转播节目的版权、卫星的使用权等，都是有相当价值的无形资产，占据了传媒企业资产的相当一部分比重。

（四）人力资源是传媒企业的一项重要资产

当今传媒企业的竞争已经在一定程度上取决于无形的技术竞争和知识竞争，而这些竞争归根结底是人才的竞争。一个有能力、有才华的制片人具有丰富的电视节目制作知识和创造能力，能够根据电视节目的构思，准确的选择电视节目所需的各方面专业人才；具有较强的领导组织能力，能够有效发挥节目制作人员的积极性和创造性；具有较高的艺术水平，使各类节目保持一定的新意，吸引观众和听众；具有较强的营销能力，能够有效地“推销”自己制作的节目。另外，高水平的编导、演员和主持人都是电视节目质量的基础和前提，能够直接影响节目的收视率。因此，人力成本占节目制作成本的比重较大。人力资源作为传媒企业的一项重要资产进行核算，这一点比一般工商企业有更迫切的要求。

第二节 广播电视台事业单位会计核算

一、广播电视台主要经营活动

我国的广播电视事业在发展初期，采用了由中央广播电视局和地方政府双重领导，以中央广播电视管理局为主。到 20 世纪 80 年代之后，广播电视迅猛发展，各地新建广播电台、电视台纷纷出现，原先以纵向为主的管理体制改为“条块结合、以块为主”的行政管理模式。广播电视节目制作由广播电台、电视台和省级以上人民政府广播电视行政部门批准设立的广播电视节目制作经营单位制作。广播电台、电视台不得播放未取得广播电视节目制作经营许可的单位制作的广播电视节目。

广播电视是科学技术进步的产物，科学技术是广播电视发展的强大动力。当前，新一轮技术革命方兴未艾，特别是数字技术、网络技术迅猛发展，使广播电视产生了革命性进步，也促使了新媒体茁壮成长。广播电视是综合性的媒介，具有多方面的特性和功能，它既是新闻传播媒介，又是文化教育媒介，更是娱乐休闲媒介。广播电视既可作为政治宣传的武器，又可作为大众沟通的渠道，它还是强烈依赖技术的传输工具，因此广播电视具有多种性质。

广播电视一般被称为新闻单位。新闻节目在广播电视中有举足轻重的作用。为了切实把新闻类节目管理好，保证导向的正确，中央要求新闻节目包括访谈、评论节目等必须由广播电台、电视台自己采访制作，即“制播合一”，而不能采用社会民营公司或个人提供的新闻类节目。也就是说，新闻类、时政类节目不允许通过市场交易的办法完成。

电视剧及动画片的管理采用“许可证”制度。许可证分长期和临时两种，前者长期有效，后者是一剧一证。在程序方面以往实行项目报批制度，对每部电视剧予以事先审查，包括剧情、主创人员等。

随着居民消费能力的提升，在三网融合的政策背景下，广播电视及网络视听行业发展较快，广播电视及网络视听行业根据传播载体的不同，可具体分为以传统媒体为代表的广播电视行业和以新兴媒体为代表的包括 IPTV、互联网电视在内的网络视听行业。

综合性的广播电视台（集团）主要经营活动包括媒体运营及网络传输、内容制作和版权运营、互联网新媒体运营、文化旅游、现场演艺、视频购物等。

电视台（television station）指的是通过无线电信号、卫星信号、有线网络或互联网播放电视节目的媒体机构。是制作电视节目并通过电视或网络播放的媒体机构。它由国家或商业机构创办的媒体运作组织，传播视频和音频同步的资讯信息，这些资讯信息可通过有线或无线方式为公众提供付费或免费的视频节目。

电视台及其经营活动包括舆论宣传、节目制作、节目营销、电视购物、电视网络业、媒介调查、媒介咨询、广告购买、卫星电视、节目租赁、媒介上市以及与电视相关联的一系列衍生业务。

传统意义上的广播电台是以电台为传播平台，以声音为传播媒介，旨在向特定的受众群传达相对精准的内容。其节目类型大致可分为新闻资讯类、社教娱乐类、民生服务类、音乐类、体育类、交通类(含汽车类)、情感谈话类等几大基本类型。

广播电台的经营活动主要是广播节目的经营，包括新闻节目、专题节日、文艺节目、教学及科技节目、广播剧等书目的经营。电台与企业、事业单位合办这些节日，是以收费为前提的。另外，在节目中穿插广告、启示、点歌等经营性节目。广播广告活动是重要的经营活动，此外，广播电台还有许多丰富的广播资源，包括频率资源、时间资源、信息资源、物质资源等。电台对这些资源进行了开发和利用。同时，也对电波传送、微波通讯、调频附加载波以及环境条件进行了开发和利用，采取有偿服务的方式。比如频率收取频率费；电波传送信息收取节目费和微波通讯收取服务费；调频附加载波加密传送金融市场、消费品市场收取费用。

二、广播电视台事业单位会计核算

我国的广播电视台管理模式主要分为广播影视公益性事业与经营性产业两类。目前广播影视已经从主要依靠财政拨款转为经营创收为主、财政拨款为辅。广播影视作为我国文化产业、信息产业的重要组成部分，正日益发展成为国民经济的新兴产业和新的经济增长点。

在会计核算方面，如为广播电视事业单位执行 2012 年 12 月财政部、广电总局新修订的《广播电视事业单位财务制度》，已纳入企业会计核算的广播电视单位执行企业会计制度。

2012 年 12 月，财政部、广电总局发布了修订后《广播电视事业单位财务制度》，广播电视事业单位按照此财务制度执行。本教材结合制度规定，具体分析广播电视事业单位收入与支出、净资产的会计核算。

(一)广播电视事业单位收入核算

1.广播电视事业单位收入核算内容

广播电视事业单位收入是指广播电视事业单位为开展广播电视业务及其他活动依法取得的非偿还性资金。主要包括：

(1)财政补助收入，即广播电视事业单位从同级财政部门取得的各类财政拨款。

(2)事业收入，即广播电视事业单位开展广播电视节目的制作、播出、传输、接收、监测等专业业务活动及其辅助活动取得的收入，其中：按照国家有关规定应当上缴国库或者财政专户的资金，不计入事业收入；从财政专户核拨给广播电视事业单位的资金和经核准不上缴国库或者财政专户的资金，计入事业收入。国家另有规定的除外。具体包括：广告收入、收视费收入，节目销售收入、合作合拍收入、节目制作和播放收入、节目传输收入、技术服务收入、其他事业收入（培训收入、门票收入）等。

（3）上级补助收入，即广播电视事业单位从主管部门和上级单位取得的非财政补助收入。

（4）附属单位上缴收入，即广播电视事业单位附属独立核算单位按照有关规定上缴的收入。

（5）经营收入，即广播电视事业单位在专业业务活动及其辅助活动之外开展非独立核算经营活动取得的收入，包括销售收入、经营服务收入、租赁收入及其他经营收入。

（6）其他收入，即本条上述规定范围以外的各项收入，包括投资收益、利息收入、捐赠收入等。

2.广播电视台事业单位收入核算账务处理

（1）财政补助收入

财政补助收入（总账）账户，核算事业单位按照核定的预算和经费领报关系收到的由财政部门或上级拨入的各类事业经费，该科目贷方登记事业单位取得的财政补助收入，借方登记期末结转的金额，期末结账后该科目应无余额。

在财政直接支付方式下，对财政直接支付的支出，广播电视事业单位根据财政国库支付执行机构委托代理银行转来的“财政直接支付入账通知书”的原始凭证，按照通知书中的直接支付入账金额，借记有关科目，贷记“财政补助收入”科目。在财政授权支付方式下，事业单位收到代理银行盖章的“授权支付到账通知书”，根据通知书所列金额，借记“零余额账户用款额度”科目，贷记“财政补助收入”科目，在其他方式下，实际收到财政补助收入时，借记“银行存款”，贷记“财政补助收入”，期末终结账时，将“财政补助收入”本期发生额结转至财政补助结转，借记“财政补助收入”科目，贷记“财政补助结转”科目。

【例 12—1】 甲广播电视台 2017 年 9 月 6 日根据批准的部门预算和用款计划，向同级财政申请支付第二季度电费20 000元（含增值税）。9 月 20 日，财政部门审核后，以财政直接支付方式向供电局支付电费，9 月 23 日，该单位收到“财政直接支付入账通知书”。

借：事业支出	20 000	
贷：财政补助收入		20 000

（2）上级补助收入

核算事业单位收到上级单位拨入的非财政补助资金，余额一般在贷方，反映上级补助收入累计数收到上级补助收入时，借记“银行存款”，贷记“上级补助收入”，年终结账时，将“上级补助收入”本期发生额中的专项资金收入结转至非财政补助结转，将上级补助收入本期发生额中的非专项资金收入结转至事业结余，借记“上级补助收入”科目下各非专项资金收入明细科目，贷记“事业结余”科目，年终结账后，本科目无余额。

(3)事业收入

核算广播电视单位开展专业业务活动，所取得的收入，余额一般在贷方，反映事业收入累计数。根据事业收入专项资金收入和非专项资金收入设置明细账户，对专项资金还应按具体项目进行明细核算。

对采用财政专户返还方式管理的事业收入，收到应上缴财政专户的事业收入时，借记“银行存款”，贷记“应缴财政专户款”科目，向财政上缴款项，做相反会计分录。收到从财政账户返还的事业收入，按照实际收到的返还款，借记“银行存款”，贷记“事业收入”，对其他事业收入，收到款项时，借记“银行存款”，贷记“事业收入”。

期末，广播电视事业单位应将“事业收入”本期发生额中的专项资金收入结转至非财政补助结转，借记“事业收入”科目下个专项资金收入明细科目，贷记“非财政补助结转”科目，应将“事业收入”本期发生额中的非专项资金收入全部转入“事业结余”科目，结转后本科目应无余额。

【例 12—2】 东方电台接受甲公司广告业务，甲公司于 2017 年 8 月 1 日一次全额支付东方电台 8 月份的广告费100 000元，该收入为专项资金收入，该单位将此款项上缴财政专户。

(1)收到上缴财政专户的事业收入

借:银行存款	100 000	
贷:应缴财政专户款		100 000

(2)上缴该笔款项时

借:应缴财政专户款	100 000	
贷:银行存款		100 000

【例 12—3】 东方电台 2017 年 8 月 10 日收到当地财政返还的广告收入 100 000 元

借:银行存款	100 000	
贷:事业收入		100 000

【例 12—4】 2017 年 9 月 10 日东方电视台收到合作单位合拍收入 200 000 元，增值税 12 000 元，款项存入银行。

借:银行存款	212 000	
贷:事业收入		200 000

应交税费——应交增值税(销项税) 12 000

(4)经营收入

核算广播电视事业单位在专业业务活动及其辅助活动之外开展非独立核算经营活动取得的收入,包括销售收入、经营服务收入、租赁收入及其他经营收入。广播电视台在提供服务或发出存货,同时收讫价款或者取得索取价款的凭据时,按照确定的收入金额,借记"银行存款""应收账款"等科目,贷记"经营收入"科目,附有增值税义务的,还应按税法规定缴纳增值税,贷记"应交税费"科目。期末,应当将"经营收入"本期发生额转至经营结余,借记"经营收入",贷记"经营结余"。

【例 12-5】 东方电视台市场部销售某动画片吉祥物一批,2017 年 9 月销售该产品一批,价款 20 000 元,增值税1 200元,产品已售出并办妥托收手续。

借:银行存款 21 200

贷:经营收入 20 000

应交税费——应交增值税(销项税) 1 200

【例 12-6】 东方电视台 12 月末,经营收入本期发生额为1 000 000,结转经营结余。

借:经营收入 1 000 000

贷:经营结余 1 000 000

(5)附属单位上缴收入

附属单位缴款账户核算事业单位收到附属单位按规定交来的款项,需区分专项资金收入和非专项资金收入设置明细账户,期末,广播电视台应将"附属单位上缴收入"本期发生额中的专项资金收入结转至"非财政补助结转";将"附属单位上缴收入"本期发生额中的非专项资金结转至"事业结余",结转后本科目应无余额。

(6)其他收入

其他收入账户,核算事业单位除上述收入以外的收入,如投资收益、资产出租、捐赠、其他单位补助、零星杂项收入、存货盘盈收入等。期末,广播电视台应将"其他"本期发生额中的专项资金收入结转至"非财政补助结转";将"其他收入"本期发生额中的非专项资金结转至"事业结余",结转后本科目应无余额。

【例 12-7】2017 年 9 月 15 日,东方广播电台取得摄影设备出租租金收入含税 20 000 元,增值税率 6%。

借:银行存款 20 000

贷:其他收入 18 867.92

应交税费——应交增值税(销项税) 1 132.08

(二)广播电视台事业单位支出核算

1.广播电视台事业单位支出核算的内容

广播电视台支出是广播电视事业单位开展广播电视节目的制作、播出、传输、接收、监测等业务及其他活动发生的资金耗费和损失。主要包括：

(1)事业支出，即广播电视事业单位开展广播电视节目的制作、播出、传输、接收、监测等专业业务活动及其辅助活动发生的基本支出和项目支出。基本支出是指广播电视事业单位为了保障其正常运转、完成日常工作任务而发生的人员支出和公用支出。项目支出是指广播电视事业单位为了完成特定工作任务和事业发展目标，在基本支出之外所发生的支出。

(2)经营支出，即广播电视事业单位在广播电视节目的制作、播出、传输、接收、监测等专业业务活动及其辅助活动之外开展非独立核算经营活动发生的支出。

(3)对附属单位补助支出，即广播电视事业单位用财政补助收入之外的收入对附属单位补助发生的支出。

(4)上缴上级支出，即实行收入上缴办法的广播电视事业单位按照规定的定额或比例上缴上级单位的支出。

(5)其他支出，即本条上述规定范围以外的各项支出，包括利息支出、捐赠支出等。

广播电视事业单位应当将各项支出全部纳入单位预算，建立健全支出管理制度。各项支出应当在单位负责人的领导下，由单位财务部门按照经法定程序批复的预算，坚持量入为出，统一安排使用。单位业务部门按照财务部门核定的预算和规定的程序使用资金。广播电视事业单位实行内部成本核算，应当按照核算对象将广播电视业务活动中所发生的各种费用进行归集、分配和计算，其费用可以划分为直接费用、间接费用和期间费用。直接费用是指直接从事广播电视节目制作、播出、传输、接收、监测等专业业务活动及其辅助活动和非独立核算经营活动所发生的费用。间接费用是指广播电视事业单位内部各业务部门为组织广播电视节目制作、播出、传输、接收、监测等专业业务活动及其辅助活动和非独立核算经营活动所发生的费用。期间费用是指广播电视事业单位内部行政后勤管理部门发生的各项费用。广播电视事业单位实行内部成本核算，其成本费用应当按照支出用途分别归集到单位事业支出、经营支出等相应科目中。

2.广播电视台事业单位支出核算账务处理

(1)事业支出

为核算事业支出，广播电视台事业单位应设置“事业支出”科目，借方登记当前发送的事业支出，贷方登记期末结转的金额，期末结转后，该账户没有余额。该账户需分别财政补助支出、非财政专项资金补助支出和其他资金支出等进行明细分类核算。

广播电视台事业单位开展专业业务活动及其辅助活动中发生的各项支出时，借记“事业支出”科目，贷记“银行存款”“应付职工薪酬”“存货”等科目。期末将“事业支出——财政补助支出”的本期发生额结转至“财政补助结转”科目，将“事业支出——非财政专项资金支出”结转至“非财政补助结转”科目;将“事业支出——其他资金支出”结转至“事业结余”科目。

【例 12—8】 东方广播电视台 2017 年 8 月 20 日用财政专项补助购买一套录播设备,设备价款和增值税合计为200 000元,由财政直接支付。该单位根据《财政直接支付入账通知书》及有关凭证,编制会计分录。

借:固定资产 2000 000

　贷:非流动资产基金——固定资产 2 000 000

借:事业支出——财政补助支出 2 000 000

　贷:财政补助收入 2 000 000

【例 12—9】 2017 年 9 月 20 日,东方广播电台发放节目制作、传输等专业业务活动人员工资 300 000 元,津贴 200 000 元,奖金 100 000 元,按规定代扣代缴个人所得税 20 000 元,以银行转账方式支付薪酬并上缴个人所得税。

(1)计算应付职工薪酬时

借:事业支出——财政支出 6 000 000

　贷:应付职工薪酬 6 000 000

(2)代扣所得税

借:应付职工薪酬 20 000

　贷:应交税费——应交所得税 20 000

(3)实际支付工资时

借:应付职工薪酬 580 000

　贷:银行存款 580 000

(4)上缴所得税时

借:应交税费——应交所得税(个人) 20 000

　贷:银行存款 20 000

【例 12—10】 2017 年 9 月,东方广播电视台制作一部廉政宣传节目,项目资金来源为上级主管部门的非财政专项资金,9 月 20 日,该项目组支付图文制作费 20 000 元,以银行存款支付。

借:事业支出——非财政专项资金支出

　贷:银行存款

【例 12—11】 2017 年 9 月 30 日,东方广播电视台将本月的事业支出结转至相关结余科目,事业支出各明细科目本月发生额分别为:财政补助支出1 000 000元,非财政专项资金支出500 000元,其他资金支出300 000元。

借:财政补助结转 1 000 000

　　非财政补助结转 5 000 000

　　事业结余 300 000

贷:事业支出——财政补助支出　　1 000 000
——非财政专项资金支出　　500 000
——其他资金支出　　300 000

(2)经营支出

广播电视台在专业业务活动之外开展非独立核算经营活动发生的实际支出核算应设置“经营支出”科目,发生经营支出时,借方登记“经营支出”,贷方登记“银行存款”“应付职工薪酬”等,期末,将“经营支出”本期发生额结转至经营结余。

【例 12—12】 东方广播电视台定购并出售本台播出动画片吉祥物一批,该批出售吉祥物的成本为10 000元,增值税1 300元,款项银行存款付讫。

(1)购进该批吉祥物

借:存货　　10 000
应交税费——应交增值税(进项税)　　1 300
贷:银行存款　　1 1300

(2)出售该批吉祥物

借:经营支出　　10 000
贷:存货　　10 000

【例 12—13】 2017 年 9 月 30 日,东方广播电视台“经费支出”科目本期发生额为 120 000 元,结转经费支出。

借:经营结余　　120 000
贷:经营支出　　120 000

(3)上缴上级支出

“上缴上级支出”科目核算是指事业单位按照财政部门和主管部门的规定上交上级单位的支出。单位按规定将款项上缴上级单位的,借记“上缴上级支出”科目,贷记“银行存款”等科目,期末,将“上缴上级支出”本期发生额结转至“事业结余”,借记“事业结余”,贷记“上缴上级支出”。

(4)对附属单位补助支出

对附属单位补助支出账户,核算用非财政预算资金对附属单位补助发生的支出。

①附属单位补助时,

借:对附属单位补助支出
贷:银行存款

②补助收回时,

借:银行存款
贷:对附属单位补助支出

③年终将本科目借方余额全数转入“事业结余”账户,结账后,本科目无余额。

借:事业结余

贷:对附属单位补助支出

(5)其他支出

核算广播电视台除事业支出、经营支出、上缴上级支出、对附属单位补助支出以外的各项支出,包括利息支出、捐赠支出、现金盘亏损失。资产处置损失、接受捐赠非流动资产发生的税费支出等。发生其他支出时,借记“其他支出”科目,贷记“银行存款”“库存现金”等科目,期末,将“其他支出”本期发生额中的专项资金支出结转至非财政补助结转,借记“非财政补助结转”科目,贷记“其他支出”;将“其他支出”本期发生额中的非专项资金支出结转至事业结余,借记“事业结余”,贷记“其他支出”。

【例 12-14】 2017 年 8 月 30 人,东方广播电台盘点库存现金时发现现金短缺 100 元,,原因不明,经批准做其他支出。

借:其他支出	100	
贷:库存现金		100

【例 12-15】 2017 年 9 月 30 日,东方广播电视台将本月的其他支出结转至相关结余科目,其他支出各明细科目本期发生额分别为:非财政专项资金支出 100 000元,其他支出300 000元。

借:非财政补助结转	100 000	
事业结余	300 000	
贷:其他支出——非财政专项资金支出		100 000
——其他资金支出		300 000

3.广播电视台特定业务核算

本教材广播电视台特定业务核算主要涉及广播电视台净资产的核算。

净资产是指事业单位资产扣除负债后的余额。事业单位的净资产包括事业基金、非流动资产基金、专用基金、财政补助结转结余、非财政补助结转结余等。

广播电视台事业单位应严格区分财政补助结转结余和非财政补助结转结余。财政拨款结转结余不参与事业单位的结余分配、不转入事业结余,单独设置“财政补助结转”和“财政补助结余”科目核算。非财政补助结转结余通过设置“非财政补助结转”“事业结余”“经营结余”“非财政补助结余分配”等科目核算。

(1)财政补助结转

财政补助结转结余是指事业单位各项财政补助收入与其相关支出相抵后剩余滚存的、须按规定管理和使用的结转和结余资金。包括基本支出结转和项目支出结转。其中,结转资金是指当年预算已执行但未完成,或者因故未执行,下一年度需要按照原用途继续使用的资金;结余资金是指当年预算工作目标已经完成,或者因故终止,当年剩余的资金。

政补助结余资金是指支出预算工作目标已完成，或由于受政策变化，计划调整等因素影响工作终止，当年剩余的财政补助资金。财政补助结余是财政补助项目支出结余资金。

事业单位应当按照有关部门预算管理的规定，使用和管理财政补助结转资金和结余资金。

①财政补助结转的核算

借：财政补助收入——基本支出、项目支出

贷：财政补助结转——基本支出结转、项目支出结转

借：财政补助结转——基本支出结转、项目支出结转

贷：事业支出——财政补助支出（基本支出、项目支出）或事业支出——基本支出（财政补助支出）、项目支出（财政补助支出）

②年末，按照有关规定将符合财政补助结余性质的项目余额转入财政补助结余

借：财政补助结转——项目支出结转

贷：财政补助结余

或相反分录。

③按规定上缴财政补助结转资金或注销财政补助结转额度的，按照实际上缴资金数额或注销的资金额度数额。

借：财政补助结转”

贷：财政应返还额度、零余额账户用款额度、银行存款等科目

取得主管部门归集调入财政补助结余资金或者额度的，做相反会计分录。

（2）财政补助结余的核算

①年末，按照有关规定将符合财政补助结余性质的项目余额转入财政补助结余

借：财政补助结转——项目支出结转

贷：财政补助结余

或相反分录。

②按规定上缴财政补助结余资金或注销财政补助结余额度的，按照实际上缴资金数额或者注销的资金额度数额

借：财政补助结余

贷：财政应返还额度、零余额账户用款额度、银行存款等科目

取得主管部门归集调入财政补助结余资金或者额度的，做相反会计分录。

【例 12－16】 2017 年 9 月，财政部门拨付东方广播电视台事业单位基本补助 3 000 000元、项目补助1 000 000元，“事业支出”科目下“财政补助支出（基本支出）”“财政补助支出（项目支出）”明细科目的当期发生额分别为3 000 000元和 800 000元。月末，该事业单位将本月财政补助收入和支出结转，账务处理如下：

①结转财政补助收入

借：财政补助收入——基本支出　　3 000 000
　　　　　　　　——项目支出　　1 000 000
　贷：财政补助结转——基本支出结转　　3 000 000
　　　　　　　　　——项目支出结转　　1 000 000

②结转财政补助支出

借：财政补助结转——基本支出结转　　3 000 000
　　　　　　　　——项目支出结转　　800 000
　贷：事业支出——财政补助支出(基本支出)　　3 000 000
　　　　　　　——财政补助支出(项目支出)　　800 000

(3)非财政补助结转

非财政补助结转资金是指事业单位除财政补助收支以外的各项专项资金收入与其相关支出相抵后剩余滚存的、须按规定用途使用的结转资金，通过设置“非财政补助结转”科目核算，以满足专项资金专款专用的管理的要求。

①期末结转

借：事业收入、上级补助收入、附属单位上缴收入、其他收入
　贷：非财政补助结转
借：非财政补助结转
　贷：事业支出——非财政专项资金支出或事业支出——项目支出(非财政专项资金支出)、其他支出

②年末，完成非财政补助专项资金结转后，应当对非财政补助专项结转资金各项目情况进行分析，将已完成项目剩余资金区分以下情况处理

借：非财政补助结转
　贷：银行存款(缴回原专项资金拨入单位)
借：非财政补助结转(留归本单位使用)
　贷：事业基金

【例 12—17】 2017 年 1 月，东方广播电视台启动廉政项目宣传片制作项目。当年收到上级主管部门拨付的项目经费1 000 000元，为该项目发生事业支出980 000元。2017 年 12 月，项目结项，经上级主管部门批准，该项目的结余资金留归该事业单位使用。该事业单位非财政补助专项资金结转的账务处理如下：

①结转上级补助收入中该项目专项资金收入，

借：上级补助收入　　1 000 000
　贷：非财政补助结转　　1 000 000

②结转事业单位支出中该科研专项支出，

借：非财政补助结转　　980 000
　贷：事业支出——非财政专项资金支出　　980 000

③经批准确定结余资金留归本事业单位使用时，

借：非财政补助结转　200 000

　贷：事业基金　200 000

(4)非财政补助结余

非财政补助结余包括事业结余和经营结余两个部分组成。

①事业结余是指事业单位一定期间除财政补助收支、非财政专项资金收支和经营收支以外各项收支相抵后的余额。

事业单位应当于期末将事业收入、上级补助收入、附属单位上缴收入、其他收入本期发生额中的非专项资金收入结转入事业结余，将事业支出、其他支出本期发生额中的非财政、非专项资金支出，以及对附属单位补助支出、上缴上级支出的本期发生额结转入事业结余。年末，应将事业结余(或亏损)转入非财政补助结余分配。

期末结转各事业收入

借：事业收入——专项资金收入

　上级补助收入——专项资金收入

　附属单位上缴收入——专项资金收入

　其他收入——专项资金收入

　贷：事业结余

年末结转非财政补助结转

借：事业结余

　贷：事业支出——非财政专项资金支出

　　其他支出——非财政专项资金支出

年末，将"事业结余"科目余额结转至"非财政补助结余分配"科目，借记或贷记"事业结余科目"，贷记"非财政补助结余分配"科目。

②经营结余是指事业单位一定期间各项经营收支相抵后余额弥补以前年度经营亏损后的余额。事业单位应当于期末将经营收入、经营支出的本期发生额结转入经营结余。年末，如"经营结余"科目为贷方余额，将余额结转至"非财政补助结余分配"科目，但如为经营亏损，则不予结转。

③非财政补助结余分配。事业单位应设置"非财政补助结余分配"科目，核算事业单位本年度非财政补助结余分配的情况和结构。年末，将"事业结余"科目余额和"经营结余"余额科目贷方余额结转至"非财政补助结余分配"科目后，事业单位当年实现的非财政补助结余(指事业结余与经营结余的合计数，或经营结余弥补事业亏损后的结余数)，应当按照规定进行分配：一是有企业所得税缴纳业务的事业单位计算应缴所得税；二是事业单位按规定提取职工福利基金。进行上述分配后，应将当年未分配结余转入事业基金。

④事业基金。事业基金是指事业单位拥有的非限定用途的净资产，其来源主要为非财政补助结余扣除结余分配后滚存的金额，此外还包括非财政补助专项剩余资金转入的金额。事业基金可以用于弥补以后年度收支差额。事业单位以货币资金取得长期投资时，应当按照投资成本金额，减少事业基金并增加非流动资产基金（长期投资）；对外转让或到期收回长期债券投资本息时，应当减少相应的非流动资产基金（长期投资）并增加事业基金。

⑤非流动资产基金。非流动资产基金是指事业单位长期投资、固定资产、在建工程、无形资产等非流动资产占用的金额。非流动资产基金应当在取得非流动资产或发生相关支出时予以确认，在计提固定资产折旧、无形资产摊销时予以冲减，在处置非流动资产时予以冲销。

⑥专用基金。专用基金是指事业单位按规定提取或者设置的具有专门用途的净资产，主要包括修购基金、职工福利基金等。专用基金管理应当遵循先提后用、收支平衡、专款专用的原则，支出不得超出基金规模。修购基金按照事业收入和经营收入的一定比例提取，从事业支出、经营支出中的“购置费”和“修缮费”科目中列支（各列支50%），以及按照其他规定转入，用于事业单位固定资产维修和购置，事业收入和经营收入较少的事业单位可以不提取修购基金。职工福利基金按照非财政拨款结余的一定比例提取以及按照其他规定提取转入，用于单位职工的集体福利设施、集体福利待遇等。事业单位职工福利基金的提取比例，在单位年度非财政拨款结余的40%以内确定。中央级事业单位职工福利基金的提取比例，由主管部门会同财政部在单位年度非财政拨款结余的40%以内核定；地方事业单位职工福利基金的提取比例，由省级财政部门在单位年度非财政拨款结余的40%以内，结合本地实际确定。

第三节　广播电视台企业会计核算

随着我国广播电视事业发展的需要，目前各地较多广播电视台行政管理模式采取的是事业单位性质不变，实行事业单位企业化管理方式，这类性质广播电视台实行的是企业会计核算制度。本教材就广播电视台企业会计核算中的收入、成本费用项目核算进行重点阐述。

由于电视媒体承载了国家重要的宣传任务，在某些新闻类、教育类等重要意识形态电视栏目中，电视台实行自办方式，实行严格的审核限制。如新闻栏目、文艺栏目、各个教育频道的教学栏目等。对于其他娱乐性较强的生活娱乐节目，广播电视台可利用社会力量合办栏目。而对于电视剧、电影节目一般采取购买播放权的方式。近年来，国家新闻出版广电总局推行的频道频率专业化和广播电视台“制播分离”的制度，为电视节目制作市场创造出了巨大的商机，涌现出了一批专业从事广播电视节目制作和内容集成的机构。

广播电视台的主要盈利模式是通过各种方式提高单位时间的播出价格，同时降低节目制作成本，广告收入是广播电视台重要的收入来源，另外，广播电视台也会参与一些节目的制作出售中，包括综艺栏目和电影电视剧的拍摄。目前广播电视台播出的节目有三种模式：自办节目、合办节目、购买节目。

一、广播电视台企业会计核算账户设置

传媒企业的资产、负债类会计账户的设置与一般企业类似，本教材结合目前企业化运作的广播电视台会计核算的实践与企业会计核算制度，重点介绍广播电视台企业会计核算中收入与成本核算。

1."主营业务收入"账户

核算广播电视单位开展广播电视节目的制作、播出、传输、接收、监测等专业业务活动及其辅助活动取得的收入，具体包括：广告收入、收视费收入，节目销售收入、合作合拍收入、节目制作和播放收入、节目传输收入、技术服务收入等。

2."其他业务收入"账户

即广播电视单位在专业业务活动及其辅助活动之外开展经营活动取得的收入，包括销售收入、经营服务收入、租赁收入及其他经营收入。

3."生产成本"账户

广播电视单位开展广播电视节目的制作、播出、传输、接收、监测等专业业务活动及其辅助活动发生的费用。主要包括制作成本、广告代理支出、版权及业务分成支出、电视购物节目商品材料支出及播出、传输、接受、检测等费用。借方登记制作节目过程中归集的已发生的成本及已结转记入制造费用。贷方登记结转与收入相匹配成本，该账户期末一般应有借方余额，其余额表示归集在该节目下的尚未结转的劳务成本。该账户应按频道或节目的名称和发生的费用种类设置明细账，进行明细核算。

4."制造费用"账户

核算广播电视台专业活动业务部门发生的无法直接记入某一频道（节目）成本。各项不能直接确定为某频道（节目）的费用的，按各个频道（节目）进行分摊。期末，归集频道（节目）成本时，应按照各个节目的播放时间、收入比例、成本比例等方法进行分配。该制造费用是按照实际发生数进行分配的，期末应无余额。可按照制作部门、栏目或节目的名称设置明细账户。

5."管理费用"账户

电视台、广播电视台的台长及总台的行政工作人员、表演艺术团体总负责人及行政人员的工资、福利费、办公费、差旅费、会议费、物业管理费、折旧等费用。

期末，应将该账户的余额转入"本年利润"账户，结转后本账户应无余额。该账

户应按支出项目设置明细账，进行明细核算。

6."销售费用"账户

核算广播电视节目推广费用、节目广告费、公关费、展览费、交易费用、节目制作播出后的市场调研所发生的费用、投递配送费及市场部门人员薪酬。

二、广播电视台收入的核算

（一）收入确认时间

广播电视企业已将商品所有权上的主要风险和报酬转移给购买方；公司既没有保留与所有权相联系的继续管理权，也没有对已售出的商品实施有效控制；收入的金额能够可靠地计量；相关的经济利益很可能流入企业；相关的已发生或将发生的成本能够可靠地计量时，确认商品销售收入实现。

（1）广播电视台节目制作销售收入，如广播电视台的电视剧制作销售收入核算应在电视剧购入完成摄制并经电影电视行政主管部门审查通过取得《电视剧发行许可证》，电视剧播映带和其他载体转移给购货方并已取得收款权益时或在购货方实际播映时确认收入。

电视剧销售收入包括电视播映权转让收入、音像版权收入、网络播映权收入、海外发行收入、复制费、母带费收入等。

如电视剧销售及电影版权销售采用多次、局部（特定院线或一定区域、一定时期内）将发行权、放映权转让给部分电影院线（发行公司）或电视台等，且仍可继续向其他单位发行、销售的影片，应在符合收入确认条件之日起，可根据交易双方协议，在规定期限内采用计划收入比例法将其全部实际成本逐笔（期）结转销售成本。

在电视播映权的转让中，存在首轮播映权转让和二轮播映权转让。首轮播映权是电视台可以按双方约定的顺序在 2 年内先后开始播放的权利；二轮播映权是指在首轮播放结束后，其他部分电视台继续播放的权利。由于电视剧项目收入中，主要为首轮播映权转让收入，通常二轮播映权的交易具有较大的不可预期性。因此，原则上考虑首轮播映权实现的收入并结转相应成本。

一次性卖断国内全部著作权，在收到卖断价款确认销售收入时，将其全部实际成本一次性结转销售成本。

（2）IPTV、手机电视、互联网视频收入确认应采取收视内容及技术服务已经提供，收入已经取得或者能够可靠计量，相关的经济利益很可能流入企业，相关的内容及技术或流量、服务成本已发生或将发生的成本能够可靠地计量时确认收入实现；

（3）广播电视台广告收入同时满足下列条件，方能予以确认：广告已经开始播出，已将广告时段或特殊广告形式所有权上的主要风险和报酬转移给购买方，广告收入及相关成本的金额能够可靠地计量，相关的经济利益很可能流入。

为减少广告收入坏账，一般对广告收入按照“实播额”即有效播出额统计确认，“实播实收”是指广告已经播出，并且已经收到款项。广告虽已排期但未开播本期不予确认；广告虽已收款但未播出本期不予确认。

广告价格确定受多种因素影响，其价格管理体系分为广告刊例价格表、频道(率)折扣优惠办法和代理优惠政策三个方面。具体包括广告类别、播出频道(率)、时间、时段、时长、次数、价格、折扣、编排执行期间、收视点成本价格、代理费率、代理年终返点率等要素。

代理返点、累量找差返还、赠播等促销行为属于给予客户的商业折扣，应按扣除后的有效播出额计算广告收入。为限制实物补偿广告和资源互换广告总量，按互换额度确定一定比例计入播出部门广告收入，换回实物使用时按互换额度的100%计入使用部门的成本费用。

在广告业务中，工商企业做广告，其广告费支付方式有三种：一些经济实力强的公司，往往是一次性将一笔广告费投入媒体，要求一次或分几次播出，有的甚至将一年的广告费一次付给媒体；另一种是广告公司介绍来的广告，其广告费的支付一般是在播出过程结束后将广告费付给媒体；再有一种是一些经济实力较差的工商企业，广告播出后，不能及时支付广告费，往往造成坏账。如果按照以前事业单位业务采用收付实现制的办法来核算，很难在财务账上正确反映广告收入的实际情况，并且每月的广告收入会有很大波动。

(二)电视剧制作、销售与播放收入的核算

【例 12－18】 东方广播电视台制作电视剧一部，将首轮播映权有偿转让给某市级电视台播放，播映期 2 年，每集 20 万元，共 60 集，磁带及复制费为每盒 300 元，共 60 盒，双方约定，在节目播出后 30 个工作日，支付全部款项，该电视剧的制作成本为 800 万，磁带等成本为每盒 150 元。2017 年 8 月 20 日，东方广播电视台收到全部款项。

借：银行存款	1 2000 000	
贷：主营业务收入		1 132 075.47
应交税费——应交增值税(销项税)		67 924.53
借：主营业务成本	8 000 000	
贷：库存商品——某电视剧		8 000 000
借：银行存款	18 000	
贷：主营业务收入		16 981.13
应交税费——应交增值税(销项税)		1 018.87
借：主营业务成本	9 000	
贷：库存商品——电视剧磁带		9 000

(三)广告收入的核算

广播电视广告收入是指在销售广告业务等日常活动中所形成的经济利益的总流入,包括广告播出后取得的款项、补偿实物、互换资源等,是广播电视台经济收入的主要来源,是广播电视台生存与发展的主要经济保障。我国电视台广告管理模式主要包括在统一管理模式下,经营主体不同分为统一经营、分散经营、混合经营、公司化经营;具体经营模式为自营、代理和分账。

当前广播电视经营性业务面临着巨大的竞争压力,广告收入依旧是广播电视台的主要经济来源。相较于传统媒体,新媒体所发布的广告的多元化特性更为显著,广告覆盖率也得到了较大拓展,广告企业在发布广告时,往往会倾向于选择新媒体发布广告。

新闻单位的广告收入有两大部分组成:一是广告部的广告收入;二是本单位广告公司的收入。广告公司的收入是广告代理收入,占的比例很小,广告部的收入是主渠道。从广告收入的管理形式来看,一般有以下几种:一种是收支两条线,广告部门自己设广告财务人员,并有银行账户,广告收入全部进广告部的账,每月定期全部上缴主管部门,主管部门对其只作宏观上的监督与控制。

【例 12-19】 东方广播电视台接受甲公司做广告的要求,甲公司与 2017 年 8 月 1 日一次全额支付广告费30 000 000元,要求该电视台完成当月的广告播出计划。该项广告的制作成本为10 000 000元。东方广播电视台为一般纳税人。

(1)广告收入缴纳增值税,确认收入时,作会计分录如下:

30 000 000÷1.06×0.06=1 698 113.21(元)

借:银行存款	30 000 000	
贷:主营业务收入——广告收入		28 301 886.79
应交税费——应交增值税(销项税额)		1 698 113.21

(2)结转成本时,作会计分录如下:

借:主营业务成本	10 000 000	
贷:生产成本——甲公司广告——制作成本		10 000 000

【例 12-20】 东方广播电视台于 2017 年 1 月 10 日一次预收乙公司全年的广告费4 000 000元,乙公司要求东方广播电视台全年在其新闻报道前的黄金时段播放自己公司的广告。该项广告的制作成本为2 000 000元。

(1)收到预付款时,做会计分录如下:

借:银行存款	4 000 000	
贷:预收存款		4 000 000

(2)8 月份确认收入时(480 000 000÷12=40 000 000),做会计分录如下:

借:预收账款	40 000 000	
贷:主营业务收入——广告收入		3 773 584.91

　　应交税费——应交增值税(销项税额)　　226 415.09

(3)结转成本(2 000 000÷12=25 000 000)时,做会计分录如下:

借:主营业务成本——广告收入　　166 666.67

　贷:生产成本——M公司广告——制作成本　　166 666.67

【例12—21】 T公司计划于2017年8月份在东方广播电视台做广告,该公司与新光电视台协调,提出由于资金周转暂时困难,希望东方广播电视台先为其播出广告,广告费30 000 000元用于2017年9月1日打入该电视台银行账户,新光电视台考虑到T公司的信誉较好,于8月1日开始先于T公司交款前为其发布了广告。广告制作成本15 000 000元。

(1)新光电视台8月1日做会计分录如下:

借:应收账款——T公司　　30 000 000

　贷:主营业务收入——广告收入　　28 301 886.79

　　应交税费——应交增值税(销项税额)　　1 698 113.21

(2)结转成本时,做会计分录如下:

借:主营业务成本——广告成本　　15 000 000

　贷:生产成本——T公司广告制作成本　　15 000 000

(3)9月1日实际收到T公司交来的广告款30 000 000元,存入银行。做会计分录如下:

借:银行存款　　30 000 000

　贷:应收账款——T公司　　30 000 000

而媒体在广告播出过程中,也往往不能按与顾客协定的时间、次数和栏目播出,有的广告客户也因为各种原因而要求改变播出计划,造成原来的收费数与实际的发生数有很大的差距,媒体需要对原收款数进行补收或退款。因播出时间延长需要补收的,计入播出当月收入;因少做广告而要向客户退款的,原广告经办人需开具红字发票交财务部门,财务部门核对无误后通过银行汇入客户账户。

【例12—22】 Q公司为其新款家电设备在东方广播电视台做广告,双方协议Q公司与2017年7月1日支付60 000 000元,东方广播电视台7月为其每天播出15秒广告10,但是由于东方广播电视台的播出计划做了调整,导致Q公司的家电广告每天播出了15次,因广告播出次数的增加,Q公司需要补付东方广播电视台广告费用40 000 000元。因此又发生广告发布费用15 000 000元。Q公司同意并补交了40 000 000元。

(1)东方广播电视台与2017年8月1日做会计分录如下:

借:银行存款　　40 000 000

　贷:主营业务收入——广告收入　　37 735 849.05

　　应交税费——应交增值税(销项税额)　　2 264 150.95

(2)结转成本时,作会计分录如下:

借:主营业务成本——广告成本　　15 000 000

　贷:生产成本——Q公司广告制作成本　　15 000 000

【例12—23】 某手机制造商在东方广播电视台做广告,双方协商同意,该手机制造公司于2017年7月1日支付60 000 000元,东方广播电视台7月份为其每天播出20秒的广告15次。但是由于东方广播电视台的播出计划做了调整,导致该公司的广告每次只播出了10秒,因广告播出时间的减少,东方广播电视台应退还该手机制造商广告费用30 000 000元,并开具了红字发票。星光台则需冲减制作成本10 000 000元。

(1)东方广播电视台于2017年8月1日作会计分录如下:

借:主营业务收入——广告收入　　28 301 886.79

　应交税费——应交增值税(销项税额)　　1 698 113.21

　贷:银行存款　　30 000 000

(2)冲减成本时,作会计分录如下:

借:生产成本——某通信公司广告——制作成本　　10 000 000

　贷:主营业务成本——广告成本　　10 000 000

(四)广播电视台节目制作收入的核算

【例12—24】 东方广播电视台开发制作财经电视节目,该节目被某省级电视台购买播出,2017年8月20日收到对方所购节目款价税合计65 400元,以银行存款收讫,该节目制作成本为16 000元

确认收入时,作会计分录如下:

借:银行存款　　65 400

　贷:主营业务收入——电视节目制作收入　　60 000

　　应交税费——应交增值税(销项税额)　　5 400

借:主营业务成本　　16 000

　贷:生产成本——财经节目　　16 000

(五)频道租赁收入的核算

【例12—25】 东方广播电视台由于其丰富的频道资源,所以对外进行频道租赁。一家规模较小的地方电视台由于自身能力的限制决定租用其频道,于2017年8月并签订了租赁合同,租期1年,租金271 200元,每月末支付22 600元。东方广播电视台发生租赁成本6 000元。

(1)2017年8月东方广播电视台收到租金时,作会计分录如下:

借:银行存款　　22 600

　贷:其他业务收入——频道租赁收入　　20 000

　　应交税费——应交增值税(销项税额)　　2 600

(2)结转成本时，做会计分录如下：

借：其他业务成本——频道租赁收入　　6 000

　贷：累计折旧　　6 000

(六)卫星转送收入的核算

【例 12－26】 2017 年 8 月份东方广播电视台利用其所有的通信卫星为某企业进行加密的信息传送服务，该企业一次性支付使用费200 000元。星光台发生传送成本80 000元。

(1)东方广播电视台确认收入时，作会计分录如下：

借：银行存款　　200 000

　贷：其他业务收入——卫星转送收入　　188 679.25

　　应交税费——应交增值税(销项税额)　　11 320.75

(2)结转成本时，作会计分录如下：

借：其他业务成本——卫星转送成本　　80 000

　贷：生产成本——传送成本　　80 000

三、广播电视台经营成本及费用的核算

广播电视媒体成本即广播节目制作中所耗费的物化劳动和活劳动中的必要劳动的价值总和。广播电视节目丰富多彩的内容和复杂的制作过程决定了电视媒体成本构成的复杂性，所以对于广播电视媒体成本的分类也存在着不同的标准。广播电视媒体各类费用按经济用途分类，可以将广播电视媒体成本分为制作、播出和管理成本、营销成本。

制作成本是指为制作电视节目所支出的一切直接费用，即节目筹划、编剧、排演、摄录像、编辑、审核等节目制作过程中所产生的所有费用。主要包括节目选题费用、电视台节目制作过程中人工费用及节目制作过程中的设备购置、场地租赁等费用。

播出成本是指在完成电视节目制作，以及市场推广工作后，在发布渠道上所花费的费用，即通过副控现场直播、主控、微波、中继站、发射设备、有线传输设备、通讯卫星、地面接收站将电视节目传送到观众面前所产生的费用。主要包括播出时段的购买费用、光纤和通信卫星的租赁均摊费用播控、微波、发射、接收等设备的折旧费用、播出人员的薪金及劳务费、电费、设备的保险费等。

管理成本是为维持再生产必须发生的成本，即电视台内行政、财务、安全、保卫、技术等有关管理部门所支出的一切费用。主要包括节目制作和播出过程中各管理部门所用的办公室费、差旅费、培训费、邮电费、业务接待费、播出机房修缮费，车辆燃油费、修理费、技术资料购置费等。

市场营销费用是指节目推广费用、节目广告费、公关费、展览费、制作播出后的

市场调研所发生的费用节目制作中管理部门的人员薪金及劳务费、奖励等。

(一)确定成本核算对象

广播电视台成本核算的对象通常可以按照广播电视台下各个频道的各类节目、剧目为成本对象。

(二)广播电视节目成本的项目构成

广播电视节目的成本一般由职工薪酬、设备成本、经营成本和管理成本等组成。

1.人员成本

广播电视人才是广播电视节目生产和经营的基本要素,也是广播电视发展的基本动力,电视节目成本的重头是人员成本。广播电视台的人员成本包括工资、奖金、稿酬、劳务费及福利。按核算项目分类为工资、奖金、福利费和稿酬、劳务费两大类。

(1)工资、奖金及福利费。这是广播电视媒介直接支付给职工的劳务报酬,是人员成本的主体。这部分的支出,与职工的数量和待遇水平密切相关。在技术水平等客观条件既定的情况下,生产过程中的物化劳动消耗和劳动消耗主要不取决于物,而取决于人。相比国外的电视媒介,我们的技术、后勤人员较多;许多规模较大的电视台还存在着历史包袱重、人员过多、后勤管理人员比例过大,人浮于事、效率低下的问题;人员成本相对过高。

(2)稿酬及劳务费。广播电视台通过节目购买,通过利用外界,可以提高广播电视的业务活动质量。稿酬及劳务费也是广播电视媒介开展业务活动的人员成本支出。①稿酬费:支付给个人的因其作品以电视节目形式播出而发生的费用,如兼职主持人劳务费。②购买电视节目等发生的资料费:电视媒介一般在各套节目中,采取节目购买的方式,达到一部分的制播分离,提高电视节目质量,降低成本消耗。③劳务费:支付给单位或个人从事设计、讲学、录音、演出等发生的劳务费用。如外请专家讲课费、演员的劳务费等。

2.设备成本

无论是电视台的正常运转,还是电视节目制作、播出、发射等技术设备的更新,都需要一定的经费保障。电视设备的更新速度很快,年折旧率一般在10%～15%。我们对电视设备的投资要考虑成本效益,过度的设备投资往往造成电视资本的固定化,恶化现金流,继而会降低电视媒介的效益。电视媒介的设备成本的细化项目为:

(1)设备购置费。技术设备水平决定了一个台的节目生产能力。技术设备不配套,将直接影响节目质量和工作效率,从而影响电视媒介的成本。采用先进的生产方式,如使用音频工作站,可以提高技术装备水平,降低电视媒介的相对成本。设备购置费包括大项设备购置经费、小设备(20 000元以下的)购置经费等。

(2)材料及租赁费。它包括:①录像带:用于制作电视节目的各种空白音带、录像带、光盘费等。②低值易耗品:加强低值易耗品的管理,可以节约开支,降低消耗。低值易耗品指单位价值在200～500元以内或使用年限不满1年的各种材料、工具、用具等。③其他材料:除上述以外的各种材料、工具、器具、用品等。④租赁费(设备租赁、场地租赁、其他租赁、专线租赁):指为制作播出电视节目而发生的各种租赁费,包括设备租赁、电话线路等。

3.经营成本

电视媒介的经营成本与电视媒介的业务活动的活跃程度密切相关。电视媒介经营成本的细化项目为:

(1)通讯邮电费。通讯邮电费包括市内及长途电话费、上网费、传真费、无线移动电话费、特快专递及邮资等费用。

(2)差旅费。差旅费包括(市内、外埠、境外)而发生的飞机、火车、轮船、汽车票款、住宿费用以及规定的出差补贴等。

(3)业务招待费。电视媒介在开展媒介对外交往活动,沟通媒介与各方关系时,往往产生一定的业务招待费用。业务招待费包括各种招待宴请和礼品费用。

(4)宣传推广费。电视媒介会通过开展一些社会活动,来推广电视节目,树立电视品牌,这时必然会产生宣传推广费用。这部分费用一般采取划定费用总额,专项使用的办法,使其流向合理,效益更高。宣传推广费包括为宣传推广电视节目而发生的制作宣传费、广告费等支出。如,会议费及邀请听众参加的电视节目而发放的各种奖品或礼品。

(5)广告成本。广告成本包括广告业务员工资、福利、业务费、创收奖励等。广告业务费率与广告额度呈负相关。

4.管理成本

广播电视媒介的管理成本的细化项目为:

(1)办公费:包括办公用品、传真、复印、机动车燃修费、报刊费、印刷资料。

(2)房屋水电费:包括房租、照明用电、用水等费用。

(3)动力电费、委托发射费。

人力成本、设备成本、经营成本、管理成本构成某项节目的总成本。影响电视节目成本的因素很多,我们只有通过对各个成本项目的控制,才可以降低成本,增加利润。

(三)电视节目成本核算举例

1.成本的核算过程(以广告成本的核算过程为例)

一笔广告业务的发生,从广告的承接、制作、发布,其成本项有广告业务人员的工资,有制作消耗的材料费用和广告的应交税金及各种附加,还包括各种发布费用。广播、电视的发布费用包括发射用的电力、发射人员的费用、发射机器与房屋的折旧、行政后勤人员费用的分摊等等。广告业务人员的工资、广告制作消耗材料的费用可按实际发生数直接记入广告制作成本;广告发布费用属于间接费用可按每一个广告播出时间占用总播出时间的比例进行分摊。

其他节目的成本计算过程与此类似,成本项目种类也分为直接成本和间接成本;另外广播电台还会发生管理费用、销售费用等期间费用。

2.电视节目成本核算举例

【例 12—27】 假设东方广播电视台的频道 1 下设置影视文化节目和饮食文化节目,并规定该台发生的间接费用按照各节目的播出时间进行分配。其中:

(1)影视文化节目 2017 年 8 月份的成本项目构成如下:节目人员的直接工资费用160 000元,节目制作费100 000元,节目所用设备的折旧200 000元,则直接成本为460 000元;节目播出时间为 2 小时。

(2)饮食文化节目 2017 年 8 月份的成本构成如下:节目人员的直接工资费用120 000元,节目制作费60 000元,节目所用设备的折旧150 000元,则直接成本为330 000元;节目的播出时间为 1 小时。

(3)假设东方广播电视台该频道 2017 年 8 月广告成本的构成如下:广告人员的直接工资费用250 000元,广告制作费50 000元,则直接成本为300 000元。广告时间为 2 小时。

(4)该频道制作部门 2017 年 8 月份为影视文化节目、饮食文化节目和广告制作共发生人员工资200 000元,办公室的房屋折旧200 000元,水电费50 000元。

该频道 2017 年 8 月份发射用的电力为2 500 000元,发射人员的工资200 000元,发射机器的折旧3 500 000元。

东方广播电视台 2017 年 8 月份账务处理如下:

(1)归集影视文化成本

借:劳务成本——影视文化节目——人力成本　　160 000

　贷:应付职工薪酬　　160 000

借:劳务成本——影视文化节目——制作成本　　100 000

　贷:库存现金　　100 000

借:劳务成本——影视文化节目——设备成本　　200 000

　贷:累计折旧　　200 000

(2)归集饮食文化成本节目

借:劳务成本——饮食文化节目——人力成本　　120 000

　贷:应付职工薪酬　　120 000

借:劳务成本——饮食文化节目——制作成本　　0 000

　贷:库存现金　　60 000

借:劳务成本——饮食文化节目——设备成本　　150 000

贷:累计折旧 150 000

(3)归集广告成本节目

借:劳务成本——广告部——人力成本 250 000

贷:应付职工薪酬 250 000

借:劳务成本——广告部——制作成本 50 000

贷:库存现金 50 000

(4)归集编录经费

由于频道制作费用和频道发射费用是上述三个节目的共同费用,不能直接计入节目成本,必须通过“编录经费”账户归集。然后,按节目播放时间进行分配,间接计入各节目成本。做会计分录如下:

借:编录经费——人力成本 200 000

贷:应付职工薪酬 200 000

借:编录经费——房屋折旧 200 000

贷:累计折旧 200 000

借:编录经费——水电费 50 000

贷:库存现金 50 000

借:编录经费——电费 2 500 000

贷:银行存款 2 500 000

借:编录经费——工资成本 200 000

贷:应付职工薪酬 200 000

借:编录经费——设备成本 3 500 000

贷:累计折旧 3 500 000

(5) 2017 年 8 月份行政后勤人员费用 150 000 元(后勤人员费用应在“管理费用”账户中列支,不能计入节目成本),以银行存款支付。作会计分录如下:

借:管理费用 150 000

贷:银行存款 150 000

(6)分配编录经费。发生编录经费6 650 000元(具体数据如表 12—4 所示),按照各节目的播出时间进行分配:

①影视文化节目应分摊的编录经费

$$6\ 650\ 000 \div (2+1+2) \times 2 = 2\ 660\ 000(\text{元})$$

做会计分录如下:

借:劳务成本——影视文化节目 2 660 000

贷:编录经费——频道制作发射费用 2 660 000

②饮食文化节目应分摊的编录经费

$$6\ 650\ 000 \div (2+1+2) \times 1 = 1\ 330\ 000(\text{元})$$

做会计分录如下：

借：劳务成本——饮食文化节目　　1 330 000

　贷：编录经费　　1 330 000

③广告部节目应分摊的编录经费

6 650 000÷(2＋1+2)×2＝2 660 000(元)

做会计分录如下：

借：劳务成本——广告部　　2 660 000

　贷：编录经费　　2 660 000

“影视文化节目”的总成本为 3 120 000 元(具体数据如表 12—5 所示)；
“饮食文化节目”的总成本为 1 660 000 元(具体数据如表 12—6 所示)；
“广告节目”的总成本为 2 960 000 元(具体数据如表 12—7 所示)。

表 12—4　　**编录经费—频道制作、发射**

200 000	2 660 000
200 000	1 330 000
50 000	2 660 000
2 500 000	
200 000	
3 500 000	
6 650 000	6 650 000

表 12—5　　**劳务成本——影视文化节目**

160 000	
100 000	
200 000	
2 660 000	
3120 000	

表 12—6　　**劳务成本——饮食文化节目**

120 000	
60 000	
150 000	
1 330 000	
1 660 000	

表 12—7　　劳务成本——广告节目

250 000	
50 000	
2 660 000	
2 960 000	

第十三章　电影企业会计实务

第一节　电影产业概述

电影产业，是指以电影制作为核心通过电影的生产、发行和放映以及电影音像产品、电影衍生品、电影院和放映场所的建设等相关产业经济形态的统称。

从产业属性上来看，区别于其他物质生产领域的产业，电影产业不仅拥有经济属性，还拥有社会文化属性。

从经济学的角度来看，电影产品本身具有交换价值，可以满足市场需求，因此具备经济属性。“内容”生产是最具有竞争力的价值影响因素。同时电影又具有深厚社会文化意涵的一种艺术形式。电影本身拥有承载信息的能力，其本质是通过流动的图像讲述故事。叙事性也成了电影意识形态性的根源，在叙事的过程中，蕴含着文化的传递。

电影产业具有独特的盈利模式，我国电影产业的收入来源主要包括电影票房收入、出售电视电影频道播放权收入，广告收入、衍生品开发收入、网络版权收入等几个方面，其中电影票房是主要收入来源，而票房收入在电影产业链中采取的是分账制，就是制片方、院线和影院之间对电影票房收入按比例分成。

电影院线在下游控制电影放映，凭借其垄断势力获得分成比例的现象有逐渐扩大趋势。为保护制片方的利益，促进电影业健康发展，在2008年底广电总局下发指导意见，建议国产影片的制片方分账比例提升至43%，放映方不得超过57%。电影产业这种利益分配模式势必会对电影产业投融资产生影响。

在中华人民共和国境内从事营业性电影片的制片、洗印、进口、出口、发行和放映等业务活动的电影企业(以下简称“电影企业”)，大体分为4种类型：电影制片企业、电影洗印气压、电影发行企业、电影放映企业。

(1)电影制片企业：指从事故事片(含艺术片、舞台片、戏剧片等)、纪录片(含风光旅游片等)、科教片(含杂志片)、美术片(含动画片、木偶片、剪纸片等)、译制片、专题片和其他电视剧片、广告片等各种影片生产的企业。

(2)电影洗印企业：指专门从事影片的拷贝、播映带或其他载体物的冲印、制作、加工、字幕印制等生产活动的企业。

母公司、制片企业内部专门从事影片洗印生产业务的后期制作部门、车间等，

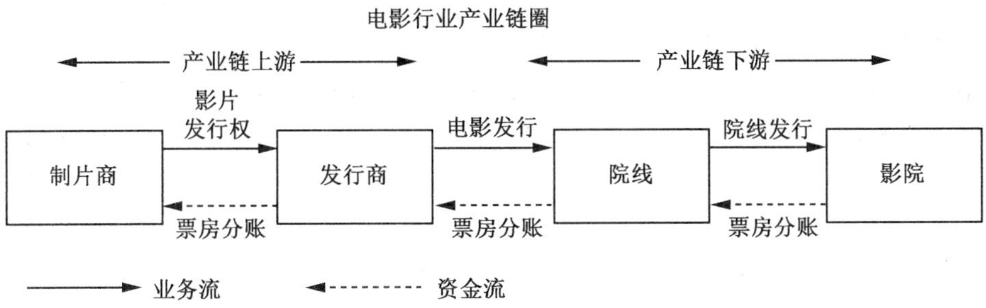

图 13—1　电影行业产业链图

应视同电影洗印企业进行有关会计核算。

(3)电影发行企业:指以分账、买断、代理等方式取得境内外影片的发行权,并在规定时期和范围内从事为放映企业或电视台等放(播)映单位提供影片的拷贝、播映带(硬盘、光碟)、网络传输等业务活动的企业。

(4)电影放映企业:指拥有符合国家规定标准的电影放映设备和相应的放映场所,从事营业性电影放映业务的企业。包括采取向社会公众售票或包场方式进行电影放映的专业电影院、兼映的影剧院、文化宫(馆)以及对外开放的礼堂、俱乐部等单位。

2017 年 3 月 1 日,《电影产业促进法》正式实施,首次将电影产业纳入国民经济和社会发展规划之中,电影产业将作为国家文化软实力的标志性产业,成为拉动内需、促进就业、推动 GDP 增长的重要支柱产业。《电影产业促进法》的实施,将进一步规范中国电影市场,促进国产电影生产力,激发市场活力,保障国内电影市场健康发展。

2017 年全国电影票房 524 亿元,首次突破 500 亿元,同比增长 15.1%,城市院线观影人次达到 16.2 亿人次,同比增长 18.1%,票房增速重回快车道。2017 年全国人均观影次数为 1.17,较 2016 年增长 17%,长期来看,较北美等电影成熟市场还有一定的差距。随着中国居民消费水平的进一步提升,城市化进程的深入以及对文化产品的需求,中国电影市场还将保持稳定增长。

第二节　电影制片企业会计核算

一、电影制片企业账户设置

为了统一规范电影企业的会计核算,真实、完整地提供企业的会计信息,根据《中华人民共和国会计法》《企业财务会计报告条例》《企业会计制度》和国家有关法律、法规,并结合电影企业的实际情况,2004 年 12 月财政部制定《电影企业会计核算办法》,2005 年 1 月 1 日起开始实施,《办法》增设“制片备用金”“预付制片款”“影视剧本”“预收制片款”“制片资助款”等科目。并且,对电影企业“库存商品”“生产成本”“主营业务收入”“主营业务成本”等科目的明细科目设置和核算作了补充规定。本教材就与电影制片企业会计核算相关账户设置进行介绍,电影企业此处是指电影制片企业。

1.“制片备用金”账户

该账户核算企业摄制组为影片拍摄所需的差旅费、劳务费、零星采购等开支,经批准而预支的备用金。本科目可按影片的片名设置明细科目,进行明细分类核算。经核准拨付给企业内各管理部门、材料和物资采购部门等定额周转用的备用金,以及非电影拍摄所需而短期临时借用的备用金,应通过“其他应收款——备用金”科目核算。经批准拨付制片备用金时,按领用金额,借记本科目,贷记“库存现金”“银行存款”等科目。经审核后批准报销时,按核准的应报销金额,借记“生产成本”科目,贷记本科目。本科目期末借方余额,反映企业尚未收回的制片备用金款。

2.“预付制片款”账户

本科目核算企业在委托和联合摄制业务中,按照合同规定预付给代为制作并负责成本核算的受托方的款项。本科目应当按合作摄制的影片的片名设置明细科目,进行明细分类核算。企业因委托或联合摄制而预付款项时,按预付金额,借记本科目,贷记“银行存款”科目。

企业委托或联合摄制的影片制作完成时,按企业应承担的实际成本借记“库存商品”科目、“其他应收款”,贷记本科目。本科目期末借方余额,反映企业因委托或联合摄制影片而实际预付给受托方的款项。

3.“影视剧本”账户

本科目核算企业计划提供拍摄电影或电视剧的文学剧本的实际成本。本科目应当按文学剧本的剧名设置明细科目,进行明细核算。文学剧本的成本,包括剧本策划、组稿、创作过程中发生的原著版权费、剧本稿酬,编剧和编辑人员的工资、福利费、其他劳务补贴费,以及为组织剧本而发生的审稿费、退稿费、差旅费、办公费、印刷费等各项支出。在企业下达投产通知或生产令,进入影片拍摄准备阶段后,导演和主创人员为编写、修改分镜头剧本所发生的各项费用,应直接记入“生产成本——剧本费及酬金”科目,不在本科目核算。本科目期末借方余额,反映企业储备的或尚未定稿的文学剧本的实际成本。通常,电影企业将该账户列入“原材料——影视剧本”账户核算。

4.“预收制片款”账户

本科目核算企业在联合摄制、受托摄制、协作摄制等合作摄制业务中,按合同约定预收其他合作方应承担的摄制成本款项。本科目应当按合作摄制的影片的片名设置明细科目,进行明细分类核算。企业在收到合作方预付的摄制成本款项时,按实际收到的金额，借记“银行存款”科目，贷记本科目。企业合作摄制业务的影片，在摄制完成并经审查通过取得发行、放（播）映《许可证》后，应及时向其他合作方出具该影片摄制成本、费用的结算凭据或报表，借记“库存商品”“生产成本”账户，贷记本科目。目前为与企业会计制度相匹配，本科目期末贷方余额，反映企业在合作拍片业务中，向拍片合作方或委托方预收的款项。期末如为借方余额，则反映企业应由付款方补付的款项。

5.“制片资助款”账户

本科目归集和核算企业实际收到的有关方面、企事业单位、社会团体、个人无偿提供给指定影片的资助款项。本科目应当按照资助单位等设置明细科目，并按受资助影片的片名等进行归集和核算。企业接受以货币资金方式资助的，按实际收到的资助金额，借记“银行存款”科目，贷记本科目；企业接受以非货币方式资助的，应按照《企业会计制度》有关接受捐赠资产价值的规定确定其实际成本，借记“原材料”“低值易耗品”“库存商品”“固定资产”等有关科目，贷记本科目。

企业在接受资助的影片摄制完成结转入库时，按该片发生的全部成本，借记“库存商品”科目，贷记“生产成本”科目；按该片接受资助款的金额，借记本科目，贷记“库存商品——成本备抵”科目。

6.“库存商品”账户

本科目补充设置“电影片”“电视片”等明细科目，核算企业电影片、电影拷贝及其后产品、电视剧等各种产成品的实际成本。企业应当按影片的片名，以及各种产成品的名称等设置明细科目，进行明细分类核算。影片完成摄制录制时，根据拍摄不同情况，借记“库存商品”，贷记“生产成本”“预付制片款”等账户。企业在影片发行和销售时，按办法说明中有关影片销售成本的结转方法，进行结转，借记“主营业务成本”，贷记“库存商品”等科目。

7.“生产成本”账户

本科目核算企业在影片制片、译制、洗印等生产过程所发生的各项生产费用。企业发生的各项生产费用，应按成本核算对象的名称和成本项目进行归集与核算。本科目按故事片、译制片、美术片等影片生产过程中发生的成本项目应当设置的明细科目。发生各项生产费用时，借记“生产成本”，贷记“库存现金”“银行存款”“应付职工薪酬”“原材料”等账户，企业摄制完成已取得许可证的影片，按实际成本结转入库。结转时，借记“库存商品”科目，贷记本科目。本科目所补充的明细科目期末借方余额，反映企业尚未完成影片的各种成本。

8.“主营业务收入”账户

本科目核算电影企业主营业务的收入，补充设置“电影片收入”“电视片收入”“剧本转让收入”“拷贝洗印收入”“影视基地服务收入”“其他媒体业务收入”“音像制品收入”“影片后产品收入”等明细科目，用于核算企业在影片发行和销售、剧本转让、洗印加工、影视基地服务和其他与电影主业有关的业务中形成的收入。符合确认条件的本期主营业务收入，应按实际收到或应收的金额，借记“银行存款”“应收账款”“应收票据”等科目，贷记本科目。

9.“主营业务成本”账户

本科目已销售影片等的成本，补充设置“电影片成本”“电视片成本”“剧本转让成本”“拷贝洗印成本”“影视基地服务成本”“其他媒体业务成本”“音像制品成本”“影片后产品成本”等明细科目，用于核算企业在影片发行、剧本转让、洗印加工、影视基地服务和其他与电影主业有关的业务中发生的实际成本。期末，企业应当根据本月影片和其他产品的销售收入，以及提供影片制作、洗印、加工的各种劳务等的实际成本，计算出应结转的主营业务成本，借记本科目，贷记“待结算业务支出”“库存商品”“生产成本”“劳务成本”等科目。

二、制片备用金的管理和核算

(一)制片备用金的管理

制片备用金是指核算制片企业中各类影视片摄制组为影片拍摄所需的差旅费、劳务费、零星采购等开支，经批准而领用的备用金。是一项直接用于制片生产成本的预支性款项，它具有领用人和保管责任人十分明确的特点。同时，电影创作生产过程具有短期内资金投入巨大的特点，从影片的酝酿、筹备到拍摄，直至后期的剪接、混录到发行拷贝印制的各个阶段，都需要及时、足量地提供所需资金，以保证影片创作生产的顺利进行。电影制片企业影片生产成本投入巨大，而且大量资金是通过领取“制片备用金”方式进行支付后再回到企业财会部门报销的。制片备用金具有直接用于影视片创作生产的特性。摄制组为组织影片拍摄，事前需向企业提出影片摄制计划和有关成本的预算，并有专人办理制片备用金的申领手续，并随同摄制组办理有关资金的支付、单据保管和流水账项的结算、记录与监督。从本质上看，制片备用金实际上是影视片创作“生产成本”支出的一种特殊形式。这种生产成本主要以预先领取货币资金而形成的方式，是电影(产品)生产经营的特点之一。

鉴于制片备用金具有货币的即时支付性和速动性特点。企业必须加强对其进行预算、领取和报销的管理，建立和健全制片备用金管理制度，防止手续不清，账目混乱，营私舞弊现象的发生，并且尽力做到资金的合理调配和使用，加速资金周转并有效地控制影片成本的支出。

首先，制片企业需对企业的制片备用金建立使用预算制度，根据影片摄制成本、费用预算和计划用款进度安排，由制片主任负责组织编制的。一般应在影片摄制准备阶段完成，并交由企业财会主管部门据以进行所需资金的筹措和安排。

制片备用金在使用过程中建立制片备用金申领制度，须按照企业财务制度规定的领款手续办理。大宗款额领取应提前预约，符合摄制预算和备用金计划范围与进度的规定，并实行“谁领取税负责”（即责任到人）的原则，不得随意背书转让，拆借或私自挪用。领款时，应由摄制组制片主任或企业主管领导签批，经办人签章。

规范备用金使用和报销办法，按照每部拍摄影片建立独立的备用金账户，依据《现金管理暂行条例》《内部会计控制规范》等备用金管理的规定执行，严格遵守影片成本费用开支范围和标准的规定，所有支付款项的原始凭证，都必须由经办人注明用途并经制片主任签字，凡发放给个人的酬金，劳务，补贴和津贴等，均应由受领人签收或者委托除经办人以外的第二人代为签收。对违反规定开支用途和标准的，财会部门和“跟片核算”人员应予拒绝。摄制组完成影片拍摄后，领款人应及时与企业财会主管部门结清全部备用金，不得擅自滚存留给其他影片摄制组使用。

企业财会部门应当定期（至少每半年一次）对制片备用金进行全面核查，如有长、短款或者账实、账证不符等情况，应当及时责成有关人员查明原因，并酌情处理或追究责任。

（二）制片备用金的核算

制片备用金主要是通过“制片备用金”科目进行核算。制片备用金属于资产类科目，用于核算制片企业中各类影视片摄制组为拍摄、生产所需差旅费，劳务费、零星采购等开支所领用的备用金。“制片备用金”科目的期末借方余额，反映企业各影片摄制组已经领用而尚未报销，收回的制片备用金。编制资产负债表时，本科目的余额，应并入“存货”项目进行反映。“制片备用金”科目可按影视片的片名（摄制组），领用人姓名设置明细科目，或者采用“制片备用金领用”的办法，进行明细分类核算。经核准拨付给企业内各管理部门、材料和物资采购部门等定额周转用的备用金，以及非电影拍摄所需而短期临时借用的备用金，应通过“其他应收款——备用金”科目核算。

【例 13－1】 上海文化电影公司因《XX》影片因拍摄需要，经预约批准后由该片负责会计人员张某领取备用金共 35 万元，其中转账支票一张 30 万元，现金 5 万元。

领款时，按实际领取金额，作会计分录：

借：制片备用金——××影片（张某）	350 000	
贷：银行存款		300 000
库存现金		50 000

【例 13－2】 张某将拍摄实际支出单据报销，实际支出 320 000 元，交回余款 30 000 元

借：库存现金	30 000	
生产成本——××影片	320 000	

贷:制片备用金——××影片(张某)　　350 000

如果发生实际影片成本支出为36万元,经核准报销时,需以现金方式补足备用金1万元时,作会计分录:

借:生产成本——××影片　　360 000

贷:库存现金　　10 000

制片备用金——××影片(王×)　　350 000

对已经查明原因和处理后确实无法收回的制片备用金,属于摄制组管理和当事人的过失造成的,在减去过失人等赔款后,借记“生产成本”科目,贷记本科目;属于自然灾害等非人为过失造成的,借记“营业外支出——非常损失”科目,贷记本科目。

【例13—3】 假如上例中张某向企业财会部门报销制片备用金时,经审核批准,实际发生各项影片成本支出32万元,所剩备用金余款3万元中,退回现金1万元。另查实,由于×管理不善造成短款1万元,非人为造成的意外损失1万元。这时应按照实际影片成本支出和核查后各项短缺和损失的金额,作会计分录:

借:库存现金　　10 000

其他应收款——应收王×赔偿款　　10 000

生产成本——××影片　　320 000

营业外支出——非常损失　　10 000

贷:制片备用金——××影片(张某)　　350 000

三、电影制片企业收入的核算

电影制片、洗印收入确认计量参照财政部2004年12月颁布的《电影企业会计核算办法》,企业通过发行、放映影片,影片后产品开发与销售,以及转让除发行权、放映权、播映权、网络传播权,后产品开发权以外的其他著作权等方式形成的与电影主业有关的收入,均为发行放映企业的主营业务收入。

财政部2017年重新修订的企业会计准—收入中规定,对于收入的确认应为企业在履行了合同中的履约义务,即在客户取得相关商品控制权时确认收入。取得相关商品控制权,是指能够主导该商品的使用并从中获得几乎全部的经济利益,也包括有能力阻止其他方主导该商品的使用并从中获得经济利益。取得商品控制权包括以下三个要素:(1)客户必须拥有现时权利,能够主导该商品的使用并从中获得几乎全部经济利益。如果客户只能在未来的某一期间主导该商品的使用并从中获益,则表明其尚未取得该商品的控制权。(2)客户有能力主导该商品的使用。(3)客户能够获得几乎全部的经济利益。

结合会计准则中收入确认的原则以及电影制片企业实际情况,电影制片企业收入确认原则包括:

(一)收入确认时间

(1)电影片票房分账收入:在电影片完成摄制并经电影电视行政主管部门审查通过取得《电影片公映许可证》,电影片于院线、影院上映后按双方确认的实际票房统计及相应的分账方法所计算的金额确认;

(2)电影放映收入:在影片上映时按收取的售票款全额确认收入,应付给影片发行方的票房分账款确认为成本;

(3)票房收入:与影片发行公司签订影片发行放映分账合同,票务系统完成出票,确认票房收入的实现。

(4)电影版权收入:在影片取得《电影片公映许可证》、母带已经交付,且与交易相关的经济利益很可能流入本公司时确认;

(5)电视剧销售收入:在电视剧完成摄制并经电影电视行政主管部门审查通过取得《电视剧发行许可证》,电视剧拷贝、播映带和其他载体转移给购货方、相关经济利益很可能流入本公司时确认;

(6)电影、电视剧完成摄制前采取全部或部分卖断,或者承诺给予影片首(播)映权等方式,预售影片发行权、放(播)映权或其他权利所取得的款项,待电影、电视剧完成摄制并按合同约定提供给预付款人使用时,确认销售收入实现。

(二)收入核算的相关原则与方法

(1)影片成本的结转,可以采用计划收入比例法,也可以采用零毛利法和固定比例法。电影企业制作的电影、电视剧业务的成本结转通常采用"计划收入比例法"核算,即从首次确认销售收入之日起,在各收入确认的期间内,以本年确认收入占预计总收入的比例为权数,计算确定本年应结转的销售成本。即当期应结转的销售成本=总成本×(当期收入÷预计总收入)。采用零毛利法时,如果取得的收入大于剩余成本,应将剩余成本一次结转完毕,如果预计在成本结转期内不能完全转销该影片的库存成本,则应在到期前的最后一次结转时将剩余成本全部结转计入销售成本。

采用计划收入比例法、固定比例法时,企业应按谨慎性原则进行会计估计,合理确定预计收入总额、成本结转比例,按期结转销售成本。

(2)与提供影片的制作方,发行权方及其他权利方进行影片片款的结算方式主要有四种:分账结算(指企业按合同、协议约定的比例、将影片发行、放映业务中取得的收入和发生的费用进行分配,与供片方共同分享和分担的结算方式);片租结算、买断结算、代理结算等。

(3)企业以分账、片租及代理结算方式取得的片款或发生的支出,按合同、协议约定需与供片方进行分配或分担的,应先在"待结算业务收入"和"待结算业务支出"科目中归集,然后再按合同、协议的约定,在本企业与供片方之间进行结算。发行企业应当依据放映企业提供的营业报表和每部影片结算单,或者依据接受供片的发行企业提供的影片发行收入结算表,办理有关影片收入的结算。

(三)电影制作企业收入会计核算

1.电影制作收入核算

电影制作企业制作电影产品按照出资方式可以分为全额投资、联合摄制、委托摄制等多种方式,出资方式的不同导致其核算收入与成本结转存在差异。

第一种:电影企业独立全额出资的影片收入的核算。

电影制片企业全额出资自制或采用委托摄制方式所取得的影片销售收入,符合收入确认条件的,应按照实际取得或应收的金额,直接计入"主营业务收入"科目。

【例 13-4】 上海文化电影公司为一家文化传媒领域的上市公司,其主要业务包括电影、电视剧的制作、发行,广告栏目与动画的制作等,2017 年 7 月完成自制的《X》影片经审查通过后准予发行,该片通过 A、B 两家电影影院(发行)公司采取分账结算取得影片节目的发行(使用权费)收入为 500 万元,其中:从 A 院线公司分得发行收入 350 万元,款项已经收到;B 院线公司分得发行收入 150 万元,款项未到。

由于影片为甲企业自制拍摄的,所以他取得的发行收入无须和他人分享,所以在收到 A、B 院线保留的收入分配报表时,应及时按照合同约定的比例和办法进行核算,并按照企业确认的应得收入金额直接记入主营业务收入,做会计分录:

借:银行存款	3 500 000	
应收账款——B 院线公司	1 500 000	
贷:主营业务收入——电影收入		4 716 981.13
应交税费——应交增值税(销项税额)		283 018.868

第二种:联合摄制业务的核算。

联合摄制,指企业与其他投资方共同出资(含现金、劳务、实物或以广告时段作价等),并按各自出资比例或按合同约定分享利益及分担风险的摄制业务。企业负责摄制成本核算的,在收到合作方按合同约定预付的制片款项,应先通过"预收制片款"科目进行核算;当影片完成摄制结转入库时,再将该款项转作影片库存成本的备抵,并在结转销售成本时予以冲抵。其他合作方负责摄制成本核算的,企业按合同约定支付合作方的拍片款,参照委托摄制业务处理。

企业不应将合同或协议中已经明确应当分配和属于其他影片成本出资方的代收款项,确认为本企业的收入,并将应支付给出资方的非款项作为一项对应的销售成本。

【例 13-5】 上海文化电影公司企业与甲、乙企业联合摄制《××××影片》,该片实际总成本为 800 万元。其中由甲企业出资 160 万元,占总成本的 20%;乙企业出资 240 万元,占总成本的 30%;其余 50%由上海文化电影公司出资。合同约定该片收入各方按出资比例分配。该片正式发行的首月实际取得的发行收入为500万元,其中:从B电影院线公司分得300万元,款项已到账;从C院线公司分得200万元,款项未到。

(1)收到甲、乙企业联合摄制款时:

借:银行存款　　4 000 000

　贷:预收制片款　　4 000 000

(2)企业在收到B、C两电影院线公司报来当月或当期发行收入结算表,并按合同规定比例和办法核对认可时,作会计分录:

借:银行存款　　3 000 000

　应收账款——C院线公司　　2 000 000

　贷:待结算业务收入——××××影片　　5 000 000

月终,按合同规定计算各合作方应得收入:

上海文化电影公司应得收入=500×50%=250(万元)

甲企业应得收入=500×20%=100(万元)

乙企业应得收入=500×30%=150(万元)

作会计分录:

借:待结算业务收入——××××影片　　5 000 000

　贷:主营业务收入——电影收入　　2 358 490.57

　　应交税费——应交增值税(销项税额)　　141 509.43

　　应付账款——甲企业　　1 000 000

　　应付账款——乙企业　　1 500 000

如果将上例中的销售方式改为卖断销售,假定影片卖断收入600万元,则会计处理方法也应先通过“待结算业务收入”科目归集后,再进行分配。

企业收到该片发行收入后,

借:银行存款　　6 000 000

　贷:待结算业务收入——××××影片　　6000000

月终,按合同规定计算各合作方应得该片收入:A企业应得收入=600万元×50%=300万元;甲企业应得收入=600万元×20%=120万元;乙企业应得收入=600万元×30%=180万元

借:待结算业务收入——××××影片　　6 000 000

　贷:主营业务收入——电影收入　　2 830 188.68

　　应交税费——应交增值税(销项税额)　　169 811.32

　　应付账款——甲企业　　1 200 000

　　应付账款——乙企业　　1 800 000

(3)结转该影片成本时:

借:主营业务成本　　8 000 000
　贷:库存商品　　8 000 000
借:库存商品——成本备抵　　3 000 000
　贷:预收制片款　　3 000 000

【例 13—6】 上海文化电影公司 2017 年 5 月与甲公司合拍影片《X 影片》,制作成本共计 1000 万元(简化起见,忽略宣发费用),上海文化电影公司出资 70%(执行制片方),甲公司出资 30%,5 月 30 日收到甲公司预付的拍片出资款 300 万,2017 年 11 月影片上映后从电影发行公司获得了 2000 万发行收入回款,所有款项均以银行存款支付。

(1)2017 年 5 月 30 日
借:银行存款　　3 000 000
　贷:预收制片款——甲公司　　3 000 000
(2)2017 年 11 月电影上映确认取得收入
借:银行存款　　20 000 000
　贷:主营业务收入　　13 207 547.2
　　应交税费——应交增值税(销项税额)　　792 452.8
　　应付账款——甲公司　　6 000 000
(3)2017 年 11 月结转该电影成本
(1)电影上映结转该影片成本
借:主营业务成本——×影片　　1 000 000
　贷:库存商品　　1 000 000
借:库存商品——成本备抵　　3 000 000
　贷:预收制片款　　3 000 000

第三种:受托摄制——接受其他单位的出资,代为制作影片。

受托摄制是企业接受其他单位全额出资所进行的影片生产业务,受托方仅仅负责承制的责任,并不拥有影片收益权,因此相应的收入和成本应由委托方承担。

【例 13—7】 上海文化电影公司受甲公司委托拍摄专题片,双方协议规定,按每集 20 万元制作费结算,共 10 集,采用差额收费办法,2017 年 3 月收到甲公司委托拍摄款 100 万元,该专题片制作成本为 130 万,2017 年 9 月,上海文化电影公司完成专题片制作交付成片并开具制作费增值税发票。

(1)收到委托拍摄款时
借:银行存款　　1 000 000
　贷:预收制片款　　1 000 000
(2)交付成片时
借:预收制片款　　2 000 000

贷:生产成本 1 300 000

主营业务收入 660 377.36

应交税费——应交增值税(销项税) 39 622.64

第四种:委托摄制——委托其他影片制作单位代为摄制影片(与受托摄制相对应)。

企业全额出资并委托其他制片单位代为制作影片,因此企业负有委托拍片合同所规定影片全部制作成本、费用的出资责任,并拥有该委托摄制影片的全部财产和收益权。

【例 13-8】 某影视公司委托××制片企业拍摄某广告专题片,按合同约定,由影视公司一次性预付摄制费 30 万元。该影视公司在支付款项时,作会计分录:

借:预付制片款——××制片方 300 000

贷:银行存款 300 000

当企业收到受托承制单位摄制完成的影片拷贝和提供的有关成本、费用结算凭证时,经确认后应及时结转入库,作会计分录:

借:库存商品——××专题片 300 000

贷:预付制片款——××专题片 300 000

第五种:协作摄制。

协作摄制指由其他制片单位全额出资,企业仅以提供设备、器材、场地、劳务等方式给予协助的摄制业务。企业在协作过程中发生的各项成本、费用应先通过"生产成本"科目进行归集和核算,待协作摄制工作完成时再与被协作方办理有关结算和结账。

【例 13-9】 上海文化电影公司为甲制片企业协作摄制《××》影片,按双方合同约定,协拍费用总额 200 万元,由甲企业预付。协拍期间企业实际发生各项成本、费用共计 150 万元,其中,协拍人员工资 30 万元,制作场景、道具等用材料费 50 万元,以银行存款方式支付的其他费用 70 万元。

(1)上海文化电影公司收到按合同约定的预付款 200 万元时,作会计分录:

借:银行存款 2 000 000

贷:预收制片款——甲企业 2 000 000

(2)企业在协作摄制中世界发生各项成本,费用时,作会计分录:

借:生产成本——××协拍片 1 500 000

贷:银行存款 700 000

应付职工薪酬 300 000

原材料 500 000

(3)影片协作摄制完成后,企业应及时结算有关协作摄制款项时,作会计分录:

借:预收制片款——甲企业 2 000 000

贷:主营业务收入——电影收入　　1 886 792.45

　应交税费——应交增值税(销项税额)　　113 207.55

同时:

借:主营业务成本——电影片成本　　1 500 000

　贷:生产成本——××协拍片　　1 500 000

2.影片预售业务的核算

影片预售业务是电影企业为了筹集影片拍摄资金,在影片开拍前或拍摄期间将影片节目的部分发行权、放映等使用权事先有偿转让给其他单位,以获得影片拍摄所需部分资金。预售业务具有以下特征:

(1)付款人的目的是以买断方式取得合同规定时期和范围内的影片使用权;

(2)付款人不享有或不承担该影片在合同规定时期和范围外的经济收益或经济损失;

(3)付款人的预付款项与影片摄制成本无直接关联,制片方无须向付款人提供影片拍摄成本的结算凭据或报表。

企业在收到影片预售款项时,先作负债,计入"预收账款"科目,待影片完成摄制并按合同约定提供给预付款人使用时,再将预售影片片款转作销售收入。

3.电影企业制作电视剧收入核算

【例 13－10】 上海文化电影公司将计划开拍的《××》电视连续剧的首播权,有偿转让给××电视台,双方协议约定该电视台应付预售款 200 万元,其中协议生效时先预付 150 万元,播出带交付时支付 50 万元。半年后,该片制作完成发生实际拍摄成本 450 万元,经审查通过取得《许可证》后提供给省电视台进行播映。

(1)在协议生效并收到电视台的收付款时:

借:银行存款　　1 500 000

　贷:预收账款——××电视台　　1 500 000

(2)半年后,上海文化电影公司完成该片拍摄并取得《许可证》,按实际发生的成本、费用结转入库时作会计分录:

借:库存商品——××电视剧　　4 500 000

　贷:生产成本　　4 500 000

(3)上海文化电影公司按协议约定将电视连续剧播出带交付给××电视台,并收到 50 万元款项时,再将预收款项一并转入主营业务收入,作会计分录:

借:预收账款——××电视台　　1 500 000

　银行存款　　500 000

　贷:主营业务收入——电视片收入　　1 886 792.45

　　应交税费——应交增值税(销项税额)　　113 207.55

【例 13－11】 上海文化电影公司与电视台签订合同,将电视剧销售给某电视台进行首播，合同约定首播总额为8 000万元，但如果电视台不播的话只支付总价款的 30%。同时影视公司与其他 3 个电视台签订二轮播放合同共计3 000万元，二轮播出没有其他附加条件，截至 2017 年 12 月 31 日首轮和二轮均已签订合同并将母带交付给对方：

如果采用买断式销售，则一般在将母带交付对方，可以正常播出时，可以认为本企业在合同项下的主要义务已经履行完毕，可以确认全部收入。

本例中对于首轮播出，如果是否播出的主动权在电视台手中，或者有其他企业难以控制的因素影响，截至 2017 年末并未首播，则只能将确定可收到的 30%即2 400万元确认为首轮收入，后续 70%在收款权利确立（即首轮播出时）确认；二轮播出没有其他附加条件且签订合同并将母带交付给对方，所以可以确认收入。

收到2 400万元价款时，

借：银行存款	24 000 000	
贷：主营业务收入		22 641 509.44
应交税费——应交增值税（销项税额）		1 358 490.56

二轮播出收到款项 3 000 万元时，

借：银行存款	30 000 000	
贷：主营业务收入		28 301 886.8
应交税费——应交增值税（销项税额）		1 698 113.2

4.电影企业影片植入广告业务核算

【例 13—12】 上海文化电影公司电影播放过程中给甲公司植入 3 分钟广告，广告服务期限为 3 个月；收入600 000元存入银行，广告已播出，做出会计分录。

借：银行存款	600 000	
贷：主营业务收入		566 037.74
应交税费——应交增值税（销项税额）		33 962.26

5.转让放映许可权的票房收入

在我国，影视公司的营业收入主要来源于电影、栏目制作与广告、电视剧等业务，其中电影业务主要来自转让放映许可权（转让所有权或使用权）的票房收入。目前我国对于影视公司转让放映许可权的票房收入主要依据《电影企业会计核算方法》确定。2017 年 7 月，财政部发布《企业会计准则第 14 号——收入》对企业向客户授予知识产权许可的处理做了全新且细致的规定，将对影视公司电影票房收入核算产生重大影响。

【例 13—13】 2018 年 3 月上海文化电影公司与甲影院签订电影放映合同，授予甲影院 A、B 两部电影的放映许可权各 5 周，同时规定首次放映日必须在 4 月 10 日之前、两部电影放映许可权使用截止日期均为 5 月 15 日，甲影院支付电影票房收入的 40% 给上海文化电影公司，作为影片公映许可证的使用费。

表 13—1 **甲影院 A、B 影片播放时间及票房收入** 单位:元

A 影片		B 影片	
播放时间	票房收入	播放时间	票房收入
4 月 5 日～4 月 11 日	150 000	3 月 29 日～4 月 4 日	300 000
4 月 12 日～4 月 18 日	100 000	4 月 5 日～4 月 11 日	200 000
4 月 19 日～4 月 25 日	100 000	4 月 12 日～4 月 18 日	200 000
4 月 26 日～5 月 2 日	70 000	4 月 19 日～4 月 25 日	150 000
5 月 3 日～5 月 9 日	50 000	4 月 26 日～5 月 2 日	150 000
合计	470 000	合计	1 000 000

另外,合同还约定甲影院在合同生效日向上海文化电影公司支付保证金 3 万元(A、B 影片分别为 1.5 万元)。如果甲影院在 5 月 15 日前未公映两部影片,保证金不予返还,上海文化电影公司也不得在 5 月 15 日前再授予其他影院 A、B 影片的放映许可权;如果甲影院按约定在 5 月 15 日之前放映 A、B 两部影片,则保证金可用于抵偿未来应支付的电影公映许可权使用费。

甲影院在合同签订后放映了 B 影片,4 月 5 日正式放映 A 影片,两部影片在各放映期的票房收入如表 13—1 所示。合同签订时保证金的处理。《企业会计准则第 14 号——收入》规定,"企业拥有的、无条件向客户收取对价的权利应当作为应收款项单独列示。"本例中上海文化电影公司在合同签订生效日收到甲影院保证金 30 000 元,

借:银行存款　　30 000
　贷:其他应付款——影院保证金　　30 000

按照合同履行进度确认收入。以 B 影片为例,做出以下账务处理:

4 月 4 日,

借:银行存款　　120 000
　贷:主营业务收入——B 影片　　113 207.55
　　应交税费——应交增值税(销项税额)　　6 792.45

4 月 11 日时,

借:银行存款　　80 000
　贷:主营业务收入——B 影片　　75 471.7
　　应交税费——应交增值税(销项税额)　　4528.3

4 月 18 日时,

借:银行存款　　80 000
　贷:主营业务收入——B 影片　　75 471.7

应交税费——应交增值税(销项税额) 4 528.3

4 月 25 日时，

借:银行存款 60 000

贷:主营业务收入——B 影片 56 603.77

应交税费——应交增值税(销项税额) 3 396.23

5 月 2 日收到最后一次款项时,B 影片所对应的15 000元保证金应在确认收入时予以抵减，

借:其他应付款——影院保证金 15 000

银行存款 45 000

贷:主营业务收入——B 影片 56 603.77

应交税费——应交增值税(销项税额) 3 396.23

A 影片各期收入确认,比照上述分录处理。

6. 因合同变更导致合同价款增加时的收入确认与计量

实务中合同签订后,可能会因各种原因发生变更。本例中,HL 影院因为 B 影片票房较好,于 4 月 24 日与上海文化电影公司续签该部影片的放映许可合同,约定将 B 影片的放映期限延长 2 周。HL 公司收取此期间电影票房收入(5 月 3 日～5 月 9 日为 140 000 元、5 月 10 日～5 月 16 日为 120 000 元)的 35%作为影片许可证的使用费。账务处理如下：

4 月 25 日之前会计分录同上。

5 月 2 日，

借:银行存款 60 000

贷:主营业务收入——B 影片 56 603.77

应交税费——应交增值税(销项税额) 3 396.23

5 月 9 日，

借:银行存款 49000

贷:主营业务收入——B 影片 46 226.42

应交税费——应交增值税(销项税额) 2 773.58

5 月 16 日，

借:其他应付款——影院保证金 15 000

银行存款 27 000

贷:主营业务收入——B 影片 39 622.64

应交税费——应交增值税(销项税额) 2 377.36

7.拷贝洗印收入

核算企业在提供电影底片、正片、声片、发行拷贝印制、加工等经营和劳务活动中取得的收入。

【例 13－14】 上海文化电影公司 2018 年 6 月对外提供电影底片、正片、声片、发行拷贝印制、加工等经营和劳务活动中取得的收入为200 000万元。款项已存入银行，做出会计分录。

借：银行存款	200 000	
贷：主营业务收入——拷贝洗印收入		188 679.25
应交税费——应交增值税（销项税额）		11 320.75

8.影视基地服务收入

核算企业附属影视基地在提供器材、场地租赁或人员劳务服务等活动中取得的收入。

【例 13－15】 上海文化电影公司附属基地 2019 年 6 月对外提供场地出租，获得租金收入109 000元，款项已经收到，做出会计分录。

借：银行存款	109 000	
贷：主营业务收入——租金收入		100 000
应交税费——应交增值税（销项税额）		9 000

9.销售音像制品收入

【例 13－16】 上海文化电影公司 2018 年 6 月份销售音像制品收入为218 000元，款项已收到，音像制品成本为100 000元，做出会计分录。

借：银行存款	218 000	
贷：主营业务收入		200 000
应交税费——应交增值税（销项税额）		18 000
借：主营业务成本	100 000	
贷：库存商品		100 000

10.其他主营业务收入

除了上述项目以外，电影制片企业在主营业务收入账户下可能还会设“其他媒体业务收入”核算企业在电影频道和互联网络业务中，提供广告制作、插播，影片的收费点播和下载，以及接受其他网站链接等相关销售、服务活动中取得的收入。“影片后产品收入”核算企业销售除音像制品外，与影片相关的电影形象产品等取得的收入。

【例 13－17】 上海文化电影公司 2017 年 9 月收到奇酷视频网站所拍影片收费点播下载收入20 000元，银行存款收讫。

借：银行存款	20 000	
贷：主营业务收入——其他媒体业务收入		18 867.92
应交税费——应交增值税（销项税）		1 132.08

电影制片企业除上述主营业务活动之外，目前许多制片企业也同时开展艺人经纪及相关服务业务，其收入主要包括艺人代理服务收入及企业客户艺人服务收

入两类。艺人经纪服务收入为劳务收入，按照收入修订新准则，需按照劳务收入确认的原则执行，如劳务的开始和完成分属不同的会计期间，且企业在资产负债表日提供劳务交易的结果能够可靠估计的，应采用完工百分比法确认提供劳务收入。同时满足下列条件的，提供劳务交易的结果能够可靠估计：(1)收入的金额能够可靠地计量；(2)相关的经济利益很可能流入企业；(3)交易的完工进度能够可靠地确定。按照此确认原则，艺人经纪及相关服务收入的确认原则：①艺人代理服务收入：在电影制片公司旗下艺人从事公司与艺人签订的经纪合约中约定的演艺等活动取得收入时，公司根据与艺人签订的经纪合约中约定的方式确认收入；②企业客户艺人服务收入：在服务已提供，收入的金额能够可靠计量及相关的、已发生的或将发生的成本能够可靠计量且相关的经济利益很可能流入企业时确认。艺人经纪及相关服务业务收入也是电影制片公司的与经营活动有关的收入，取得的收入可计入“其他业务收入”账户核算，相应的成本结转至“其他业务成本”账户。

四、电影制片企业影片摄制成本的核算

电影制片生产企业的基本生产活动是创作生产影片节目和印制电影发行放映的影片拷贝(载体)。电影产品是内容产品，其价值同样包含着物化劳动和活劳动价值，在社会效益优先的原则下，追求利润最大化是电影企业的必然选择，控制影片成本，提高成本控制管理水平将是提高利润水平的必由之路。电影企业的成本核算是成本控制管理的基础，通过影片成本核算，一方面，可以审核影片各项生产费用和经营管理费用的支持，分析和考核电影成本预算的执行情况，促进电影企业降低成本和费用，另一方面为计算电影企业利润、进行影片成本和利润预测提供数据，有助于电影企业制作水平和经营管理水平的提高。

(一)影片生产成本核算的基本要求

电影产品制作周期较长、影片前制、拍摄和后制中的复杂性、分散性的特点，决定了电影产业的发展需要其他相关产业配合与支持。电影本身是汇聚了音乐、戏剧、舞蹈、文学等其他艺术形式的特性，在载体呈现上，它又具备复杂的技术形态，可以与现有的数字技术产业相对接。此外，近年来电影衍生产品的开发与拓展，也使电影产业可以与其他产业有很好的对接。

影片成本核算和控制具有十分重要的作用和意义。

1.强化成本预算约束，实现成本定额管理，建立完善成本控制系统

电影影片的摄制程序一般经历了酝酿、筹备、生产三个时期，其中生产时期又划分为拍摄前准备阶段、拍摄阶段、混录双片制作、完成制作及总结结束工作等四个阶段。影片摄制生产过程是电影生产企业所有经济活动的中心，企业的影视剧本创作、物资采购和供应、影片宣传和销售，以及技术、设备的投入和应用等其他过程，都应当围绕这一中心展开，并都将直接或间接影响到影片成本的效益状况。所

以，在此过程中，电影企业应事先进行影片的成本预算，制定并实施各环节、各阶段成本费用定额，建立全面成本控制体系，建立健全包括组织制度、信息制度、考核和奖惩制度等内容的企业成本管理责任和控制制度。要按照企业组织机构设置和职级层次，将总体成本指标分解到位、落实到人，形成集权与分权相结合的成本控制信息体系。并且在此基础上建立一套符合实际、切实可行的科学考核和奖惩办法，以激励和调动人们实现成本控制目标的积极性和主动性。电影制片企业影片摄制包括以下各阶段：

（1）筹备时期

影视剧本定稿并经审查通过决定投拍后，企业影视创作生产主管部门确定导演，与剧本作者交换和统一创作意图，确定和完善影视文学剧本，其中包括对电影制作过程中的涉及制片主任、摄影、美术、副导演等选定，并对影片的全片日程、有效长度、总成本费用、胶片种类、外景地范围等主要指标进行测算和提出预案。企业结合影片的拍摄规模、要求与特点，参照各项消耗定额核定全片的限额指标，并发布第一号生产通知，宣布人员名单、成立筹备小组，进入影片筹备时期。这一时期虽还未正式进入摄制周期，而已经发生并结转所选用的影视剧等费用。自企业发布第一号生产通知开始到分镜头剧本审查通过为止的时期，本期为正式摄制周期的开始期。主要任务是：①进一步研究剧本统一创作意图；②搜集资料、体验生活；③初选全片外景；④完成导演阐述；⑤绘制布景气氛和平面草图；⑥完成分镜头剧本，选择演员，提出候选名单；⑦确定参与拍摄荫准备的人员（如特技设计、摄影和制作等到组工作时间）等。最后，由企业发出第二号生产通告公布摄制组名单，正式投入影片生产周期。这一时期内将发生支付分镜头剧本印刷费、资料收集、体验生活和采选外景等费用。

（2）拍摄时期

主要是影片摄制组全体人员研讨分镜头剧本和导演阐述，统一创作意图完成各项创作设计，选定全部演员并组织有关人员体验生活，重场戏的排练和外景复查；确定人物造型和拍摄必要的试镜头片；完成服装、道具、布景等设计和制作，在技术物资等各方面为拍摄的顺利进行做好准备。这一阶段的成本管理和核算，主要是编制影片生产的全部工作计划和费用预算并支付演员体验生活的费用，以及服装道具布景等设计和制作费用并且按照摄制计划与进度编制制片备用金计划，支付发生的差旅费等各项有关费用。拍摄期限由拍摄日、掌握日、推备日、运转日，学习日、节假日、最后样片精修剪接和配对日的日数，以及外景阴雨估计等必要的机动日所组成。每个拍摄日的平均日产量定额（按分镜头剧本计算的有效长度）为50～90米。本阶段主要完成全部内景、外景、场地景、特技镜头、片头字幕和预告片的拍摄，桉计划拍摄工作照和剧照；搜集音响资料和画面镜头资料；全部样片精修剪辑和对白配、录；对白双片送审后，完成一般性的个性补拍和作曲工作。本阶段是摄制组影片摄制工作的主要阶段，也是物资消耗和费用支出最多、最集中的阶段。因此，在此阶段中，应当加强对拍摄阶段所需资金的筹措、调度、安排和控制，按影片摄制计划和进度考核和监督有关成本、费用的开支。通常企业财会部门应委派专业会计人员随同摄制组进行所谓“跟片”核算，并实施相应的管理和控制。

(3)后期制作期

主要工作是完成全片音乐、音响效果和混合录音，企业领导审查混录双片后送上级主管审查(不计入生产时间)，以及经审查通过后由企业发布第三号生产通告进入完成片制作阶段。本阶段主要发生支付配录音、双片和拷贝送审等有关费用，并整理、核实会计凭证与记录，为全片结束编制财务决算做好各项准备工作。

完成片制作及总结结束工作阶段，本阶段主要完成洗印原底校正拷贝、标准拷贝并送电影局审查，提交由技术部门签发的拷贝技术鉴定书；完成预告片的制作；导演和制作主任分别做出艺术总结和生产总结；剪辑、录音部门整理镜头、音响资料，列单保存；整理影片摄制程序中的各种资料，列单入档保存。最后，企业公布影片审查评定的意见和影片摄制计划及摄制预算的执行情况，宣布摄制组工作结束。此时，应当及时清理全部财务账目，完成影片摄制成本结算，编制和提供影片摄制成本资料，并分析和评价成本预算的执行情况。同时，配合和监督有关部门进行戏用服装，道具和其他物资、物品的清点、入库、处理等工作。

以上介绍的是故事片摄制程序的大致流程及相关成本管理和核算事项，其他戏曲片、科教片、纪录片、美术片、译制片等，在拍片时期及阶段的划分和要求上与故事片大体接近或相同。由于各片种的特点不同，在成本的具体项目上会有所差别。

电影洗印企业和制片企业所属影片洗印部门车间，是电影创作生产中原底、样片、影片字幕和校正拷贝洗印、加工，以及最终完成影片发行拷贝大量印制的部门。其主要工作分为前后期工作和印制发行拷贝两部分：前后期工作，即前期阶段和后期阶段。主要有储备胶片、药料，底，样片等洗印加工成本，以及成本分摊结转等工作。印制发行拷贝，其中从工作拷贝业和看片开始后，经历对素材料片的鉴定，配光制作中间片和光学声底的转录，画底与声底的合成，到配光制作校正、标准拷贝，并经审查通过存档后，再进入按订单洗印发行拷贝，直到对完成拷贝的整理鉴定包装(16mm 拷贝需裁切后包装)、发售等一系列生产程序。这时主要发生的是印、缩制发生拷贝翻底和印制大量发行拷贝等成本、费用。但随着数字技术的广泛使用，早已转变为制作一个包含数字视频文件的硬盘。视频文件用数字电影包(DCP)格式加密，需要第二个权限文件才能播放。因此 DCP 可被锁定到某一天，甚至只能在特定放映机上才能解锁。由此，为了送交院线顺利放映，发行商一般需要付出以下成本：(1)原始 DCP 文件的编码费用；(2)杜比音频技术等专有格式的许可证费用；(3)购买或租用硬盘，并将 DCP 文件传输到每个硬盘费用；(4)支付硬盘送到影院的运费；(5)支付虚拟拷贝费(VPF)。电影洗印企业成本核算遵照《企业会计制度》和《办法》所规定的内容执行，本教材仅在此部分做内容介绍，具体核算业务不再赘述。

表 13－2　　影片制片成本表

筹备期成本	主要围绕剧本来进行，包括购买剧本版权、创作和修改剧本、取得拍摄许可证等
拍摄期成本	包括演职人员薪金，设备使用费，产地租用费、置景、道具、服化妆，缴纳税金，保险费用，交通食宿等其他费用等
后期制作成本	机房租用费、特效制作费、音乐、动画、字幕、劳务及审查费等

2.正确划分各种费用支出的界限

为正确进行影片生产成本的核算，首先必须分清企业所发生的各种费用支出的区别和界限。主要应当分清以下七个界限：

(1)正确划分收益性支出与资本性支出的界限

影片成本核算首先需正确划分清楚"生产经营管理性费用"和"资本性支出"，资本性支出是指受益期超过一年或一个营业周期的支出，即发生该项支出不仅是为了取得本期收益，而且也是为了取得以后各期收益；收益性支出指受益期不超过一年或一个营业周期的支出，即发生该项支出是仅仅为了取得本期收益；资本性支出指该项支出不仅仅为了取得本期收益。区分收益性支出和资本性支出，是为了正确计算各年损益和正确反映资产的价值。

(2)正确划分影片生产成本与期间费用的界限

影片生产成本是用于影片创作生产，即与一定质和量的影片节目(产品)相联系的对象化了的生产费用，其中又分为直接费用和间接费用。直接费用，是直接用于某一影片内容和载体形成或构成的成本，而不论发生在哪个时期。间接费用是为影片生产提供活劳、物化劳动等需要由各影片(产品)共同分担的生产费用，它与一定的时期相联系。期间费用则是指企业当期发生需由当期收入予以补偿的各种费用，包括管理费用、营业费用和财务费用等。

(3)正确划分各影片剧目之间的成本界限

制片生产企业通常在同一时期会同时有多部影片节目的制作和洗印，所以在进行影片生产成本的核算中，应当按照成本核算对象的名称和成本项目进行归集与核算。如在影片生产拍摄阶段所发生的预告片制作费用，以及制作出国影片素材费用，应与影片节目本身的生产成本区分开来。作为影片销售成本单独核算。

(4)正确划分影片制作成本与影片发行拷贝、素材成本的界限

影片制作成本，是在摄制程序过程中，为影片节目的生成所发生的各项创作生产成本。影片发行拷贝、素材成本，是影片节目完成并经审查通过取得《许可证》后，为影片的发行、放映洗印、制作拷贝(载体)所发生的各项生产成本。前者是影

片作品著作权的价值表现，后者是影片节目载体实物的价值表现，两者应当区分开来。

(5)正确划分本企业成本与非本企业成本的界限

影片创作生产所需资金来源渠道不同，除企业自筹资金外，还有其他单位参与合作拍片和影片成本资助(赞助)等资金来源。对于各种非本企业资金所形成的影片成本部分，应及时结算并在影片总成本中予以备抵，不应计入本企业的存货资产或销售成本。

(二)影片摄制成本的核算对象和成本项目

企业发生的各项生产费用，应按成本核算对象的名称和成本项目进行归集与核算。电影制片、洗印企业，应当依据自身生产经营的特点和成本管理的要求，确定企业电影成本的核算对象，并据以汇集生产费用、计算影片节目创作生产或发行拷贝等生产成本。

成本核算对象，是影片成本计算过程中为归集和分配生产费用所确定的具体对象，即应当承担生产费用的客体。成本核算对象的确定，是设置影片生产成本明细科目，归集和分配生产费用，正确计算影片成本的前提。一般来说，制片企业各片种影片成本(包括总成本和单位成本)的核算，均应以影视片剧目的片名为成本核算对象。洗印企业生产印制发行拷贝属于单品种的批量生产，应当按影片节目分批、分规格核算总成本，然后再计算每个拷贝的单位成本。对于单一的校正拷贝、标准拷贝、翻正、翻底、国际声带等素材，可以按产品的品名和规格作为成本核算对象。

《电影企业会计核算办法》从财务会计的要求出发，在制片，洗印企业“生产成本”科目的使用说明中，采用了按生产费用的用途进行成本项目分类的方法。在故事创作生产方面，统一规定了 30 个生产成本项目，并对每个成本项目的具体核算内容做了相应说明。

(1)“剧本费及酬金”——用于归集摄制组所用文学剧本的成本，以及分镜头剧本等所发生的有关费用和酬金。分镜头剧本酬金和分镜头剧本印刷费等，一般为进入影片拍摄准备阶段后，由导演和主创人员编写修改等再创作时发生的费用。本项目中还包括影片故事梗概、说明书，以及译制片剧本翻译稿等编写、印刷费用。

(2)“基本人员工资及劳务”——用于归集摄制组支付给导演、翻译、摄影、制片、剧(场)务、录音、照明、置景、道具、服装、美术、化妆、烟火、剪接、会计(核算)等人员的工资、劳务费和酬金。

(3)“演员劳务及酬金”——用于归集摄制组支付给主、配角演员，以及其他临时、群众、特技、替身、武打、舞蹈、配音等演员的工资、劳务费和酬金。

(4)“临时协助人员费”——用于归集摄制组临时聘用的辅助工，以及向社会管理部门、场景提供单位临时外请协助人员所支付的各种津贴、报酬等。

(5)“食宿费”——用于归集摄制组在拍片期间，为演职人员提供的伙食，或者按规定办法和标准发放伙食费补贴、津贴和防暑防寒所需饮料，以及住宿等费用。

(6)“差旅费”——用于归集摄制组在拍片期间，演职人员因采景、体验生活、拍摄、送审等发生的各种交通、住宿、补贴等费用。

(7)“胶片”——用于归集摄制组拍片耗用的彩色与黑白底片、正片、声片等各类胶片费用。

(8)“磁片及磁带”——用于归集摄制组拍片及制作中耗用的各类磁片、磁带等费用。

(9)“化妆费”——用于归集摄制组直接购买或领用所消耗的化妆用材料、用品、工器具，以及造型作业等发生的费用。

(10)“服装费”——用于归集摄制组为拍片所需服装进行设计、加工、购置、租赁、损耗等发生的费用。

(11)“道具费”——用于归集摄制组为拍片所需，进行道具设计、制作、加工、维修、购置、租赁、损耗等所发生的费用。

(12)“布景费”——用于归集摄制组为拍片所需，进行布景和场景设计、搭置、加工、维修等所发生的各种费用。

(13)“烟火枪械费”——用于归集摄制组为拍片所需耗用的烟火材料与弹药以及租赁、维修、赔偿枪械等所发生的费用。

(14)“车辆运输费”——用于归集摄制组在拍片期间，因运输而发生的各种费用。

(15)“场租费”——用于归集摄制组为拍片所需，租(借)用各种场所、场地所发生的各种费用。

(16)“摄影费”——用于归集摄制组使用各类摄影专用的器材及消耗物品等所发生的各种费用。

(17)“录音费”——用于归集摄制组在摄制期间使用的录音场地和录音用器材、设备、音频工作站、材料消耗物品等所发生的费用。

(18)“剪接费”——用于归集摄制组使用各类剪接器材、设备、材料、视频工作站、胶转磁设备和消耗物品等所发生的费用。

(19)“照明费”——用于归集摄制组在拍摄现场使用各类照明器材、设备、发电车、材料和消耗物品等所发生的费用。

(20)“常规特技费”——用于归集摄制组拍摄常规特技(非电脑数码制作)镜头而使用的有关摄影器材、设备、材料(不包括胶片、磁片和特技烟火材料)、场棚和消耗物品等所发生的费用。

(21)“数码特技费”——用于归集摄制组委托电脑数码制作单位加工影片数码特技镜头所支付的各种费用。

(22)“音乐费”——用于归集摄制组为影片作词作曲、配制音乐、聘请乐队、指挥、独奏演员、歌唱演员，以及取得音乐作品使用权等所发生的费用。

(23)“放映费”——用于归集摄制组因观摩学习和后期制作审查样片、双片、完成片放映所支付的放映费用。

(24)“剧照费”——用于归集摄制组为拍片选景和制作剧照所耗用的照相器材、设备、胶卷，以及冲印、放扩照片所发生的费用。

(25)“字幕费”——用于归集摄制组为所拍摄的影片加工、制作片头和片中字幕所发生的费用。

(26)“洗印费”——用于归集摄制组为洗印彩色和黑白的底片、正片、声片、中间片等发生的各种洗印加工费用。

(27)“军事费”——用于归集摄制组经申报批准，由军队、武警部队提供人员、武器、弹药、军车(舰、机)、军械、场地和器材设备等协助拍摄，按剧用军事预算所支付的费用。

(28)“剧杂费”——用于归集摄制组在拍片期间，所发生的文具用品、资料打印和复印、邮电通讯、书报杂志、学习观摩等各种费用。

(29)“赔偿费”——用于归集摄制组因影片拍摄需要，导致所租用的场所、场地、设备、器材、服装、道具、物品等发生毁损或失灭，经协商支付的各种赔(补)偿费用。

(30)“其他费用”——用于归集摄制组在拍片期间，所发生的不属于以上各明细科目核算的其他费用。主要是按照企业规定办法计算后应当由影片成本承担或合理分担的期间费用。比如为影片摄制而发生的银行贷款利息支出、应由多部影片同时制作中发生的水、电、煤、办公、管理等共同分摊的生产费用等等。但是必须指出，影片成本中列支的“其他费用”都必须是与影片创作生产直接有关的费用，企业销售费用、管理费用、财务费用中与影片创作生产无直接关系的费用，如固定资产折旧费、基建项目贷款利息费、存货盘盈或盘亏，以及企业为组织和管理生产经营发生的与影片生产成本无直接关系的费用，不应当随意分摊计入影片成本中。

《办法》所列影片成本项目，均为企业“生产成本”会计科目下具体影视片制作成本项目的分类。企业在实际影片(或影片拷贝)的制作生产中，可以结合自身具体情况、特点等需要，选择全部或部分项目。随着影片摄制业务的发展和新的具体经济事项的出现，在遵循生产费用、成本划分的基本原则前提下，企业也可以自行决定新增适合的成本项目。

《办法》对电影洗印企业规定了 5 个生产成本项目，前 4 个均属直接生产费用，只有“制造费用”项目属于间接费用。企业应当按照《企业会计制度》中关于“制造费用”会计科目的使用说明和要求，正确核算洗印车间(部门)为多部影片拷贝生产提供物料(物品)和共同劳务所发生的各种生产性组织与管理的费用，并于每月终了，再按一定的分配标准，分配记入生产成本的“制造费用”项目中。

(1)“工资及附加”——用于归集支付给直接从事印制影片及其拷贝生产人员的工资、加班工资和津贴、职工福利费等工资性附加的各种费用。

(2)“胶片及磁带”——用于归集印制影片底片、正片、声片、发行拷贝等所耗用的各种彩色、黑白胶片，以及磁片、磁带等所发生的费用。

(3)“药料”——用于归集影片印制生产中，耗用的各种化学药料所发生的费用(可采用分摊方法计入产品成本)。

(4)“燃料及动力”——用于归集影片印制生产中，消耗的水、电和各种燃料、动力所发生的费用。

(5)“制造费用”——用于归集影片印制生产中，消耗的清洁用具和物品、零配部件等各种辅助物料等，每月按规定分配方法计算后，转入应由产品成本承担的各种费用。

(三)影片摄制生产成本核算

1.剧本费及酬金的核算

电影文学剧本是影片摄制的基础，影视剧本费用是影片摄制成本中的首要项目。由于影视剧本的创作生产对于制片企业电影生产具有相对独立性的特点，《办法》要求设置“影视剧本”总账科目按剧本名称予以单独核算和反映，因此，当某一影视剧本决定投拍影片时，应当将“影视剧本”科目中需投拍剧本的账面价值结转为影片节目的摄制成本。

文学剧本的成本，包括剧本策划、组稿、创作过程中发生的原著版权费、剧本稿酬，编剧和编辑人员的工资、福利费、其他劳务补贴费，以及为组织剧本而发生的审稿费、退稿费、差旅费、办公费、印刷费等各项支出。

在企业下达投产通知或生产令，进入影片拍摄准备阶段后，导演和主创人员为编写、修改分镜头剧本所发生的各项费用，应直接记入“生产成本——剧本费及酬金”科目，不在本科目核算。

【例 13-18】 上海文化电影公司以银行存款购买 2 部剧本，甲剧本 10 万元，乙剧本为 8 万元。剧本作者取得的稿酬按特许权使用费计征个人所得税。依个税规定，每次收入不超过4 000元的，减除费用 800 元；4 000元以上的，减除 20%的费用，余额为应纳税所得额，并以 20%税率计征。

甲剧本应代扣个人所得税＝100 000×(1－20%)×20%＝16 000(元)

乙剧本应代扣个人所得税＝80 000×(1－20%)×20%＝12 800(元)

会计分录为：

借：影视剧本——甲剧本	1 000 000	
影视剧本——乙剧本	80 000	
贷：银行存款		151 200

应交税费——应交个人所得税　　28 800

【例 13—19】 上海文化电影公司决定将购置的甲剧本拍摄《××》影片，并发布第一号生产通知。

借：生产成本——剧本费及酬金　　100 000

　贷：影视剧本——甲剧本　　100 000

【例 13—18】 上海文化电影公司为拍摄《××》影片，完成分镜头剧本的编写修改后，按规定字数付酬标准计算.发给分镜头剧本写作人员稿酬现金 4 万元，以银行存款支付剧本纸张印刷等费用 1 万元。按支付分镜头剧本各项费用的实际金额，作会计分录：

借：生产成本——××影片（剧本费及酬金）　　50 000

　贷：库存现金　　40 000

　　银行存款　　10 000

2.工资及劳务报酬的核算

影片的拍摄往往需要创作生产、场景制作、专业技术及服装、道具等各部门人员为之提供服务和支持，因此，摄制组参与人员的调动和变化较为频繁。而且影片的创作生产是以导演、演员和各类专业技术人员集体参与、共同劳动为主要特征，各类人员的工资、报酬在影片生产总成本中占有很大比重。为了正确核算影片成本中有关人员工资和劳动报酬，每部影片的摄制组，从影片摄制的酝酿期开始，直至混录双片审查通过为止，应做好组内各类演、职人员的签约工作，并根据合同约定进行支付、核算和监督。

【例 13—20】 《××》影片摄制组向企业置景车间调用木工搭建布景，按规定计算上下组期间的报酬（假设不考虑其他增减事项）共计为 4 万元。在摄制组按合同约定支付款项时，作会计分录：

借：生产成本——××影片（基本人员工资及劳务）　　40 000

　贷：库存现金　　40 000

【例 13—21】 企业拍摄《××》影片，合同外聘主要演员，按约定影片摄制完成后企业给予被聘人员酬金总额 100 万元，以扣除酬金的 20%的余额作为应纳税所得额，以加成征收办法由企业代扣代缴，（劳务报酬所得）个人所得税。

（1）企业于影片开拍时支付聘请人员合同酬金（40%）40 万元，并代扣代交个人所得税 40×（1—20%）×40%—0.7＝12.1（万元），按实际计算的支付金额，作会计分录：

借：生产成本——××影片（演员劳务及酬金）　　400 000

　贷：银行存款　　279 000

　　应交税费——应交个人所得税　　121 000

（2）企业影片完成并审查通过一次性发给剩余酬金 60 万元，并代扣代交个人所得税 18.5 万元时，作会计分录：

借：生产成本——××影片（演员劳务及酬金） 600 000

贷：银行存款 415 000

应交税费——应交个人所得税 185 000

在探索电影产业商业化运作和激励机制创新的情况下，目前已有制片企业与影片主创人员间采取“保底分成”或“以销定酬”的影片摄制承包方法。“保底分成”办法，是企业与影片摄制主创人员或制片责任人（承包人）事先合同约定一个相对较低的基本酬金（亦称“保底酬金”）的按影片日后实际发行收入或毛利取得酬金的分成比例。“以销定酬”办法，是企业与影片摄制承包人事前合同约定承包人无保底酬金，其全部报酬仅与影片日后实际发行收入的一定比例挂钩。两种影片摄制承包合同中，除对影片质量要求拍摄进度成本控制等规定外，其他有关演职人员聘用、组合影片摄制业务等具体事项均由承包人负责管理和分配。这种影片摄制承包方式，有利于促进主创人员关注影片未来市场价值和经济效益，使影片节目从创作生产的开始，就具有与市场价值取向和效益相联系的内在激励机制。

实行影片摄制承包方法，由于承包人的酬金将取决于合同规定的期间内企业取得该影片发行收入的多少。由于影片生产成本中演职人员的工资报酬不能事前得以全部准确的确认，而需要根据双方承包合同的约定，并结合企业以往同类影片收入的历史数据进行预先先出会计估计予以提取，待影片销售实现后，企业再依据该片的实际发生收入和合同约定的办法与承包人进行有关报酬的清算。

【例 13—22】 上海文化电影公司与李姓导演采用“保底分成”方式签订影片摄制承包合同，约定由承包人执导拍摄影片（××）的保底酬金 50 万元，另该片在正式发行的 12 个月内，承包人可按企业取得该片实际发生收入提取酬金，提成比例为：实际发生收入在 500 万元（含）以内的按 5%提成；500 万元以上的按 10%提成，约定 12 个月发行期满后不再提成。假定企业预计约定发行期内该片可获得发行收入 700 万元，而约定发行期内该片实际取得发行收入 800 元。

(1)上海文化电影公司在影片承包合同生效后.应依据合同约定的办法和影片发行期内预期收入 700 万元，进行测算并提取该片摄制成本中应付发行收入提成的酬金：

据此，按照承包合同约定该片承包人应得的保底酬金 50 万元。收入提成报酬额 45 万元，预提应付承包人李某酬金 95 万元，作会计分录：

借：生产成本——××影片（基本人员工资及劳务） 950 000

贷：其他应付款——李某 950 000

(2)企业按承包合同约定实际支付给承包人保底酬金 50 万元时，（省略计交个人所得税，下同），做会计分录如下：

借：其他应付款——李某 500 000

贷:银行存款 500 000

(3)该影片通过发行后,在原预计发行收入700万元内,企业逐期支付承包人应得报酬时,按实际支付金额,作会计分录:

借:其他应付款——李某 450 000

贷:库存现金 450 000

(4)本例,由于在合同约定发行期内企业实取得该片发行收入800万元,比原来估计多收了100万元,按约定比例10%应增提承包人报酬10万元。企业内按照合同约定和实际发行收入继续通过"其他应付款"科目计发承包人的应得酬金,作会计分录:

借:其他应付款——李某 100 000

贷:库存现金 100 000

同时,按应付酬金的增(减)差额直接作"主营业务成本"科目的调整分录:

借:主营业务成本——××影片 100 000

贷:库存现金 100 000

采用"以销定酬"承包方式的,其影片摄制成本中有关承包人酬金的核算,除无保底酬金外,可按照上述"保底分成"承包方式的核算原则和举例办理,在此不再重复举例。

3.胶片、磁片等材料成本的核算

影片节目内容是通过电影摄影机以连续画面的方式将其摄录和影印在胶片(载体)上的,电影胶片、磁片等材料也就成为影片制作生产所必需的物资消耗对象。除此之外,还有影片拍摄照明用的灯泡、置景用的木料,服装制用的布料等材料的消耗。所有这些为影片拍摄而直接耗用的材料价值,都将转化为影片的生产成本。因此,企业必须加强各种影片摄制所需胶片等材料的核算和管理,摄制组应严格按企业核定的影片计划片长和规定的底片耗片比等控制胶片的消耗,尽量合理、节约使用各种物资材料,努力降低影片制作成本。

制片企业影片生产耗用的胶片等各种材料,均应按照《企业会计制度》有关存货实际成本计价规定办理,即按照胶片等材料的买入价,加上运输、装卸、保险、包装、仓储等费用,以及运输途中的合理损耗、入库前的挑选整理费用和按规定应计入成本的税金——其他费用作为实际成本。影片摄制需要领用时,企业按照实际成本核算的,应当采用先进先出、加权平均或个别计价等方法确定其实际成本;如采用计划成本核算的,月终应结转其应负担的成本差异,将计划成本调整为实际成本。

【例13-23】 摄制组为拍摄《××》影片领用库存彩色底片12 000米,按加权平均法计算其实际总价为2万元,作会计分录如下:

借:生产成本——××影片(胶片) 20 000

贷:原材料(胶片——彩底) 20 000

如果企业材料供应部门实行计划成本核算办法的,一般应按所领用胶片的当月实际差异率,换算成领用胶片的实际成本后进行结算。成本差异率的计算公式为:

$$材料成本差异率=\frac{期初材料成本差异+当月入库成本差异}{期初原材料计划成本+当月入库材料计划成本}\times 100\%$$

领用材料成本差异额=领用材料的计划成本额 x 材料成本差异率

假如,比例中摄制组领用彩色底片为账面计划成本 2 万元,而企业供应部门(仓库)按公式计算其材料成本差异率为 10%(超支差),那么,换算成实际成本应为 2.2 万元,其中 0.2 万元为领用胶片的计划成本小于实际成本应调增的差异额。反之,按以上公式计算的材料成本差异率为 10%(节约差),则换算成实际成本为 1.8 万元,其中 0.2 万元为领用胶片的计划成本大于实际成本应调整的差异额。

1.月终,按摄制组领用底片应负担成本差异结转生产成本时,作会计分录:

借:生产成本——××影片(胶片) 22 000

贷:原材料(胶片——彩底) 20 000

材料成本差异(胶片——彩底) 2 000

2.月终,按摄制组领用底片应调减成本差异结转生产成本时,作会计分录:

借:生产成本——××影片(胶片) 18 000

材料成本差异(胶片——彩底) 2 000

贷:原材料(胶片——彩底) 20 000

制片企业影视片生产成本中,除以上有关文学剧本、工资和报酬、材料等费用项需要通过企业内部相关部门归集和核算外,其他成本项目一般都由摄制组按照拍片计划和进度的需要,通过现金或银行直接支付。甚至摄制组使用的胶片、磁片及磁带、照明灯泡等,也因市场经济的发展,货源充足,供应商之间竞争激烈,有的制片企业已经不再设置材料物资等采购与供应部门,而改由需要时直接向电影胶片、器材等供应单位购货并随即投入使用。

企业直接以货币方式支付的拍片费用,应按发生的实际金额,借记"生产成本(各成本项目)"科目,贷记"库存现金"或"银行存款"科目。

制片企业所投拍的影视片,经审查通过取得《许可证》的,应当按实际发生的影片成本结转入库;对于需要进一步删剪的,修改后,应当暂留在影片生产成本中继续进行有关核算:经审查决定中途停拍或者未被通过而禁止公映的,应当遵照决定及时做影片的报废处理,影片报废处理时,按其已发生的实际生产成本,全额结转为企业的营业外支出。

【例 13—24】 假设企业拍摄的《××》影片节目已经完成,已发生各项摄制成本总计 300 万元,送审后因故未获通过并决定禁止公映。企业应按其已发生的实际成本金额，作会计分录：

借：营业外支出——影视片损失　　3 000 000

　贷：生产成本——××影片　　3 000 000

如果已经报废处理的影片，后又重新解禁获准删剪，修改继续投入制作生产的，企业应先按报废处理时的金额时行转回，然后再继续该片的生产成本核算。

(1)若要例中已被报废处理的影片，又获准断续拍摄，其生产成本的转回与报废为同一会计年度的，应当以红字原方向冲回，作会计分录：

(2)若本例中已被报废处理的影片，又获准继续拍摄，其生产成本转回与报废不属于同一会计年度时，应当通过"以前年度损益调整"科目进行转回已报废的成本，作会计分录如下：

借：生产成本——××影片　　2 000 000

　贷：以前年度损益调整　　2 000 000

由于影片成本转回与报废不属同一会计年度且数额较大，所以在转回已报废影片节目成本的同时，还需按以前年度利润调整额计交所得税(税率为 25%)，并将所剩余额转入"利润分配"科目，做会计记录如下：

借：以前年度损益调整　　2 000 000

　贷：利润分配——未分配利润　　1 500 000

　　应交税费——应交所得税　　500 000

(四)影片出入库的管理和核算

1.影片出入库的管理

制片企业完成影片的摄制后，意味着企业资金运动已经由生产资金形态转化为成品资金形态。正如我们前面已经进过的，作为制片企业产成品(影片)的实质在于存储在胶片载体介质中的声、画、字等组成的节目内容，具有无形的特征。它不同于一般商品和书籍等可以按其实物量计数入库、而是以体现影片节目版权的各种电影节目档案，(即电影素材资料)所组成。

《电影艺术档案管理规定》经国家广播电影电视总局局务会议、国家档案局局务会议审议通过，自 2010 年 8 月 1 日起施行。电影艺术档案，是指我国在电影创作、生产过程中形成的，具有保存价值的文字、图片、影片素材和标准拷贝。其中影片类档案包括：

(1)国产影片的全新原底标准拷贝，画原底，片头、片尾、唱词等各类字幕原底，片头、片尾、衬影原底，十格小底片，光号卡，混合光学声底；

(2)在内地放映的我国台湾，香港、澳门地区的影片的全新标准拷贝；

(3)译制发行的外国影片的全新标准拷贝；

(4)与我国台湾、香港、澳门地区及外国合作摄制的影片的画原底或者画翻正，光学混合声底，全新标准拷贝。

尽管不同片种的具体版权资料不尽相同，但部分影片进入完成制作及总结结束阶段时企业制片生产主营部门和摄制组，应当及时将影片版权有关全部素材资料拷贝和文字等艺术档案印制完成并整理归档。影片一旦经审查通过取得《许可证》后，企业制片生产主管部门应当及进填制(影片完成通知单)，并通知企业财会和宣传发行(销售)部门。企业财会部门及时填制《影片完成通知单》将该影片生产成本及时结转入库。

2.影片出入库的核算

(1)影片入库会计核算

国产影片(包括合拍片)在完成后期制作，进口影片在提供原拷贝(带)和译制拷贝(带)，并经电影行政主管部门审查通过，取得《电影片公映许可证》或《电视剧发行许可证》(以下简称《许可证》)后，方可结转入库。

企业完成影片成本的结转入库，应当注意该影片生产成本所需资金的来源是否有本企业以外的出资或投入。如果已完成摄制影片的拍摄资金全部由企业自筹，结转入库时应将该片生产成本直接转入"库存商品"科目。如果影片摄制成本中含有企业外资金，无论是属于合作摄制业务的其他单位出资，还是来自政府或社会的影片成本资助，都应当在影片全部成本结转入库的同时，将非本企业资金部分结转为库存商品的"成本备抵"明细科目。为了反映和监督企业电影(电视剧)片版权、拷贝及其后产品等各种产成品的实际成本增减变化，《办法》在《企业会计制度》关于"库存商品"科目的使用说明基础上，补充设置了"电影片""电视片"和"成本备抵"等明细科目，进行明细分类核算。

【例 13—25】 上海文化电影公司完成自制拍摄的《××》影片，发生实际生产成本为 600 万元。经审查通过取得《许可证》后，按照企业制片生产管理部《影片完成通知单》结转入库时，作会计分录如下：

借：库存商品——××影片　　6 000 000

　贷：生产成本——××影片　　6 000 000

如果企业以联合摄制或接受资助方式所摄制的影片，在将完成影片摄制成本结转入库的同时，还应将其他合作方的出资或企业接受资助额，结转为该影片库存成本的"成本备抵"。

【例 13—26】 上海文化电影公司与 A、B 两企业联合摄制《XX》影片，发生实际生产成本1 000万元。合作拍片合同约定：A 企业出资 300 万元；B 企业出资共 200 万元；其余成本均由本企业承担。

(1)影片摄制完成并经审查通过取得《许可证》后，按实际成本结转入库时，作会计分录：

借：库存商品(××影片)　　10 000 000

　贷：生产成本　　10 000 000

(2)该片属于联合摄制的合拍片，其生产成本中包括合作方A、B两企业的出资共300万元，并已将合作方预付出资款项记入了“预收制片款”科目。所以，企业在将该影片全部生产成本结转入库的同时，还应将预收A、B两企业的出资款结转为该片库存的成本备抵，作会计分录如下：

借：预收制片款——A企业　　3 000 000

　预收制片款(B企业)　　2 000 000

　贷：库存商品(成本备抵——××影片)　　5 000 000

与企业联合摄制影片一样，企业接受各项资助的影片在完成后结转入库时，也应将所接受资助的款项结转为该片库存的“成本备抵”。

委托摄制是以企业委托其他制片单位代为制作影片为主要特征的制片业务。《办法》对委托摄制所作的定义，与《中外合作摄制电影片管理规定》不尽相同，既适用于制片企业在中外之间，也适用于国内制片企业相互之间的合作摄制业务。当受托制作企业完成影片摄制并经审查通过时，应出具《影片完成通知单》和经审计或合作各方认可的有关影片成本、费用结算凭据或报表。企业在收到受托制作方的通知和提供凭据时，应及时将合同约定的企业承担出资金额结转为库存成本。

【例13－27】 上海文化电影公司委托某制片方为影片《XX》制作数码特技场景片段，合同约定由上海文化电影公司全额出资制作费600万元。上海文化电影公司在制作方完成影片摄制，并收到影片完成通知和相关报表时，应将已支付委托制作费及时转入相关科目。

(1)上海文化电影公司在委托摄制中按合同支付影片出资款时，按出资金额600万元，作会计分录如下：

借：预付制片款——制片方(××影片)　　6 000 000

　贷：银行存款　　6 000 000

(2)收到影片完成通知和结算凭据时，应将已付出资款转入“生产成本”科目，作会计分录如下：

借：生产成本——××影片(数码特技费)　　6 000 000

　贷：预付制片款——制片方(××影片)　　6 000 000

如果本例改为上海文化电影公司委托某制片方摄制无须进一步制作加工即可使用的完整短片，则可以不通过“生产成本”科目而直接结转入库，作会计分录如下：

借：库存商品——××影片　　6 000 000

　贷：预付制片款——制片方(××影片)　　6 000 000

制片企业从事影片的自制，合作拍片中联合摄制和委托摄制，以及接受资助摄制的影片，都将拥有影片节目相应的版权。故在影片完成并审查通过后均需将影片生产成本结转入库。而企业从事合作摄制中的受托摄制和协作摄制的影片，属于为他人定制或提供劳务性业务，由于企业最终不拥有影片的版权，所以不存在将影片摄制有关成本、费用结转入库的问题。一般在受托摄制或协作摄制业务结束时，应将所发生的相关成本、费用直接结转为主营业务成本，与其相应的主营业务收入相配比结算。

在接受影片成本资助中，以政府拨款和非政府资金赞助为主。电影企业在收到影片拍摄成本资助款时，无论是货币形式还是非货币形式的资助，不应作为收入核算，而应先作为企业的一项负债计入“制片资助款”科目。当接受成本资助的影片摄制完成，经审查通过并取得《许可证》后，按实际成本发生结转入库时，再将有关影片成本资助款项结转为企业库存商品的“成本备抵”。

【例 13－28】 上海电影文化公司拟拍摄重大题材影片，计划拍摄总成本 560 万元。报经批准获得电影专项资金的专项资助 220 万元。该片摄制完成后，发生实际摄制成本、费用支出为 560 万元。

(1)上海电影文化公司收到政府给予影片摄制成本的电影专项资金资助款时，无论以借款还是直接拨款的方式，应先作为公司的一项负债计入“制片资助款”科目，作会计分录如下：

借：银行存款　　2 200 000

　贷：制片资助款——政府资助款(×影片)　　2 200 000

(2)企业完成被资助影片摄制，经审查通过并取得《许可证》后，按实际发生生产成本结转入库时，作会计分录如下：

借：库存商品——××影片　　5 600 000

　贷：生产成本——××影片　　5 600 000

同时，将已经收到的资助拨款结转到库存商品的“成本备抵”科目，作会计分录：

借：制片资助款(政府资助款——××影片)　　2 200 000

　贷：库存商品(成本备抵——××影片)　　2 200 000

由于电影成本资助具有特定性，因此，非货币方式资助仅限于某些直接用于被资助影片摄制成本方面的实物资产。如提供影片摄制生产中使用和消耗的服装道具和其他器皿、物料等易耗性物品。

企业接受其他企业资助影片拍摄的服装道具等物品，应及时按所提供单据进行验收、登记和妥善保管，一般应根据单据注明的价值(无单据的按估计的市场价格)先作“低值易耗品”入库处理，待该被资助影视片的摄制组领用时，再采用一次性摊销方法结转为影视片的拍摄成本。

【例 13－29】 上海文化电影公司为拍摄 26 集古装剧《××》，实际摄制总成本为 430 万元，其中接受××服装厂无偿赞助古代服装等 350 套，按所提供单据所列价值共计 38 万元。

(1)企业收到××服装厂资助该剧拍摄用服装时,按其提供单据所列数量,品种等验收入库,并根据物品总价值,作会计分录如下:

借:周转材料——低值易耗品(戏用服装——古装)　　380 000

　贷:制片资助款——××服装厂(××电视剧)　　380 000

(2)该电视剧摄制组领用戏用服装时,一次摊销计入生产成本,作会计分录:

借:生产成本(××电视剧——服装费)　　380 000

　贷:周转材料——低值易耗品(戏用服装——古装)　　380 000

(3)电视剧拍摄完成,审查通过取得《许可证》后,按实际发生生产成本结转入库时,作会计分录如下:

借:库存商品——××电视剧　　4 300 000

　贷:生产成本——××电视剧　　4 300 000

同时,应将已经计入"制片资助款"科目的相应价值,转入库存商品的"成本备抵"科目,作会计分录:

借:制片资助款——××服装厂(××电视剧)　　380 000

　贷:库存商品——成本备抵(××电视剧)　　380 000

【例13—30】 上海文化电影公司为拍摄重大题材影片《××》,发生实际总成本720万元,经申请得到主管行政部门拨给该片摄制成本资助款200万元,占总成本的28%。经审查通过发行,预计该片在发行两年内可获得收入800万元。该片在发行的第一个月内实际取得发行收入为400万元。其中:甲电影院线公司报来《影片发行收入结算表》分得300万元,款项已收;乙电影院线公司为100万元,款项未到。

企业在收到主管行政部门该片摄制成本拨款时,作会计分录:

借:银行存款　　2 000 000

　贷:制片资助款——×资助单位　　2 000 000

受资助影片摄制完成并取得《许可证》,结转生产成本入库时,作会计分录:

借:库存商品——×影片　　7 200 000

　贷:生产成本——×影片　　7 200 000

同时,将已经收到的影片成本资助款结转为"成本备抵",作会计分录:

借:制片资助款(资助单位)　　2 000 000

　贷:库存商品(成本备抵——××影片)　　2 000 000

接受影片成本的资助具有无偿性,其影片收入无须与资助人分项,所以企业在收到甲、乙公司结算和发行收入时,直接计入主营业务收入,作会计分录:

借:银行存款　　3 000 000

　　应收账款　　1 000 000

　贷:主营业务收入　　3 773 585

应交税费——应交增值税(销项税额)　　　　226 415

(2)影片出库会计核算

在电影片完成摄制并经电影电视行政主管部门审查通过取得《电影片公映许可证》,电影片于院线、影院上映后确认收入,按照配比原则,需确认影片的成本。

影片(含拷贝、播映带和其他载体)已结转入库的全部实际成本,企业应当自符合收入确认条件之日起,按以下方法和规定结转销售成本:

①企业一次性卖断国内全部著作权,在收到卖断价款时,应将其全部实际成本一次性结转销售成本;采用分期收款销售方式的,按《企业会计制度》的规定执行。

②企业采用按票款、发行收入等分账结算方式,或采用多次、局部(特定院线或一定区域、一定时期内)将发行权、放映权转让给部分电影院线(发行公司)或电视台等,且仍可继续向其他单位发行、销售的影片,应在符合收入确认条件之日起,不超过 24 个月的期间内(主要提供给电视台播映的美术片、电视剧片可在不超过 5 年的期间内),采用计划收入比例法将其全部实际成本逐笔(期)结转销售成本。计划收入比例应当尽可能接近实际。计划收入比例除有特殊情况应当随时调整外,在年度内一般不作变动。如果企业预计影片不再拥有发行、销售市场,应将未结转的成本予以全部结转。

③影片成本的结转,可以采用计划收入比例法,也可以采用零毛利法和固定比例法。采用零毛利法时,如果取得的收入大于剩余成本,应将剩余成本一次结转完毕,如果预计在成本结转期内不能完全转销该影片的库存成本,则应在到期前的最后一次结转时将剩余成本全部结转计入销售成本。

④采用计划收入比例法、固定比例法时,企业应按谨慎性原则进行会计估计,合理确定预计收入总额、成本结转比例,按期结转销售成本。

【例 13—31】 上海文化电影公司 2017 年 3 月将自制影片《××》影片采用分账结算方式将发行权转让给某院线,发行期为 6 个月,该片生产成本为5 000 000元,预计该影片票房总收入可达15 000 000元,双方约定每 30 天报送该电影票房收入财务报表。3 月份该电影票房收入为8 000 000元。结转该影片 3 月份成本,该公司采用计划收入比例法结转成本。

3 月份应确认的影片成本为＝5 000 000×(8 000 000÷15 000 000)

＝2 666 666.67(元)

借:主营业务成本　　　　2 666 666.67

　贷:库存商品　　　　　　2 666 666.67

联合摄制业务中,由公司负责摄制成本核算的,在收到合作方按合同约定预付的制片款项时,先通过“预收制片款”科目进行核算;当影视片完成摄制结转入库时,再将该款项转作影视片库存成本的备抵,并在结转销售成本时予以冲抵。其他合作方负责摄制成本核算的,公司按合同约定支付合作方的拍片款,参照委托摄制业务处理。

【例 13－32】 上海文化电影公司有偿转让《XX》电影剧本给甲公司，双方协议一次性转让价格为800 000元，该影视剧本的账面价值为500 000元，2017 年 9 月 20 日，收到甲公司所购剧本款。

(1)确认收入

借：银行存款　800 000

　贷：主营业务收入——影视剧本转让收入　754 716.98

　　应交税费——应交增值税(销项税)　45 283.02

(2)结转影视剧成本

借：主营业务成本——影视剧转让成本　500 000

　贷：影视剧本　500 000

【例 13－33】 上海文化电影公司与乙传媒公司联合摄制 A 影片，双方商定，上海文化电影公司出资1 000 000元，占总投资 1/5，该影片由乙传媒公司制片进行成本核算。2019 年 5 月 10 将款项支付给乙公司，10 月份，该影片正式公映，乙传媒公司按协议一次性支付票房款，11 月 10 日，上海文化电影公司收到该影片票房款3 000 000元。

(1)5 月 10 日支付联合摄制款

借：预付制片款——乙传媒公司　1 000 000

　贷：银行存款　1 000 000

(2)11 月 10 日收到票付款

借：银行存款　3 000 000

　贷：主营业务收入　2 830 188.68

　　应交税费——应交增值税(销项税)　169 811.32

(3)结转预付制片款及影片成本

借：库存商品——A 影片　1 000 000

　贷：预付制片款——乙传媒公司　1 000 000

借：主营业务成本——电影片成本——A 电影　943 396.23

　应交税费——应交增值税(进项税)　56603.77

　贷：库存商品——A 影片　1 000 000

企业在尚拥有影片著作权时，可在“库存商品”中象征性保留 1 元余额。企业在以分账、代理结算等方式发行和销售影片活动中取得的片款或发生的支出，应设置“待结算业务收入”和“待结算业务支出”科目进行核算。具体核算参照发行、放映企业会计核算办法的规定执行。

电影制片企业的“销售费用”账户主要核算电影制片企业在影片销售、宣发过程中发生的费用，主要包括影片宣发、销售过程中发生的宣发人员薪酬、广告费、技术服务费、差旅费、租赁费、促销费、折旧、业务招待费、海报素材费、办公用品等费用。发生销售费用时，借记“销售费用”，贷记“银行存款”“应付账款”“累计折旧”“应付职工薪酬”等，期末将销售费用本期发生额期末转入“本年利润”账户，结转后该账户应无期末余额，该账户应按费用项目设置明细账分类核算。

电影制片企业的“管理费用”账户核算电影制片企业在组织和管理影片生产经营管理过程中发生的管理费用，包括电影制片企业董事会和行政管理部门在企业的经营管理中发生的或者应由企业统一负担的公司经费，包括行政管理部门职工薪酬、素材、播出带、洗印费、办公费和差旅费等、工会经费、董事会费（包括董事会成员津贴、会议费和差旅费等）、聘请中介机构费、咨询费（含顾问费）、诉讼费、业务招待费、房产税、车船使用税、土地使用税、印花税、技术转让费、矿产资源补偿费、研究费用、排污费等。该账户借方登记当月以上各项费用的实际发生数，期末，应将本账户余额转入“本年利润”账户，结转后该账户应无余额。

第三节　电影发行、放映企业会计核算

电影发行作为连接电影制作与放映的纽带，是影响电影作品能否在市场中成功变现的重要环节，有效的发行不仅对用户群体有着较高的触达率，而且会保障院线设置高排片率，进而促进影片赢得票房。2017 年，全国电影实现总票房 559.11 亿元（剔除服务费为 524 亿元），城市院线观影人次达到 16.2 亿人次，全国新增银幕9 597块，银幕总数已达到50 776块。2017 年全国票房增速回暖，中国电影市场进入了稳定增长的新周期。

目前，在中国电影市场传统电影院线对影片总收入的贡献占 80％以上，而在北美电影市场院线大约仅占 30％左右，剩下的 70％来自院线之外的 DVD、单片点播、包月观看、电视频道播出、艺术授权、主题旅游以及衍生品等综合收入。电影作为一种内容版权产品，电影院线的票房收入占比份额巨大，但其仅是电影收入的一种来源渠道，其他渠道的价值在未来的电影市场中将得到更大的开拓。因此，随着互联网的发展，互联网对电影业的影响会日益深入，电影市场的日趋生态化，电影发行的放映渠道将日益多元化。

电影企业中从事影片进口、出口、发行、放映业务活动的企业，在执行《企业会计制度》的同时，执行 2004 年 12 月份财政部颁布实施的《电影发行、放映企业会计核算办法》。电影发行企业，指以分账、买断、代理等方式取得境内外影片的发行权，并在规定时期和范围内从事为放映企业或电视台等放（播）映单位提供影片的拷贝、播映带（硬盘、光碟）、网络传输等业务活动的企业。电影放映企业，指拥有符合国家规定标准的电影放映设备和相应的放映场所，从事营业性电影放映业务的企业。包括采取向社会公众售票或包场方式进行电影放映的专业电影院、兼映的

影剧院、文化宫(馆)以及对外开放的礼堂、俱乐部等单位。

一、我国电影发行、放映企业经营管理特点

(一)影片发行、放映主要采取电影院线发行模式

我国电影产业的电影发行放映原是按照统一计划按行政区域、省市县逐级层层发行的发行放映模式。2001 年开始,国家广播电影电视总局、文化部联合下发《改革电影发行放映机制的实施细则(试行)》,正式拉开院线制改革大幕,中国电影发行开始采用院线制发行模式。电影发行院线制就是以若干家影院为依托,以资本和供片为纽带,由一个电影发行主体和若干电影院组合形成,实行统一品牌、统一排片、统一经营、统一管理的发行放映机制。电影院线成为中国电影产业链中重要的组成部分。按照目前的电影产业政策,发行公司必须与院线公司就影片的放映业务达成合作,由院线公司负责对其所属的影院就影片放映做出统一安排及管理,电影发行公司不能直接与影院就电影放映签署合作协议。截至 2015 年末,中国共有 48 条城市院线,直接影响着绝大多数影院终端渠道。

(二)电影票房收入采取分账模式确认

在经济利益的分配方面,中国电影产业主要采用票房分账模式。在这一过程中,影院处于票房分账的最前端,在向观众提供放映服务时取得票房收入,定期或者在影片落片时按照与院线公司约定的分账比例向院线支付票房分账款;院线取得分账款后,再根据与发行方或制片方事先约定的分账比例支付票房分账款。

根据国家新闻出版广电总局的指导性意见,对于国产分账影片,影院的分账比例原则上不超过 50%,制片方的分账比例原则上不低于 43%;对于国产买断影片,可根据实际情况协商确定院线公司与影院的分账比例;对于进口分账影片,由中国电影集团公司以及华夏电影与国外制片方约定分账比例。院线、影院行业利润水平的高低与票房分账水平密切相关,而各环节之间具体分账比例的确定主要视供求关系、影片质量、档期和类型等市场因素而定。

(三)电影片款结算以分账结算为主,其他结算方式为辅

电影发行、放映企业与影片制作方、发行方有不同的影片片款结算方式,具体的结算包括:

分账结算,指企业按合同、协议约定的比例,将影片发行、放映业务中取得的收入和发生的费用进行分配,与供片方共同分享和分担的结算方式。

片租结算,指企业按合同、协议约定的租价或定额,向供片方交付片款的结算方式。

买断结算,指企业按合同、协议约定的价款,向供片方买取一定时期和范围内的影片发行权、放映权,取得的收入无须与他人分享的结算方式。包括:

(1)发行权交易结算,即企业仅买取影片的发行权、放映权,所需拷贝等载体由企业自行定制并承担费用的结算方式。

(2)单拷贝交易结算,即企业按包括发行权和放映权在内的单个电影拷贝计价,向供片方购买电影拷贝的结算方式。

(3)代理结算,指企业仅收取固定代理费,影片的收益和费用均由供片方享有和承担的结算方式。

(四)文化产业发展政策支持

根据《关于继续实施支持文化企业发展若干税收政策的通知》(财税〔2014〕85号)的文件规定,对从事电影制片、发行、放映的电影集团公司(含成员企业)、电影制片厂及其他电影企业取得的销售电影拷贝(含数字拷贝)收入、转让电影版权(包括转让和许可使用)收入、电影发行收入以及在农村取得的电影放映收入免征增值税。一般纳税人提供的城市电影放映服务,可以按现行政策规定,选择按照简易计税办法计算缴纳增值税。

二、电影发行、放映企业会计核算账户设置

(一)"待结算业务支出"账户

本科目核算企业采用分账结算、片租结算、代理结算等方式发行或放映的影片,款项已经支付,但尚需按合同、协议约定与供片方结算和分担的各种支出。本科目应当设置"影片发行支出""影片放映支出""电视剧片发行支出""税金及附加""电影专项资金支出"等明细科目,并按影片的片名进行归集和核算。企业发生按合同、协议约定需要与供片方分别承担的费用支出时,按实际支付的金额,借记本科目,贷记"库存现金""银行存款"科目。企业依据有关规定计提税金及附加、国家电影事业发展专项资金时,按应交税金及附加的金额,借记本科目(税金及附加支出),贷记"应交税费""其他应交款"等科目、"应交电影专项资金"科目。月度终了,企业应将本科目中各明细科目的合计发生额,依据合同、协议的约定,计算出由本企业和供片方各自应承担的金额,并进行相应的结转。结转时,按本企业应承担的金额,借记"主营业务成本""税金及附加""电影专项资金""销售费用"等科目,按供片方应承担的金额,借记"应收账款——××供片方"科目,按本科目当月合计发生额,贷记本科目。

(二)"应交电影专项资金"账户

本科目核算企业按国家规定提取并应缴纳的国家电影事业发展专项资金。提取应缴纳的国家电影事业发展专项资金时,借记"电影专项资金"或"待结算业务支出"科目,贷记本科目。缴纳时,按实际金额借记本科目,贷记"银行存款"科目。本科目期末贷方余额,反映企业提取的尚未缴纳的国家电影事业发展专项资金。

(三)"待结算业务收入"账户

本科目核算企业采用分账结算、片租结算、代理结算方式发行或放映的影片，已经取得但尚需按合同、协议约定与供片方结算和分享的各种收入。本科目应当设置"影片发行收入""影片放映收入""电视剧片发行收入"等明细科目，并按影片的片名进行归集和核算。

企业取得电影发行或放映收入时，应对发行或放映企业提供的营业报表或片结单，按影片的片名进行核对、归集和汇总，计算和确认待结算业务收入。按确认的收入，借记"银行存款""应收账款——××单位"等科目，贷记本科目。月度终了，企业应将本科目中各明细科目的合计发生额，依据合同、协议的约定，计算出由本企业和供片方各自应分享的收入，并进行相应的结转。结转时，按本科目当月合计发生额，借记本科目，按本企业应得的金额，贷记"主营业务收入"科目，按供片方应得的金额，贷记"应付账款——××供片方"科目。

(四)"电影专项资金"账户

本科目核算企业应交纳的按国家规定提取的国家电影事业发展专项资金。企业应当按照国家电影事业发展专项资金管理办法的规定，进行有关款项的核算，企业提取国家电影事业发展专项资金时，借记本科目或"待结算业务支出"科目，贷记"应交电影专项资金"科目。月度终了，在结转"待结算业务支出"科目发生额时，应将其中依据合同约定由本企业承担的金额，借记本科目，由供片方应承担的金额，借记"应收账款——××供片方"科目，贷记"待结算业务支出"科目。期末，应将本科目余额转入"本年利润"科目，结转后本科目应无余额。

(五)"影片业务支出"账户

本科目核算企业在发行、放映业务中发生的首映活动费、宣传推介费、宣传品制作费，以及在上述活动中发生的劳务费、交通费等支出。本科目核算内容不包括企业为自身形象宣传所发生的费用。企业为出售而制作的电影形象商品成本在"库存商品"科目核算。本科目按影片名称、支出项目设置明细科目，进行明细分类核算。企业实际发生上述支出时，借记本科目，贷记"库存现金""银行存款"科目。期末，应将本科目的余额转入"本年利润"科目，结转后本科目应无余额。

(六)"库存商品"账户

本科目补充设置"库存影视片""音像制品""影片后产品制品"等明细科目，并按影片的片名、各种产品的名称等进行归集和核算。"库存影视片"——核算企业以买断结算方式购入的影片的实际成本。采用发行权交易结算方式所支付给供片方的影片节目发行权费，应当与企业定制的电影拷贝(或其他载体)的成本合并后计入本科目。"音像制品"——核算企业购入影片的录像带、CD、VCD、DVD等可供播映的音像制品，所支付给制作方或供货方的实际成本。"影片后产品制品”——核算企业在电影促销业务中，定制或购入的各种电影形象产品等的实际成本。企业购入的影片或商品到达验收入库后，按供片或供货方开具的发票，并经仓库管理人员验收、核准的实际支付(进价)成本，借记本科目，贷记“银行存款”“应付账款”等科目。企业在结转影片发行、放映或销售商品等业务活动的实际成本时，借记“主营业务成本”科目，贷记本科目。企业购入的影片在合同、协议约定的发行放映期限内未实现销售，应在期满之日作资产损失处理。在处理时，按购入影片的实际成本，借记“管理费用”科目，贷记本科目。如果影片被禁止发行或放(播)映，企业应当将该影片作报废处理。在处理时，按该影片实际库存的账面价值，借记“营业外支出——影视片损失”科目，贷记本科目。

(七)“主营业务收入”账户

本科目补充设置“电影发行收入”“电影放映收入”“音像制品收入”“影片后产品收入”等明细科目，并按影片的片名、产品的名称等进行归集和核算。“电影发行收入”——核算发行企业在发行影片业务中取得的各种归属于企业的营业收入，包括分账收入、卖断收入、片租收入、播映权转让收入、网络传播权转让收入、后电影开发权转让收入、影片代理收入等。“电影放映收入”——核算放映企业通过放映影片取得的各种归属于企业的营业收入，包括分账收入、片租收入、包场放映费收入、出租场地加映影片收入等。“音像制品收入”——核算企业销售录像带、CD、VCD、DVD等音像制品所取得的各种收入。“影片后产品收入”——核算企业销售除音像制品外，与影片相关的电影形象产品等取得的收入。企业实现的主营业务收入，按实际收到或应收的金额入账。借记“待结算业务收入”“银行存款”“应收账款”等科目，期末，应将本科目的余额转入“本年利润”科目，结转后本科目应无余额。

(八)“主营业务成本”账户

本科目补充设置“电影发行成本”“电影放映成本”“音像制品成本”“影片后产品成本”等明细科目，并按影片的片名、各种产品的名称等，进行归集和核算。月度终了，企业应当根据本月电影发行、放映业务取得的主营业务收入，按照本办法有关结转销售成本的规定和办法，计算和结转主营业务成本。结转时，借记本科目，贷记“库存商品”“待结算业务支出”等科目。期末，应将本科目的余额转入“本年利润”科目，结转后本科目应无余额。

三、电影发行、放映企业会计核算

(一)电影发行、放映收入及确认

电影发行、放映企业所取得的发行收入是指以影片发行权、放映权、播映权、网络传播权等为销售对象而取得的各种收入，包括分账收入、卖断收入、片租收入、代

理费收入、播映权转让收入、网络传播权转让收入，后电影开发权转让收入、影片代理收入等；电影放映收入是指放映企业通过放映影片取得的各种归属于企业的营业收入，放映收入是指直接公开再现影片而取得的各种收入，包括影院票房收入以及其他直接以社会公众为受众的收入。不包括影片在电视、网络等媒介上的播映收入。音像制品收入是指企业销售录像带、CD、VCD、DVD 等音像制品所取得的各种收入；影片后产品收入是指企业销售除音像制品外，与影片相关的电影形象产品等取得的收入。企业的广告收入、附设的“小商店”销售收入、出租场地收入等与电影没有直接关系的收入通过“其他业务收入”核算。

电影发行、放映收入确认按照顾客购买商品，商品所有权上的主要风险和报酬转移给购买方，既没有保留通常与所有权相联系的继续管理权，也没有对已售出的商品实施有效控制；相关的经济利益很可能流入本公司；相关的收入和成本能够可靠的计量时，确认商品收入的实现。具体而言：

(1)影片放映收入确认：于影片公映时按所收取票款确认电影放映收入。对于影院采用电影卡、兑换券(包含数码兑换形式)等方式预售电影票的，于持有人实际兑换电影票场次的影片公映时确认收入。

(2)发行收入确认：

①分账发行的，于影片公映后依据其分账协议的约定确认收入；

②代理发行的，于发行劳务已提供并已取得收款权利时确认收入；

③买断销售的，于影片相关资料交付使用并已取得收款权利时确认收入；

④电影版权收入在该版权转移并已取得收款权利时确认收入。

(二)电影发行、放映业务会计核算

【例 13－34】 A 院线公司作为 A 电影院线集团公司的母公司，对内，主要是对各影院子公司以放映权为销售对象取得的发行收入，这种定向或内部发行收入全部以分账方式取得；对外，主要是将影片内部发行业务中取得的收入与供片方(制片商或发行商)按合同、协议约定的方式进行结算。

2017 年，A 电影院线集团公司所属 A1、A2、A3 等影院实现的票房总收入为 50 000 万元，集团当年汇总分账情况如下：

表 13－3　　A 电影院线集团公司 2017 年度电影分账结算汇总表　　单位：万元

A1、A2、A3 等所属影院实现的票房总收入	增值税	减：电影专项资金	票房净收入	影院分账	院线分账	制片商及发行商分账
0	0.6%	5%	0	50%	7%	43%
50 000	300	2 500	47 500	25 000	3 500	21 500

(1)发行、放映收入确认

A院线公司将各影院上报的分账结算报表与影片映出成绩统计表等有关资料核对，收到银行款项后确认待结算收入的会计分录如下：

借：银行存款　　25 000
　贷：待结算业务收入　　25 000

年末，A院线公司根据与片商（包括制片商和发行商）分账结算情况，确认发行分账收入如下：

借：待结算业务收入　　25 000
　贷：应付账款——片商　　21 500
　　主营业务收入　　3 301.89
　　应交税费——应交增值税（销项税额）　　198.11

A院线公司与片商（包括制片商和发行商）进行分账结算时：

借：应付账款——片商　　21 500
　贷：银行存款　　21 500

(2)假定双方协议约定，电影专项资金由A院线公司提取缴纳

借：电影专项资金　　2 500
　贷：应交电影专项资金　　2 500

借：应交电影专项资金　　2 500
　贷：银行存款　　2 500

期末结转待电影专项资金支出时：

借：待结算业务支出——电影专项资金支出　　2 500
　贷：电影专项资金　　2 500

借：主营业务成本——电影发行成本　　2 500
　贷：待结算业务支出——电影专项资金支出　　2 500

【例13－35】 A院线与上海文化电影公司签订独家代理发行放映《XX》影片，协议约定该影片独家代理发行费为1 000 000元，于协议签订之日2017年7月10日内付30%款项，电影发行放映结束后支付70%款项，假定放映结束日期为2017年12月10日。

(1)2017年7月10日支付预付发行代理款

借：预付账款——预付代理发行款　　300 000
　贷：银行存款　　300 000

(2)取得审查许可后放映支付余款70%

借：待结算业务支出一影片发行支出　　1000 000
　贷：银行存款　　700 000
　　预付账款——预付代理发行款　　300 000

(3)期末，结转发行成本

借:主营业务成本——电影发行成本　　1 000 000

　贷:待结算业务支出——影片发行支出　　1 000 000

影片后产品收入是指企业销售除音像制品外,与影片相关的电影形象产品等取得的收入,该项收入也属于发行、放映企业主营业务收入。

【例 13—36】 2019 年 9 月 20 日,A 院线为配合《XX》影片放映,特定购影片形象玩具一批,买价200 000,增值税26 000元,运杂费3 000元,款项银行存款支付。

借:库存商品——影片后产品制品　　203 000

　应交税费——应交增值税(进项税)　　26 000

　贷:银行存款　　229 000

【例 13—37】 2017 年 10 月上述影片形象玩具取得销售额为100 000元,增值税率 13%,该批玩具成本为50 000元。

借:银行存款　　113 000

　贷:主营业务收入——影片后产品收入　　100 000

　　应交税费——应交增值税(销项税)　　13 000

借:主营业务成本——影片后产品成本　　50 000

　贷:库存商品——影片后产品制品　　50 000

影片业务支出主要核算的是企业在发行、放映业务中发生的首映活动费、宣传推介费、宣传品制作费,以及在上述活动中发生的劳务费、交通费等支出。期末,应将该账户余额结转至“本年利润”,结转后该账户无余额。

【例 13—38】 A 院线支付为《××》影片首映式广告制作费20 000元,支付本企业广告宣传制作费30 000元,增值税率为 6%,款项银行存款付讫。

借:影片业务支出　　20 000

　销售费用　　30 000

　应交税费——应交增值税(进项税)　　3 000

　贷:银行存款　　53 000

放映企业采用电影卡、兑换券等方式预售电影票的,出售卡、券取得的收入,应先记入“预收账款”科目,待卡、券持有人兑换电影票时,再确认收入,并进行有关款项的结转;已售卡、券期满,尚未用以兑换电影票的卡、券收入,应全额转入当期主营业务收入。

【例 13—39】 A 院线采用电影卡、兑换券等方式预售电影票,2017 年 9 月出售电影卡收入为200 000元。

借:银行存款　　200 000

　贷:预收账款——预收电影卡　　200 000

【例 13—40】 A 院线 2017 年 9 月发售的可兑换卡券,共取得兑换《××》电影票收入20 000元。

借:银行存款　　20 000
　贷:主营业务收入　　18 867.92
　　应交税费——应交增值税(销项税)　　1 132.08

企业以单拷贝交易结算方式购入的影片,再以单拷贝交易结算方式向其他发行、放映企业出售的,应当在确认收入的同时将其购入的实际成本一次性结转销售成本。如果采用分期收款销售方式的,按照《企业会计制度》的规定执行。

企业以单拷贝交易结算方式购入的影片,如有规定场次定额的,可依据所购电影拷贝或其他载体的场次定额,采取按实际放映场次计算、结转销售成本的方法。

【例 13-41】 B电影发行公司以单拷贝方式购入上海文化电影公司《××》影片播映权,双方协议约定,购入价格为200 000元,B电影发行公司与A院线签订协议,该影片在A院线播放,A院线支付放映款300 000元给B电影发行公司。2017年9月B电影发行公司收到电影放映款。

借:银行存款　　300 000
　贷:主营业务收入——影片发行收入　　300 000
借:主营业务成本——影片发行成本　　200 000
　贷:应付账款——上海文化电影公司　　200 000

(三)电影发行、放映企业固定资产相关业务核算

电影放映企业固定资产按照企业会计制度执行,但针对放映企业的自有的影院装修、装饰的核算需补充设置"固定资产装修"明细科目,核算企业自有电影院(厅)所发生的装修、装饰工程的实际成本。企业发生装修、装饰等工程支出时,应先将有关款项通过"在建工程"科目进行归集和核算,待固定资产达到预定可使用状态时,再将全部工程成本结转本科目。结转时,按固定资产装修、装饰所发生的实际成本,借记本科目(固定资产装修),贷记"在建工程"科目。

企业发生的固定资产装修支出,应在两次装修期间与固定资产尚可使用年限两者孰短的期间内,采用年限平均法计提折旧。计提折旧时,借记"销售费用""管理费用""其他业务成本"等科目,贷记"累计折旧"科目。如果企业重新对固定资产进行装饰、装修并符合资本化条件时,相关"固定资产装修"明细科目尚有余额的,将该余额一次全部计入当期损益,借记"营业外支出"科目,贷记本科目。再将装修工程的完工成本转入本科目。

对于放映企业的影院是通过经营租赁方式取得的,发生的租金费用计入"销售费用""管理费用""其他业务成本"账户。发生的改建、装修的支出需设置"经营租入固定资产改良"核算,经营租赁固定资产改良工程,在施工过程中发生的各项改良支出,应先通过"在建工程"科目进行归集和核算,待改良工程完工交付使用时,再结转到本科目。企业经营租赁方式租入的固定资产发生的改良支出,转入本科目核算后,应当在剩余租赁期与租赁资产尚可使用年限两者孰短的期间内,采用年

限平均法计提折旧。计提折旧时，借记“销售费用”“管理费用”“其他业务成本”等科目，贷记本科目。

如果企业在经营租赁期内重新对租入电影院（厅）进行全面装修、改良时，应将本科目尚未摊完的余额，一次性全部计入当期损益，借记“营业外支出”科目，贷记本科目。再将发生的改良工程支出转入本科目，并在剩余租赁期与租赁资产尚可使用年限两者孰短的期间内，采用年限平均法计提折旧。

经营租赁期内发生的其他维修、装饰、装修等不能予以资本化的支出，应直接计入当期损益，不在本科目核算。

企业在改建或装修电影院（厅）的过程中，用于电影放映专用设备（包括电影放映设备、舞台设备、空调设备、座椅等）的支出，应单独作为固定资产核算和管理，并按照《企业会计制度》和本办法附录《电影企业固定资产折旧方法和折旧年限表》的有关规定执行。

第十四章　网络媒体企业会计实务

第一节　网络媒体企业概述

一、网络媒体运营与管理

(一)网络媒体的概念

网络媒体是指借助互联网信息传播平台，以电脑、电视机以及移动电话等为终端，以文字、声音、图像等形式来传播新闻信息的一种数字化、多媒体的传播媒介。互联网媒体相对于早已诞生的报纸、广播、电视等媒体而言，又是“第四媒体”。从严格意义上说，互联网媒体是指国际互联网被人们所利用的进行新闻信息传播的那部分传播工具性能。

(二)网络媒体的发展历程

1969 年美国 ARPANET(阿帕网)建成，标志着互联网的诞生。1994 年的 4 月 20 日，中国全功能接入国际互联网，1994 年 4 月 20 日，中国实现与国际互联网的第一条 TCP/IP 全功能链接，成为互联网大家庭中一员。但中国新媒体的起步却在尚未接入国际互联网就开始了，1993 年 12 月 6 日，《杭州日报・下午版》通过该市的联机服务网络——展望咨询网进行传输，从而拉起了中国报业电子化的序幕。自始依托互联网传播、新媒体应运而生，伴随中国新媒体的迅速发展，随着媒介传播技术的不断发展和媒介传播方式的不断更新，网络这一以互联网为平台、依靠先进传播技术的媒介载体，在 1998 年 5 月举行的联合国新闻委员会年会上被正式称为继报刊、广播、电视三大传统媒体之后的“第四媒体”。2012 年以来，移动化和融合化成为我国新媒体发展与变革的主旋律，我国互联网已经经历了以新浪网、搜狐网、网易网、腾讯网等门户网站为代表的门户时代，以新浪微博和微信为代表的社交媒体时代，目前已经进入智能媒体时代。随着我国经济结构的不断转型优化，网络新媒体行业正在不断融入我国社会经济和民生生活的各个领域，成为影响中国未来发展的重要因素，新媒体平台已成为经济发展新动能，“互联网＋”成为媒体深化融合的新引擎。

(三)网络媒体的特征

由于其传播的介质是比特(Bit)，而非原子，所以这种传播就具备了迅速、快捷、方便和"高保真"等优点。网络媒体可以通过互联网高速传播以及实时更新，可以像电台、电视台一样进行实时、实况报道，显然优于传统的传播方式。

1.网络媒体传播速度快、时效性强

网络媒体不受印刷、运输、发行等因素的限制，信息上网的瞬间便可同步发送到所有用户手中。其更新周期可以分秒计算，网络媒体的即时刷新提高了新闻的时效性，其本身"接收的异步性"又方便受众随时随地接收。接收的异步性可以使受众不需受媒体传播时间的限制，可按自己的需要随时进行信息的接收（包括阅读、收听、收看）

2.信息量大、内容丰富、检索简便

网络媒体可以不限时、不限量地储存和传播信息，新媒体用户可以在第一时间得到各种新闻，内容无所不包，包括以往通过国内新闻媒体根本接触不到或很少接触到的新闻。足不出户就可以看到港澳台及国外大量的上网报刊，安装上相关软件，便可以收听、收看上网广播电台、电视台播出的音频、视频新闻节目和其他节目，新闻获取由原来相对封闭的状态进入完全开放的状态。运行各种信息数据库，使得读者可以对历史文件随时进行检索。

3.多媒体、超文本传播方式、互动性强

网络媒体是一种多媒体的传播。它可借助文字、图片、图像、声音等任何一种或几种的组合来进行传播活动。这种具有立体效应的多媒体传播组合可以更加真实地反映所报道的对象，给受众带来逼真而生动的感觉。网络媒体采用互联网的"超链接"概念，以超文本、超媒体方式来组织传播内容及有关新闻传播背景，使受众在阅读新闻时，能按照自己的意愿和思路，实现新闻内容的"跳转"及表达方式的转换，更好地体现读者的主体地位及联想的思维规律。网络媒体既可以是单向传播，也可以是双向（编者与读者之间），甚至多向（编者与读者之间、读者与读者之间）传播，信息的传播具有很强的互动性。网民与网站之间、网民与网民之间可以利用 BBS、聊天室、网络电话、电子邮件、微信、微博等工具实时沟通，实现互动，对新闻内容也可以随时展开讨论，还可以举行网络会议。

（四）网络媒体运营与管理

互联网自由传播、交互传播，海量传输、海量储存，跨地域、多终端的传播特征，以及移动互联网网随人走、随时可用、无处不在的传播方式带来了传播模式的巨大改变，推动着传媒产业的变化与转型。2017 年 8 月 4 日中国互联网络信息中心（CNNIC）在京发布第 40 次《中国互联网络发展状况统计报告》显示，截至 2017 年 6 月，中国网民规模达到 7.51 亿，占全球网民总数的五分之一。同时我国互联网普及率为 54.3%，超过全球平均水平 4.6 个百分点。

即时通信、搜索引擎、网络新闻作为基础的互联网应用，用户规模在 2017 年上半年趋于稳定。CNNIC《报告》指出，即时通信市场差异化进一步凸显，领先企业

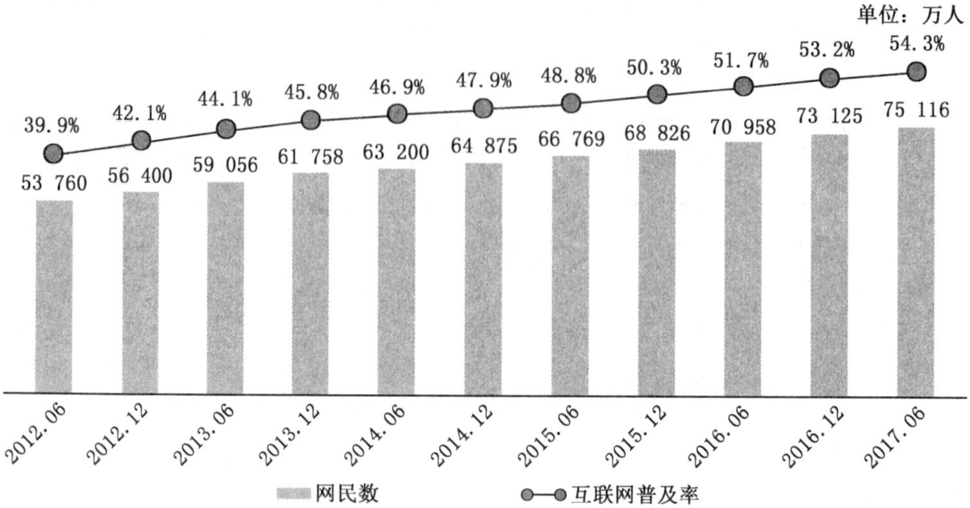

图 14—1　中国网民规模和互联网普及率

着力流量入口潜力挖掘、内容服务连接能力和商业模式成熟度培养三方面；搜索引擎应用继续保持移动化趋势，人工智能实际应用效果尚未对用户体验带来明显提升，市场成长面临较大压力；网络新闻应用呈现出资讯聚合平台化、跨界竞争激烈化和技术核心化三方面趋势；社交应用内外发力，内部聚焦优质内容生产，外部积极与多产业拼接融合。当前网络媒体企业的运营与管理主要呈现以下特点：

表 14—1　　互联网应用使用率

	2017.06		2016.12		
应用	用户规模(万)	网民使用率	用户规模(万)	网民使用率	半年增长率
即时通信	69 163	92.1%	66 628	91.1%	3.8%
搜索引擎	60 945	81.1%	60 238	82.4%	1.2%
网络新闻	62 458	83.1%	61 390	84.0%	1.7%
网络视频	56 482	75.2%	54 455	74.5%	3.7%
网络音乐	52 413	69.8%	50 313	68.8%	4.2%
网上支付	51 104	68.0%	47 450	64.9%	7.7%
网络购物	51 443	68.5%	46 670	63.8%	10.2%
网络游戏	42 164	56.1%	41 704	57.0%	1.1%
网上银行	38 262	50.9%	36 552	50.0%	4.7%
网络文学	35 255	46.9%	33 319	45.6%	5.8%

续表

	2017.06		2016.12		
应用	用户规模(万)	网民使用率	用户规模(万)	网民使用率	半年增长率
旅行预订	33 363	44.4%	29 922	40.9%	11.5%
电子邮件	26 306	35.0%	24 815	33.9%	6.0%
论坛/bbs	13 207	17.6%	12 079	16.5%	9.3%
互联网理财	12 614	16.8%	9 890	13.5%	27.5%
网上炒股或炒基金	6 848	9.1%	6 276	8.6%	9.1%
微博	29 071	38.7%	27 143	37.1%	7.1%
地图查询	46 998	62.6%	46 166	63.1%	1.8%
网上订外卖	29 534	39.3%	20 856	28.5%	41.6%
在线教育	14 426	19.2%	13 764	18.8%	4.8%
网约出租车	27 792	37.0%	22 463	30.7%	23.7%
网约专车或快车	21 733	28.9%	16 799	23.0%	29.4%
网络直播	34 259	45.6%			
共享单车	10 612	14.1%			

1.网络媒体企业的市场基础从受众向用户转变

信息技术的发展使媒介资源由稀缺走向富余、信息数量从有限走向过剩,用户拥有了充分的选择权和自由度。传媒市场随着用户需求的分化而被重新划分——媒体不仅要根据用户需要设计内容产品,更要针对用户习惯对渠道终端进行合理规划和组合。其次,互联网使得传媒业生产去中心化。互联网双向互动的传播方式提高了用户在传播结构中的主动性和能动性——媒体生产模式逐渐由媒体人生产到用户接收的单向线性过程,变化为媒体专业人士和用户不断互动、不断完善的环状过程。智能终端和新应用使个人传播的渠道更丰富,以微博、微信、论坛为代表的开放平台为全民传播的实现提供了现实条件。自媒体、草根媒体、公民媒体在众多新闻报道中,已逐渐形成巨大的规模与影响力。

2.网络媒体企业面临的市场竞争环境加剧

传媒领域的行业壁垒主要有三种——政策、资金、规模。大众传播时代,刊号和频道是政府严格管制的媒介资源,资金和人才的投入是媒体运营的基础,受众规模是媒介生存的根本。当下网络空间的相对自由和丰富使用户可以拥有自己的传播平台,数字技术的发展降低了传媒生产的技术门槛和资金门槛。同时,多样化的选择降低了媒介与用户之间的黏度,使传媒市场产生了让更多竞争者进入的可能性，降低了传媒产业通过垄断实现超额利润的机会。

3.产品构成涵盖从信息到服务

信息时代的传媒产品包括了信息产品和应用服务两大类：信息产品着眼于动态信息的及时传递，是传统媒体产品的延伸和发展；应用服务主要是对庞大信息的整合、加工、检索、存储和传输，是以信息技术为基础的新产品，特别是以大数据、云计算为代表的信息服务。利用大数据和云计算技术不仅可以掌握海量的信息数据资源，还可以将这些资源整合起来建设专业化、规模化、现代化的内容数据库，充分挖掘大数据背后潜藏的价值，提供高质量的信息服务。

4.媒体形态产品的多样性

媒体形态产品从传统媒体（报纸、杂志、广播、电视）到电脑、智能手机、手持移动终端，依附于信息终端的信息入口也越来越多样化，手机应用（独立 App），微信公众号，微博，新闻客户端，网站、自媒体，网络媒体企业运营的形态产品多样（见表14—2）。

5.盈利模式从免费向增值转变

互联网媒体不仅是信息聚集、流通的平台，还是一个具有多样化扩展应用功能的巨大平台。首先，互联网作为一个庞大的数据库平台，可以进行高效的信息搜集、处理和传输，深耕信息产品的生产和应用。除信息平台外，互联网还可以是商务平台、营销平台，利用对用户的精准分析所形成的用户数据库、利用分众互动传播所形成的用户社区群，能更有针对性地服务广告主、开展电子商务（购物、支付），并连接阅读、游戏、金融、旅游等服务，在打造多个产业的同时实现共赢的增值空间。互联网视频业呈现强劲发展势头，许多视频平台通过资本运作引进投资，掌握了大量发展资源。2016 年，随着移动宽带的发展和基础网络环境的进一步优化，移动视频、视频直播产业的市场前景将更为广阔，具有巨大的商业价值。伴随着移动应用和平台快速发展，吸引了大量的网络用户流量，移动广告业市场规模开始迅速扩大，各大新媒体平台均开始利用自身流量和用户优势，大力开发移动互联网广告市场。目前众多国内具有较强传播力、影响力与品牌价值的新媒体平台，凭借其自身用户积累，已将广告、电商、增值服务等多元模式嵌入原先单纯的新闻平台或视频平台，通过多样化的增值服务实现自身商业价值。

6.政务新媒体平台优化升级

地方性政务新媒体平台发展不断深入，在现有存量的基础上，逐步开始进行精细化管理，提供精准服务已成为类地方性新媒体平台下一步的发展方向。通过提升政务新媒体运营水准和管理水平，切实发挥平台的信息发布功能和沟通“连接”作用，地方性政务新媒体平台将形成较强的区域性影响力，并形成相对稳定的用户群体，有助于其商业价值的实现。

二、网络媒体主要经营活动

(1)广告及宣传服务:网络媒体企业依靠网页运营平台,在网站主页及其各频道、互动社区等页面上通过文字链、图片、多媒体等表现形式为客户提供广告服务,取得广告及宣传服务收入。

(2)移动增值业务:网络媒体企业依据所有的跨地区增值电信业务经营许可证和包括手机视听节目内容服务在内的信息网络传播视听节目许可证等经营资质,开展各类移动增值服务。主要包括运用 WAP 门户网站、手机视频、手机阅读、手机音乐、手机动漫等多项移动增值业务。通过自身运营及与电信运营商合作的方式,在移动互联网领域,通过文字、图片、视频等多种形式,向用户提供新闻、舆情、生活、娱乐等内容信息服务。

(3)电子商务:网络媒体搭建电子商务平台作为营业收入手段之一,也是常见的模式。在新闻媒体网站中,受众通过互联网随时随地进行交流,网络媒体解决了电子商务中的配送和支付问题。

(4)网站建设及技术服务业务:网络媒体企业依靠网站的公信力、丰富的采编内容资源以及先进的网站建设技术,为各级政府、企事业单位提供专业的网站建设、内容管理、运行维护、技术保障等服务,并提供网站建设、内容管理、运营维护等服务。

(5)信息服务业务:主要包括多媒体信息服务、大数据智能分析服务,网络媒体企业依靠企业创立的品牌和平台举办大型论坛、会议活动等,为政府部门及企事业单位提供多媒体信息服务。

第二节　网络媒体企业会计核算

一、网络媒体企业会计核算相关业务账户设置

1.“劳务成本”账户

劳务成本是指企业对外提供劳务而发生的各项成本。本科目核算企业进行生产发生的各项生产成本,包括生产各种产品(产成品、自制半成品等)、自制材料、自制工具、自制设备等。劳务成本科目可按提供劳务种类进行明细核算。企业发生的各项劳务成本,借记本科目,贷记“银行存款”“应付职工薪酬”“原材料”等科目。建造承包商对外单位、专项工程等提供机械作业(包括运输设备)的成本,借记本科目,贷记“机械作业”科目。结转劳务的成本,借记“主营业务成本”“其他业务成本”等科目,贷记本科目。劳务成本科目期末借方余额,反映企业尚未完成或尚未结转的劳务成本。

2."编录经费"账户

"编录经费"账户，属于成本类账户，用来核算网络媒体企业无法直接计入某种网络产品成本的各项间接生产费用，该账户借方登记网络出版企业发生的各项编录经费，贷方登记分配转出的编录经费；通常期末无余额。

3."主营业务收入"账户

主营业务收入是指企业从事某种主要生产、经营活动所取得的营业收入。网络媒体企业的主营业务收入主要包括广告业务收入、终端业务收入、网络付费服务收入、网络视频版权分销收入、影视剧发行收入等，企业取得的各项收入，借记本科目，贷记"银行存款""应收账款"等，期末，将"主营业务收入"账户结转至"本年利润"，结转后本账户没有余额。

4."主营业务成本"账户

网络媒体企业设置的主营业务成本账户主要核算企业取得各项主营业务收入过程中所发生的成本费用，企业一般在确认销售商品、提供劳务等主营业务收入时，或在月末，将已销售商品、已提供劳务的成本转入主营业务成本。按主营业务的种类进行明细核算，用于核算企业因销售商品、提供劳务或让渡资产使用权等日常活动而发生的实际成本，借记该科目，贷记"库存商品""劳务成本"等科目。期末，将主营业务成本的余额转入"本年利润"科目，借记"本年利润"，贷记该科目，结转后，"主营业务成本"科目无余额。

二、网络媒体企业相关业务会计核算

鉴于网络媒体企业会计核算业务基本执行企业会计制度核算，其主要的生产、经营活动的特点体现在主营业务方面，所以本教材仅就网络媒体企业的主营业务核算进行介绍。

(一)网络媒体企业收入确认

网络媒体企业收入确认原则总体按照企业会计准则执行，对于商品收入，在已将商品所有权上的主要风险和报酬转移给购货方，既没有保留通常与所有权相联系的继续管理权，也没有对已售出的商品实施有效控制、收入的金额能够可靠地计量、相关的经济利益很可能流入企业、相关的已发生或将发生的成本能够可靠地计量时，确认销售商品收入的实现。

劳务总收入和总成本能够可靠地计量、与劳务相关的经济利益很可能流入、劳务的完成进度能够可靠地确定时，确认劳务收入的实现。在资产负债表日，提供劳务交易的结果能够可靠估计的，按完工百分比法确认相关的劳务收入，完工百分比按已经提供的劳务占应提供劳务总量的比例确认；提供劳务交易结果不能够可靠估计、已经发生的劳务成本预计能够得到补偿的，按已经发生的能够得到补偿的劳务成本金额确认提供劳务收入，并结转已经发生的劳务成本；提供劳务交易结果不能够可靠估计、已经发生的劳务成本预计全部不能得到补偿的，将已经发生的劳务成本计入当期损益，不确认提供劳务收入。

让渡资产使用权收入同时满足下列条件的，才能予以确认：相关的经济利益很可能流入企业；收入的金额能够可靠地计量。

具体就网络媒体企业收入而言：

(1)广告业务：通常可依据与广告代理公司或者广告客户签订的销售合同约定的广告投放金额及广告发布进度确认收入。

(2)终端业务：可根据当月实际销售的数量和单价确认收入金额，销售商品一般由企业负责运输，待货物运输至指定收货地点，客户进行签收，企业依据客户实际签收时判定为商品风险转移，确认收入。

(3)会员及发行业务：网络付费服务收入可根据当月实际销售的服务价格确认为当期收入；网络视频版权分销收入依据版权分销合同的约定，在给予对方授权，且收取授权费或取得收取授权费的权利后确认收入。

(4)游戏收入确认原则可根据运营方式不同确认：①自主运营：在游戏玩家实际使用虚拟货币购买虚拟道具时确认收入。②联合营运：每月根据平台游戏终端充值数据扣除相关渠道费用后按分成比例计算后确认收入。③代理运营：每月根据平台游戏终端充值数据扣除相关渠道费用后按分成比例计算后确认收入。

(二)网络企业收入的核算

某网络媒体企业 2017 年 9 月份发生的业务如下：

1. 提供信息收入的核算

【例 14－1】 该企业为广大企业提供企业需要的金融、法律等信息，9 月服务收费 5 300 元，发生相应成本 2 000 元。

(1)确认收入时，做会计分录如下：

借：银行存款	5 300	
贷：主营业务收入——信息收入		5 000
应交税费——应交增值税(销项税额)		300

(2)结转成本时，做会计分录如下：

借：主营业务成本——信息成本	2 000	
贷：劳务成本		2 000

2. 广告收入的核算

【例 14－2】 该网站发布的每条广告按月收费，9 月份广告收入31 800元。相应的广告制作成本共计12 000元。

(1)收入时，做会计分录如下：

借：银行存款	31 800	
贷：主营业务收入——广告收入		30 000

应交税费——应交增值税(销项税额)　　1 800

(2)结转成本时,做会计分录如下:

借:主营业务成本——广告成本　　12 000

贷:劳务成本　　12 000

9月末,将收入、成本及税金转入本年利润时,做会计分录如下:

借:主营业务收入——广告收入　　30 000

——信息收入　　5 000

贷:本年利润　　35 000

借:本年利润　　14000

贷:主营业务成本——信息成本　　2 000

——广告成本　　12 000

该网站10月份利润总额如下:

$$35\,000-14\,000=21\,000(元)$$

(三)网络媒体企业成本费用核算

产品成本核算是对企业生产经营过程中实际发生的成本、费用进行计算,并进行相应的账务处理。也就是指需对企业在生产经营过程中发生的各项生产费用和期间费用,按照成本核算的要求,逐步进行归集和分配,最后计算出各种产品的生产成本和各项期间费用。网络媒体企业的成本费用核算首先需根据网络媒体去运营特点和成本管理要求,确定成本对象。目前网络媒体企业基础组织架构主要包括:①产品运营中心(包括产品运营,用户运营,活动策划,数据分析等);②财务部;③人力资源部;④行政部;⑤客服部(客户和会员服务,投诉处理等);⑥产品技术中心(产品架构、规划与执行、产品优化和迭代、技术选型、开发、测试,运维等);⑦市场部(市场营销、新媒体运营、媒介管理、商务拓展、品牌与宣传、活动策划、数据分析等);⑧销售部(业务与产品销售、渠道与地推、销售管理等)。网络媒体企业的成本费用核算主要涉及网络媒体产品生产经营成本和期间费用,其中,期间费用包括销售费用、管理费用和财务费用,产品运营中心、市场部等部门发生的费用主要构成网络媒体企业的产品成本费用。

网络媒体企业的产品生产成本主要是指网络媒体企业产品生产而发生的费用,包括直接成本与间接成本,网络媒体企业的直接成本主要由三大部分组成,即网络维护人员的工资、提供服务所用的硬件设备和软件工具成本、网络推广服务费等。间接成本指网络企业制作部门发生的无法直接计入某一成本对象的各项费用,如网络总部人员工资、办公费等费用。期末,将归集的间接成本按照各个板块的访问量比例、收入比例、成本比例等方法进行分配。

下面以文讯网站2017年10月份发生的部分业务为例,说明网络企业的成本、费用核算过程。

文讯网设经济资讯板块、文化资讯板块、娱乐资讯板块、商务资讯板块四个部分。四个部门之间按照各个板块的访问量比例进行间接费用的分配。10月份四个板块的访问量比例如下：经济板块∶文化板块∶娱乐板块∶商务板块为1∶2∶3∶4。

【例14—3】 文讯网为企业提供文化、金融、娱乐等信息，提供此种信息业务，经济资讯板块部门发生月设备折旧成本400 000元。

计提折旧时，做会计分录如下：

借：劳务成本——经济资讯板块　　400 000

　贷：累计折旧　　400 000

【例14—4】 文讯网为经济资讯板块聘请一名经济学博士进行在线串讲，支付课酬20 000元。

借：劳务成本——经济资讯板块　　20 000

　贷：银行存款　　20 000

【例14—5】 文讯网为娱乐板块节目聘请著名歌手与网民在线聊天，用现金支付支付劳务费30 000元。

支付劳务时，作会计分录如下：

借：劳务成本——娱乐资讯板块　　30 000

　贷：库存现金　　30 000

【例14—6】 计提本月员工工资费用，假设经济资讯板块人员工资为50 000元。

计提应付工资时，作会计分录如下：

借：劳务成本——经济资讯板块　　50 000

　贷：应付职工薪酬　　50 000

【例14—7】 本月娱乐资讯板块支付广告公司制作费300 000元。

借：劳务成本——娱乐资讯板块　　300 000

　贷：银行存款　　300 000

【例14—8】 文讯网计提本月网络平台运维部人员工资200 000。此项费用属于文讯网四个板块节目的共同费用，应在“编录经费”账户中归集，然后按照一定比例进行分配。

(1)计提平台运维部人员工资时，作会计分录如下：

借：编录经费　　200 000

　贷：应付职工薪酬　　200 000

(2)计算并分配编录经费如下：

①经济板块的编录经费：

$$[200\ 000\div(1+2+3+4)]\times1=20\ 000(\text{元})$$

②化板块的编录经费：

[20000÷(1+2+3+4)]×2=40 000(元)

③乐板块的编录经费：

[20000÷(1+2+3+4)]×3=60 000(元)

④务板块的编录经费：

[20000÷(1+2+3+4)]×4=80 000(元)

分配编录经费时，作会计分录如下：

借：劳务成本——经济板块　　2 000
　　　　　　——文化板块　　4 000
　　　　　　——娱乐板块　　6 000
　　　　　　——商务板块　　8 000
　贷：编录经费　　20 000

【例 14—9】 文讯网 10 月份在运营过程中发生行政办公室电费10 500元、水费4 000元，纸张簿记购置费 500 元。合计管理费15 000元。

支付时，作会计分录如下：

借：管理费用　　15 000
　贷：银行存款　　15 000

【例 14—10】 文讯网 10 月份支付渠道推广费20 000元。

借：销售费用　　20 000
　贷：银行存款　　20 000

【例 14—11】 文讯网自行研究、开发一项技术，10 月份，发生研发支出人员工资 100 000 元，该研发活动尚处于研究阶段。

借：研发支出——费用化支出　　100 000
　贷：应付职工薪酬　　100 000

第十五章　剧院会计核算实务

一、我国剧院（剧场）发展情况

剧场（剧院）是指专门用来表演戏剧、话剧、歌剧、歌舞、曲艺、音乐等文娱的场所，一般较正式。词源出自希腊文 Theatron，意为观看的地方。中国原有茶园、戏楼或戏园等称谓，现统称剧场。

剧场一般由 3 个部分构成：① 进行表演的地方——舞台或其他形式的表演空间；②观看演出的地方——观众席；③其他附属演出空间——演出人员休息、换装的地方。剧场型制的演变，除了受物质、技术条件的制约和建筑思想的影响外，主要由这 3 个部分的功能、规模及其相互关系的变化来决定。古希腊的剧场为露天剧场，3 个部分毗连一起又各自相对独立。

中国剧场的历史可上溯到汉唐。汉代上演百戏有看棚，隋唐有戏场、乐棚，宋代出现了瓦舍、勾栏，具有了剧场的要素，成为后来中国剧场的基本格局。清代的剧场沿着宫廷剧场（三层楼大戏台）、府第剧场、营业性的民间茶园、地方性的或会馆里的小型剧场等不同的型制在发展。1909 年建造的上海新舞台，是中国最早出现的建有镜框式舞台的剧场。这类剧场，1949 年以后得到大规模发展。

剧场是一种古老的文化传播方式，始终植根于广大劳动人民群众的文化生活中，专业演出剧场是展演文艺创作精品、丰富群众文化生活的重要场所，也是传承优秀传统文化、弘扬社会主义核心价值观的重要阵地。

中国的剧场从戏台、舞台开始就一直伴随着表演艺术，成为表演艺术的代名词。新中国成立以来，党和政府高度重视舞台艺术在文化建设中的作用。从 1949 年至今，我国的剧场发展经历两个建设高潮，第一个高潮是中华人民共和国成立初期到 1965 年，第二高潮是从 1998 年开始，1998 年上海大剧院建成开幕，上海市民潮水般涌入大剧院，标志着舞台艺术已经成为广大人民群众多样化文化需求不可忽视的内容。1998 年立项，2001 年开工建设的中国国家大剧院标志着舞台艺术是中国特色社会主义文化的重要组成部分。

截至 2016 年全国有演出的专业剧场共1 213个，比 2015 年增加 138 个，同比增长 17.4%，演出场次达53 411场。有演出的专业剧场相对集中，主要在“京津冀”和“长三角”这两大区域，有演出的专业剧场数分别为 205 个、320 个。2016 年有演出的大中型场馆（座位数在 600 座及以上）达到 753 个，占专业剧场的 62.1%。在演出场次上，各类型演出场馆演出场次相当，大中型场馆与小剧场的演出场次分别占总场次的 49%和 51%，差距不是很明显。另外，大中型场馆演出类型以儿童剧演出为主，演出场次达到5 734场，小剧场则以曲艺演出为主，演出场次达7 696场。超 1/3 的新增剧场在华东地区，上海新增数量最多。2016 年新增的剧场中有 17 个在华东地区，占新增剧场的 41.5%。其中上海新增的数量最多，达到 6 个，这与上海在“十二五”期间确立打造“亚洲演艺之都”的目标息息相关。

二、剧院运营与管理模式

（一）多样化专业剧场经营模式。

目前我国专业剧场的经营模式大体可分为自主经营、托管经营、院线式经营和场团合一四种模式。

（1）自主经营，是指业主既是剧场的所有者又是经营管理者。剧场设有经营管理部门，专门负责制作和引进剧目；剧场收入来源依靠自行组织演出节目的票房收入和场租，其中场租仍是主要收入来源。这种模式一般存在于隶属政府文化部门、具有事业编制、有一定财政拨款的专业剧场。

（2）托管经营，是指剧场的业主委托专业的剧场管理公司进行经营管理。剧场业主和剧场管理公司是不同独立法人，剧场管理公司受业主委托承担剧场的经营管理任务。托管期间，业主不参加剧场的任何经营活动。剧场管理公司以剧场票房、场租和其他配套设施租金等为收入来源，支付剧场托管费用后的结余为剧场管理公司的收益。

（3）院线式经营，是指剧场加入院线管理公司，剧场不交出经营权和所有权，院线管理公司只提供剧目、信息等服务，而剧场通过支付给院线管理公司一定比例的服务费用得到更多的演出剧目、更合理的演出安排和更有效的市场信息。

（4）场团合一经营，本质上属于“业主自营管理”的范畴，但由于拥有驻场剧团，在经营中以首先满足本团演出为主。

（二）政府补贴仍是专业剧场的主要收入来源

剧场的收入主要有三大来源：演出收入（含场地出租和自营演出收入），政府拨款或惠民演出补贴收入，演出之外的物业出租及配套服务收入。在当前我国专业剧场发展中，政府支持仍起主导作用。

（三）专业剧场演出最多的艺术类型是戏曲和音乐剧

2013 年，专业剧场的演出场次约为 4.05 万场，观众总人数约3 229万人次，平均每个专业剧场每年演出约 46 场，平均每场观众 797 人。从演出艺术类型看，专业剧场演出场次最多的前 5 位依次为戏曲 0.83 万场，音乐剧 0.82 万场，儿童剧 0.67万场，话剧 0.61 万场，曲艺杂技 0.46 万场。

三、剧院演出业务会计核算特点

现阶段，绝大多数艺术表演团体在组织形式上属于事业单位（有少部分企业化建制），这不仅与我国特定的社会历史环境有关，更重要的是艺术表演团体自身的独特个性所决定的。就市场经济而言，艺术表演团体的产品（作品）、服务具有商品属性的同时，还具有独特的艺术属性，创作、演出的投入产出与一般商品生产、加工有着本质的不同，其产品与服务在市场上具有不完全的市场评价，有着自身独特的生产规律，演出业务是剧院的主要业务，本教材仅针对剧院演出业务的特色性，就剧院演出业务和场租业务会计核算进行介绍。

（一）演出业务及分类

1. 演出业务

演出业务是指剧院公司根据当地文化水平、人文特点、消费水平和自身经营情况，聘请世界范围内，不同级别和水平的演出方到剧院来进行演出，自担风险，自负盈亏的业务。演出业务是剧院业务的主要部分，通常占到剧院业务总量的60%以上。演出业务的特点是提供的产品特殊，其产品为各种文艺演出，通过观众的观赏，来满足人们的精神文化需要。

2. 演出业务的分类

演出业务通常根据经营方式分为自营演出业务（或叫买断业务）和合作演出业务（或叫分成业务）。自营演出业务是指剧院公司自行寻找演出方，自担风险，自负盈亏的业务，这也是剧院演出业务的主要部分。合作演出业务，是指剧院公司通过与演出方等合作单位合作，发挥各自的优势，共同经营，共担风险，共负盈亏的业务。

演出业务分为营业性演出和非营业性演出，营业性演出是指以营利为目的为公众举办的现场文艺表演活动，包括但不限于演唱会、歌舞剧、杂技表演等形式。营业性演出经营主体是指以经营上述文艺表演活动为其主要业务的运营机构，一场完整的营业性演出一般需有文艺表演团体、演出经纪机构、演出场所经营单位三方经营主体共同参与、互相配合，而三者在业务范畴、申请程序以及外资准入等方面均存在差异。非营业性演出不以追求特定团体或个人的利润最大化为目标，它更多的是为了实现社会公益目的。这类演出包括慰问演出、助残义演、赈灾义演、慈善音乐会等。企业为了推广其形象和产品，也经常会组织一些不以直接营利为目的的非营业性演出。另外，非营业性演出还包括各级政府为了纪念历史事件和人物而举办的大型演出，各部门和各地区在重要节庆日举行的节庆演出等。这类以国家和政府名义组织实施的、由国家财政资金支持的非营业性演出与由社会非营利机构组织实施的非营业性演出有较大的差异。

(二)场租业务

场租业务是指演出方租赁剧院场地进行表演,风险和盈亏归演出方,剧院只收取租金的业务。场租业务的特点是风险小,以收取租金为目的。

(三)演出业务会计核算特点

1.核算对象的特殊性

艺术表演团体的一个主要任务就是进行各种类型的演出,以满足广大观众的精神需求。在现阶段,艺术表演团体肩负着建设社会主义精神文明的任务,同时也要力求社会效益与经济效益的最佳结合。剧院演出业务的会计核算对象是各类演出,演出是指演出单位或个人在特定的时间特定的环境下所举办的文艺表演活动,把戏曲、舞蹈、曲艺、杂技等才艺在观众面前表演出来。具体就是演员通过某种艺术表演形式和服装道具、舞美、灯光、音响的特殊艺术效果,现场把舞台艺术品展现给观众的过程。演出是一种不具有实物形态的文化产品。由于演出是非物质形态的,所以对于生产和经营者来说只能拥有其版权和经营权,对于消费者来说也只能得到现场消费观赏权,而不是完全意义上的所有权。对于任何演出,观众只能在现场观赏而不能进行录音录像,否则就是侵权。作为生产经营者来说,只有支付必要的费用,取得了合法版权或经营权才能进行生产经营活动组织演出否则也是侵权行为。

2.演出成本核算的多样性

在现阶段,绝大多数艺术表演团体在组织形式上属于事业单位(有少部分企业化建制),这不仅与我国特定的社会历史环境有关,更主要是由艺术表演团体自身的独特个性所决定的。就市场经济而言,艺术表演团体的产品(作品)、服务具有商品属性的同时,还具有独特的艺术属性,创作、演出的投入产出与一般商品生产、加工有着本质的不同,其产品与服务在市场上具有不完全的市场评价,有着自身独特的生产规律,因此,演出成本核算只能是一种在一定环境下的内部成本核算,是一种不完全的成本核算。

一般工商企业进行的成本核算,往往需要对企业生产经营全过程发生的全部耗费(包括直接材料、直接工资、其他直接支出、制造费用、期间费用等)进行完全的核算。而艺术表演团体的演出成本核算,其核算内容和过程没有企业那么完整,费用项目发生不具有规范性,相当部分费用项目无法进行准确的成本归集与分配,这种核算的不完整性是演出成本核算与企业成本核算的第一个不同;同时企业进行产品的成本核算,要求按照权责发生制和较完备的《企业会计准则》,对成本费用开支严格划分各期费用成本的界限、在产品与完工产品成本费用的界限以及各种产品之间的成本费用界限,各项成本费用的计算方法是非常严格而规范的。而艺术表演团体在艺术生产上虽然具备真正意义上的成本核算条件,但各种成本费用的界限难以准确划分,计算方法也难以规范。所以,演出成本核算是不严格的成本核算。这也是演出成本核算与企业成本核算又一显著不同。演出剧目如果接受政府等主管部门资金支持公益性演出项目，其会计核算应参照《企业会计准则第16号——政府补助》核算。

3.预收预付款项核算的复杂性

因文艺表演不具有实物形态，权利义务转移的界限较模糊，按照行业惯例，通常需要先向演出方支付演出费，演出方才演出合同所规定的内容，因此剧院公司预付演出费较多。同时，剧院公司通过预售演出票的形式，先行向观众收取票款，使得剧院公司预收账款较多。

四、剧院演出业务会计核算账户设置

1.“演出成本”账户

“演出成本”科目用于归集组织文艺表演过程中支付的各项成本费用。该科目按照成本项目下设“演出费”“食宿费”“交通费”“广告宣传费”“设备租赁费”“道具运输费”“其他费用”七个二级账，在二级账下按照演出项目设置明细账。

剧院支付各项演出成本时，按照实际支付的金额，借记本科目，贷记“库存现金”“银行存款”“应付账款”“预付账款”等科目。演出结束后，按照该演出项目归集的成本费用分明细项目结转到“主营业务成本”科目中，借记“主营业务成本”，贷记本科目。

期末余额通常在借方，为未演出完或未结算完演出项目已发生的成本费用。“演出成本”科目余额应列入资产负债表中的“存货”项目。

2.“主营业务收入”账户

核算剧院公司向观众提供文艺表演而取得的票款收入，主要包括自营演出业务收入（买断业务收入）和合作演出业务收入（分成业务收入）。剧院确认演出实现的收入时，借记“银行存款”“应收账款”“预收账款”，贷记“主营业务收入”，期末，将“主营业务收入”账户本期发生额结转至“本年利润”，结转后该账户没有余额。

3.“主营业务成本”账户

核算剧院的演出剧目演出确认收入后，按照收入与成本配比原则，所确认的演出剧目的成本，确认演出剧目成本时，借记“主营业务成本”，贷记“演出成本”，期末，将“主营业务成本”账户本期发生额结转至“本年利润”账户，结转后本账户没有余额。

4.“编录经费”账户

核算剧院演出费用中所发生的间接演出费用，即剧院同时排练几个剧目而共同发生负担的演出费用。费用发生时，借记“编录经费”，贷记“银行存款”“应付账款”等，期末，核算每个剧目的演出成本时，按照一定的分配比例，分配至“演出成本”，借记“演出成本”，贷记“编录经费”。

五、剧院演出收入核算

(一)演出收入确认原则

企业会计准则——收入确认原则规定,企业应当在履行了合同中的履约义务,即在客户取得相关商品控制权时确认收入。即当企业与客户之间的合同同时满足下列条件时,企业应当在客户取得相关商品控制权时确认收入:合同各方已批准该合同并承诺将履行各自义务;该合同明确了合同各方与所转让商品或提供劳务相关的权利和义务;该合同有明确的与所转让商品相关的支付条款;该合同具有商业实质,即履行该合同将改变企业未来现金流量的风险、时间分布或金额;企业因向客户转让商品而有权取得的对价很可能收回。剧院演出业务营业收入的确认应符合企业会计准则的要求,同时具备演出业的特点,因演出剧目是特殊的商品(服务),剧院公司取得的票款在观众欣赏完文艺演出后应确认为收入。

(二)演出收入核算

剧院演出业务收入应按照演出项目结算单所记载的金额确定,演出项目结算单通常根据票务系统出具。在观众实际购买演出票时,剧院给予观众的销售折扣,按照扣除销售折扣后的金额计量收入。

【例 15—1】 文化剧院 10 月份公演 A 音乐剧 4 场,演出项目结算单显示第一场演出总收取款项为100 000元,款项银行存款收讫,增值税率 6%。

借:银行存款	100 000	
贷:主营业务收入		94 339.62
应交税费——应交增值税(销项税)		5 660.38

六、剧院演出成本核算

演出成本核算是指艺术表演团体,为了加强对演出工作的管理,正确反映有关演出财务状况及成果,强化成本核算意识,提高演出投入资金使用效益的内部成本核算与管理方法。它是艺术表演团体按照特定的演出对象和成本项目,对演出过程中发生的各项支出进行科学的归集、分配、计算的过程。

(一)演出成本核算的一般程序

由于各艺术表演团体在剧种、表演形式、创作生产周期等方面存在较大差距,所以在具体核算上必然存在成本标准与核算方法上的差异.但基本程序应是大体上相同的,主要包括以下程序:

1.确定演出成本核算对象

成本核算对象一般是指因活劳动和物化劳动耗费而受益的物体。在演出成本核算中,具体的演出剧目、曲目、演出活动均是成本核算的对象。

2.确定演出成本项目

确定演出成本费用项目，就是根据演出开支范围的规定，将计入具体核算对象开支的各种耗费，按其用途进行具体分类的项目，正确确定演出成本项目。一般来说，演出成本项目的内容包括与演出创作有关的直接费用和为组织管理艺术表演团体演出活动所发生的间接费用。

3.确定演出成本费用计算期

所谓的成本费用计算期，就是要多长时间计算一次成本费用。演出成本的计算期的确定比较复杂，这往往取决于核算对象的演出周期，由于演出剧目的生产与企业的产品生产不同，界定起始日期有一定难度，一般说来从剧目、节目的策划、计划开始计算，一直到剧目、节目正式上演为演出的成本计算期。

4.制定成本预算

根据成本核算对象、成本项目、成本计算期制定成本预算。在一个剧本(剧目)确定后，一般由业务负责人、编创人员、财务等有关部门，根据核算对象的具体情况，协同制定成本预算口制定的原则是:实事求是，宽紧适度。成本预算确定后，即作为成本开支范围、标准的依据，不可随意变动。

5.演出成本的分配与结转

演出成本的分配是指把具体演出发生的成本，根据演出的场次进行分配。演出剧目、节目、曲目的生产，不像物质产品一次性分配成本，完成价值转移。文艺产品类同其他知识产品，往往在使用时有重复性、延续性，其成本往往需要通过多次演出得以补偿，所以，演出成本的分配应视具体情况确定。一般来说，可重复性演出要在多次演出中分配成本，一次性演出需一次性分配成本。但大型歌剧、舞剧、芭蕾舞剧难以在一个财务年度里分配其成本，往往需要人为地确定分配次数。从实际工作中看，大型剧目成本分配30～50场为宜，歌舞、折子戏等剧目，应在20场之内分配。

(二)演出成本核算

剧院演出剧目主要有自营演出和合作演出项目，演出费用按照演出直接演出费用与间接演出费用，演出的直接费用是指在演出活动中发生的与具体演出相关的，或可明确归集到某个具体演出中的费用或成本。演出的间接费用是指在演出活动中发生的，不能明确归集到具体演出剧目中的费用。在艺术表演团体中，直接演出成本按演出活动规律，一般可归结为八个部分：

1.创作成本

它是指艺术表演团体为了确定剧目、节目形式、剧目剧本、编导创作而发生的费用。一般有以下几种费用:①创作费用、剧本征集费用或剧本初编费用;②剧本讨论、论证费用;③剧本、剧目修改费用或再创作费用;④剧本、剧目相关的创作费用;⑤音乐创作费用。

2.排练成本

它包括:①剧本的排练费用;②相关音乐排练录音费用。

3.舞美的制作、创作费用

即舞台的布景、灯光道具、音响、服装等相关费用。

4.广告宣传费用(含广告费用)

为该场剧目演出支付的各项广告费和宣传费,包括电视、广播、报纸杂志、网络、户外广告等。

5.剧场表演费用

它包括:①剧场费用(包括场租等相关剧场费用);②舞美、装台费用;②道具运输费用;④演出津贴;⑤剧场摄影、录像、录音费用。

6.设备租赁费

剧场因缺少某些特殊的或不需要长期持有的演出设备和乐器,需要向专业的演出设备公司或乐器公司进行租赁而支付的租赁费。

7.交通与食宿费

在演出期间,为该剧目演职人员提供的伙食,或者按合同规定发放的伙食费补贴,以及住宿等费用、演职人员往返交通费。

8.其他相关费用

在演出期间,所发生的不属于以上各项的其他成本费用。比如引进该剧目发生的借款利息支出。

艺术表演团体为组织演出活动所发生的工资、福利费、水电费、办公费等各项费用为间接费用。

六、剧院演出成本的核算举例

【例 15-2】 文化剧院在经过对剧本和创造意向的慎重选择,又经多次论证后决定创作排练 A 音乐剧。在开始创作至节目演出过程中发生了以下费用支出:

(一)创作阶段

【例 15-3】 向作者李某购买 A 音乐剧稿酬20 000元,代扣代缴个人所得税为2 240元,银行存款付讫。

借:演出成本——A 音乐剧——创作成本　　20 000

　贷:银行存款　　17 760

　　应交税费——应交个人所得税——李某　　2 240

(二)排练阶段

【例 15-4】 A 音乐剧排练过程中支付舞台的布景费8 000元、灯光道具6 000元,增值税率 6%。发票账单已收到,款项尚未支付。

借:演出成本——A 音乐剧——排练成本　　13 207.55

应交税费——应交增值税(进项税)　　792.45

贷:银行存款　　14 000

【例 15—5】　为 A 音乐剧演出支付广告费用,增值税发票注明价款5 000元,增值税 300 元,款项银行存款支付。

借:演出成本——A 音乐剧——广告宣传费用　　5 000

应交税费——应交增值税(进项税)　　300

贷:银行存款　　5 300

(三)彩排制作阶段

【例 15—6】　为保证 A 音乐剧的演出效果进行了一场彩排,发生各项费用 3 500 元;同时发生舞美、装台费用 1 500 元;道具运输费用 2 200 元;支付演员演出津贴 3 600 元;同时将演出过程摄制下来,并根据需要制作光盘,拍摄、收集了大量优秀剧照,发生费用2 700元。

借:演出成本——A 音乐剧——制作成本　　17 500

贷:银行存款　　17 500

如果演出团体同时排练几个节目,几个节目由统一导演指导,共用一个排练室,由此发生的导演劳务费、排练室折旧费或其他共同费用属于节目成本的间接费用。这些费用应通过"编录经费"归集,然后按一定比例在几个节目中进行分配,通过分配把这些间接费用,分别计入不同节目的成本。

【例 15—7】　文化剧院组织演出活动,发生工资、福利费、水电费、办公费等各项管理费用 20 000 元。文化剧院本月共有 A、B 两部音乐剧演出计划,演出场次相同,两剧共 8 场。其账务处理如下:

借:编录经费　　20 000

贷:银行存款　　20 000

借:演出成本——A 音乐剧——管理成本　　10 000

——B 音乐剧——管理成本　　10 000

贷:编录经费　　20 000

(四)演出阶段

【例 15—8】　文化剧院进行 A 音乐剧剧目第一场演出时取得演出票房收入100 000元(见例题),同时,支付第一场演出费用,主要包括:演出人员工资8 000元,保利剧院场租费3 000元,灯光舞美装台费2 000元。假设 A 音乐剧演出成本为100 000,其中创作成本20 000元,排练成本30 000元,彩排制作成本40 000元,管理成本10 000元,总共演出 4 场,其账务处理如下:

(1)结转该剧目总成本时(按 1/4 结转)

借:主营业务成本　　25 000

贷:演出成本——A 音乐剧——创作成本　　5 000

——排练成本 7 500

——彩排成本 10 000

——管理成本 2 500

(2)支付第一场演职人员工资时

借:销售费用 8 000

贷:应付职工薪酬 8 000

(3)支付保利剧院租金和装台费时

借:销售费用 5 000

(3 000+2 000)

贷:库存现金 5 000

值得说明的是:进行第一场演出时,相当于将该音乐剧推向市场,实现销售,因此,第一场演出的费用属于产品销售过程中发生的费用。按照《企业会计制度》规定,产品销售过程中的费用属于“销售费用”,不应在成本中核算。另外,A 音乐剧已经排练成功,相当于工业产品中的完工产品。所以,以后再发生的演出费用就不能入 A 音乐剧成本,只能作为该剧院的期间费用核算。

第一场演出结束后,经过分摊劳务成本,劳务成本的各个明细账的构成如下:

表 15—1　　演出成本——A 音乐剧剧目——创作成本

20 000	5 000
余额:15 000	

表 15—2　　演出成本——A 音乐剧剧目——排练成本

30 000	7 500
余额:22 500	

表 15—3　　演出成本——A 音乐剧剧目——彩排成本

40 000	10 000
余额:30 000	

表 15—4　　演出成本——A 音乐剧剧目——管理成本

10 000	2 500
余额:7 500	

“演出成本”总账户余额为:

15 000+22 250+30 000+7 500=75 000(元)

待其他3场演出结束时，分次进行摊销，并与各场的演出票价收入进行配比。“演出成本”科目余额应列入资产负债表中的“存货”项目。

艺术演出团体进行节目成本核算时，还应注意以下问题：

第一，剧院总负责人及后勤行政人员的工资或其他行政管理费用（如会议费、差旅费、办公费等）应通过“管理费用”账户核算。

第二，如果剧院性质为事业单位性质，则其会计核算应按照事业单位会计核算制度执行，具体可参看本教材第十二章第二节广播电视台事业单位会计核算。

参考文献

1.《中华人民共和国会计法》(《关于修改〈中华人民共和国会计法〉等十一部法律的决定》第二次修正)。

2. 中华人民共和国财政部:《关于贯彻实施政府会计准则制度的通知》(2018年8月16日)。

3.中华人民共和国财政部、国家税务总局:营业税改征增值税试点实施办法(2016年5月1日起执行)。

4.国家税务总局:关于调整增值税纳税申报有关事项的公告(2017年8月1日起施行)。

5. 中华人民共和国财政部:《企业会计制度》(2002年1月1日起实施)。

6. 中华人民共和国财政部:《企业会计准则》(2007年1月1日起实施)。

7. 中华人民共和国财政部:《企业会计准则第16号——政府补助》(2017年修订)、《企业会计准则第14号——收入》(2017修订)、《企业会计准则第37号——金融工具列报》(2017修订)《企业会计准则第22号——金融工具确认和计量》(2017修订)、《增值税会计处理规定》(2017年)。

8. 中华人民共和国财政部:《新闻出版业会计核算办法》(2004年)。

9. 中华人民共和国财政部:《广播电视事业单位财务制度》(修订)(2013年1月1日起执行)。

10.中华人民共和国财政部:《电影企业会计核算办法》(2005年1月1日起执行)。

11.赵艳玲主编:《新闻出版企业会计》,立信会计出版社2005年版。

12.财政部会计资格评价中心编:《初级会计实务(2018年度全国会计专业技术资格考试辅导教材)》,经济科学出版社2017年版。

13. 财政部教科文司、国家广电总局计划财务司编:《电影企业会计核算办法讲解》,经济科学出版社2006年版。

14.国家新闻出版广电总局出版专业资格考试办公室编:《出版专业实务(中级)》,商务印书馆2015年版。

15.张帅:《浅谈剧院演出业务会计核算》,《现代商业》,2014年第33期。